독학사
스피드 단기완성

1단계 교양과정

국어

시대에듀

머리말 INTRO

학위를 얻는 데 시간과 장소는 더 이상 제약이 되지 않습니다. 대입 전형을 거치지 않아도 '학점은행제'를 통해 학사학위를 취득할 수 있기 때문입니다. 그중 독학학위제도는 고등학교 졸업자이거나 이와 동등 이상의 학력을 가지고 있는 사람들에게 효율적인 학점 인정 및 학사학위 취득의 기회를 줍니다.

학습을 통한 개인의 자아실현 도구이자 자신의 실력을 인정받을 수 있는 스펙인 독학사는 짧은 기간 안에 학사학위를 취득할 수 있는 가장 빠른 지름길로써 많은 수험생들의 선택을 받고 있습니다.

이 책은 독학사 시험을 준비하는 수험생분들이 단기간에 효과적인 학습을 할 수 있도록 다음과 같이 구성하였습니다.

---

01 '핵심이론' 중 시험장에 꼭 알고 들어가야 하는 부분을 요약한 '필수 암기 키워드'를 수록하여 시험 직전에 공부한 내용을 확인할 수 있도록 하였습니다.
※ 필수 암기 키워드 특강 : www.sdedu.co.kr → 독학사 → 학습자료실 → 무료특강

02 '2024~2022 기출복원문제'를 수록하여 최근 출제 경향을 파악하고 이에 맞춰 학습할 수 있도록 하였습니다.
※ 최신기출문제 특강 : www.sdedu.co.kr → 독학사 → 학습자료실 → 무료특강

03 시험에 출제될 수 있는 내용을 '핵심포인트'로 수록하였으며, '체크 포인트'와 '연습문제'를 통해 내용 이해에 부족함이 없도록 하였습니다.

04 출제 경향을 철저히 분석하여 구성한 '적중모의고사 10회분'을 통해 본인의 실력을 점검할 수 있도록 하였습니다.

시간 대비 학습의 효율성을 높이기 위해 방대한 학습 분량을 최대한 압축하여 정리하였으며, 출제 유형을 반영한 문제들로 구성하도록 노력하였습니다. 이 책으로 학위취득의 꿈을 이루고자 하는 수험생분들의 합격을 응원합니다.

편저자 드림

- ㉺ 「진달래꽃」(김소월)
  - 여성적 어조, 수미상관, '진달래꽃'은 시적 화자의 분신이며 임을 향한 변함없는 사랑을 상징, 비극적 상황을 절제된 어조로 표현
  - 주제: 이별과 한(恨)의 승화
- ㉻ 「절정」(이육사)
  - 주제: 극한 상황의 역설적 극복 의지
  - 간결한 표현 속에 시적 의미를 응축함으로써 단호하고 강한 느낌을 줌
  - 모순 형용: 강철로 된 무지개

(3) 현대소설에 대한 이해
① 한국 현대소설의 흐름
- ㉠ 신소설 22 24
  - 갑오개혁 이후 개혁운동의 내용을 담은 소설의 등장
  - 독서 대중의 확대, 출판기술의 발달, 개화사상을 배경으로 발생
  - 친일성과 중국 비판, 낡은 풍습과 제도를 탈피, 고소설과 근대소설의 교량적 역할
  - 이인직: 「혈의 누」(최초의 신소설), 「은세계」, 「치악산」, 「모란봉」 등 22
  - 이해조: 「강상련」(「심청전」 개작), 「자유종」(정치소설, 토론소설), 「토의 간」, 「옥중화」(「춘향전」 개작) 등
  - 최찬식: 「추월색」(애정소설), 「안의 성」
  - 안국선: 「금수회의록」(정치소설, 연설문체)
- ㉡ 근대소설
  - 근대적 자아의 각성이 이루어진 문학, 귀족 중심이 아닌 시민계층이 향유하는 문학
  - 특징: 영웅적 형상의 약화, 전지적 서술자의 후퇴, 시간적 경향에서 공간적 경향으로 이행
- ㉢ 소설 구성(Plot)의 3요소: 인물, 사건, 배경
- ㉣ 1910년대
  - 이광수: 계몽적 민족주의, 유교적 가족제도 비판, 근대·고대적 요소 공존 21 23 24
  - 「무정」: 근대소설의 효시, 계몽문학, 섬세한 인물 심리 묘사, 주인공들이 지도자적 인물, 구어체 21
- ㉤ 1920년대
  - 특징: 장편보다 단편이 주류, 예술성에 치중, 일제 강점기의 궁핍과 애환을 다룸, 사실적 묘사
  - 김동인 23
    - 문학의 독자성 주장, 비속어와 사투리를 최초로 소설에 도입, 간결하고 개성적인 문체 도입, 과거형 시제 도입, 「창조」 창간
    - 주요 작품: 「감자」, 「배따라기」, 「광화사」 등
  - 현진건
    - 일제 강점기 우리 민족의 현실을 아이러니하게 표현

- 주요 작품: 「운수 좋은 날」, 「빈처」, 「술 권하는 사회」 등 23
- 염상섭 21
  - 일제 강점기 부정정신과 비판정신이 가장 투철한 작가
  - 주요 작품: 「삼대」, 「만세전」, 「표본실의 청개구리」 등 23
- 나도향
  - 빈부와 신분의 차이 등을 통해 어긋난 남녀관계의 문제를 주로 다룸
  - 주요 작품: 「물레방아」, 「뽕」, 「벙어리 삼룡이」 등
- ㉥ 1930년대
  - 특징: 단편에서 장편으로 바뀜, 순수문학, 심리·농민소설, 샤머니즘 문학 등장, 농촌 계몽 운동 활발
  - 채만식 22 24
    - 주로 아이러니 등 풍자적 기법을 사용, 역설적 효과, 전통지주와 서민계층의 몰락을 그림
    - 주요 작품: 「태평천하」, 「탁류」, 「레디메이드 인생」 등
  - 이효석 20
    - 섬세하고 감각적인 언어의 기교로 자연의 심미세계 표현, 원시적인 에로티시즘 문학 구축
    - 주요 작품: 「메밀꽃 필 무렵」, 「돈」, 「분녀」 등
  - 유진오
    - 일제 강점기 지식인의 고민과 번뇌를 그림
    - 주요 작품: 「김강사와 T교수」, 「창랑정기」 등
  - 이상 22 23 24
    - 초현실주의, 자학적 자의식의 세계에서 심리적 심층을 파고 든 특색 있는 작품을 남김
    - 주요 작품: 「날개」, 「종생기」, 「실낙원」 등
  - 김유정 22
    - 농촌과 농민의 현실을 사실적으로 그려냄
    - 주요 작품: 「봄봄」, 「동백꽃」, 「소낙비」 등
  - 김동리
    - 휴머니즘 부각
    - 주요 작품: 「무녀도」, 「황토기」 등
  - 정비석
    - 자연의 순수성에 결합된 인간 본능의 세계를 그림
    - 주요 작품: 「성황당」, 「제신제」 등
- ㉦ 1940년대
  - 특징: 문학사의 암흑기, 조선어 말살 정책으로 민족지와 순문예지 폐간
  - 주요 작가: 황순원, 안수길, 최명익, 최태웅 등
② 작품 감상
- ㉠ 「자유종」(이해조)
  - 신소설, 토론체 소설로서 여러 등장인물의 주장을 순차적으로 나열

- 국권회복을 위한 반봉건·반외세 정신과 근대화를 지향하는 계몽정신 강조
- 주제: 애국 계몽기의 현실 직시와 국권 회복의 방향 제시
- ㉡ 「무정」(이광수) 21
  - 한국 최초의 현대 장편소설, 계몽소설
  - 신소설의 문어체 극복, 서구적 가치관을 지향, 인물들의 내면 심리 묘사 강조, 사건을 역순행적으로 배열, 개인보다는 공동체적 가치를 우선함, 과학에 대한 긍정적 시각을 지님
  - 주제: 민족적 현실의 자각과 새로운 사회에 대한 열망
- ㉢ 「감자」(김동인)
  - 사실주의적 기법, 자연주의적 경향, 하층 사회의 비속어 구사
  - '복녀(福女)' 명명의 반어, 주인공의 성격과 공간적 환경이 상관관계를 이룸
  - 주제: 빈곤과 무지가 빚어낸 인간의 파멸과 타락상에 대한 고발
- ㉣ 「운수 좋은 날」(현진건)
  - 사실주의 단편소설, 비속한 말의 구어체(사실감의 고조와 아내에 대한 애정), 반어, 상황의 아이러니
  - 설렁탕이 주는 효과: 비극성의 고조
  - 주제: 일제 강점기 가난한 하층민의 비참한 삶에 대한 고발
- ㉤ 「홍염(紅焰)」(최서해)
  - 현실 고발적 성격의 신경향파 소설
  - 구성: 지주 대 소작인 또는 공장주 대 노동자
  - 비극적 결말의 작품
    - 예 김동인의 「감자」(살인), 현진건의 「불」(방화)
  - 주제: 타향에서 겪어야 했던 우리 민족의 비극적 현실과 저항 정신
- ㉥ 「치숙(痴叔)」(채만식)
  - 독백체와 대화체를 통한 반어적 표현, 식민지 시대 상황을 사실적으로 묘사
  - 주제: 지식인이 정상적으로 살 수 없는 사회적 모순과 노예적 삶의 비판
- ㉦ 「소낙비」(김유정)
  - 김유정의 처녀작, 사실주의적 경향의 농촌소설, 작가 관찰자 시점
  - 주제: 일제 강점기 농촌 사회의 현실적 모순과 도착된 성 윤리 풍자
- ㉧ 「날개」(이상) 23
  - 고백적·상징적 심리주의 소설, 1인칭 주인공 시점
  - 날개의 의미: 종속된 삶으로부터 벗어나려는 수단과 의지
  - 주제: 자의식의 심화 과정과 그 극복을 위한 몸부림

(4) 희곡과 수필
① 한국 근대극 개관
- ㉠ 우리의 전통극: 그림자극, 가면극, 인형극, 음악극(판소리)
- ㉡ 한국 신연극의 효시: 이인직의 「은세계」
- ㉢ 신파극
  - 감상적 주제, 통속적 오락
  - 최초의 근대 희곡: 조중환의 「병자삼인」 22
  - 개선·발전시키지 못해 외면하고 이에 대한 돌파구로 연쇄극(연극 + 영화) 등장
- ㉣ 1920년대: 사실주의 극 등장, 동경 유학생들의 활동, 토월회 등장, 학생극 번성
- ㉤ 1930년대: 신극 단체의 본격적 활동
  - 극예술연구회 활동: 신극 수립 노력, 기성극계 정화 시도, 리얼리즘 극을 주도, 유치진의 「토막」 공연 22 23
  - 대중극 시대: 대중적인 신파극의 전성기, 동양극장 등장
- ㉥ 해방 이후: 전국연극인 대회, 극예술협회 발족
- ㉦ 근대 신극운동: 극예술협회, 토월회, 극예술연구회 22
② 수필의 성격 22
- ㉠ 특징: 자신의 글, 표현의 문학, 붓가는 대로 써진 글, 서경·회고·서정의 문학, 불만과 격정과 관용의 유로, 밖에서 얻은 것을 안으로 삼키는 문학
- ㉡ 수필문학의 묘미: 소설 같지도 시 같지도 않은 수필 같은 문학, '놀'과 같은 정서
③ 작품 감상
- ㉠ 「멋(外)」(피천득)
  - 멋: '멋'은 작고 소박한 내면의 아름다움에서 비로소 나오는 것이며, 이러한 '멋'들이 있어 각박한 세상을 살아갈 수 있음
  - 수필: 수필은 원숙한 생활 체험에서 우러나오는 고아(高雅)한 글이고 독특한 개성과 분위기가 있어야 하며, 균형 속에서도 파격(破格)을 할 줄 아는 마음의 여유를 가져야 함
- ㉡ 「오척단구(五尺短軀)」(이희승)
  - 작은 키로 생활하면서 겪게 되는 이야기
  - 작은 키가 때로는 세상을 살아가는 데 어려움을 주긴 하지만 큰 인물이 되는 것에는 문제가 되지 않음
- ㉢ 「목근통신(木槿通信)」(김소운)
  - 서간 수필집, 일본 지성인들의 양심에 호소하여 충격을 준 글
  - 일제 강점기와 6·25 전쟁을 겪으면서 일본에 대해 느낀 바를 진술하게 써내려간 수필

필수 암기 키워드

01 국어학

(1) 국어에 대한 이해
① 언어 연구의 필요성
  ㉠ 생활의 기본 수단, 원만한 사회생활
  ㉡ 우리 생활과 밀접한 관련, 여러 분야에 큰 공헌
② 언어학의 본질
  ㉠ 언어학: 언어에 대한 과학적 연구를 하는 학문 분야
  ㉡ 문법: 언어구조를 파헤쳐 뜯어보고 언어의 내적·구조적 현상을 기술
③ 언어습득이론
  ㉠ 경험주의 이론: 경험적 훈련에 의한 후천적 학습으로 이루어진다.
  ㉡ 합리주의 이론: 타고난 언어학습 능력과 추상적인 선험적 지식에 의해 이루어진다. → 언어습득의 균일성, 언어에 대한 통달성, 언어의 창조성

(2) 훈민정음 제작의 목적
① 훈민정음 서문: 일반 백성들을 문자 생활에 참여시키고자 함[欲使人人易習 便於日用耳] → 애민사상, 자주사상 23 24
② 훈민정음 창제 이후 서적: 「용비어천가」, 「월인천강지곡」, 「석보상절」, 「월인석보」, 「두시언해」, 「금강경삼가해」 등 20
③ 훈민정음을 유일한 문자체계로 발전시킬 의도가 없었으며, 국한문혼용을 염두에 둠

(3) '한글'의 유래에 대하여
① 한글 명칭: '한글'의 '한'은 '一', '大', '韓', '正'의 의미
  ㉠ 한글 명칭의 최초 사용: 1913년 3월 23일 조선어문화 창립총회
  ㉡ 한글 명칭의 실용화: 1913년 9월에 창간한 「아이들보이」지의 '한글풀이'
  ㉢ 한글 명칭의 보편화: 1927년 한글학회의 전신인 조선어학회에서 간행된 「한글」

② 한글 명칭이 여러 번 바뀐 이유
  ㉠ '국문', '국어' → '한말', '배달말글': 정치적 상황과 관련됨
  ㉡ '배달말글' → '한글'
    • '배달' → '한': 음절수가 간결, '한'의 뜻이 '삼한', '대한제국'의 한과 연결
    • '말글' → '글': '글'이 문자와 함께 문자언어까지 포괄하기 때문

(4) 표준어의 기능 22 24
① 표준어: 교양 있는 사람들이 두루 쓰는 현대 서울말 23
② 표준어의 기능: 통일의 기능, 우월의 기능, 준거의 기능

(5) 언어 예절
① 높임법
  ㉠ 주체 높임법 20 21 23
    • 말하는 사람이 서술어가 나타내는 주어를 높이는 높임법
    • 용언의 어간에 높임의 어미 '-(으)시-'를 붙여서 표현
    • 높임의 용어가 따로 있는 경우: '있다 → 계시다', '먹다 → 잡수시다', '자다 → 주무시다'
  ㉡ 상대 높임법
    • 듣는 사람을 높이거나 낮추는 높임법
    • 해라체, 해체, 하게체, 하오체, 해요체, 합쇼체로 구분
  ㉢ 객체 높임법 20 21
    • 동작이 미치는 대상(서술어가 나타나는 객체)을 높이는 높임법
    • 특수한 어휘: 드리다, 여쭙다, 말씀드리다, 모시다
② 인사말
  ㉠ 만나고 헤어질 때: 안녕하십니까? 어디 가십니까? (언어의 친교적 기능: 실제로 어디 가는지 궁금한 것이 아니라 안부를 묻는 정도)
  ㉡ 소개할 때
    • 가까운 사람을 덜 가까운 사람에게 먼저 소개한다.

    • 손아랫사람을 손윗사람에게 먼저 소개한다.
    • 남성을 여성에게 먼저 소개한다.
  ㉢ 압존법: 말하는 이보다 윗사람이지만, 말을 듣는 이보다 아랫사람인 주체에 대하여 그 높임의 정도를 낮추는 높임법
    예 할아버지, 아버지께서 오셨습니다. → 할아버지, 아버지가 왔습니다.

02 고전문학

(1) 총론
① 한국문학의 영역 23
  ㉠ 구비문학
    • 구비(口碑): '대대로 전해오는 말'
    • 설화, 민요, 무가, 판소리, 민속극 등이 포함
  ㉡ 한문학
    • 한자 문명권의 공동문어
    • 민족문학으로 발전시키고자 노력
  ㉢ 국문문학
    • 국문으로 표현된 문학
    • 종류: 순수 국문문학(한글로 된 문학), 차자문학(향찰로 표기된 문학)
    • 시조, 가사, 소설, 수필류(여성들의 문장이 주류를 이룸)
② 한국문학사의 전개
  ㉠ 고대: 처음에는 구비문학만 존재, 5세기 이전에 본격적인 한문학을 이룩
  ㉡ 중세
    • 한문학의 등장~쇠퇴까지의 시대
    • 17세기 이후에는 국문문학이 활발하게 창작
  ㉢ 근대: 1894년 갑오개혁에서 과거제도를 폐지하고, 국문을 공용의 길로 삼은 것이 근대문학 성립의 결정적인 계기

(2) 고전시가
① 「황조가(黃鳥歌)」 23
  ㉠ 고구려 2대 유리왕이 지은 고대가요
  ㉡ 현전 최고(最古)의 개인 서정시, 「삼국사기」에 수록
  ㉢ 의태어 사용
② 「정읍사(井邑詞)」 20
  ㉠ 현전하는 유일의 백제 노래, 「악학궤범」에 수록
  ㉡ 달: 기다림과 그리움의 정서
  ㉢ 주제: 행상하는 남편을 기다리며 걱정하는 노래

(3) 향가(신라 시대) 20 23
① 우리말로 기록된 최초의 정형시
② 형식: 4구체(「서동요」, 「헌화가」, 「도솔가」), 8구체(「모죽지랑가」, 「처용가」), 10구체(「찬기파랑가」, 「제망매가」)
③ 수록: 「삼국유사」(14수), 「균여전」(11수)
④ 주요 작품
  ㉠ 「제망매가(祭亡妹歌)」
    • 월명사가 지은 10구체 향가로, 「삼국유사」에 수록
    • 떨어지는 낙엽: 죽은 누이
    • 한 가지: 혈육
  ㉡ 「처용가(處容歌)」 20 22
    • 처용이 지은 8구체 향가, 무가(巫歌), 「삼국유사」에 수록
    • 아내를 빼앗은 역신에게 관용의 정신을 베풂

(4) 고려속요 23
① 평민층에서 불렸던 민요적 시가
② 구전되다가 훈민정음이 창제된 후 기록·정착
③ 내용: 주로 남녀간의 사랑, 자연에 대한 예찬, 이별의 아쉬움 등 현세적·향락적 평민들의 인간상
④ 주요 작품: 「동동」, 「청산별곡」, 「가시리」, 「쌍화점(雙花店)」 22 24
⑤ 「쌍화점(雙花店)」
  ㉠ 전 4연 분절체 고려속요, 남녀상열지사(음사), 「악장가사」에 수록
  ㉡ 당시의 퇴폐적이고 문란한 성 윤리를 노골적·풍자적으로 그린 노래
  ㉢ 배경: 만두가게, 절, 우물, 술집

(5) 경기체가 21
① 사대부가 한자로 기록
② 구체적 사물들을 나열하면서 객관적인 설명을 하는 교술시
③ 음수율: 3음절, 4음절
④ '경(景)긔 엇더ᄒ니잇고'라는 문구 포함
⑤ 「한림별곡(翰林別曲)」 24
  ㉠ 한림 유생들의 향락적 풍류생활을 노래한 8장의 분절체
  ㉡ '경(景)긔 엇더ᄒ니잇고'의 후렴구
  ㉢ 경기체가의 효시로 가사문학에 영향을 줌, 「악장가사」에 수록

(6) 악장 24
① 개념: 궁중의 여러 의식과 행사 및 연례, 즉 나라에서 거행하는 공식적인 행사에 사용되던 조선 초기의 송축가(頌祝歌)

② 특성: 궁중의 목적 문학(금방 소멸), 교훈적 목적성
③ 내용: 조선 건국의 정당성 강조, 조선 창업과 왕의 업적을 송축, 왕의 만수무강 기원, 문물제도의 찬양, 후대왕들에 대한 권계 등

(7) 시조

① 고려 중기에 발생하여 말엽에 완성된 형태로서, 조선 시대를 거쳐 지금까지 창작되고 애송되는 우리 국문학의 대표적인 장르
② 형식
　㉠ 3장(초장, 중장, 종장) 6구 12음보 45자 내외가 기본 형인 정형시
　㉡ 음수율은 3 · 4조 또는 4 · 4조가 기조
　㉢ 4음보의 율격을 이루며, 종장의 첫 음보는 3음절로 고정
③ 종류: 평시조, 엇시조, 사설시조

(8) 가사 20 21 23

① 3 · 4조 또는 4 · 4조 연속체로 된 4음보의 운문
② 임금에 대한 은총, 자연에서의 유유자적한 삶을 표현
③ 「상춘곡」, 「관동별곡」, 「사미인곡」, 「속미인곡」
④ 주요 작품
　㉠ 「사미인곡(思美人曲)」 24
　　· 정철의 서정가사로, 「속미인곡」과 더불어 가사 문학의 극치를 이룬 작품
　　· 고려속요의 맥을 잇는 연군지사
　　· 화자를 기러기에 비유
　　· 괴시니 → 사랑하시니
　㉡ 「용부가(庸婦歌)」
　　· 작자 미상의 4 · 4조로 된 조선 후기 가사, 풍자적 · 교훈적 성격
　　· 여성들의 비행(非行)을 비판, 조선 후기 새로운 시대상을 사실적 · 서사적으로 반영
　㉢ 「안심가(安心歌)」
　　· 최제우가 부녀자들을 안심시키려고 지은 가사
　　· 동학혁명의 사상적 동력이 됨
⑤ 동방의 이소라고 칭하는 정철의 작품: 「관동별곡」, 「사미인곡」, 「속미인곡」

(9) 서사문학

① 설화문학
　㉠ 「조신몽 설화(調信夢說話)」
　　· 몽유록계 문학의 효시, 「삼국유사」에 수록
　　· 「구운몽」(김만중), 「꿈」(이광수), 「잃어버린 사람들」(황순원)에 영향을 줌
　　· 남가일몽, 한단지몽

　㉡ 「도미처 설화(都彌妻說話)」
　　· 「춘향전」의 근원설화, 「삼국사기」에 수록
　　· 백제 개루왕 때의 사람인 도미 이야기
② 패관문학
　㉠ 민간의 가담과 항설을 토대로 한자로 기록함으로써 형성
　㉡ 「파한집」, 「보한집」, 「역옹패설」, 「백운소설」 23
③ 가전체 문학 24
　㉠ 물건을 의인화하여 사람들에게 경계심을 일깨워 줄 목적
　㉡ 「국순전」, 「국선생전」, 「죽부인전」, 「저생전」, 「공방전」 24

(10) 고전산문

① 소설
　㉠ 임란 이전의 전기: 본격적으로 소설이 창작되었지만, 완전하지 않음(「금오신화」) 23
　㉡ 임란 이후의 완숙기: 한글소설이 비로소 출현(「홍길동전」, 「구운몽」)
　㉢ 군담소설: 「임진록」, 「임경업전」, 「박씨전」, 「최고운전」 22
　㉣ 애정소설: 「숙향전」, 「옥단춘전」, 「춘향전」, 「숙영낭자전」 23
② 판소리
　㉠ 서민들의 일상생활을 해학적으로 풍자
　㉡ 판소리 6마당: 춘향가, 수궁가, 심청가, 흥부가, 적벽가, 변강쇠가 21
　㉢ 판소리계 소설 23
　　· 비속어와 고사성어, 우리말의 생생한 느낌의 의성어 · 의태어 사용
　　· 풍자적 · 해학적 인물 등장
　　· 근원 설화 및 판소리와 밀접한 관련
　　· 서민의식의 발달상 반영
　　· 표면적 주제와 이면적 주제가 다름
③ 주요 작품
　㉠ 「양반전(兩班傳)」
　　· 풍자소설, 사상적 배경: 실사구시(實事求是)의 실학 사상, 북벌론 비판
　　· 주제: 양반의 무기력하고 위선적인 생활에 대한 비판과 풍자
　　· 양반 매매 문권 1: 문권의 엄격한 준서 조항으로 양반 사류의 모습을 희화화
　　· 양반 매매 문권 2: 가문에 기대어 무단을 자행하는 일그러진 양반의 행태 표출
　㉡ 「운영전(雲英傳)」 21
　　· 애정소설(염정소설) · 몽유소설, 액자식 구성
　　· 주제: 신분적 제약을 초월한 남녀 간의 비극적인 사랑

· 고대소설의 보편적 주제인 권선징악에서 벗어난 비극적 소설
　㉢ 「최척전(崔陟傳)」 21
　　· 군담소설 · 영웅소설 · 한문소설
　　· 주제: 전쟁으로 인한 슬픔의 재회
　　· 당시의 시대적 상황이 사실적으로 반영됨
　㉣ 「박씨전(朴氏傳)」 22
　　· 군담소설, 설화적 근거의 변신 모티프(박색 → 변신 → 절색)
　　· 병자호란 패배를 문학적으로 보상받고자 하는 심리 반영
　㉤ 「구운몽(九雲夢)」
　　· 몽유류 소설의 효시, 양반 소설의 대표작, 국문소설 · 이상소설
　　· 근원설화: 조신몽 설화
　　· 유교(입신양명, 부귀공명), 도교(신선사상), 불교(핵심적 주제인 空사상) 다룸
　　· 주제: 인생무상과 불법 귀의(불교 空사상 중심)
　㉥ 「배비장전(裵裨將傳)」
　　· 판소리계 소설, 해학적 · 풍자적, 발치설화와 미궤설화가 근간이 됨
　　· 주제: 양반의 위선을 폭로하고 조롱 · 풍자
　㉦ 「춘향전(春香傳)」 23
　　· 판소리계 소설
　　· 근원설화: 신원 설화, 암행어사 설화, 노진 설화, 남원고사
　　· 특권계급에 대한 평민들의 저항, 근대의식 성장
　　· 주제: 굳은 정절과 신분을 초월한 사랑
　㉧ 「허생전(許生傳)」 22
　　· 작가 박지원, 고대 소설, 한문 소설, 풍자 소설
　　· 몰락한 양반 주인공, 당시의 빈약한 경제사정 반영, 조선 시대 지배계층의 위선적 행동 비판
　㉨ 「홍길동전」
　　· 최초 국문소설
　　· 봉건제도 개혁, 적서차별 타파, 이상국 건설

(11) 한문학

① 한문 한시의 실제
　㉠ 신라 시대
　　· 「秋夜雨中」(추야우중)
　　　- 근체시와 율시의 형식을 갖춤(5언절구)
　　　- 타국에서 고향을 그리워하는 마음을 밤중에 내리는 비를 통해 묘사
　　　- 주제: 고국에 대한 그리움
　　· 「登潤州慈和寺」(등윤주자화사)
　　　- 최치원의 7언율시의 한시, 중국 역사에 대한 회고의 정을 읊은 작품

　　　- 주제: 인생의 무상함에 대한 성찰
　㉡ 고려 시대 23
　　· 「大同江」(대동강에서)
　　　- 정지상의 7언절구의 한시, 이별을 슬퍼하는 애상적 어조, 도치법, 과장법
　　　- 이별을 노래한 가장 뛰어난 한시 작품
　　　- 주제: 임을 보내는 정한
　　· 「送人」(송인: 임을 보내며) 21
　　　- 「대동강」의 또 다른 작품
　　　- 이별은 만날 것을 기약하는 이별
　　　- 주제: 사랑하는 사람을 보내는 심정
　　· 「山居」(산거: 산에서 사노라니)
　　　- 이인로의 5언절구의 한시
　　　- 시간적 배경: 늦봄 한낮
　　　- 대구법: 기와 승구
　　　- 주제: 깊은 산속의 풍경
　　· 「夏日卽事」(하일즉사: 어느 여름날에)
　　　- 이규보의 7언율시, 여름날의 한가로움과 권태로움을 노래
　　　- 대낮의 빛이 아니라, 어두운 세상을 밝히는 구름 사이의 빛을 자신이라 표현
　　· 「山中雪夜」(산중설야: 산속의 눈 오는 밤)
　　　- 이제현의 7언절구
　　　- 주제: 설야에 산속 절간의 정경과 설압송에 끌리는 작자의 심정
　　· 「讀漢史」(독한사: 한나라 역사를 읽다가)
　　　- 「한서(漢書)」를 읽은 소감의 글
　　　- 현실의 모순과 타락한 유풍(儒風)을 한탄
　　· 「浮壁樓」(부벽루: 부벽루에 올라서서)
　　　- 이색의 5언율시, 율시와 대구 표현이 중심, 역사와 인간의 무상함을 노래한 한시
　　　- 새로운 왕조에 적극적으로 가담하거나 반대하지도 못한 시인의 우유부단함
　㉢ 조선 시대 23
　　· 「獨坐」(독좌: 홀로 앉아서)
　　　- 서거정의 5언율시, 자연물을 통해 화자의 처지와 내면 심리를 암시적으로 표현
　　　- '거문고의 소리', '화로의 불씨'를 통해 관직에 나가고 싶은 마음을 표출
　　　- 주제: 은거하는 삶에서 느끼는 고독
　　· 「訪曺處士山居」(방조처사산거: 산에 사는 조처사를 방문하여)
　　　- 박순의 7언절구
　　　- 주제: 친구와의 이별
　　　- 속세를 떠나 은거하는 친구 조준룡을 찾아가 주변 풍경을 보고 느낀 바를 쓴 시

・「忠州石」(충주석)
- 조선 중기 권필이 지은 7언고시, 사회 모순을 포착하여 현실주의 미학으로 승화
- 탐욕스러운 세도가의 신도비를 세우기 위해 파헤쳐지는 돌과 그것을 나르는 민중을 나타냄
・「田舍」(전사: 시골집에서)
- 조선 후기 실학자 박제가의 5언율시, 농촌의 사실적인 풍경 묘사
- 주제: 농촌의 한가로운 풍경
② 한문 문장의 실제
㉠ 고려 시대 23
・「溫達傳」(온달전)
- 김부식의 신분상승형 설화, 기전체 역사서
- 입신양명을 통한 유교적 가치 실현
- 주제: 신분을 초월한 사랑과 공주와 온달의 자아 실현
・「上元伯住丞相書」(상원백주승상서: 원나라 백주 승상에게 올리는 글)
- 이제현이 백주승상에게 충선왕의 방환을 요청하는 우국충정(憂國衷情)의 편지글
- 3단 구성, 끊는 듯한 간결미의 문체
・「眞宗寺記」(진종사기)
- 공민왕 때 영밀공의 영정이 진종사에 봉안되자 목은 이색이 지은 글
- 세상 사람들이 불교에만 집착하여 유교를 돌아보지 않음을 비판
㉡ 조선 시대
・「祭金而好文」(제김이호문: 김이호를 제사하는 제문): 김이호의 죽음을 애도하는 제문으로 김이호를 보내는 작자의 안타까운 심정을 훌륭하게 표현
・「辭戶曹參議疏」(사호조참의소: 호조참의를 사양하는 상소문)
- 김만중의 작품으로, 자신이 존중하는 인물(송시열, 송준길, 이유태)을 언급
- 송시열이 탄핵을 받는 상황에서 출사할 수 없음을 밝힌 작품
・「夜出古北口記」(야출고북구기: 밤에 고북구를 나가면서): 연암 박지원의 견문기, 한밤중에 만리장성을 넘는 감회를 서술한 글 → 간결하고 응축적인 연암 특유의 문체

(12) 구비문학
① 민요 22
㉠ 민중 속에 전승되어 온 비전문적인 향토가요, 3·4조(4·4조) 운율
㉡ 삶에서 부딪히는 문제들에 대한 소명, 그리움, 슬픔, 기쁨 등의 주제 24

② 무가
㉠ 주술성, 신성성, 전승의 제한성, 오락성, 율문성
㉡ 판소리 발생의 토대가 되었고, 영웅소설 서사 구조의 원형을 제공
㉢ 고대의 제천의식에서 비롯되었다고 추정
③ 판소리 22 24
㉠ 주로 서민들의 일상생활을 해학적으로 풍자
㉡ 창사(唱詞)의 내용에는 극적 요소가 많고, 체제는 소설적이기보다 희곡적이며, 문체는 산문이 아닌 시가체(詩歌體)
㉢ 풍자·해학 등의 골계적인 수법을 풍부하게 구사하고 있음
④ 민속극
㉠ 민간에서 행위로 전승되는 연극(무극·가면극·인형극)
㉡ 민속극은 피지배계층(민중) 다수의 삶과 사고방식에 깊이 관련되어 있음
㉢ 양반에 대한 비판, 풍자의 정도가 큼
⑤ 속담 및 수수께끼
㉠ 구비전승됨
㉡ 단문(대체로 20음절 이내이며, 길어도 40음절을 넘지 않음)
㉢ 서사적 줄거리 등이 없음
㉣ 교술산문
㉤ 말 이외의 가락 등이 쓰이지 않음

---

03 현대문학

(1) 문학에 대한 총체적 이해
① 문학의 본질
㉠ 문학의 정의: 인생을 탐구하고 표현하는 창조의 세계
㉡ 문학의 기원: 모방 본능설, 유희 본능설, 흡인 본능설, 자기표현 본능설, 발생학적 기원설, 발라드 댄스설
㉢ 문학의 본질: 언어 예술, 개인 체험의 표현, 사상과 정서의 표현, 상상의 세계, 통합된 구조
㉣ 문학의 특성: 항구성, 보편성, 개성
㉤ 문학의 관점: 모방론(플라톤, 아리스토텔레스), 표현론(영감설, 장인설), 효용론(공리설, 쾌락설), 존재론
② 최근 30년간 북한소설의 창작 경향
㉠ 북한소설의 창작원리: 주체적 인간학 정립, 당성·노동계급성·인민성 구현, 종자론과 수령현상 창조, '산 인간'을 그림

㉡ 주체문예이론은 혁명적 수령관과 연결되며, 김일성의 항일투쟁과 관계
㉢ 북한문학의 창작 시기 구분: 해방 직후(사회 개혁기), 6·25 전쟁 이후(전후 복구와 건설기), 사회주의제도 확립기(1959~1966), 주체사상 적립기(1967년 이후), 구소련 연방의 붕괴(1988년 이후), 동구권 변혁기(식량난 시기~오늘날)
㉣ 1970년대: 혁명역사, 토지개혁 투쟁, 6·25 전쟁 현실, 사회주의 현실, 장편역사소설
㉤ 1980년대: 인텔리 형상과 노동자의 전형 창조, 과학기술혁신, 청년 전위의 주체적 등장, 여성의 자주성
㉥ 1990년대: 김정일의 형상 창조, 농촌에서의 삶의 가치 고양, 애정모티브의 등장, 과학기술의 문제와 소설 창조, 통일염원의 문학

(2) 현대시에 대한 이해
① 한국 현대시 개관
㉠ 1910년대: 자유시 등장(최초의 문예 주간지 「태서문예신보」), 계몽성과 교훈성 쇠퇴, 새로운 시인의 등장, 새로운 내용과 형식의 모색 22
㉡ 1920년대: 3·1 운동 실패의 좌절감, 퇴폐 풍조 유입, 프로문학과 국민문학파 등장, 시조부흥운동, 서정시의 정립, 감상주의 23
㉢ 1930년대: 카프 해체, 순수 서정시 지향과 옹호, 모더니즘 대두, 생명파·청록파 등장, 여류시인의 등장, 초현실주의·리얼리즘 등 다양한 기법 등장 22 23
㉣ 1940년대: 저항과 자기성찰의 문학, 전통에 대한 관심의 표출, 청록파와 생명파의 시 발표, 이념 논쟁의 심화, 민족주의적 경향 23
㉤ 1950년대: 전쟁체험의 형상화, 현실참여의식, 전통적 순수시 추구, 주지적 서정시 대두
㉥ 1960년대: 적극적 변혁의 의지 표현, 순수 서정과 낭만성을 강조한 경향시 대두
㉦ 1970년대: 현실 참여시 등장, 모더니즘적 경향
② 이상화와 김소월의 현실과 자연 23
㉠ 시관
・이상화: 식민지 시대의 작가로서 시대적·사회적 책임 강조, 현실·역사에 참여하여 양심 역설
・김소월: 도시문명에 대한 혐오와 자연 예찬, 시공간을 초월한 시혼의 불변성 강조
㉡ 시문학관
・이상화: 초기의 유미적·퇴폐적 성격 → 후기의 민족 현실에 대한 관심 고조로 저항의지를 노래
・김소월: 자연발생적 정감에 바탕을 두면서도 존재론적 측면을 강조, 전통 지향성

③ 한국 현대시 작품 감상
㉠ 「빼앗긴 들에도 봄은 오는가」(이상화) 23
・자연적 소재들의 비유를 통해 향토적 정서와 친근감, 촉각적·시각적 심상, 직유법·의인법
・주제: 국권 회복에의 염원과 의구심
㉡ 「유리창」(정지용) 20
・유리창(이승과 저승의 운명적 단절과 연결의 매개체), 역설법('외로운 황홀한 심사이어니')
・슬픔을 억제하는 차분한 어조, 선명한 시각적 이미지 23
・별·새: 죽은 아이를 상징
・주제: 죽은 아이에 대한 그리움과 슬픔
㉢ 「바다와 나비」(김기림)
・색채 대비를 통한 선명한 이미지 제시, 회화적 심상을 중시하는 주지적 모더니즘 시
・시각적 심상(흰 나비, 푸른 바다, 새파란 초생달)
・주제: 새로운 세계에 대한 동경의 좌절과 냉혹한 현실 인식
㉣ 「성북동 비둘기」(김광섭) 23
・선명한 감각적 이미지 제시(청각, 후각, 시각의 심상 대비)
・비둘기를 의인화하여 인간과 자연의 문제를 대립적으로 설정
・주제: 파괴되어 가는 자연의 순수성에 대한 향수와 인간성 상실에 대한 비판
㉤ 「생명의 서」(유치환)
・직설적 어조로 강한 의지 표현, 관념적 한자어의 사용
・현실 속의 자아는 삶의 본질을 모르고 회의하고, 본질적 자아는 삶의 본질을 파악함
・주제: 삶의 본질을 추구하려는 강한 생명 의지
㉥ 「와사등」(김광균) 23
・수미쌍관 구성, 공감각적 심상, 감각적 묘사와 비유를 통한 이미지 제시
・주제: 현대인의 고독감과 불안 의식
㉦ 「청노루」(박목월)
・조사를 생략, 'ㄴ' 음의 반복 사용, 시선의 이동(원근법), 현실과 단절된 이상세계의 평화를 그림
・주제: 봄의 정경과 정취
㉧ 「깃발」(유치환)
・색채의 대조(푸른 해원과 백로), 공감각적 심상, 역동적 이미지, 의인법·도치법
・인간과 생명의 탐구에 주력, 깃발의 비유(아우성, 손수건, 순정, 애수, 마음)
・모순 형용: 이것은 소리 없는 아우성
・주제: 이상향에 대한 향수와 그 좌절

독학학위제 소개 BDES

독학학위제란?

「독학에 의한 학위취득에 관한 법률」에 의거하여 국가에서 시행하는 시험에 합격한 사람에게 학사학위를 수여하는 제도

- ☑ 고등학교 졸업 이상의 학력을 가진 사람이면 누구나 응시 가능
- ☑ 대학교를 다니지 않아도 스스로 공부해서 학위취득 가능
- ☑ 일과 학습의 병행이 가능하여 시간과 비용 최소화
- ☑ 언제, 어디서나 학습이 가능한 평생학습시대의 자아실현을 위한 제도
- ☑ 학위취득시험은 4개의 과정(교양, 전공기초, 전공심화, 학위취득 종합시험)으로 이루어져 있으며 각 과정별 시험을 모두 거쳐 학위취득 종합시험에 합격하면 학사학위 취득

독학학위제 전공 분야 (11개 전공)

※ 유아교육학 및 정보통신학 전공 : 3, 4과정만 개설
  (정보통신학의 경우 3과정은 2025년까지, 4과정은 2026년까지만 응시 가능하며, 이후 폐지)
※ 간호학 전공 : 4과정만 개설
※ 중어중문학, 수학, 농학 전공 : 폐지 전공으로, 기존에 해당 전공 학적 보유자에 한하여 2025년까지 응시 가능

※ 시대에듀는 현재 4개 학과(심리학과, 경영학과, 컴퓨터공학과, 간호학과) 개설 완료
※ 2개 학과(국어국문학과, 영어영문학과) 개설 중

독학학위제 시험안내 INFORMATION

⬡ 과정별 응시자격

단계	과정	응시자격	과정(과목) 시험 면제 요건
1	교양	고등학교 졸업 이상 학력 소지자	• 대학(교)에서 각 학년 수료 및 일정 학점 취득 • 학점은행제 일정 학점 인정 • 국가기술자격법에 따른 자격 취득 • 교육부령에 따른 각종 시험 합격 • 면제지정기관 이수 등
2	전공기초		
3	전공심화		
4	학위취득	• 1~3과정 합격 및 면제 • 대학에서 동일 전공으로 3년 이상 수료 (3년제의 경우 졸업) 또는 105학점 이상 취득 • 학점은행제 동일 전공 105학점 이상 인정 (전공 28학점 포함) • 외국에서 15년 이상의 학교교육과정 수료	없음(반드시 응시)

⬡ 응시방법 및 응시료

- 접수방법 : 온라인으로만 가능
- 제출서류 : 응시자격 증빙서류 등 자세한 내용은 홈페이지 참조
- 응시료 : 20,700원

⬡ 독학학위제 시험 범위

- 시험 과목별 평가영역 범위에서 대학 전공자에게 요구되는 수준으로 출제
- 독학학위제 홈페이지(bdes.nile.or.kr) ➡ 학습정보 ➡ 과목별 평가영역에서 확인

⬡ 문항 수 및 배점

과정	일반 과목			예외 과목		
	객관식	주관식	합계	객관식	주관식	합계
교양, 전공기초 (1~2과정)	40문항×2.5점 =100점	–	40문항 100점	25문항×4점 =100점	–	25문항 100점
전공심화, 학위취득 (3~4과정)	24문항×2.5점 =60점	4문항×10점 =40점	28문항 100점	15문항×4점 =60점	5문항×8점 =40점	20문항 100점

※ 2017년도부터 교양과정 인정시험 및 전공기초과정 인정시험은 객관식 문항으로만 출제

○ 합격 기준

■ 1~3과정(교양, 전공기초, 전공심화) 시험

단계	과정	합격 기준	유의 사항
1	교양	매 과목 60점 이상 득점을 합격으로 하고, 과목 합격 인정(합격 여부만 결정)	5과목 합격
2	전공기초		6과목 이상 합격
3	전공심화		

■ 4과정(학위취득) 시험 : 총점 합격제 또는 과목별 합격제 선택

구분	합격 기준	유의 사항
총점 합격제	• 총점(600점)의 60% 이상 득점(360점) • 과목 낙제 없음	• 6과목 모두 신규 응시 • 기존 합격 과목 불인정
과목별 합격제	• 매 과목 100점 만점으로 하여 전 과목(교양 2, 전공 4) 60점 이상 득점	• 기존 합격 과목 재응시 불가 • 1과목이라도 60점 미만 득점하면 불합격

○ 시험 일정

| 1단계
2월 중 | 2단계
5월 중 | 3단계
8월 중 | 4단계
10월 중 |

■ 1단계 시험 과목 및 시간표

구분(교시별)	시간	시험 과목명
1교시	09:00~10:40(100분)	국어, 국사(필수)
2교시	11:10~12:00(50분)	외국어(필수) : 영어, 독일어, 프랑스어, 중국어, 일본어 중 택 1과목
중식 12:00~12:50(50분)		
3교시	13:10~14:50(100분)	현대사회와 윤리, 문학개론, 철학의 이해, 문화사, 한문, 법학개론, 경제학개론, 경영학개론, 사회학개론, 심리학개론, 교육학개론, 자연과학의 이해, 일반수학, 기초통계학, 컴퓨터의 이해 중 택 2과목

※ 시험 일정 및 세부사항은 반드시 독학학위제 홈페이지(bdes.nile.or.kr)를 통해 확인하시기 바랍니다.

※ 시대에듀에서 개설된 과목은 빨간색으로 표시하였습니다.

2024년 기출 경향 분석

⬡ 총평

작년과 비교했을 때, '국어학'의 문항 수는 변함없었습니다. 문법적 지식은 물론이고 구체적 사례까지 잘 알고 있어야 풀 수 있는 문제들이 많아서 난도 역시 작년과 마찬가지로 높았습니다. '고전문학'의 경우 문항 수는 1개 더 늘었으나, 난도는 예년과 큰 차이가 없었습니다. 그러나 주요 작가 및 작품의 세부적인 내용까지 잘 알고 있어야 풀 수 있는 문제들이 출제되었기 때문에 꼼꼼히 학습해야 합니다. '현대문학'의 경우 문항 수는 1개 줄었고, 고전문학과 마찬가지로 구체적인 작품 및 작가에 대한 지식이 필요한 문제들이 출제되었기 때문에 전반적인 난도는 전년과 비슷하더라도 체계적으로 학습해야 합니다.

⬡ 학습 방법

우선 기본서를 토대로 영역별 핵심내용 및 흐름을 파악하고, 문제를 통해 숙지합니다. 이후 영역별로 빈출되는 작가 및 작품에 대한 구체적인 내용을 파악하고, 기출문제를 풀며 문제 유형에 적응합니다. 그 뒤 예상문제를 활용하여 반복적으로 문제를 풀며 다양한 지식을 확실하게 숙지합니다.

세부적인 내용을 묻는 문제들이 지속적으로 많이 출제되고 있습니다. 또한 고전과 현대를 막론하고 운문과 산문의 대표 장르인 시(시조, 가사)와 소설에 관해 묻는 문제가 많습니다. 작품보다 작가에 주목하여 출제되는 경향도 보이니 주요 작가에 대해서도 꼼꼼히 알아두는 것이 중요합니다.

⬡ 출제 영역 분석

출제 영역		문항 수		
		2022년	2023년	2024년
국어학	–	14	13	13
고전문학	총론	1	1	0
	고전시가	3	5	7
	고전산문	4	4	6
	한문학	0	2	0
	구비문학	3	1	1
현대문학	현대시	4	7	7
	현대소설	8	5	3
	현대희곡	1	2	2
	현대수필	2	0	1
총합		40	40	40

합격수기 COMMENT

독학사 시험을 처음 준비하면서 학습 계획을 세우려고 경험 삼아 시험을 보러 갔을 때, 시험장에서 사람들이 무슨 책을 가지고 공부하는지 살펴볼 수 있었는데, 그때 알게 된 것이 시대에듀입니다. 시대에듀에서 출간한 문제집을 구매한 후 동영상 강의가 있다는 것도 알게 되었고, 혼자서는 막막했던 공부를 보다 수월하게 준비할 수 있었습니다. 잘 정리된 이론과 문제풀이 해설은 효율적인 학습을 하는 데 도움이 되었고, 상세한 설명이 포함된 동영상 강의는 과목에 대한 전반적인 이해도를 높여주었습니다.

독학사 시험은 워낙 공부할 내용이 방대하다 보니 이론 학습과 문제풀이 연습을 최대한 단기간에 끝내고 싶었습니다. 서점에서 여러 도서들을 비교해 보다가 시대에듀에서 출간한 교재로 공부를 시작했고, 나중에는 '1단계 5과목 벼락치기' 교재도 구입했습니다. 제가 선택한 5과목이 한 권에 다 수록되어 있어서 보다 간편하게 마무리 점검용으로 활용할 수 있었습니다. 문제를 풀어 보고도 잘 이해되지 않는 부분은 동영상 강의의 도움을 받는 편인데, 기출문제 무료 강의가 제공되니 유용하게 활용할 수 있었습니다. 필수 암기 키워드는 처음 학습하면서 주요 내용이 무엇인지 파악하는 데 많은 도움이 됐습니다.

독학사 시험에 합격하겠다는 목표는 잡았는데, 공부를 어떻게 해야 하는지 몰라서 감을 못 잡고 헤매고 있었습니다. 그러다가 인터넷 검색을 통해 시대에듀 교재를 선택하게 됐는데, 교재가 체계적으로 구성되어 있어 개념을 잡는 데 많은 도움이 되었습니다. 최신기출문제를 통해 출제 경향을 파악할 수 있었고, 출제 경향이 반영된 실전예상문제와 최종모의고사로 공부한 내용을 확실하게 점검할 수 있었습니다. 교재 앞부분에 수록된 필수 암기 키워드를 반복해서 봤는데, 주요 개념을 체크할 수 있어서 좋았습니다.

독학사는 시험을 주관하는 국가평생교육진흥원에서 관련 교재를 출간하지 않고, 기출문제도 공개하지 않아 교재를 선택하는 데 많은 어려움이 있었습니다. 여러 후기들을 비교하여 선택한 시대에듀의 독학사 기본서 시리즈는 탁월한 선택이었던 것 같습니다. 출제 경향을 반영한 핵심이론과 문제들로 기초를 탄탄하게 세울 수 있었습니다. 특히 도움이 되었던 것은 무료로 제공되는 필수 암기 키워드 특강이었습니다. 이 강의를 통해 개념 체계를 잘 세울 수 있었고, 시험 직전에 마무리 점검을 할 때에도 도움이 되었습니다.

01 필수 암기 키워드

핵심이론 중 반드시 알아야 할 중요 내용을 요약한 '필수 암기 키워드'로 개념을 정리해 보세요.

02 최신기출문제

'2024~2022년 기출복원문제'를 풀어 보면서 출제 경향을 파악해 보세요.

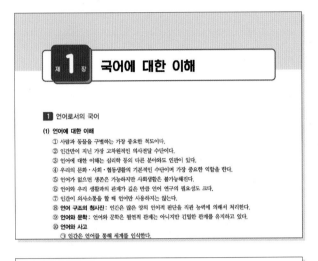

03 핵심포인트

핵심만 간추려 정리한 '핵심포인트'로 주요 내용을 빠르게 학습해 보세요.

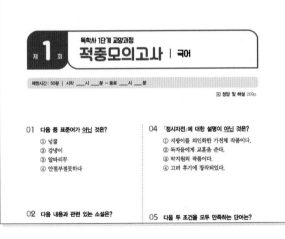

04 적중모의고사

학습한 내용을 바탕으로 '적중모의고사'를 풀어 보면서 문제를 해결하는 능력을 길러 보세요.

+P/L/U/S+

1단계 시험을 핵심자료로 보강하자!

국어/영어/국사 <핵심자료집 PDF> 제공

1단계 시험을 준비하는 수험생을 위해 교양필수과목인 국어/영어/국사 핵심 요약집을 PDF로 제공하고 있어요. 국어는 고전문학/현대문학, 영어는 중요 영단어/숙어/동의어, 국사는 표/사료로 정리했어요.

※ 경로 : www.sdedu.co.kr → 독학사 → 학습자료실 → 강의자료실

목차 CONTENTS

PART 4 적중모의고사

PART 5 정답 및 해설

지식에 대한 투자가 가장 이윤이 많이 남는 법이다.

– 벤자민 프랭클린 –

국어

최신기출문제

출/ 제/ 유/ 형/ 완/ 벽/ 파/ 악/

홀륭한 가정만한 학교가 없고, 덕이 있는 부모만한 스승은 없다.

– 마하트마 간디 –

2024년 기출복원문제

국어

▶ 온라인(www.sdedu.co.kr)을 통해 기출문제 무료 강의를 만나 보세요.

※ 기출문제를 복원한 것으로 실제 시험과 일부 차이가 있으며, 저작권은 시대에듀에 있습니다.

---

01 다음 내용에 해당하는 음운현상은?

> 자음 중에는 조음 과정에서 비강 공명을 발생시키는 것들이 있다. 이러한 자음들이 파열음과 만날 경우 발음을 보다 편하게 하기 위해 파열음을 자신과 마찬가지로 비강 공명이 일어나는 소리로 변화시킨다.

① 내가 굳이 거기에 가야 할까?
② 그가 밤에 야식을 먹는다.
③ 봄바람에 민들레 홀씨가 날아다닌다.
④ 햇빛이 눈부셔서 실눈을 뜨고 바라보았다.

---

02 다음 내용에 해당하는 것으로 옳은 것은?

> • 파생어를 만든다.
> • 의미는 더하는데 품사는 바꾸지 못한다.
> • '맨손'에서 '맨–', '시퍼렇다'에서 '시–'가 그 예이다.

① 보조사
② 접두사
③ 형용사
④ 대명사

---

01 제시문에서 설명하고 있는 음운현상은 '비음화'이다. 비음화는 파열음 'ㄱ, ㄷ, ㅂ'이 비음 'ㄴ, ㅁ, ㅇ'과 만났을 때, 비음의 영향으로 'ㅇ, ㄴ, ㅁ'으로 바뀌어 소리 나는 현상이다. '먹는다'의 경우, '먹–'의 받침 'ㄱ'이 뒤에 오는 'ㄴ'과 만나 'ㅇ'으로 바뀌어 [멍는다]로 발음되는데, 이것이 비음화에 해당한다.
① 첫 음절의 받침 'ㄷ'이 모음 'ㅣ'와 만나 'ㅈ'으로 바뀌어 [구지]로 발음되는데, 이는 구개음화에 해당한다.
③ [봄빠라메]로 소리 난다. 이는 '봄'과 '바람'이 합쳐져 합성명사가 만들어질 때 뒤에 오는 명사의 첫 자음이 된소리로 바뀌는 된소리되기 현상과 연음 현상을 보여 준다.
④ 두 번째 음절의 초성인 'ㄴ'이 첫 음절의 받침 'ㄹ'과 만나 유음 'ㄹ'로 바뀌어 [실룬]으로 소리 나는데, 이는 유음화에 해당한다.

02 접사는 어근에 붙어 파생어를 만드는 것으로, 어근의 앞에 붙는 접두사와 어근의 뒤에 붙는 접미사가 있다. 접두사는 어근에 특정한 뜻을 더하거나 강조하기만 하고, 접미사는 뜻을 더할 뿐 아니라 '깊이'의 '–이'처럼 품사를 바꿀 수도 있다.

정답 01 ② 02 ②

03 한글을 로마자로 표기할 때는 외국인이 우리말 발음에 가장 비슷하게 발음하도록 하기 위해 소리 나는 대로 적는 것을 원칙으로 한다. 따라서 '신라'의 올바른 로마자 표기는 실제 발음인 [실라]를 반영한 [Silla]이다.

04 훈민정음 창제 이전에도 이두나 향찰과 같은 방법으로 한국말의 어미나 조사를 표현하고자 하는 시도가 있었다. 실질 형태소는 주로 한자어의 훈을 이용하여 나타내고, 어미나 조사와 같이 중국어에는 없는 우리말의 문법적 특징을 표현할 때는 한자어의 음을 이용했다.

05 표준어를 사용하는 사람은 그렇지 않은 사람보다 우월한 사람임을 드러낸다. 그러나 이러한 이유는 표준어가 방언보다 언어 자체적으로 우월해서가 아니라 표준어를 사용한다는 것이 교육을 정상적으로 받았다는 것을 의미하기 때문이다.

03 다음 중 한글과 로마자 표기의 연결이 옳지 <u>않은</u> 것은?

① 신라 - [Sinla]
② 독도 - [Dokdo]
③ 종로 - [Jongno]
④ 울산 - [Ulsan]

04 다음 중 훈민정음에 대한 설명으로 옳지 <u>않은</u> 것은?

① 훈민정음은 '백성을 가르치는 바른 소리'라는 뜻이다.
② 훈민정음은 1443년에 창제되었고, 1446년에 반포되었다.
③ 훈민정음 창제 이전에는 어미나 조사를 표현할 수단이 없었다.
④ 훈민정음 가운데 'ㆆ, ㅿ, ㆁ, ㆍ'는 현재 사용하지 않는다.

05 다음 중 표준어와 방언에 대한 설명으로 <u>틀린</u> 것은?

① 표준어는 특별 대접을 받는다.
② 표준어는 교과서, 신문, 방송 등에서 두루 사용된다.
③ 표준어는 국민들의 일체감을 높인다.
④ 표준어는 방언보다 언어적으로 우위에 있다.

06 다음 중 밑줄 친 부분의 맞춤법이 옳은 것은?

① 밥을 <u>앉힌</u> 지 얼마나 되었니?

② 지금은 바쁘니까 <u>있다가</u> 얘기할래?

③ 아이들이 사방으로 <u>흐터졌다</u>.

④ 그는 보따리를 <u>끄르고</u> 안에 있던 상자를 보여주었다.

06 '맺은 것이나 맨 것을 풀다'는 의미의 말은 '끄르다'이므로, '끄르고'는 옳은 표기이다.

① '앉히다'는 '앉게 하다'라는 의미이다. '불 위에 올리다'라는 의미로 사용할 때는 '안치다'가 적절하므로 '안친'이 맞다.

② '조금 지난 뒤'라는 의미를 지닌 말은 '있다가'가 아니라 '이따가'이다.

③ '사방으로 퍼지다'라는 의미의 말은 '흩어지다'이므로 '흩어졌다'라고 수정해야 한다.

07 다음 중 밑줄 친 부분이 표준어 문법에 맞는 것은?

① 오늘은 어머니 <u>제삿날</u>이라 서둘러 일을 마쳤다.

② 아무런 <u>댓가</u>도 치르지 않고 무언가를 얻기 바라서는 안 된다.

③ 그는 벌써 <u>나룻터</u>까지 마중을 나갔다.

④ 할머니 말씀을 <u>예삿말</u>로 듣지 말고 명심해야 한다.

07 '제삿날'은 '제사'와 '날'이 합쳐져서 된 합성어로, 앞말이 모음으로 끝나고 뒷말의 첫소리가 'ㄴ', 'ㅁ' 앞에서 'ㄴ' 소리가 덧나는 경우이므로 사이시옷을 넣어 적는다.

② '대가'가 맞는 표기이다. '대가'처럼 한자어로만 이루어진 합성어의 경우, '곳간, 셋방, 숫자, 찻간, 툇간, 횟수'를 제외하고는 사이시옷을 사용하지 않는다.

③ '나루터'가 맞는 표기로, 이는 '나루 + 터'로 구성된 말이다. 이때 뒤에 오는 어근이 거센소리로 시작하므로 사이시옷이 들어갈 조건이 되지 않는다.

④ '예사말'은 '보통으로 가벼이 하는 말'이라는 뜻으로, 표준 발음은 [예:사말]이다. 'ㄴ' 소리가 덧나는 발음이 아니므로 사이시옷을 넣지 않고 '예사말'이라 쓰는 게 맞다.

정답 06 ④ 07 ①

08 두음법칙에 따르면 한자음 '녀, 뇨, 뉴, 니'가 단어 첫머리에 올 때는 '여, 요, 유, 이'로 적고, 한자음 '라, 래, 로, 뢰, 루, 르'가 단어 첫머리에 올 때는 '나, 내, 노, 뇌, 누, 느'로, 한자음 '랴, 려, 례, 료, 류, 리'가 단어 첫머리에 올 때는 '야, 여, 예, 요, 유, 이'로 적는다. '열심'의 '열'은 원래부터 '더울 열' 자이기 때문에 두음법칙이 적용된 예라 볼 수 없다.
① · ③ · ④ '익명성'의 '익'은 '숨을 닉' 자이고, '노인'의 '노'는 '늙을 로', '유행'의 '유'는 '흐를 류'이므로 두음법칙이 적용된 사례이다.

08 다음 중 밑줄 친 부분이 두음법칙에 해당하지 <u>않는</u> 것은?

① 사이버 공간은 <u>익명성(匿名性)</u>이 보장되므로 거친 말이 오가기 쉽다.
② <u>열심(熱心)</u>히 하면 좋은 결과가 올 거야.
③ 갈수록 <u>노인(老人)</u>들의 수가 증가하고 있다.
④ 지나치게 <u>유행(流行)</u>을 따르는 것은 좋지 않다.

09 제시된 문장 중 ㉠은 문맥상 '마음의 속'이라는 의미를 지닌 '의중'과 바꿔 쓸 수 있다. ㉡은 문맥상 '어떤 일에 대해 갖는 관심'이라는 의미를 지니므로 '관심'과 바꿔 쓸 수 있다.

09 다음 중 밑줄 친 용어와 의미가 유사한 것을 옳게 고른 것은?

> • 그는 은근히 내 ㉠ <u>마음</u>을 떠 보았다.
> • 공부에 ㉡ <u>마음</u>이 없다.

	㉠	㉡
①	의중	관심
②	심증	감정
③	느낌	성격
④	마음씨	의도

정답 08 ② 09 ①

10 다음 고사와 관련된 성어를 옳게 고른 것은?

> 춘추 전국시대 진나라에 위무자라는 사람에게는 애첩이 있
> 었다. 그는 평소 아들 위과에게 자기가 죽으면 애첩을 개가
> 시키라고 일렀다. 그러나 죽기 직전에 갑자기 애첩을 순장
> 시키라고 말을 바꿨다. 그러나 아들은 아버지가 죽기 직전
> 에 한 말은 정신이 혼미한 가운데 나온 것으로 판단하였고,
> 평소 했던 말에 따라 개가시켜 살려주었다. 훗날 위과가 전
> 쟁터에서 싸우다가 적군에 쫓겨 막다른 곳에 이르렀는데,
> 불현듯 한 노인이 나타나 적군이 탄 말들이 달려오는 길목
> 에 무성하게 자란 풀들을 열심히 묶었다. 조금 뒤 적군의
> 말들이 노인이 묶어놓은 풀에 다리가 걸려 모두 넘어졌고,
> 위과는 이틈을 타 적군을 모두 생포하여 전공을 세울 수
> 있었다. 그날 밤 위과의 꿈에 그 노인이 나타나 이르기를
> "나는 당신이 개가시킨 여자의 아버지요. 당신이 내 딸 목
> 숨을 구해줬기에 내가 보답을 한 것이오."라고 말했다. 즉,
> 여자의 죽은 아버지가 혼령이 되어 은혜를 갚은 것이다.

① 각골난망
② 결사보국
③ 결초보은
④ 난망지은

11 다음 중 밑줄 친 부분의 띄어쓰기가 옳은 것은?

① 누구나 <u>한 번</u>은 해야 하는 일이다.
② 제가 일단 <u>한 번</u> 해보겠습니다.
③ 낚시나 <u>한 번</u> 가시죠.
④ 이 개는 <u>한 번</u> 물면 놓지 않는다.

---

10 결초보은(結草報恩)은 풀을 묶어서 은혜에 보답한다는 뜻으로, 죽은 뒤에라도 은혜를 잊지 않고 갚는다는 뜻이다.
① 각골난망(刻骨難忘)은 은혜를 마음속에 깊이 새겨 잊지 않는다는 뜻이다.
② 결사보국(決死報國)은 죽기를 각오하고 있는 힘을 다해 나라의 은혜에 보답한다는 뜻이다.
④ 난망지은(難忘之恩)은 잊을 수 없는 은혜라는 뜻이다.

11 '한 번'의 '번(番)'이 '일의 횟수'를 나타낼 때는 '번'이 의존 명사이므로 '한 번'이라고 띄어 써야 한다. 그러나 '한번'의 의미가 '기회, 시도, 강조'일 경우에는 '한번'이 명사 혹은 부사가 되므로 붙여 써야 한다.
②·③·④의 '한 번'은 반드시 '1회'를 뜻하는 횟수의 의미가 아니므로 붙여 써야 한다. 그러나 ①은 '최소한 한 번'이라는 횟수의 의미로 사용되었기 때문에 띄어 써야 한다.

정답 10 ③ 11 ①

12 ㉠의 '-(으)ㄹ지'는 추측에 대해 막연하게 의문을 나타내는 연결어미이다.
㉡의 '-로'는 수단을 나타내는 부사격 조사이다.
㉢의 '-게'는 부사형 전성어미이다.
㉣의 '-에서'는 주어가 단체일 때 쓰는 주격 조사이다.

13 ① '나는 먹는 배가 좋다'와 '나는 타는 배가 좋다'는 두 가지 의미를 지닌다. 이는 동음이의어로 인해 어휘적 중의성이 생긴 경우이다.
② '원고를 투고한'이 수식하는 게 '그'인지 '그의 동생'인지가 불분명하여 구조적 중의성이 생긴 경우이다.
③ '그는 내가 등산을 좋아하는 것보다 더 등산을 좋아한다'는 것과 '그는 나와 등산 중 등산을 더 좋아한다'는 두 가지 의미를 지닌다. 이는 비교대상이 불분명하여 구조적 중의성이 생긴 경우이다.

14 ㉠ 「일동장유가」는 조선 후기에 김인겸이 일본 통신사로 갔을 때 지은 장편 기행가사이다.
㉡ 「동명왕편」은 고려 후기에 이규보가 고구려 동명왕에 관해 쓴 장편 서사시이다.
㉢ 「한림별곡」은 고려 고종 때 한림(翰林)의 여러 선비들이 지은 경기체가 작품이다.
㉣ 「고산구곡가」는 조선 중기에 이이가 지은 연시조이다.

12 밑줄 친 부분이 조사에 해당하는 것을 모두 고른 것은?

> ㉠ 무엇을 먹을지 어서 정하자.
> ㉡ 설탕 대신 꿀로 해도 된다.
> ㉢ 밖이 추우니 따뜻하게 입고 가거라.
> ㉣ 그 회사에서 대회를 개최했다.

① ㉠, ㉡
② ㉠, ㉢
③ ㉡, ㉢
④ ㉡, ㉣

13 다음 중 중의적 표현이 없는 문장은?

① 나는 배가 좋다.
② 원고를 투고한 그의 동생이 찾아왔다.
③ 그는 나보다 등산을 더 좋아해.
④ 도로 공사 중이라 차들이 서행하고 있었다.

14 다음 중 고려 시대 작품에 해당하는 것만 모두 고른 것은?

> ㉠ 「일동장유가」
> ㉡ 「동명왕편」
> ㉢ 「한림별곡」
> ㉣ 「고산구곡가」

① ㉠, ㉡
② ㉡, ㉢
③ ㉢, ㉣
④ ㉠, ㉣

정답 12 ④ 13 ④ 14 ②

15 다음 중 조선 후기 문학에 대한 설명으로 가장 적절한 것은?

① 팔관회, 연등회에서 구연되었다.

② 가전체 문학이 등장하였다.

③ 가정을 배경으로 한 국문 장편소설(가문소설)이 등장하였다.

④ 민간에서 불리던 노래들이 궁중음악으로 편입되었다.

15 국문 장편소설은 주로 낙선재문고에 속하는 것들로, 「완월회맹연」, 「윤하정삼문취록」, 「명주보월빙」 등 수십 권이 넘는 작품들이 창작되었다. 이러한 작품들은 가정소설 혹은 가문소설이라 불린다. 가문소설은 한 가문 내에서 일어나는 가족 구성원 간의 갈등이나 가정과 가정, 세대와 세대 간의 갈등을 중심 소재로 한 작품들을 말한다.

① 고려가요에 대한 설명이다.

② 가전체는 설화와 소설의 교량적 역할을 하였는데, 고려 시대에 등장한 「국순전」, 「국선생전」, 「공방전」 등의 작품들이 대표적이다.

④ 조선 초기에 발생한 일들로, 악장의 형성과 관련된다.

16 다음 설명에 해당하는 작품으로 옳은 것은?

> 신라의 향가로, 「찬기파랑가」를 지은 승려가 경덕왕의 요청에 따라 지었다고 전해진다. 승려가 지었음에도 불구하고 유교적 가치관을 보인다는 점에서 독특하다고 할 수 있다. 내용은 국가의 구조와 가정의 구조가 같다는 것으로, 군·신·민이 각자의 할 일을 다 하면 나라가 태평해진다는 것이다.

① 「안민가」

② 「제망매가」

③ 「모죽지랑가」

④ 「서동요」

16 제시문은 충담사가 지은 「안민가」에 대한 설명이다.

② 「제망매가」는 월명사의 작품으로, 불교적·주술적 성격을 지닌다.

③ 「모죽지랑가」는 낭도였던 득오가 화랑 죽지랑를 그리워하며 지은 노래이다.

④ 「서동요」는 백제 무왕의 작품이다. 선화공주를 아내로 맞이하기 위해 아이들에게 부르게 한 것으로, 동요적 성격이 강하다.

정답   15 ③   16 ①

17 ㉠의 '燈(등)ㅅ블', ㉡의 '돌욋고지', ㉣의 '錄事(녹사)'는 모두 '님'을 뜻한다. 그러나 ㉢의 '곳고리새'는 사월이 되어 잊지 않고 찾아온 꾀꼬리를 뜻하는 말로, 옛날을 잊고 나를 찾아오지 않는 '님'과 대조를 이루는 존재이다.

17 다음은 고려가요 작품인 「동동」이다. 밑줄 친 부분 중 지시대상이 <u>다른</u> 하나는?

> 二月(이월)ㅅ 보로매, 아으 노피 현 ㉠ <u>燈(등)ㅅ블</u> 다호라.
> 萬人(만인) 비취실 즈싀샷다.
> 아으 動動(동동)다리.
>
> 三月(삼월) 나며 開(개)흔 아으 滿春(만춘) ㉡ <u>돌욋고지여</u>.
> ᄂᆞ민 브롤 즈슬 디뎌 나샷다.
> 아으 動動(동동)다리.
>
> 四月(사월) 아니 니저 아으 오실셔 ㉢ <u>곳고리새여</u>.
> 므슴다 ㉣ <u>錄事(녹사)</u>니믄 녯 나ᄅᆞᆯ 닛고신뎌.
> 아으 動動(동동)다리.

① ㉠
② ㉡
③ ㉢
④ ㉣

18 「월인천강지곡」은 세종이 아내 소헌왕후가 죽자 명복을 빌기 위해 1447년에 지은 노래로, 석가모니의 공덕을 찬양하는 찬불가이다.

18 조선 초기 등장한 악장에 대한 설명으로 적절하지 <u>않은</u> 것은?

① 「납씨가」는 이성계의 무공과 업적에 대한 내용이다.
② 「용비어천가」는 조선 건국의 정당성을 노래하였다.
③ 「신도가」는 이전한 수도인 서울의 훌륭함을 노래하였다.
④ 「월인천강지곡」은 억불숭유 정신을 반영하여 유교의 장점을 노래하였다.

정답 17 ③ 18 ④

19 다음 설명에 해당하는 가사 작품은 무엇인가?

• 사계절의 변화에 따라 서술하였다.
• 충신연주지사의 대표적인 작품이다.
• 조선 전기, 양반 사대부가 창작하였다.
• 여성적 독백을 사용하였다.

① 「누항사」
② 「사미인곡」
③ 「속미인곡」
④ 「어부사시사」

20 다음 중 인정세태를 풍자한 조선 시대의 소설 작품만 옳게 고른 것은?

㉠ 「옹고집전」
㉡ 「국순전」
㉢ 「이춘풍전」
㉣ 「주생전」

① ㉠, ㉢
② ㉡, ㉣
③ ㉠, ㉣
④ ㉡, ㉢

19 ① 박인로의 「누항사」는 조선 후기 가사로, 임진왜란 후 선비의 곤궁한 삶과 안빈낙도의 추구를 주제로 한다.
③ 정철의 「속미인곡」은 「사미인곡」의 속편이다. 여성적 어조를 사용하고 충신연주지사의 내용을 갖는 것은 맞지만, 사계절의 변화에 따라 서술되지는 않았다.
④ 윤선도의 「어부사시사」는 조선 중기 때의 작품으로, 사계절의 변화에 맞춰 서술된 것은 맞지만 가사가 아닌 연시조 작품에 해당한다. 여성적 어조 또한 사용되지 않았다.

20 ㉠ 「옹고집전」은 작자 미상의 조선 시대 판소리계 소설로, 인색하고 고약한 성격을 가진 옹고집을 풍자한 작품이다.
㉡ 「국순전」은 술을 의인화하여 풍자한 가전체로, 고려 시대 임춘의 작품이다.
㉢ 「이춘풍전」은 작자 미상의 조선 시대 판소리계 소설로, 방탕한 생활을 하는 이춘풍을 풍자한 작품이다.
㉣ 「주생전」은 1593년 권필이 지은 염정소설이다.

정답 19 ② 20 ①

21 ① 「만복사저포기」: 주인공이 만복사에서 부처님과 저포놀이를 하여 이긴 결과 부인을 얻어 사랑을 나눈다는 내용이다. 이 작품에 나오는 부인이 귀신인 것은 맞으나, 홍건적의 난이 아닌 임진왜란을 배경으로 한다.
② 「용궁부연록」: 주인공 한생이 용궁에 다녀온 이야기를 소재로 한다.
④ 「취유부벽정기」: 개성 상인이었던 홍생이 기자의 딸을 만나 대화를 나눈다는 이야기이다.

21 다음 설명에 해당하는 작품은 무엇인가?

> • 『금오신화』의 수록작 중 하나이다.
> • 홍건적의 난을 배경으로 한다.
> • 인간과 귀신의 사랑을 다뤘다는 점에서 명혼소설로 분류되기도 한다.
> • 해당 작품의 제목은 주인공인 선비가 담장 안을 엿본다는 뜻을 담고 있다.

① 「만복사저포기」
② 「용궁부연록」
③ 「이생규장전」
④ 「취유부벽정기」

22 ② 『삼국사기』는 김부식이 쓴 삼국의 역사책이다.
③ 『삼국유사』는 일연이 삼국 시대의 여러 설화와 역사를 담아 쓴 역사책이다. 『수이전』에 실려 있던 여러 설화들 중 일부가 『삼국유사』에 축약된 형태로 실려 있기도 하다.
④ 『삼대목』은 신라 후기에 위홍과 대구화상이 편찬했다는 향가집이다.

22 다음 설명에 해당하는 작품은 무엇인가?

> 신라의 설화를 모은 작품집으로, 「심화요탑」, 「수삽석남」 등의 작품이 수록되어 있다. 신라 시대 초기 서사문학의 모습을 살피는 데 도움이 되며, 최치원, 박인량 등 그 편찬자에 대한 논란의 소지가 있다. 현재 원본은 전해지지 않으나 고려 시대 및 조선 시대 문헌에 일부 내용이 전해진다.

① 『수이전』
② 『삼국사기』
③ 『삼국유사』
④ 『삼대목』

정답 21 ③ 22 ①

23 다음 중 가전체 작품과 그 소재가 옳게 연결된 것은?

① 「국순전」 – 국화
② 「공방전」 – 종이
③ 「정시자전」 – 돈
④ 「청강사자현부전」 – 거북이

24 다음 설명에 해당하는 인물은 누구인가?

- 『성수시화』, 『학산초담』 등의 평론집을 썼다.
- 성정론에서 정의 중요성을 강조하였다.
- 「호민론」, 「유재론」 등을 저술하였다.

① 권근
② 허균
③ 정약용
④ 박지원

25 다음 중 민담에 대한 설명으로 옳지 <u>않은</u> 것은?

① 대개 일상적 인간을 주인공으로 한다.
② 구체적인 장소, 시간, 증거 등을 제시한다.
③ 신성성, 진실성을 문제 삼지 않는다.
④ 흥미 위주로 꾸며낸 허구의 이야기이다.

23 「청강사자현부전」은 고려 시대의 문인 이규보가 거북을 '현부'라고 의인화한 작품으로, 사신은 항상 말과 행동을 삼가고 조심해야 한다는 교훈을 담고 있다.
① 임춘의 「국순전」은 술을 의인화한 작품이다.
② 임춘의 「공방전」은 돈을 의인화한 작품이다.
③ 석식영암의 「정시자전」은 지팡이를 의인화한 작품이다.

24 「홍길동전」의 작가인 허균은 조선 중기의 문신으로 소설 이외에도 「호민론」, 「유재론」 등의 논설을 통해 당시 사회의 모순을 비판했으며, 그의 평론집인 『성수시화』, 『학산초담』 등에서는 우리나라 당대 및 역대 시에 대해 평론하였다. 또한 그는 문학을 풍속 교화나 성정의 순화 도구로 보던 당시 문학관과 달리, 인간 본연의 정을 표현하는 것이야말로 문학의 본질이라 보았다.

25 구체적인 장소, 시간, 증거물이 제시되는 것은 전설에 대한 내용이다. 민담은 전설과 달리 이러한 것들이 없어서 '옛날에', '호랑이 담배피던 시절에'와 같은 말로 시작한다.

정답 23 ④ 24 ② 25 ②

26 민요는 작자가 민중 자신이므로, 계몽적 기능은 거의 지니지 않고 민중의 생활감정을 솔직하게 나타내는 경우가 대부분이다.

26 다음 중 민요의 주요 기능으로 옳지 <u>않은</u> 것은?

① 노동적 기능
② 유희적 기능
③ 계몽적 기능
④ 의식적 기능

27 식민지 시대 내내 판소리가 침체기였던 것은 사실이나, 그 원인은 기생들이 배척했기 때문이 아니라 일제가 자행한 우리 민족 문화에 대한 탄압과 서구 사조의 영향 때문이었다. 그동안 판소리를 지탱해 준 양반층이 해체된 것 또한 판소리 침체에 영향을 주었다.

27 다음 중 판소리에 대한 설명으로 옳지 <u>않은</u> 것은?

① 남도 판소리에서 명창이 많이 배출되었다.
② '판'은 많은 사람들이 어떠한 일을 벌이는 곳을 의미한다.
③ 신재효는 판소리 광대를 지원하고, 여성 명창을 육성하였다.
④ 식민지 시대 기생들이 배척하면서 판소리는 암흑기를 맞이하였다.

28 ⓒ 주요한의 「불놀이」는 1919년에 발표되었으며, 우리나라 자유시의 효시로 여겨진다.
ⓛ 유치환의 「깃발」은 1936년에 발표되었고, '깃발'이라는 상징물을 통해 이상 세계에 대한 동경과 좌절을 노래하였다.
ⓖ 김춘수의 「꽃」은 1952년에 발표되었고, 존재에 대한 탐구를 노래한 시이다.
ⓔ 김지하의 「타는 목마름으로」는 1975년에 발표되었는데, 군사독재 정권에 맞서 민주주의에 대한 열망을 담은 시이다.

28 다음 작품들을 발표 순서대로 옳게 나열한 것은?

> ⓖ 김춘수의 「꽃」
> ⓛ 유치환의 「깃발」
> ⓒ 주요한의 「불놀이」
> ⓔ 김지하의 「타는 목마름으로」

① ⓖ - ⓛ - ⓒ - ⓔ
② ⓖ - ⓒ - ⓛ - ⓔ
③ ⓒ - ⓛ - ⓖ - ⓔ
④ ⓒ - ⓖ - ⓛ - ⓔ

정답 26 ③ 27 ④ 28 ③

29 다음 설명에 해당하는 작가는 누구인가?

> • 일제 강점기, 조선총독부에서 건축기사로 근무하였다.
> • 신문에 연재된 그의 작품은 독자들로부터 난해하다는 평을 받는다.
> • 1934년 구인회에 가입하였다.
> • 그의 작품은 주로 초현실주의적 경향을 띤다.

① 이태준
② 이상
③ 김기림
④ 이효석

30 다음 중 가장 이른 시기와 가장 늦은 시기에 발생한 문학사적 사건을 옳게 고른 것은?

> ㉠ 문예지 『폐허』, 『백조』가 창간되었다.
> ㉡ 「경부철도가」가 발표되었다.
> ㉢ 『청록집』이 간행되었다.
> ㉣ 문학의 현실 참여 문제를 계기로 순수·참여논쟁이 벌어졌다.

① ㉠, ㉡
② ㉢, ㉣
③ ㉠, ㉢
④ ㉡, ㉣

29 이태준, 이상, 김기림, 이효석은 모두 구인회에 소속되어 있던 문인들이다. 구인회 소속 작가들의 작품은 초현실주의적이며 예술지상주의적인 색채가 강한데, 그중에서도 1934년에 가입한 이상은 소설 「날개」, 시 「거울」, 「오감도」와 같은 작품들을 통해 무척 난해하다는 평을 듣는다.

30 제시된 사건 중 가장 이른 시기의 사건은 「경부철도가」 발표이고, 가장 늦은 시기의 사건은 순수·참여 논쟁이다.
ㄴ 「경부철도가」는 1908년에 최남선이 지은 창가이다.
ㄱ 『폐허』는 1920년에 창간되었고, 『백조』는 1922년에 창간된 문예 동인지이다. 즉, 『폐허』와 『백조』 창간은 1920년대의 사건으로 볼 수 있다.
ㄷ 『청록집』은 조지훈, 박목월, 박두진 3인의 시집으로, 1946년에 간행되었다.
ㄹ 순수·참여논쟁은 4·19 혁명과 5·16 군사혁명이 일어난 1960년대 문학논쟁이다.

정답 29 ② 30 ④

31 이광수는 문학 일반론을 담고 있는
「문학이란 하오」(1916년)에서 문학
을 literature의 역어로 파악하여 서
구적인 의미의 문학론을 펼쳐냈다.
그는 민족주의적인 관점에 따라 국
문 전통만을 강조했다. 또한 인간의
정신이 '지-정-의'의 삼분법으로 나
뉠 수 있다는 이론을 받아들이고, 문
학은 이 세 가지 중 '정'을 만족시키
고 기르는 분야로서, '지(진)'를 만족
시키는 과학과 '의(선)'를 만족시키
는 윤리와 대등하며 독립적인 예술
영역이라 보았다.

31 다음 설명에 해당하는 인물은 누구인가?

- '문학'을 'literature'의 번역으로 보았다.
- 한문으로 된 문학을 배제하였다.
- 문학의 독립성을 강조하였다.
- '지정의' 및 '진선미'의 균형을 주장하였다.

① 이광수 ② 최남선
③ 정지용 ④ 김기림

32 제시된 작품은 김소월의 「산유화」
로, 「엄마야 누나야」도 김소월의 작
품이다.
① 「유리창」은 정지용의 작품이다.
② 「돌담에 속삭이는 햇발」은 김영
랑의 작품이다.
③ 「나의 침실로」는 이상화의 작품
이다.

32 다음 작품의 작가가 창작한 작품으로 옳은 것은?

산에는 꽃 피네
꽃이 피네
갈 봄 여름 없이
꽃이 피네

산에
산에
피는 꽃은
저만치 혼자서 피어 있네

산에서 우는 작은 새여
꽃이 좋아
산에서
사노라네

산에는 꽃 지네
꽃이 지네
갈 봄 여름 없이
꽃이 지네

① 「유리창」
② 「돌담에 속삭이는 햇발」
③ 「나의 침실로」
④ 「엄마야 누나야」

33 다음 작품에 대한 설명으로 옳지 <u>않은</u> 것은?

> 처.........ㄹ썩, 처........ㄹ썩, 척, 쏴...........아.
> 따린다, 부순다, 무너 바린다.
> 태산 같은 높은 뫼. 집채 같은 바윗돌이나.
> 요것이 무어야, 요게 무어야.
> 나의 큰 힘 아나냐, 모르나냐, 호통까지 하면서
> 따린다, 부순다, 무너 바린다.
> 처.........ㄹ썩, 처........ㄹ썩, 척, 튜르릉, 콱.

① 개화기 때 등장한 최초의 자유시이다.
② '나'를 '해'에 빗대어 강한 힘으로 각성할 것을 촉구한다.
③ '따린다, 부순다, 무너 바린다'의 객체는 낡은 문물이다.
④ 젊은이의 강한 기상을 독려하여, 새 시대를 맞이하기 위해 노력할 것을 강조한다.

34 다음 설명에 해당하는 인물은 누구인가?

> • 『태서문예신보』에 상징주의 시를 번역해 소개하였다.
> • 대표작으로 번역시집 『오뇌의 무도』가 있다.
> • 시집 『해파리의 노래』 등의 작품을 발표하였다.

① 김억
② 김영랑
③ 이상화
④ 이육사

33 최남선의 「해에게서 소년에게」는 자유시가 아니라 신체시이다. 신체시는 창가와 자유시의 중간적인 형태를 지니고 있다.

34 제시문은 1920년대에 주로 활동했던 김억에 대한 설명이다.
② 김영랑은 시문학파 시인으로, 순수시를 주로 지은 시인이다.
③ 이상화는 1920년대에 퇴폐적 낭만주의 경향의 작품을 쓴 시인이다.
④ 이육사는 1940년대에 주로 활동한 저항시인이다.

정답 33 ① 34 ①

35 신소설은 19세기 말에서 20세기 초, 개화기에 걸쳐 발생하고 성장한 소설 장르이다. 대표적인 작가와 작품으로 이인직의 「혈의 누」・「은세계」, 이해조의 「빈상설」・「자유종」, 안국선의 「금수회의록」 등이 있다.
ⓐ 「혈의 누」 : 1906년 발표된 이인직의 소설로, 최초의 신소설로 평가된다.
ⓑ 「광장」 : 1960년 발표된 최인훈의 장편소설이다.
ⓒ 「자유종」 : 1910년 발표된 이해조의 신소설이다.
ⓓ 「요한시집」 : 1955년 발표된 장용학의 단편소설이다.

35 다음 작품 중 개화 신소설만 옳게 고른 것은?

> ㉠ 「혈의 누」
> ㉡ 「광장」
> ㉢ 「자유종」
> ㉣ 「요한시집」

① ㉠, ㉡
② ㉢, ㉣
③ ㉠, ㉢
④ ㉡, ㉣

36 제시문은 채만식의 장편소설 「탁류」에 대한 설명이다. 「탁류」는 식민지 시대 항구도시 군산을 배경으로 하였으며, '정초봉'이라는 여주인공의 삶을 통해 식민지 시대의 현실과 세태를 다루었다.

36 다음 설명에 해당하는 작품의 작가는 누구인가?

> • 1937년부터 1938년까지 『조선일보』에 연재되었다.
> • 아버지의 뜻에 따라, 자신의 뜻과는 상관없이 결혼하는 주인공이 등장한다.
> • 군산의 미두장을 배경으로 한다.
> • 이 작품의 작가는 「레디메이드 인생」, 「태평천하」 등의 작품도 발표하였다.

① 김유정
② 채만식
③ 박태원
④ 현진건

정답 35 ③ 36 ②

37 다음 설명에 해당하는 작품은 무엇인가?

> • 1976년 발표된 중편소설이다.
> • 철거민촌을 배경으로 한다.
> • 과거의 기억과 현재의 사실을 병치하는 기법을 사용하였다.
> • 빈부, 노사 등의 갈등을 다뤘다.

① 「아홉 켤레의 구두로 남은 사내」
② 「객지」
③ 「당신들의 천국」
④ 「난장이가 쏘아올린 작은 공」

38 다음 중 현대수필의 작가와 그 작품의 연결이 옳지 <u>않은</u> 것은?

① 피천득 – 「인연」
② 윤오영 – 「달밤」
③ 김소운 – 「가난한 날의 행복」
④ 이양하 – 「방망이 깎던 노인」

---

37 제시된 설명에 해당하는 작품은 조세희의 「난장이가 쏘아올린 작은 공」이다.

① 「아홉 켤레의 구두로 남은 사내」는 1977년 발표된 윤흥길의 중편소설로, 산업화·도시화된 사회에서 소외된 계층의 삶과 소시민의 허위의식을 다루었다.
② 「객지」는 1971년 발표된 황석영의 단편소설로, 노동자의 노동과 투쟁의 과정을 다루었다.
③ 「당신들의 천국」은 1976년 발표된 이청준의 장편소설로, 소록도를 배경으로 권력과 자유, 개인과 집단 등의 문제를 다루었다.

38 「방망이 깎던 노인」은 윤오영의 작품이다. 이양하가 쓴 수필에는 「봄을 기다리는 마음」, 「신록예찬」 등이 있다.

정답 37 ④ 38 ④

39 함세덕, 김우진, 유치진, 이규환 모두 비슷한 시기(1920~1930년대)에 리얼리즘 경향을 띠는 작품들을 쓴 희곡작가들이다. 그중 「토막」, 「빈민가」, 「소」 등의 작품을 쓴 건 유치진인데, 이 중 「토막」은 리얼리즘 희곡의 효시로 여겨진다.

39 다음 설명에 해당하는 작가는 누구인가?

> • 「토막」으로 데뷔하였다.
> • 농촌과 빈민촌의 피폐한 현실을 묘사하였다.
> • 「빈민가」, 「소」 등의 작품을 발표하였다.
> • 리얼리즘 희곡의 효시가 되는 작품을 썼다.

① 함세덕
② 김우진
③ 유치진
④ 이규환

40 이강백의 「파수꾼」은 1974년에 발표되었다.
   ① 이광수의 「규한」은 1917년에 발표되었다.
   ② 윤백남의 「국경」은 1918년에 발표되었다.
   ④ 조중환의 「병자삼인」은 1912년에 발표되었다.

40 다음 중 1910년대에 발표된 희곡이 <u>아닌</u> 것은?

① 이광수 – 「규한」
② 윤백남 – 「국경」
③ 이강백 – 「파수꾼」
④ 조중환 – 「병자삼인」

정답 39 ③ 40 ③

※ 기출문제를 복원한 것으로 실제 시험과 일부 차이가 있으며, 저작권은 시대에듀에 있습니다.

---

01 다음 설명에 해당하는 음운 현상으로 옳은 것은?

> 받침 'ㄷ', 'ㅌ'이 모음 'ㅣ'와 결합되는 경우 'ㅈ', 'ㅊ'으로 바뀌어 발음되는 현상이다. 이러한 현상이 일어나는 까닭은 'ㄷ', 'ㅌ'을 모음 'ㅣ'가 발음되는 위치와 가까운 자리에서 나는 소리로 바꿈으로써 발음을 편하게 할 수 있기 때문이다.

① 비음화
② 구개음화
③ 유음화
④ 두음법칙

01 ① 비음화는 'ㄱ', 'ㄷ', 'ㅂ'이 비음 'ㄴ', 'ㅁ'의 영향을 받아 각각 비음인 'ㅇ', 'ㄴ', 'ㅁ'으로 바뀌는 현상이다.
③ 유음화는 'ㄴ'이 앞이나 뒤에 오는 유음 'ㄹ'의 영향을 받아 'ㄹ'로 바뀌어 소리나는 현상이다.
④ 두음법칙은 'ㄴ' 혹은 'ㄹ'이 단어의 첫머리에 오는 것을 꺼려 다른 소리로 발음되는 현상이다.

---

02 다음 중 한국어의 특징으로 옳은 것은?

① 위치에 따라 품사가 달라진다.
② '주어-서술어-목적어'의 순서를 가진다.
③ 유성음과 무성음은 소리를 구분하는 기준이 된다.
④ 말하는 이의 판단으로 대우가 달라지는 언어법이 발달했다.

02 한국어는 말하는 이가 어떤 대상이나 듣는 이에 대해 높고 낮은 정도를 판단하여 높이거나 낮추는 높임법이 발달하였다.
① 한국어의 품사는 위치와 상관없이 고정적이다.
② '주어-서술어-목적어'는 영어의 어순이다. 한국어의 어순은 '주어-목적어-서술어'이다.
③ 한국어는 유성음과 무성음의 구분이 두드러지지 않는다.

정답 01 ② 02 ④

03 제시문은 한문으로 된 『훈민정음』의 해례본 서문을 현대어로 번역한 것이다. 세종대왕이 만든 훈민정음은 초성(자음) 17자, 중성(모음) 11자로, 총 28자였다.

03 다음 내용에서 괄호 안에 들어갈 숫자로 옳은 것은?

> 우리나라 말이 중국과 달라 한자와는 서로 통하지 아니하여서 이런 까닭으로 어리석은 백성이 말하고자 하는 바가 있어도 마침내 제 뜻을 펴지 못하는 사람이 많다. 내 이것을 가엾게 여겨 새로 (   )글자를 만드니, 모든 사람으로 하여금 쉽게 익혀서 날마다 쓰는 데에 편하게 하고자 할 따름이다.
>
> – 『훈민정음』 서문

① 26   ② 27
③ 28   ④ 29

04 훈민정음의 초성은 상형의 원리에 따라 발음기관의 모양을 본떠 기본자 5개(ㄱ, ㄴ, ㅁ, ㅅ, ㅇ)를 만들고, 기본자에 획을 더해 가획자 9개(ㅋ, ㄷ, ㅌ, ㅂ, ㅍ, ㅈ, ㅊ, ㆆ, ㅎ)를 만드는 한편 여기에 이체자 3개(ㆁ, ㄹ, ㅿ)를 더하는 방식으로 만들어졌다. 'ㄱ'은 혀뿌리가 목구멍을 막는 모양을 본뜬 것이다. 'ㄷ'은 'ㄴ'에 가획한 것이고, 'ㅂ'은 'ㅁ'에 가획한 것, 'ㅈ'은 'ㅅ'에 가획해서 만든 글자들이다.

04 다음 중 발음기관의 모양을 본떠 만들어진 자음자는?

① ㄱ
② ㄷ
③ ㅂ
④ ㅈ

05 제주 방언에 다른 지역에서는 이미 사라진 중세 한국어의 특징이 남아 있기는 하다. 그러나 그것은 'ㅿ(반치음)'이 아니라 '흔저 옵셔예'의 '흔'과 같은 말에 사용된 'ㆍ(아래아)' 발음이다.
② 표준어는 '현대 서울말'이라고 정의되어 있으나 이것은 서울 방언과는 구별되는 개념으로, 서울 방언 역시 경기 방언의 하위 방언에 해당하는 비표준어이다.
③ 함경도 방언은 중세 국어의 성조를 계승하여 뜻을 구별하고 있다.
④ 경상도 방언은 단모음의 수가 가장 적은 방언으로, 'ㅐ'와 'ㅔ', 'ㅓ'와 'ㅡ'의 구별이 이루어지지 않는다.

05 다음 중 방언에 대한 설명으로 옳지 않은 것은?

① 제주 방언에는 지금은 타 지역 방언에서 사라진 'ㅿ'이 존재한다.
② 서울 방언을 기준으로 표준어가 완성되었으나, 서울 방언도 비표준어에 속한다.
③ 함경도 방언은 성조로 뜻을 구분한다.
④ 경상도 방언은 타 지역 방언에 비해 단모음의 수가 적다.

정답 (03 ③ 04 ① 05 ①)

06 다음 괄호 안에 들어갈 말로 옳게 짝지어진 것은?

> 표준어는 (㉠) 있는 사람들이 두루 쓰는 (㉡) 서울말로 정함을 원칙으로 한다.

	㉠	㉡
①	지식	현대
②	지식	표준
③	교양	현대
④	교양	표준

07 다음 밑줄 친 부분에 모두 해당하는 문장을 옳게 고른 것은?

> 한국어의 경어법은 용언의 활용을 통해 실현되는 경우가 많다. <u>주체 경어법의 경우 용언에 '-시-'를 붙여 활용하는 경우가 대부분이나, 높임 어휘가 따로 있을 시 그것을 사용한다.</u>

① 할머니께서 낮잠을 주무신다.
② 모르는 건 선생님께 여쭤보렴.
③ 나는 아버지를 모시고 여행을 갔다.
④ 선생님, 지금 시간 있으세요?

---

06 표준어의 정의 속에는 사회적 조건에 해당하는 '교양 있는', 시대적 조건에 해당하는 '현대', 지역적 조건에 해당하는 '서울'이라는 개념이 담겨 있다.

07 ①에는 '주무신다(주무시다)', ②에는 '여쭤보렴(여쭙다)', ③에는 '모시고(모시다)'라는, 따로 존재하는 높임 어휘가 사용되었다. 그러나 '여쭙다', '모시다'는 주체 경어법이 아니라 객체 경어법에 사용하는 높임 어휘이다.
④의 '있으시다'는 '시간'을 높임으로써 선생님을 간접적으로 높이는 주체 경어법을 사용한 것으로, 따로 높임 어휘를 사용한 게 아니라 서술어 '있다'를 활용할 때 높임 선어말 어미 '-시-'를 넣은 것이다. 따라서 주체 경어법이면서 동시에 높임 어휘를 사용한 것은 ①이다.

정답 06 ③   07 ①

08 호사다마(好事多魔) : '좋은 일에는 탈[魔]이 많다'는 뜻으로, 좋은 일에는 방해되는 일이 많다는 뜻이다.
① 마이동풍(馬耳東風) : '말[馬] 귀에 동풍'이라는 뜻으로, 남의 말을 귀담아듣지 않고 흘려버린다는 뜻이다.
② 새옹지마(塞翁之馬) : '새옹의 말[馬]'이라는 뜻으로, 어떤 일이 좋은지 나쁜지는 예측할 수 없다는 뜻이다.
③ 죽마고우(竹馬故友) : '대나무 말[馬]을 타고 놀던 옛 친구'라는 뜻으로, 어릴 때부터 아주 친하게 지내며 놀던 친구라는 뜻이다.

08 다음 밑줄 친 한자가 <u>다른</u> 것은 무엇인가?

① 마이동풍
② 새옹지마
③ 죽마고우
④ 호사다마

09 '사고나 탈'의 뜻을 지닌 단어는 '사달'이 맞다.
① 표준어는 '뇌졸중'이다.
② '손바닥, 발바닥 따위에 굳은살이 생겼다'는 의미의 말은 '박이다'이므로 '박인'이라 써야 한다.
③ '봉오리'는 '망울만 맺히고 아직 피지 않은 꽃'을 말한다. 문맥상 '산에서 뾰족하게 높이 솟은 부분'을 뜻하는 '봉우리'라고 써야 한다.

09 다음 중 밑줄 친 단어의 쓰임이 옳은 것은?

① 그는 <u>뇌졸증</u>으로 쓰러졌다.
② 그의 친구는 굳은살 <u>박힌</u> 손을 흔들었다.
③ 그는 휴일마다 뒷산 <u>봉오리</u>에 올랐다.
④ 어쩌다가 이 <u>사달</u>이 난 것인가.

10 '아수라장'은 '아수라(阿修羅)'와 '장(場)'이 합쳐진 말로 한자어와 한자어가 결합한 형태이며, 뜻이 중복되는 단어도 아니다.
① 삼월달 : '삼월(三月)'의 '월'과 고유어 '달'의 의미가 중복된다.
② 모래사장 : 고유어 '모래'와 '사장(沙場)'의 '사'의 의미가 중복된다.
③ 처갓집 : '처가(妻家)'의 '가'와 고유어 '집'의 의미가 중복된다.

10 다음 설명에 해당하지 <u>않는</u> 것은 무엇인가?

> 한자어에 같은 의미의 고유어가 붙어 뜻이 중복되는 단어들이 있다. 이러한 경우 표현의 경제성을 위해 중복되는 단어 중 한 단어를 생략하는 것이 좋다.

① 삼월달
② 모래사장
③ 처갓집
④ 아수라장

정답 (08 ④   09 ④   10 ④)

11 다음 중 신체 부위가 포함된 관용구를 사용하지 <u>않은</u> 문장은?

① 그의 범죄행각은 결국 덜미가 잡혔다.

② 나무꾼은 호랑이를 보자마자 오금이 저려서 주저앉고 말았다.

③ 나는 오늘부로 그 일에서 손을 뗐다.

④ 그는 오지랖이 너무 넓어서 탈이야.

12 다음 중 어문규정에 <u>어긋난</u> 문장은 무엇인가?

① 저녁에 먹을 생선을 조렸다.

② 바람에 문이 닫쳤다.

③ 그 안건을 회의에 부쳤다.

④ 헌 옷을 다리니 새 옷처럼 보인다.

13 다음 중 주어와 서술어의 호응이 <u>어색한</u> 것은?

① 불필요한 정책이 없애고 필요한 정책만 남겨 간소화했습니다.

② 인간은 자연을 지배하기도 하고 자연에 복종하기도 한다.

③ 날씨가 흐려지더니 비가 내렸다.

④ 분리수거에 적극적으로 참여하면 밝은 미래로 가는 길이 열립니다.

11 '오지랖'은 '옷의 앞자락'을 가리키는 말로, '오지랖이 넓다'는 것은 '남의 일에 간섭을 잘 한다'는 의미이다.
① '덜미'는 '목의 뒤쪽 부분과 그 아래 근처'를 가리키는 말로, '덜미가 잡힌다'는 것은 '죄가 드러난다'는 뜻이다.
② '오금'은 '무릎의 구부러지는 오목한 안쪽 부분'을 가리키는 말로, '오금이 저리다'는 것은 '공포감 때문에 맥이 풀리고 마음이 졸아드는 것'을 말한다.
③ '손'은 '일손'의 의미로, 이것은 사람의 신체 일부를 뜻하는 '손'의 의미가 확장된 것이다. '손을 떼다'는 '사람이 하던 일을 중도에 그만둔다'는 의미이다.

12 '문을 닫다'에 사용되는 동사 '닫다'의 피동사는 '닫히다'이므로 '바람에 문이 닫혔다'라고 써야 한다.

13 '정책'은 '없애고'라는 서술어의 대상이 되는 말로, 목적어이다. 따라서 목적격 조사 '을/를'을 붙여, '불필요한 정책을 없애고~'라고 써야 자연스럽다.

14 구비문학은 '말로 된 문학'을 의미하는 것으로, 문자로 기록된 기록문학과 상대되는 개념이다. 문학이란 언어를 매개로 한 것이며, 이때의 언어는 문자언어뿐만 아니라 음성언어도 포함하는 것으로 보아 구비문학 역시 한국문학의 범위에 속한다고 본다. 설화, 민요, 무가, 판소리, 민속극 등이 구비문학에 해당한다.

14 다음 중 한국문학의 범위와 영역에 대한 설명으로 옳지 않은 것은?

① 한문으로 작성된 것도 포함한다.
② 재외동포가 한글로 작성한 것도 포함한다.
③ 문자로 기록되지 않은 것은 포함하지 않는다.
④ 한민족의 사상과 문화를 내포하고 있어야 한다.

15 「황조가」의 작가 유리왕은 고구려의 2대 왕이다.

15 다음 중 「황조가」에 대한 설명으로 옳지 않은 것은?

① 신라의 유리왕이 지었다.
② 『삼국사기』에 그 유래가 전해진다.
③ 꾀꼬리 한 쌍을 보고 지었다고 전해진다.
④ 젊은 남녀가 짝을 찾을 때 부르기도 했다.

16 승려 월명사는 죽은 누이를 위해 재(齋)를 올릴 때 향가를 지어 불렀다고 하는데, 이것이 「제망매가」이다. 「제망매가」는 '이른 바람', '떨어지는 나뭇잎' 등의 구절을 통해 누이가 어린 나이에 죽었다는 사실을 암시하고, '한 가지에 나고'라는 구절을 통해 화자와 남매지간으로 태어났음을 암시하는 등 비유적 표현이 뛰어난 작품으로 평가된다. 또한 월명사가 이 노래를 부르니 광풍이 불어 지전(紙錢)이 서쪽으로 날아가 사라졌다는 일화가 전해진다. 월명사의 또 다른 작품으로는 「도솔가」 등이 있다.
① 「처용가」는 동해 용왕의 아들 처용(신라의 관리로 추정됨)이 지은 작품이다.
② 「서동요」는 백제 무왕이 지은 작품이다.
④ 「모죽지랑가」는 낭도였던 득오가 지은 작품이다.

16 다음 설명에 해당하는 향가 작품은 무엇인가?

> • 「도솔가」를 지은 승려가 지었다.
> • 비유법으로 삶과 죽음을 묘사했다.
> • 이 노래를 가창한 후 기이한 일이 벌어졌다.

① 「처용가」
② 「서동요」
③ 「제망매가」
④ 「모죽지랑가」

정답 14 ③ 15 ① 16 ③

17 다음 작품에 대한 설명으로 옳지 <u>않은</u> 것은?

> 호미도 놀히어신 마루는
> 낟구티 들리도 어쓰셔라
> 아바님도 어싀어신 마루는
> 위 덩더동셩
> 어마님구티 괴시리 어뻬라
> 아소 님하 어마님 구티
> 괴시리 어뻬라.

① 엇노래이다.
② 어머니의 사랑을 예찬하는 내용이다.
③ 고려가요로 분류되기도 한다.
④ 아버지의 사랑을 '낟구티'로 비유했다.

18 다음 작품의 주제와 관련 있는 감정은 무엇인가?

> 묏버들 갈히 것거 보내노라 님의손디
> 자시는 창밧긔 심거두고 보쇼셔
> 밤비예 새닙곳 나거든 날인가도 너기쇼셔
> – 홍랑

① 권학
② 애정
③ 충절
④ 회고

17 제시된 작품은 작자 미상의 「사모곡」으로, 「엇노리」라고도 불린다. 「엇노리」는 「엇노래」에서 유래한 것으로, '어머니의 노래'를 뜻한다. 어머니의 사랑을 예찬하는 내용의 노래이며 고려가요의 일반적인 형태와는 다소 다르지만 3음보라는 점, 여음이 있는 점 등 고려가요의 중요한 특징을 갖고 있기에 고려가요로 분류된다. '호미도 날이 있지만 낫같이 잘 들 리가 없다'는 구절에서 '호미'는 아버지의 사랑을 뜻하고 '낫'은 어머니의 사랑을 뜻한다.

18 해당 시조는 조선 선조 때 기생이었던 시인이 삼당 시인 중 한 명이었던 최경창과 사귀다가 이별할 때 지은 것이다. 임에게 자신의 분신이라 할 수 있는 묏버들을 꺾어 보내면서 자신을 잊지 말아 달라는 당부를 하고 있다.

정답 17 ④ 18 ②

19 「누항사」는 작가가 임진왜란 후 고
향으로 돌아가 살고 있을 때 친구 이
덕형이 사는 형편을 묻자 답으로 지
은 가사이다. 고향에서 살고 있기는
하지만 작가가 유배를 간 것은 아니
므로 유배가사라 할 수 없다.
② 「사미인곡」은 작가가 조정에서
밀려나 은거하는 동안 임금에 대
한 그리움과 충정을 노래한 충신
연주지사이다.
③ 「규원가」는 가정을 돌보지 않는
남편으로 인한 슬픔과 한을 표현
한 규방가사이다.
④ 「일동장유가」는 영조 때 일본에
간 통신사 일행에 동행했던 작가
가 그 여정과 견문을 기록한 기행
가사이다.

19 다음 중 가사의 종류와 작품의 연결이 옳지 않은 것은?

① 유배가사 – 「누항사」(박인로)
② 연군가사 – 「사미인곡」(정철)
③ 규방가사 – 「규원가」(허난설헌)
④ 기행가사 – 「일동장유가」(김인겸)

20 ② 「금방울전」은 신기한 재주를 가
졌으나 금방울 모양으로 태어난
여성 주인공이 남성 주인공을 도
와 시련을 극복하고 부귀영화를
누리게 된다는 전기소설이다.
③ 「옥단춘전」은 「춘향전」과 비슷한
내용을 지닌 작품으로 두 선비의
우정과 배신, 그리고 기생 옥단춘
의 활약을 그린 애정소설이다.
④ 「숙영낭자전」은 백선군과 선녀
숙영의 사랑을 그린 작품이다.

20 다음 괄호 안에 들어갈 작품으로 옳은 것은?

> (   )은 세태소설로, 조선 효종 때 평안도 철산 부사였던
> 전동흘이 처리했던 사건을 토대로 하여 미상의 작가가 쓴
> 작품이다. 가장이었던 배 좌수의 무능함과 계모의 악행을
> 묘사하고 있다.

① 「장화홍련전」
② 「금방울전」
③ 「옥단춘전」
④ 「숙영낭자전」

정답 19 ① 20 ①

21 다음 설명에서 괄호 안에 들어갈 작가는 누구인가?

> ( )은 당대의 일반적인 경향과 달리 우리글을 중시해 국문시가의 가치를 높이 평가했다. 임금(숙종)이 인현왕후를 쫓아내고 장희빈을 왕비로 맞이하자 이러한 임금의 행실을 풍자하는 소설을 지었다. 한편, ( )의 소설은 그가 유배당했을 때 어머니를 위로하기 위해 저술한 것이라는 견해가 일반적이다.

① 허균
② 김만중
③ 김시습
④ 박지원

22 다음 중 판소리계 소설에 해당하지 <u>않는</u> 것은?

① 「심청전」
② 「토끼전」
③ 「춘향전」
④ 「홍길동전」

23 다음 중 고려의 한시 작가가 <u>아닌</u> 인물은 누구인가?

① 김부식
② 이규보
③ 이제현
④ 서거정

21 「구운몽」, 「사씨남정기」 등을 쓴 김만중에 대한 설명이다. 그는 우리말을 두고 다른 나라 말로 시문을 짓는 것은 앵무새가 사람 말을 흉내 내는 것과 마찬가지라고 보았으며, 한글로 쓴 문학이야말로 진정한 것이라고 보았다. 그는 숙종이 인현왕후를 내쫓은 것에 반대하다가 유배를 당하게 되자 유배지에서 어머니를 위해 「구운몽」을 썼다고 한다.

22 판소리계 소설은 조선 후기에 주로 판소리로 불리다가 소설로 정착된 것으로 「춘향전」, 「흥부전」, 「토끼전」, 「화용도」, 「장끼전」, 「배비장전」, 「옹고집전」, 「변강쇠전」 등이 있다. 「홍길동전」은 조선 중기 허균이 쓴 최초의 국문소설로, 판소리계 소설과는 관계가 없다.

23 서거정(1420~1488)은 조선 전기 세조 때의 문신이다.
① 김부식(1075~1151)은 『삼국사기』의 저자로 유명하지만, 「관란사루」 등의 한시도 썼다.
② 이규보(1168~1241)는 수많은 작품을 창작한 고려 시대의 대표적 문인이다.
③ 이제현(1287~1367)은 『익재난고』, 『역옹패설』 등을 쓴 문인으로, 특히 영사시(역사적 사실이나 인물을 제재로 한 시)를 많이 저술했다.

정답 21 ② 22 ④ 23 ④

24 「만복사저포기」는 양생이 왜적들로
　부터 정절을 지키다 죽은 여자와 만
　나 사랑을 나눈다는 내용이다.
　① 「남염부주지」는 박생이 염부주
　　의 왕과 만나 대화를 나눈다는 내
　　용이다.
　③ 「취유부벽정기」는 홍생이 기자
　　의 딸과 만나 대화를 나눈다는 내
　　용이다. 죽은 여성과의 만남이 이
　　루어지고, 육체적인 관계가 배제
　　되어 있다.
　④ 「용궁부연록」은 한생이 용궁 구
　　경을 하는 내용이다.

24 다음 중 괄호 안에 들어갈 작품은 무엇인가?

> (　　)은(는) 『금오신화』에 수록되어 있는 5편의 작품 중
> 하나로, 죽은 여인과의 사랑을 다룬다는 점에서 「이생규장
> 전」과 더불어 명혼소설로 분류되기도 한다.

① 「남염부주지」
② 「만복사저포기」
③ 「취유부벽정기」
④ 「용궁부연록」

25 이인로의 『파한집』은 우리나라 시화
　집의 효시로 알려진 책이다. 이인로
　가 생전에 모아 놓은 글들을 토대로
　그의 사후 1260년에 발간되었다. 이
　제현의 『역옹패설』, 최자의 『보한집』
　과 함께 고려 시대 3대 문학비평서로
　손꼽힌다.
　① 『보한집』은 최자가 지은 책으로,
　　이인로의 『파한집』을 보충하여
　　속편 형식으로 제작하였다.
　③ 『백운소설』은 이규보가 쓴 책으
　　로, 책 제목에 '소설'이라고 했으나
　　현대적 의미의 소설을 뜻하는 것
　　은 아니고 시화집 성격의 책이다.
　④ 『역옹패설』은 고려 말기 이제현
　　이 지은 수필집으로, 주로 시평을
　　담고 있다.

25 다음 괄호 안에 들어갈 작품의 제목으로 옳은 것은?

> 본격적인 문학비평은 고려 후기부터 시작되었는데, 이 시
> 기의 문학비평서로는 이인로의 (　　)이 대표적이다. 이
> 책은 당시 고려 내에 떠도는 각종 이야기뿐만 아니라 시평
> 을 싣고 있는 시화 모음집이다.

① 『보한집』
② 『파한집』
③ 『백운소설』
④ 『역옹패설』

정답　24 ②　25 ②

26 다음 설명에 해당하는 무가 작품은 무엇인가?

> 일곱 번째로 낳은 자식도 딸이자 화가 난 왕이 일곱 번째 딸을 버린다. 그 후 왕과 왕비가 병이 들어 서역국에 있는 약려수가 필요하게 된다. 버림을 받았다가 살아남았던 딸은 우여곡절 끝에 약려수를 구해와서 부모를 구하고 신이 된다.

① 「바리공주」
② 「당금애기」
③ 「세경본풀이」
④ 「이공본풀이」

27 다음 중 신체시에 대한 설명으로 옳지 <u>않은</u> 것은?

① 서정성을 띤다.
② 최초의 신체시 작품은 최남선의 「해에게서 소년에게」이다.
③ 창가와 자유시 사이에 있고, 중간 단계적 성격을 가진다.
④ 고시가의 정형성에서 탈피해 형식상의 자유와 개방성을 지향한다.

26 제시된 설명은 「바리데기 신화」라고도 전하는 「바리공주」에 대한 것이다. 버림받았던 일곱 번째 딸이 바로 바리공주이다.
② 「당금애기」는 당금애기가 부모의 허락 없이 스님과 결혼하여 아들 셋을 낳았는데, 그 아들 삼형제가 제석신(집안에 있는 신)이 되었다는 내용이다.
③ 「세경본풀이」는 「자청비 신화」라고도 하는데, 지상에 살던 자청비와 옥황의 아들 문도령이 우여곡절 끝에 부부가 되었다가 나중에는 농경의 신이 된다는 내용이다.
④ 「이공본풀이」는 사라도령이 서천꽃밭의 꽃감관으로 부임되어 가다가 임신한 부인과 헤어지게 되고, 훗날 아들 할락궁이가 사라도령을 찾아온 뒤 어머니의 복수를 한 후 서천꽃밭의 꽃감관이 된다는 내용이다.

27 신체시는 정형적 율조에서 벗어났다는 점에서 의의가 있으나 그럼에도 불구하고 정형시의 잔재가 남아있으며, 계몽성이 강하여 개인의 정서를 노래하는 데에는 이르지 못했다는 평가를 받는다.

정답 26 ① 27 ①

28 이광수는 1910년 『대한흥학보』에 단편소설 형태로 「무정」을 처음 발표했고, 이것을 장편화하여 1917년 1월부터 6월까지 『매일신보』에 연재하였다.
① 이광수는 1905년부터 일본에서 유학했을 뿐 유럽을 방문한 적이 없다.
③ 「붉은 산」, 「광염소나타」는 김동인의 작품이다.
④ 소외계층에 대한 관심과 근대문물 비판은 이광수에 대한 설명과 거리가 멀다. 이광수는 오히려 당시의 사회적 관념에서 벗어나 전통적인 가부장제를 비판하고 자유로운 결혼생활을 주장하여 논란이 되기도 했다.

29 각 잡지들이 창간된 해는 다음과 같다.
① 『창조』(1919), 『폐허』(1920)
② 『백조』(1922), 『인문평론』(1939)
③ 『청춘』(1914), 『문장』(1939)
④ 『시문학』(1930), 『시인부락』(1936)

30 ② 『창조』는 1919년에 제1호가 간행되었다.
⊙ 『님의 침묵』은 1926년에 발표되었다.
ⓒ 최남선의 시조 부흥 운동은 1920년대 후반에 전개되었다.
ⓒ 『청록집』은 1946년에 초판이 간행되었다.

28 다음 중 이광수와 그의 작품에 대한 설명으로 옳은 것은?

① 청소년 시절 유럽에 유학을 다녀왔다.
② 1917년 신문에 「무정」을 연재했다.
③ 그가 쓴 「붉은 산」, 「광염소나타」는 사실적 묘사가 돋보인다.
④ 소외계층에 관심을 갖고 근대문물을 비판했다.

29 1930년대에 창간된 문학 동인지로만 옳게 짝지어진 것은?

① 『창조』, 『폐허』
② 『백조』, 『인문평론』
③ 『청춘』, 『문장』
④ 『시문학』, 『시인부락』

30 다음 〈보기〉 중 가장 이른 시기와 가장 늦은 시기에 발생한 문학사적 사건을 옳게 고른 것은?

┌── 보기 ────────────────────┐
⊙ 『님의 침묵』 발표
ⓒ 최남선의 시조 부흥 운동
ⓒ 『청록집』 간행
② 『창조』 간행
└──────────────────────────┘

① ⊙, ⓒ
② ⓒ, ②
③ ⓒ, ②
④ ⓒ, ⓒ

정답 28 ② 29 ④ 30 ③

31 다음 중 작가에 대한 설명으로 옳은 것은?

① 이상 : 「오감도」로 서정적 자아를 섬세한 율조로 표현하였다.
② 김광균 : 「여우난 곬족」으로 도시적 감각을 표현하였다.
③ 백석 : 「와사등」으로 소박한 농촌의 삶을 묘사하였다.
④ 임화 : 「우리 오빠와 화로」는 노동일가의 수난을 여동생이 오빠에게 보내는 편지 형식으로 작성하였다.

32 다음 괄호 안에 들어갈 작가가 옳게 짝지어진 것은?

- 1930년대 말 형성된 작가군으로 '생명파'라고 불린다.
- 사회적 불행과 괴로움을 생명의식과 융합시킨 경향의 시를 썼다.
- 인간적인 문제와 생명적인 구경(究竟)의 탐구에 주력하였다.
- 대표 시인으로는 (㉠), (㉡)이(가) 있다.

	㉠	㉡
①	이상화	김영랑
②	조지훈	박목월
③	유치환	서정주
④	정지용	한용운

31 ① 「오감도」가 이상의 시인 것은 맞지만, 이상의 시는 서정적 자아를 율조를 살려 쓴 시가 아니라 난해시로 볼 수 있다.
② 「여우난 곬족」은 백석의 시이다. 김광균이 도시적 감각을 감각적 이미지로 표현한 시인이라는 설명은 옳다.
③ 「와사등」은 김광균의 시이다. 백석이 소박한 농촌의 삶을 묘사했다는 설명은 옳다.

32 청록파는 조지훈, 박목월, 박두진 등이 형성한 시파로, 이들은 정지용, 김영랑 등이 중심이 된 시문학파의 기교적·감각적인 경향에 반대하여 인생의 본질을 탐구하는 시와 자연 속에 인간의 심성을 담은 시를 썼다. 한편, 한용운과 이상화는 조국 광복에 대한 염원을 담은 시를 썼다.

정답 31 ④ 32 ③

33 「진달래꽃」으로 유명한 김소월에 대한 설명이다.
① 임화는 「우리 오빠와 화로」, 「네거리의 순이」 등의 작품을 썼다.
② 이상화는 「빼앗긴 들에도 봄은 오는가」, 「나의 침실로」 등의 작품을 썼다.
④ 한용운은 「님의 침묵」, 「알 수 없어요」 등의 작품을 썼다.

33 다음 설명에 해당하는 작가는 누구인가?

> • 일제 강점기에 활동한 시인으로 전통적인 정감을 민요적 리듬으로 구성하여 한국 서정시를 확립했다는 평을 받는다.
> • 「접동새」, 「산유화」, 「초혼」 등 우리 민족의 정한이 담긴 작품들을 다수 창작했다.

① 임화
② 이상화
③ 김소월
④ 한용운

34 ② 김현승은 기독교 정신을 바탕으로 인간 존재의 운명과 내면을 절제된 언어로 노래하였다. 「눈물」, 「플라타너스」 등의 시를 썼다.
③ 김영랑은 박용철, 정지용 등과 함께 시문학파 활동을 통해 순수시 운동을 주도하였으며 우리말의 아름다움을 발견하는데 힘썼다. 「모란이 피기까지는」, 「오-매 단풍 들것네」 등의 시를 썼다.
④ 김광균은 도시적이고 감각적 이미지를 즐겨 사용한 모더니즘 시인으로 「와사등」, 「외인촌」 등의 작품을 썼다.

34 다음 설명에 해당하는 작가는 누구인가?

> • 공간적 지형의 미를 살린 작품을 썼다.
> • 감정을 배제하고 절제된 시어를 사용했다.
> • 후기에는 사물과 현상을 순수한 관념으로 포착하여 형상화하는 시를 주로 썼다.
> • 「바다」, 「유리창」 등의 시가 널리 알려졌다.
> • 『백록담』 등의 시집을 썼다.

① 정지용
② 김현승
③ 김영랑
④ 김광균

정답 33 ③ 34 ①

35 다음 작품을 쓴 작가의 작품에 해당하는 것은?

> 거울속에는소리가없소
> 저렇게까지조용한세상은참없을것이오
>
> 거울속에도내게귀가있소
> 내말을못알아듣는딱한귀가두개나있소
>
> 거울속의나는왼손잡이오
> 내악수(握手)를받을줄모르는악수(握手)를모르는왼손잡이오
>
> 거울때문에나는거울속의나를만져보지를못하는구료마는
> 거울아니었던들내가어찌거울속의나를만나보기만이라도
> 했겠소
>
> 나는지금(至今)거울을안가졌소마는거울속에는늘거울속
> 의내가있소
> 잘은모르지만외로된사업(事業)에골몰할께요
>
> 거울속의나는참나와는반대(反對)요마는
> 또꽤닮았소
> 나는거울속의나를근심하고진찰(診察)할수없으니퍽섭섭
> 하오

① 「날개」
② 「불놀이」
③ 「성북동 비둘기」
④ 「빼앗긴 들에도 봄은 오는가」

35 제시된 작품은 이상의 「거울」이다. 이상은 초현실주의적 경향을 지닌 작가로 심리주의적 기법에 의해 내면세계를 다루는 작품들을 창작하였다. 시 「오감도」 및 소설 「날개」, 「종생기」, 「봉별기」 등의 작품이 있다.
② 「불놀이」는 주요한의 작품이다.
③ 「성북동 비둘기」는 김광섭의 작품이다.
④ 「빼앗긴 들에도 봄은 오는가」는 이상화의 작품이다.

정답 35 ①

36 「지주회시」는 박태원이 아니라 이상의 단편소설로, 제목은 거미(지주)가 돼지(시)를 만난다는 뜻이다. 거미로 상징되는 남편과 아내가 '양돼지' 전무를 착취하는 사건을 다루고 있다.

36 다음 중 박태원의 소설에 대한 설명으로 옳지 <u>않은</u> 것은?

① 최재서로부터 '리얼리즘의 확대'라는 평가를 받았다.
② 지식인의 무기력한 자의식으로 본 일상의 모습을 그려내었다.
③ 「지주회시」를 통해 자본주의 착취 구조를 비판하였다.
④ 청계천 주변의 서민 일상을 그린 「천변풍경」이 있다.

37 김승옥은 「건」, 「누이를 이해하기 위하여」, 「무진기행」, 「서울, 1964년 겨울」 등의 작품을 통해 '감수성의 혁명'이라는 평을 받으며 60년대 문학을 이전의 전후세대 문학과는 다른 차원으로 끌어올렸다.
① 「광장」은 최인훈의 작품으로, 남북한 이념 문제에 대해 다루었다.
② 「카인의 후예」는 황순원의 작품으로, 해방 후 북한에서 이루어진 토지개혁과 애정문제를 다룬 이야기이다.
③ 「병신과 머저리」는 이청준의 작품으로, 한 형제의 모습을 통해 전후세대의 상처를 보여주는 작품이다.

37 다음 설명에 해당하는 작가의 작품은?

> 1962년 「생명연습」으로 등단하여 현실의 문제를 치밀하게 묘사하는 작품들을 다수 썼다. 일탈에 대한 열망을 토대로 한 그의 작품들은 무기력에 빠진 전후문학에 새로운 지평을 열었다는 평가를 받는다.

① 「광장」
② 「카인의 후예」
③ 「병신과 머저리」
④ 「서울, 1964년 겨울」

38 ② 「탈출기」는 최서해가 1925년 발표한 작품으로, 간도 이주민들의 비참한 삶의 모습을 보여준다.
③ 「술 권하는 사회」는 현진건이 1921년 발표한 작품으로, 일제 강점기 때 사회에 적응하지 못하는 지식인의 모습을 보여준다.
④ 「붉은 산」은 김동인이 1932년 발표한 작품으로, 주인공이 만주 조선족 마을에서 '삵'이라는 인물을 만난 일을 그렸다.

38 다음 설명에 해당하는 작품의 제목은?

> 3·1 운동 이전의 사회 상황을 배경으로 삼아 동경에서 유학 중이던 주인공이 고향인 조선으로 귀환하는 과정을 그렸다. 원제인 「묘지」는 당시 사람들의 위축된 삶을 나타낸다.

① 「만세전」
② 「탈출기」
③ 「술 권하는 사회」
④ 「붉은 산」

정답 36 ③ 37 ④ 38 ①

39 다음 설명에 해당하는 단체의 이름은?

> 1931년 신파극에서 벗어나 진정한 의미의 우리 신극을 수립하겠다는 목표로 결성된 극단이다. 초기에는 서구 작품을 계승한 리얼리즘 연극을 주로 했으나 이후 창작극 중심의 공연을 이어가다가 1938년 일제의 탄압에 의해 해산되었다.

① 구인회
② 토월회
③ 극예술연구회
④ 조선프롤레타리아예술동맹

39
① 구인회는 1933년 서울에서 활동하던 9명의 문인들이 모여 조직한 단체로 순수예술을 추구한다는 취지의 활동을 펼쳤다.
② 토월회는 1923년 조직된 극단이다.
④ 조선프롤레타리아예술동맹은 1925년에 사회주의 혁명을 위해 문학가들이 모여 결성한 단체로 '카프(KAPF)'라고도 한다.

40 다음 설명에 해당하는 작품과 그 작가가 옳게 연결된 것은?

> 이 작품은 명서네 아들과 경선네 이야기를 주축으로 한 한국 리얼리즘 희곡의 백미로 손꼽힌다. 1920년대 농촌을 배경으로 삼아 식민지 조선의 참상을 그려냈다.

① 「토막」 – 유치진
② 「불모지」 – 차범석
③ 「산돼지」 – 김우진
④ 「위대한 실종」 – 이근삼

40
② 「불모지」는 최 노인 가족의 이야기를 중심으로 6·25 이후 사회에 대한 비판을 담고 있다.
③ 「산돼지」는 식민지 시대를 살아가는 젊은 지식인 최원봉(별명이 '산돼지')의 이야기로, 인물의 심리묘사가 두드러지는 사실주의 극이다.
④ 「위대한 실종」은 공미순이라는 주인공을 통해 드러나는 현대사회의 비인간화를 비판하는 작품이다.

정답 39 ③ 40 ①

2022년 기출복원문제

▶ 온라인(www.sdedu.co.kr)을 통해
기출문제 무료 강의를 만나 보세요.

※ 기출문제를 복원한 것으로 실제 시험과 일부 차이가 있으며, 저작권은 시대에듀에 있습니다.

01 표준어 규정은 표준어 사정 원칙과 표준 발음법으로 구성되어 있는데, 표준어 사정 원칙에서는 표준어를 '교양 있는 사람들이 두루 쓰는 현대 서울말'로 규정했다.

01 다음 중 표준어에 대한 설명으로 옳은 것은?

① 서울 중류사회에서 쓰는 말이다.
② 서울 지역에 사는 사람들이 널리 쓰는 말이다.
③ 교양 있는 사람들이 두루 사용하는 현대 서울말이다.
④ 서울 지역에서 오래 전부터 쓰던 말이다.

02 한국어는 한반도 전역이 그 본거지이지만 우리 동포가 해외 여러 나라에 집단적으로 이주해서 사는 만주, 일본, 미국, 시베리아 등에도 널리 퍼져 있다.

02 국어와 한국어에 대한 설명으로 옳지 <u>않은</u> 것은?

① 한국어는 한반도 전역에서 쓰는 말이다.
② 일제 강점기에 일제는 한국어는 조선어, 일본어는 국어라고 칭했다.
③ 국어 교육, 한국어 교육 등 국어와 한국어는 분리해서 사용 가능하다.
④ 우리나라에서는 한국어를 가리키기 위해 주로 국어라는 용어를 사용한다.

03 ① 서술어가 목적어 뒤에 오는 구조이다.
② 문장의 어순이 바뀌어도 단어의 문법이 달라지지 않는다.
③ '읽지'와 같이 모음과 자음 사이에 자음이 최대 2개까지 발음된다.

03 다음 중 국어에 대한 특징으로 옳은 것은?

① 서술어가 목적어 앞에 오는 구조이다.
② 문장의 어순이 바뀌면 단어의 문법이 달라진다.
③ '읽지'와 같이 모음과 자음 사이에 자음이 3개까지 발음된다.
④ 어간 또는 어간에 접사를 결합하여 문장 안에서 자격을 갖추는 교착어이다.

정답 01 ③ 02 ① 03 ④

04 『훈민정음 해례본』 제자해 중 '혀뿌리가 목구멍을 막아서 내는 소리'는 무엇인가?

① 아음 /ㄱ/
② 설음 /ㄴ/
③ 순음 /ㅁ/
④ 치음 /ㅅ/

05 다음 밑줄 친 단어 중 표준어는 몇 개인가?

> • 그런 말을 한다고 <u>삐지면</u> 안 되겠지?
> • 시험이 코앞인데 <u>맨날</u> 놀기만 하니?
> • 손해 본 것을 언제 다 <u>메꿀</u> 수 있을지 모르겠다.

① 0
② 1
③ 2
④ 3

06 언어예절에서 어떠한 경우에서든 아내에 대한 호칭으로 적절하지 <u>않은</u> 것은? (단, ○○은 이름임)

① 여보
② 자기야
③ 임자
④ ○○씨

---

04 '혀뿌리가 목구멍을 막아서 내는 소리'는 설근폐후지형으로, 아음 'ㄱ'을 묻는 문제이다.
② 설음 /ㄴ/ : 설부상악지형(혀끝이 윗잇몸에 닿은 모양을 본떠 만든 글자)
③ 순음 /ㅁ/ : 구형(입 모양)
④ 치음 /ㅅ/ : 치형(이 모양)

05 기존 '삐치다, 만날, 메우다'와 새롭게 '삐지다, 맨날, 메꾸다'가 표준어로 인정되었다.

06 아내에 대한 호칭어는 '여보'가 일반적이며, 아이가 있을 때는 아이 이름을 붙여 '○○엄마', 자녀가 없을 때는 '○○씨'도 허용했지만 부모 앞에서는 삼가야 한다. 노년에는 '임자'를 쓸 수 있고, 애칭으로 쓸 때는 '마누라'도 허용했다. 하지만 '자기'는 찬반 의견이 많아 남편과 아내를 부르는 호칭어로 인정하지 않았다.

정답 04 ① 05 ④ 06 ②

07 언어예절에 맞는 표현은 각각 다음과 같다.
① 아버님, 장인어른
② (새)언니
③ 처제

07 다음 호칭 중 언어예절에 맞게 제시된 것은 무엇인가?

① 장인을 '아버지'라고 부른다.

② 오빠의 아내를 '형님'이라고 부른다.

③ 아내의 여동생을 '처형'이라고 부른다.

④ 자녀 배우자의 어머니를 '사부인'이라고 부른다.

08 ① 어떠한 경우에도 상호 간에 호상이라는 표현을 써서는 안 된다.
③ 세배 자체에 그런 의미가 담겨 있으므로 굳이 '새해 복 많이 받으세요.'라고 할 필요는 없다.
④ 어른이 받을 준비가 되어 있을 때만 세배를 드리는 것이 예의를 갖춘 것이다.

08 다음 중 특정한 상황에서의 인사말로 옳은 것은?

① 천수를 누리고 돌아가신 분의 상주에게 '호상입니다.'라고 인사말을 건넨다.

② 어떤 경우에는 문상 중 상주에게 아무 말도 하지 않는 게 좋은 인사말일 때가 있다.

③ 연초 세배할 때 어른들에게 '새해 복 많이 받으세요.'라고 꼭 인사말을 건넨다.

④ 연초 어른들에게 인사할 때 '절 받으십시오.'라고 절 받기를 권한다.

09 ① 지나친 서술어 공유 (→ ~밥으로 먹거나 차로 마시기도 한다.)
② 지나친 서술어 공유 (→ 겉보리를 돌화로로 구워 먹거나 절구에 넣고 종일 찧었다.)
③ 수식의 중의성 (→ 환자의 인간다운 권리가 지켜진다면~)

09 다음 중 접속관계가 자연스러운 문장은 무엇인가?

① 점토병에 담은 씨는 껍질을 벗긴 뒤 볶아서 밥이나 차로 마시기도 한다.

② 겉보리를 돌화로와 절구에 넣고 종일 찧었다.

③ 인간다운 환자의 권리가 지켜진다면 의료사고를 예방할 수 있다.

④ 시험 발표 후 얼마 동안은 기쁨으로 무얼 할지도 몰랐고 해야 할 일도 없었다.

정답 07 ④   08 ②   09 ④

10 다음 중 밑줄 친 단어의 쓰임새가 **잘못된** 것은 무엇인가?

① 과제를 하느라 밤을 꼬박 <u>샜다</u>.

② 연말이라서 일손이 많이 <u>달린다</u>.

③ 글씨를 <u>갈겨써서</u> 알아볼 수 없다.

④ 이렇게 되면 <u>걷잡을</u> 수 없는 사태가 벌어질 수 있다.

11 다음 중 사자성어의 뜻이 옳지 **않은** 것은?

① 등화가친(燈火可親) : 등불을 가까이할 만하다는 뜻으로 글 읽기에 좋음을 이르는 말

② 주마간산(走馬看山) : 자세히 살피지 아니하고 대충대충 보고 지나감을 이르는 말

③ 오비이락(烏飛梨落) : 아무 관계도 없이 한 일이 공교롭게 도 때가 같아 억울하게 의심을 받거나 난처한 위치에 서게 됨을 이르는 말

④ 동가홍상(同價紅裳) : 같은 값이면 붉은색 치마가 더 좋 다는 말

12 다음 예문에서 괄호 안에 공통으로 들어갈 관용구로 가장 적절한 것은?

> • 손을 ( ).
> • 붓을 ( ).
> • 다리를 ( ).

① 꺾다
② 들다
③ 놓다
④ 놓치다

10 '새우다'와 '새다'를 구별하는 문제다. '새우다'는 '한숨도 자지 아니하고 밤을 지내다'의 뜻으로 목적어를 필요로 하는 동사이고, '새다'는 자동사이다.

11 '동가홍상'은 '같은 값이면 다홍치마'라는 뜻으로, 같은 값이면 좋은 물건을 가짐을 이르는 말이다.

12 • 손을 놓다 : 일을 중도에 그만두다.
• 붓을 놓다 : 문필 활동을 그만두다.
• 다리를 놓다 : 일이 잘되게 하기 위하여 둘 또는 여럿을 연결하다.

정답 10 ① 11 ④ 12 ③

13 '알맞다'와 '걸맞다'는 형용사이므로 현재를 나타내는 관형사형 어미 '-은'과만 결합할 수 있다.

13 다음 내용에서 괄호 안에 들어갈 말이 순서대로 옳게 짝지어 진 것은?

> • 분위기에 (㉠) 옷차림
> • 빈칸에 (㉡) 말은?

	㉠	㉡
①	걸맞은	알맞은
②	걸맞은	알맞는
③	걸맞는	알맞은
④	알맞는	걸맞는

14 ① 주어와 서술어의 호응이 부자연스러움 (→ 이 도시의 바람직한 모습은 이 지방의 행정, 문화, 교육 분야의 중심 기능을 담당하는 것이다.)
② '~지연되고 있다'의 주어가 없어 문장성분이 지나치게 생략됨 (→ 노사 간에 지속적인 대화를 시도하고 있으나, 불필요한 공방으로 인하여 협상이 기약 없이 지연되고 있다.)
④ 문장의 서술어가 지나치게 생략됨 (→ 해외여행을 하거나 좋은 영화나 뮤지컬 등은 빼놓지 않고 관람하는 것이~)

14 다음 중 문장의 성분과 호응이 자연스러운 것은?

① 이 도시의 바람직한 모습은 이 지방의 행정, 문화, 교육 분야의 중심 기능을 담당해야 한다.
② 노사 간에 지속적인 대화를 시도하고 있으나, 불필요한 공방으로 인하여 기약 없이 지연되고 있다.
③ 예전에 한국인은 양만 따진다는 말이 있었으나, 이제는 양뿐 아니라 질을 아울러 따질 수 있게 되었다.
④ 해외여행이나 좋은 영화나 뮤지컬 등은 빼놓지 않고 관람하는 것이 이른바 골드 미스의 전형적인 생활양식이다.

15 한국의 서사문학 작품은 대부분 그 결말이 해피엔딩으로 끝난다.

15 한국문학에 대한 설명으로 옳지 <u>않은</u> 것은?

① 한국의 서사문학은 그 결말이 비극적인 경우가 일반적이다.
② 정형시라 하더라도 음절 수의 변화가 가변적이다.
③ 작품을 전개하면서 기교를 부리는 풍조를 멀리하고, 일상생활에서 하는 자연스러운 말을 그대로 살렸다.
④ 문학하는 행위를 놀이로 여기고, 흥겨운 놀이면서 심각한 고민을 나타내는 문학의 양면성을 하나가 되게 합치는 것을 바람직한 창조로 여겼다.

정답 (13 ① 14 ③ 15 ①)

16 남녀 사이의 애정을 노래한 작품이 <u>아닌</u> 것은?

① 「서경별곡」
② 「동동」
③ 「처용가」
④ 「가시리」

17 다음 내용에서 괄호 안에 공통으로 들어갈 인물은?

> (　　)은 경정산가단을 조직한 인물 중 하나이다. (　　)이
> 시가문학사에 남긴 업적 중 하나는 조선 시대 3대 시조집의
> 하나인 『해동가요(海東歌謠)』를 편찬했다는 점이다.
> 현재 전하는 작품으로는 『해동가요』 을해본에 16수, 계미
> 본에 117수, 『청구가요』에 3수, 기타 가집에 5수가 있는데,
> 이 중 중복된 것을 빼면 총 129수가 된다.

① 김수장
② 김천택
③ 이형상
④ 송계연월옹

18 다음 작품에 대한 설명으로 옳지 <u>않은</u> 것은?

> 동짓달 기나긴 밤 한 허리를 베어 내어
> 춘풍 이불 아래 서리서리 넣었다가
> 어론 님 오신 날 밤이어든 굽이굽이 펴리라

① 주어진 불행을 극복하려는 의지를 드러낸다.
② 황진이가 창작한 것으로, 기녀시조에 해당한다.
③ 긴 밤의 허리를 자른다는 기발한 착상이 나타난다.
④ 당시의 현실에 대한 비판적 태도를 우회적으로 표현한다.

---

16 「서경별곡」과 「가시리」는 이별의 정
한을, 「동동」은 임에 대한 송축과 애
련의 심정을 노래한 작품으로, 모두
남녀 사이의 애정을 노래했다고 볼 수
있다. 하지만 「처용가」는 자기 아내
를 범한 역신을 물리치는 내용이다.

17 선지의 인물들의 대표 작품은 다음
과 같다.
② 김천택 : 『청구영언』
③ 이형상 : 『병와가곡집』
④ 송계연월옹 : 『고금가곡』

18 해당 작품은 기녀 황진이의 연정시조
로, 기다림의 소망을 통해 이별의 아
픔을 극복하고자 하는 의지를 드러내
고 있다. 당시의 현실에 대한 비판적
태도를 우회적으로 표현한 것과는 거
리가 멀다.

정답 16 ③　17 ①　18 ④

19 영웅의 일대기라는 영웅소설의 기본적 틀을 깨뜨린 갈래가 아니라 영웅소설의 일반적인 구조를 토대로 했으나 주인공이 여성으로 바뀌었을 뿐이다.

19 여성영웅소설에 대한 설명으로 옳지 않은 것은?

① 한글소설의 유통에 따라 독자층이 확대되면서 형성된 갈래로 추정된다.

② 영웅의 일대기라는 영웅소설의 기본적 틀을 깨뜨린 갈래로 평가되기도 한다.

③ 혼사장애가 중심이 된 유형과 입신양명이 중심이 된 유형으로 분류할 수 있다.

④ '고난 – 수학 – 출정 – 입공'의 구조와 '만남 – 헤어짐 – 재회'의 구조가 결합되어 나타난다.

20 무엇이든 수단화하는 권력의 횡포를 의미하는 것은 용왕과 자라의 모습이다. 토끼의 행동에는 세속적인 부귀영화를 추구하는 속물적인 모습과 동시에 죽을 위기에 처했으나 상대를 속여 극복하는 지혜로움이 있다.
① 「토끼전」은 우화적, 의인화 수법으로 인간사회를 풍자한 작품이다.
③ 「토끼전」의 표면적 주제는 토끼의 허욕에 대한 경계와 고난을 극복하는 지혜, 그리고 자라의 왕에 대한 충성심이다. 하지만 이면적 주제는 상류 계층에 대한 비판 및 풍자, 평민 계층의 속물적 근성에 대한 풍자이다. 따라서 별주부의 충성은 무능하고 권위적이고 부패한 왕에 대한 맹목적인 모습이므로 설득력이 떨어진다.
④ 당대의 부패함과 권력 및 횡포를 비판하고자 하는 현실 인식을 반영한 작품이다.

20 「토끼전」의 주제에 대한 설명으로 옳지 않은 것은?

① 우화소설의 형식을 잘 활용하여 대상을 과감하게 풍자하였다.

② 토끼의 행동은 무엇이든 수단화하는 권력의 횡포를 의미한다.

③ 별주부의 충성을 표면적 주제로 내세웠으나 설득력이 떨어진다.

④ 조선 왕조의 지배 체제가 위기에 처하였다는 현실 인식을 반영한다.

정답 19 ② 20 ②

21 다음 중 각 작품에 대한 설명으로 옳지 <u>않은</u> 것은?

① 「규중칠우쟁론기」 : 바느질에 쓰이는 일곱 가지 도구를 의인화한 작품이다.

② 「한중록」 : 사도세자의 빈인 혜경궁 홍씨의 자전적인 회고록 형식의 작품이다.

③ 「무오연행록」 : 병자호란 당시 남한산성에서의 일을 기록한 일기체 형식의 작품이다.

④ 「조침문」 : 애지중지하던 바늘이 부러지자 그 서운한 심정을 표현한 제문 형식의 작품이다.

22 다음 내용에서 괄호 안에 들어갈 작품의 제목은?

> 연암 박지원의 한문소설 중 (   )은 분(糞)을 수거하는 비천한 생활을 하면서도 대인군자 못지않은 의리와 덕행을 겸비한 주인공 엄 행수를 통하여 당시의 양반과 고관대작들의 무위도식하는 행태와 호의호식을 꿈꾸는 허욕을 풍자하였다.

① 「마장전」

② 「광문자전」

③ 「허생전」

④ 「예덕선생전」

23 다음 중 신화에 대한 설명으로 옳지 <u>않은</u> 것은?

① 신화는 그것을 신성하다고 생각하는 집단의 이야기이다.

② 신화는 전설이나 민담에 비해 그 구조와 성격이 단순하다.

③ 일단 성립되면 행동의 규범이나 당위로 간주되기도 한다.

④ 종교적으로 전파될 때 민족의 한계를 넘어서기도 한다.

---

21 병자호란 당시 남한산성에서의 일을 기록한 일기체 형식의 작품은 어느 궁녀의 작품 「산성일기」이다.
「무오연행록」은 조선 시대, 1798(정조 22)년에 서유문(徐有聞)이 서장관(書狀官)으로 중국 청나라에 갔다가 이듬해에 조선으로 돌아온 뒤 지어서 펴낸 한글 기행문으로, 전 6권이다.

22 해당 문제의 선지 모두 연암 박지원의 한문소설이다.
① 소외되기 쉬운 서울의 하류층 인물인 세 사람을 등장시켜 당시의 '군자의 사귐'을 비판하였다. 그리고 이들이 옷과 갓을 찢고 허리에 새끼줄을 매고 거리에서 노래하게 하는 것으로 끝맺음으로써 그 풍자 효과를 극대화하고 있다.
② 거지인 광문(廣文)의 순진성과 그의 거짓 없는 인격을 그려 서민이나 양반이 다를 바 없음을 강조하여 당시의 양반 사회를 은근히 풍자하였다.
③ 가난한 선비인 허생의 상행위(商行爲)를 통해 자연경제의 타파를 주장하고, 양반들의 무능을 풍자한 작품이다.

23 신화는 각 나라와 민족마다의 특성이 반영되기 때문에 그 구조가 복잡하다. 전설이나 민담에 비해 그 구조와 성격이 단순한 것은 아니다.

정답 21 ③ 22 ④ 23 ②

24 민요는 독창 방식으로도 부를 수 있다. 독창은 혼자서 부르고, 제창은 여럿이 부르는 방식으로 선후창으로 나뉘지 않는 점에서 같다. 독창 민요는 선후창으로 불릴 수도 있는데, 「아리랑」·「신고산타령」은 독창 민요이면서도 후렴이 있기 때문에 선후창으로 부를 수도 있다. 또 「쾌지나칭칭나네」·「오돌또기」는 주로 선후창으로 부르나 후렴까지 독창으로 부를 수도 있어 후렴이 있는 민요는 선후창·독창의 구분이 불분명하다. 「길쌈노래」는 대표적 독창 민요이다. 이 경우 가사는 한정 없이 길어지며, 일정한 선율이 반복되는 가락보다는 가사의 내용이 더 중요한 의미를 갖게 된다. 이러한 민요를 서사민요라고 한다. 독창으로 불리는 민요 중에는 다른 종류의 민요보다 음악적으로 훨씬 세련된 것도 있는데, 이를 가창민요라고 한다. 대표적인 예로 「신고산타령」을 들 수 있다.

25 판소리 장단 가운데 제일 빠른 것은 '휘모리'다.

[판소리 장단 빠르기 순서]
진양조 〈 중모리 〈 중중모리 〈 자진모리 〈 휘모리

26 가치판단을 배제하는 것이 아니라 이를 토대로 정보를 시간 순서로 나열하는 것이다.

24 민요의 가창 방식에 대한 설명으로 옳지 <u>않은</u> 것은?

① 독창으로 부르지 않는 것이 원칙이다.
② 교환창은 후렴이 없다는 점에서 선후창과 구분된다.
③ 선후창의 후창자는 선창에 이어서 후렴을 부른다.
④ 선후창의 선창자는 가사를 선택할 권리를 부여받는다.

25 다음 중 판소리에 대한 설명으로 옳지 <u>않은</u> 것은?

① 가창은 보통 '허두가'로부터 시작된다.
② 공연에서 말로 하는 부분을 '아니리'라고 한다.
③ 장단 가운데 가장 빠른 것을 '자진모리'라고 한다.
④ 섬진강 서쪽 나주, 보성 등지에서 성행한 소리를 '서편제'라고 한다.

26 다음 중 바람직한 문학사 서술에 대한 설명으로 옳지 <u>않은</u> 것은?

① 문학이면서 동시에 역사가 될 만한 것을 서술하는 것이다.
② 문학 전반에 대하여 통사적이고 총체적으로 서술하는 것이다.
③ 가치판단을 배제하고 정보를 시간 순서로 나열하는 것이다.
④ 작품 및 작가를 시대의 올바른 위치에 자리 잡게 하는 것이다.

정답 24 ① 25 ③ 26 ③

27 다음 중 신소설에 대한 설명으로 옳지 <u>않은</u> 것은?

① 이인직의 「혈의 누」에서 비롯되었다고 본다.

② 고소설과는 완전히 절연된 새로운 양식이다.

③ 개화사상과 독립사상의 고취를 주요 테마로 삼았다.

④ 시간의 역전 구조, 구어체의 사용 등 새로운 특징이 발견된다.

27 신소설은 고소설과는 완전히 절연된 새로운 양식이 아니라, 고대소설적 요소와 현대소설적인 요소를 동시에 포함하고 있는 과도기 형태의 소설 장르이다.

28 1930년대 시에 대한 설명으로 옳지 <u>않은</u> 것은?

① 서정주, 유치환 등의 청록파 동인은 자연 속에 인간의 심성을 담은 시를 썼다.

② 김기림, 김광균 등이 모더니즘 시운동을 통하여 이미지즘의 감각적 시풍을 주도하였다.

③ 박용철, 김영랑 등의 시문학 동인이 섬세한 언어감각을 통하여 순수시를 지향하였다.

④ 이육사, 윤동주 등의 저항시인은 초극의 정신으로 일제강점기의 암울함에 맞섰다.

28 서정주, 유치환은 생명파로 인생의 본질을 탐구하는 시를 썼으며, 자연 속에 인간의 심성을 담은 시를 썼던 유파는 조지훈, 박두진, 박목월 같은 청록파였다.

29 다음 설명에 해당하는 작가는 누구인가?

> • 모더니즘 문학 단체인 구인회의 회원이다.
> • 복잡한 수식이나 기호를 시에 도입하였다.
> • 「오감도」, 「거울」 등의 작품을 창작하였다.

① 이상

② 정지용

③ 김기림

④ 박태원

29 1930년대 국내의 선구적인 모더니즘 작가로서, 약 6년간 2,000여 점의 작품을 집필하며 인간 사회의 도구적 합리성을 극복하고 미적 자율성을 정립하고자 했다. 이상의 작품 활동은 한국 근대문학이 국제적·선진적 사조에 합류하는 데 지대한 공헌을 했다는 점에서 의의가 있으며, 초현실주의와 심리소설의 개척자로도 높이 평가받는 반면, 한편으로는 인간의 인식가능성을 부정한 극단적인 관념론자로 평가되기도 한다. 이상이 쓴 「오감도」, 「거울」 등은 초현실주의 계열의 실험작이다.

정답 27 ② 28 ① 29 ①

30 주요한이 우리말로 쓴 최초의 작품은 1917년 『청춘』 11월호에 발표한 단편 「마을집」이다. 이 소설은 한 유학생이 조선의 현실을 개혁하겠다는 뜻을 품고 일본에서 귀향했다가 현실의 완강한 힘에 좌절당하고 다시 일본으로 도망치듯 돌아간다는 이야기로, 그가 지니고 있던 근대관과 개혁사상의 허와 실을 잘 보여준다. 이어 「시내」·「봄」·「눈」·「이야기」·「기억」 등 5편의 시를 「에듀우드」라는 제목으로 『학우』에 발표했으며, 1921년 『창조』 창간호에 시 「불놀이」를 발표하면서 시창작에 전념했다.

「불놀이」는 최근까지도 한국 최초의 근대자유시라고 알려져 왔으나 그보다 앞서 김억과 황석우의 자유시 형식실험이 있었던 것으로 밝혀져 역사적 의의는 다소 달라졌다. 그러나 근대자유시의 형성과 발전에 큰 영향을 준 작품임에는 변함이 없다.

30 다음 설명에 해당하는 작가는 누구인가?

> 『창조』의 동인으로 등단하여 우리 근대시의 형성과정에서 선구적 위치에 섰던 시인으로, 『학우』와 『창조』에서 시작 활동을 본격화하였다. 이를테면 『학우』 창간호의 「에듀우드」 시편과 『창조』 창간호의 「불놀이」, 「새벽꿈」, 「하이얀 안개」 등 일련의 시편은 그의 시사적 위상을 확고히 하였고, 근대적 자유시 형식을 실험하였다.

① 주요한
② 김동환
③ 홍사용
④ 최남선

31 『청춘』(1914), 『학지광』(1914), 『태서문예신보』(1918)는 모두 1910년대에 나왔다. 『백조』는 1922년에 나온 낭만주의 경향의 문예지로, 현진건, 나도향, 이상화, 박종화 등이 중심이었다.

31 다음 중 1910년대에 창간된 잡지가 <u>아닌</u> 것은?

① 『청춘』
② 『학지광』
③ 『백조』
④ 『태서문예신보』

정답 (30 ① 31 ③)

32 다음 설명에 해당하는 시인의 작품만 옳게 고른 것은?

> • 만주 북간도 명동 출생
> • 1945년 일본 후쿠오카 형무소에서 옥사
> • 유고 시집 『하늘과 바람과 별과 시』
> • 자아의 성찰과 '부끄러움의 미학'을 특징으로 한 시세계

① 「절정」, 「광야」
② 「서시」, 「십자가」
③ 「향수」, 「백록담」
④ 「화사」, 「자화상」

33 전후의 문단과 소설적 경향에 대한 설명으로 옳지 <u>않은</u> 것은?

① '암흑'의 시대라고 불렸으며, 모국어 사용이 제한되었다.
② 『문예』, 『문학예술』, 『신천지』 등 게재지가 늘어났다.
③ 휴머니즘을 바탕으로 하고, 현실과의 화해를 추구하는 소설이 발간되었다.
④ 부정적 현실에 희생하는 개인의 비극을 통해 현실을 비판하는 작품이 나왔다.

34 황순원의 작품에 대한 설명으로 옳지 <u>않은</u> 것은?

① 「독 짓는 늙은이」 : 장인 정신을 문제 삼았다.
② 「별」 : 누이에 대한 감정을 동화처럼 섬세한 필치로 그렸다.
③ 「암사지도」 : 전쟁 후 젊은이들의 자포자기적 생활을 그렸다.
④ 「카인의 후예」 : 토지 개혁이 진행된 북한의 농촌을 배경으로 하였다.

---

32 윤동주에 관한 내용이다.
① 이육사의 대표작들이다.
③ 정지용의 대표작들이다.
④ 서정주의 대표작들이다.

33 '암흑'의 시대라고 불렸으며, 모국어 사용이 제한되었던 때는 일제 말기인 1941~1945년이다.

34 「암사지도」는 서기원(徐基源)이 지은 단편소설로, 1956년 『현대문학(現代文學)』 11월호에 추천되어 문단에 등단하게 된 작품이다. 이 작품은 1950년대의 사회적 배경을 바탕으로 하여 삶의 훼손상이 규범과는 무관하게 나타나는 현실에서 도덕적 논리와 삶의 논리가 어긋난 극심한 갈등을 주제로 다루었다. 전쟁 후 젊은이들의 자포자기적 생활을 그렸던 것은 「나무들 비탈에 서다」라는 작품이다.

정답 (32 ② 33 ① 34 ③)

35 ① 최인훈, 「광장」: 1960년에 발표
된 작품으로 광복과 동시에 남북
이 분단됨으로써 생기는 이념의
분열을 주제로 방황하는 지식인
의 모습을 다룬 소설이다.
② 이범선, 「오발탄」: 전쟁 이후, 해
방촌에 살고 있는 철호와 그의 가
족들의 이야기를 다룬 작품으로,
전쟁 직후의 부조리한 사회 상황
을 잘 드러내고 있다는 점에서
「오 분간」과 상통하는 면이 있다.
단, 「오 분간」이 기발한 상상력을
바탕으로 한 우화적인 기법의 작
품인 데 비해 「오발탄」은 피난민
의 비애, 절망감 등을 사실적으로
드러낸 작품이라는 점이 다르다.
④ 황순원, 「나무들 비탈에 서다」:
전쟁이라는 극한의 상황을 겪은
젊은이들의 전후(戰後)의 정신
적 방황과 갈등을 통하여 인간 구
원의 문제를 다루었다. 이 작품은
1950년대에서 1960년대에 이르
는 시기의 전후문학사의 한 지표
로 간주된다.

36 「동백꽃」은 어수룩하고 우직한 시골
청년을 주인공으로 하여 향토적 분
위기와 토속적인 어휘를 그대로 사
용하고 있다는 점에서 「봄・봄」과
유사하다.

35 다음 설명에 해당하는 작가와 작품은?

1957년 『한국일보』 신춘문예 당선 작품이다. 이 작품은 일
제강점기에 강제 동원되어 팔을 잃은 아버지 박만도와 한
국전쟁 당시에 부상하여 다리를 잃은 그 아들의 수난이 주
제인 작품이다.

① 최인훈, 「광장」
② 이범선, 「오발탄」
③ 하근찬, 「수난이대」
④ 황순원, 「나무들 비탈에 서다」

36 김유정의 소설에 대한 설명으로 옳지 않은 것은?

① 순진하고 어리숙한 인물을 주인공으로 삼기도 하였다.
② 토착적 정서를 해학적으로 형상화하기도 하였다.
③ 식민지 도시 서민층의 애환과 삶을 그렸다.
④ 대표작인 「동백꽃」은 사춘기 시골 남녀의 사랑을 해학적으
로 그린 작품이다.

정답 35 ③ 36 ③

37 1930년대 대표 소설에 대한 설명으로 옳지 <u>않은</u> 것은?

① 최서해, 「탈출기」 : 일제 강점 하에서 착취당하고 소외당하는 농민의 삶을 응칠과 응오 형제의 상반된 삶을 통해 사실적으로 형상화한 소설로, 현실 비판 의식을 강하게 드러내고 있다.

② 이상, 「날개」 : 현대인의 도착되고 분열된 내면을 보여 주면서 동시에 그것을 집요하게 탐구하고 있는 심리주의 계열의 단편소설이다.

③ 채만식, 「레디메이드 인생」 : 1930년대는 지식인의 실업자 홍수 시대로, 그 역사적 현실을 배경으로 하여 독특한 필치로 엮어나간 단편소설이다.

④ 박영준, 「모범 경작생」 : 1930년대 시행되었던 일제의 농업 진흥책에 숨겨진 허구적 성격을 고발하고, 이에 대한 농민들의 자각 과정을 구체적으로 그리고 있는 농민소설이다.

38 다음 내용에서 괄호 안에 공통으로 들어갈 말로 적절한 것은?

• (   )은(는) 근본적으로 잡문과 다르다.
• (   )은(는) 무형식의 자유로운 산문문학으로서 이는 형식이 다양하다는 뜻이지, 아무렇게나 써도 된다는 뜻은 아니다.
• (   )은(는) 글쓴이의 개성과 적나라한 심성이 생생하게 드러나는 자기고백적인 문학이다.
• (   )은(는) 표면적인 사실만을 쓰지 않고 현실을 재해석하는 심미적·철학적 가치가 드러나는 글이다.

---

① 소설
② 수필
③ 희곡
④ 영화

37 일제 강점 하에서 착취당하고 소외당하는 농민의 삶을 응칠과 응오 형제의 상반된 삶을 통해 사실적으로 형상화한 소설로, 현실 비판 의식을 강하게 드러내고 있는 작품은 김유정의 「만무방」이다. 최서해의 「탈출기」는 신경향파 문학작품으로, 1920년대 우리 민족의 비참한 삶의 모습을 작가의 생생한 체험을 바탕으로 그린 빈궁문학의 대표작이다.

38 해당 내용은 수필의 특성과 관련되어 있다. 수필의 전달자는 작가 자신이기 때문에 다른 장르에 비해 개성이 강하며 사실성과 교훈성이 짙다.

정답 37 ① 38 ②

39 「서유견문」은 조선 말기의 정치가 유길준(俞吉濬)이 미국 유학 중에 유럽을 여행하며 보고 느낀 것들을 기록한 책이다. 국한문(國漢文)을 혼용한 최초의 기행문으로 언문일치(言文一致)의 선구적 역할을 하였으며, 개화사상을 접하게 하여 갑오개혁(甲午改革)의 사상적 배경이 되었다. 1895(고종 32)년에 간행되었다. 1책이다.

39 다음 설명에 해당하는 작품으로 옳은 것은?

> • 국한문(國漢文)을 혼용한 최초의 기행문으로 언문일치(言文一致)의 선구적 역할을 하였다.
> • 고수필에서 현대수필로 넘어가는 과정에서 교량적 구실을 하였다.
> • 근대적 기행수필의 효시이다.

① 「심춘순례」
② 「탐라기행」
③ 「서유견문」
④ 「독일 가는 길에」

40 한국 최초 창작 희곡은 1912년에 창작된 「병자삼인」이다.

40 한국 현대희곡에 대한 설명으로 옳지 <u>않은</u> 것은?

① 1930년대 현대극이 발전하면서 신파극이 위축되었다.
② 1931년에 극예술연구회가 조직되었다.
③ 한국 최초 창작 희곡은 1921년에 창작된 「병자삼인」이다.
④ 극예술연구회 일원인 유치진은 1932년 「토막」을 발표, 공연하였다.

제 1 편

핵심포인트

교육은 우리 자신의 무지를 점차 발견해 가는 과정이다.

– 윌 듀란트 –

제 1 장 국어에 대한 이해

1 언어로서의 국어

(1) 언어에 대한 이해

① 사람과 동물을 구별하는 가장 중요한 척도이다.

② 인간만이 지닌 가장 고차원적인 의사전달 수단이다.

③ 언어에 대한 이해는 심리학 등의 다른 분야와도 연관이 있다.

④ 우리의 문화·사회·협동생활의 기본적인 수단이며 가장 중요한 역할을 한다.

⑤ 언어가 없으면 생존은 가능하지만 사회생활은 불가능해진다.

⑥ 언어와 우리 생활과의 관계가 깊은 만큼 언어 연구의 필요성도 크다.

⑦ 인간이 의사소통을 할 때 언어만 사용하지는 않는다.

⑧ **언어 구조의 청사진** : 인간은 많은 양의 언어적 판단을 직관 능력에 의해서 처리한다.

⑨ **언어와 문학** : 언어와 문학은 필연적 관계는 아니지만 긴밀한 관계를 유지하고 있다.

⑩ **언어와 사고**

    ㉠ 인간은 언어를 통해 세계를 인식한다.

    ㉡ 언어의 상대성 이론(벤자민 워프) : 언어가 사고를 지배한다.

(2) 언어의 특성 20 기출

① **자의성** : 말소리와 의미는 우연한 결합이다(= 수의성, 임의성, 무연성, 우연성).

② **사회성** : 언어는 사회적 약속이므로 개인이 마음대로 바꿀 수 없다(= 불역성).

③ **역사성** : 언어는 시대의 흐름에 따라 변한다(= 가역성).

④ **분절성** : 연속적인 현실을 끊어서 표현한다(= 불연속성).

⑤ **창조성** : 생각이 열려 있어서 언어를 무한히 만들어 내고 상상의 산물도 만들어 낸다(= 개방성).

⑥ **추상성** : 언어로 추상화(= 개념화)의 과정을 거친다.

(3) 언어의 기능

① **표현적 기능** : 화자의 감정, 심리, 태도 등을 표현하는 기능

② **감화적 기능** : 듣는 사람으로 하여금 무엇을 하거나 하지 못하게 하는 기능(표어, 광고문, 연설문, 법률, 신호등, 도로표지판 등)

③ **친교적 기능** : 사전적·개념적 의미는 무시하고 친교 관계를 확인하는 기능(주로 인사말)

④ **표출적 기능** : 감정을 표출하고 언어를 본능적으로 사용하는 기능(주로 감탄)

⑤ **지식과 정보의 보존 기능** : 언어로 지식을 축적하고 정보를 보존하는 기능

2 국어의 언어적 특징

(1) 언어의 종류

① **음성 언어(말하기, 듣기)** : 입을 통해 표현되고 귀로 들어 의사소통을 하는 언어

② **문자 언어(읽기, 쓰기)** : 음성 언어에 담긴 내용을 상징하는 부호, 즉 문자로 나타낸 언어

(2) 음운상의 특징

① **국어의 음운상 특징**

ㄱ 두음법칙 : 첫소리에 둘 이상의 자음이나 유음 'ㄹ'과 'ㄴ', 'ㄲ, ㄴ, ㄴ, ㄴ' 등의 소리가 오지 않는 현상

ㄴ 음절 끝소리 규칙 : 음절의 끝소리가 'ㄱ, ㄴ, ㄷ, ㄹ, ㅁ, ㅂ, ㅇ' 중 하나로 변하여 발음되는 현상

ㄷ 모음조화 : 양성 모음은 양성 모음끼리, 음성 모음은 음성 모음끼리 결합하려는 현상

ㄹ 동화 작용 : 한쪽 음운이 다른 쪽 음운의 성질을 닮아가는 현상

② **음운의 체계**

ㄱ 자음의 분류(19개) 21, 20 기출

소리 내는 방법		소리 내는 자리	두 입술 (양순음)	윗잇몸, 혀끝 (치조음)	센입천장, 혓바닥 (경구개음)	여린입천장, 혀 뒤 (연구개음)	목청 사이 (후음)
안울림 소리	파열음	예사소리	ㅂ	ㄷ		ㄱ	
		된소리	ㅃ	ㄸ		ㄲ	
		거센소리	ㅍ	ㅌ		ㅋ	
	파찰음	예사소리			ㅈ		
		된소리			ㅉ		
		거센소리			ㅊ		
	마찰음	예사소리		ㅅ			ㅎ
		된소리		ㅆ			
울림 소리	비음		ㅁ	ㄴ		ㅇ	
	유음			ㄹ			

ⓛ 모음의 분류(21개) `20` `기출`
- 단모음 : 소리 내는 동안 입술이나 혀가 움직이지 않는 모음

혀의 앞뒤	전설 모음		후설 모음	
혀의 높이 입술 모양	평순 모음	원순 모음	평순 모음	원순 모음
고모음	ㅣ	ㅟ	ㅡ	ㅜ
중모음	ㅔ	ㅚ	ㅓ	ㅗ
저모음	ㅐ		ㅏ	

- 이중 모음 : 소리 내는 동안 입술이나 혀가 움직이는 모음(ㅑ, ㅕ, ㅛ, ㅠ, ㅒ, ㅖ / ㅘ, ㅝ, ㅙ, ㅞ / ㅢ)

(3) 어휘상의 특징
① 높임법 발달
② 다량의 한자어 유입
③ 감각어·상징어 발달

(4) 구문상의 특징 `22, 21` `기출`
① 국어에는 문법적 관계를 나타내는 조사와 어미가 다양하게 발달하였다.
② '주어 + 목적어 + 서술어', '주어 + 보어 + 서술어'의 어순이다.
③ 수식 관계에서 피수식어는 수식어 뒤에 온다.

3 국어의 문법적 특성 `22` `기출`

(1) 형태적 특성
단어 형성, 품사 및 조사나 어미와 관련되는 현상을 말한다.
① 조사와 어미가 발달된 언어이다(교착어, 첨가어).
② 동사와 형용사의 활용이 매우 유사하다.
③ 분류사(단위성 의존명사)가 발달해 있다.

(2) 통사적 특성 `23` `기출`
구성, 성분, 어순, 구성의 기능 및 문법 요소와 관련되는 현상을 말한다.
① 국어는 '주어(S) + 목적어(O) + 동사(V)'의 어순을 갖는 SOV형 언어이다.
② 수식어는 반드시 피수식어 앞에 온다.

③ 주어나 목적어가 쉽게 생략될 수 있다.

④ 동사를 제외한 문장 성분의 순서를 비교적 자유롭게 바꿀 수 있다.

⑤ 경어법(대우법 또는 높임법)이 매우 발달했다.

체크 포인트

알타이어족

• 몽골어 · 투르크어(터키어 등) · 퉁구스어 등 3계 어군의 총칭

• 특징 : 어두자음군 존재, 모음조화 현상, 조사와 어미가 발달한 교착어 등

---

4 언어습득이론

(1) 경험주의(행동주의)

언어습득은 경험적 훈련(후천적)이다.

(2) 합리주의

① 언어습득은 타고난 언어능력에서 비롯되었다(선천적).

② **합리주의 이론의 근거** : 인간만이 언어를 가지고, 언어습득의 균일성, 언어습득의 통달성, 경험만으로는 도저히 도달할 수 없는 초월성이 있다.

확인학습 풀어보기

01 음성 언어의 특징으로 옳지 <u>않은</u> 것은?

① 귀로 들어 의사 소통을 하는 언어이다.

② 시대와 공간을 초월한다.

③ 쉽게 감정을 표현할 수 있다.

④ 말함과 동시에 금방 사라져 오래 보존할 수 없다.

[해설] 시대와 공간을 초월하는 것은 문자 언어의 특징이다. 문자 언어는 오래 보존되어 분석, 평가가 가능하며 지식과 정보를 기록 · 보존하고 전달하기가 비교적 쉽다.

---

02 국어의 어휘상 특징이 <u>아닌</u> 것은?

① 다량의 한자어의 유입
② 높임법의 발달
③ 감각어의 발달
④ 조사와 어미의 발달

> 해설 조사와 어미가 발달한 것은 국어의 구문상의 특징에 해당한다. 국어에는 문법적 관계를 나타내는 조사와 어미가 다양하게 발달했고 '주어＋목적어＋서술어', '주어＋보어＋서술어'의 어순에 따른다.

03 언어습득이론에 관한 설명으로 <u>틀린</u> 것은?

① 경험주의 언어습득이론은 행동주의 언어습득이라고도 한다.
② 합리주의 이론에서는 인간은 태어날 때부터 말하기 위한 조건을 갖추고 태어난다고 본다.
③ 경험주의 이론에서는 언어의 습득능력은 인종(人種)이나 지능(知能)에 따라 달라진다고 본다.
④ 하나의 언어를 배우고 난 뒤 그것을 일상생활에서 자유자재로 구사할 수 있다고 보는 것은 경험주의 이론이다.

> 해설 경험주의 언어습득이론은 언어의 습득은 후천적인 경험적 훈련에 따른 결과라는 것이므로 선천적인 인종(人種)이나 지능(知能)에 따라 달라진다고 보는 입장이 아니다. 합리주의 언어습득이론에서는 언어습득을 선천적인 언어능력에 따라 달라진다고 주장한다.

04 언어와 문화의 관계에 대한 설명으로 옳은 것은?

① 문화가 다르면 다른 언어를 사용한다.
② 단어의 복잡성과 언어의 다양성은 그 사회의 문화 수준과 비례한다.
③ 한쪽에 없는 말이 다른 쪽에 있는 것은 사고 수준이 다르기 때문이다.
④ 특정 단어가 특정 사회에만 있는 이유는 그 개념이 한쪽에서는 중요하나 다른 쪽에서는 중요하지 않기 때문이다.

> 해설 언어는 그 언어를 사용하는 민족의 독특하고 고유한 문화를 반영하는데, 이는 특히 '어휘' 부분에 두드러지게 나타난다. 언어를 잘 살펴보면 그 사회의 문화적 특징을 읽어낼 수 있다.
> ① 문화가 다르다고 반드시 다른 언어를 사용하는 것은 아니다. 전혀 다른 문화적 배경에서도 언어 구조는 비슷하거나 같은 기독교 문화권에서도 다른 구조의 언어를 사용하는 경우가 있다.
> ②, ③ 단어의 복잡성과 언어의 다양성은 환경과 문화의 차이에서 비롯된다.

05 국어의 통사적 특성을 설명한 내용으로 옳지 <u>않은</u> 것은?

① 수식구성에서 피수식어는 수식어의 앞에 온다.
② 주어나 목적어가 쉽게 생략될 수 있는 언어에 속한다.
③ SOV형 언어이다.
④ 경어법이 발달하였다.

해설 수식어는 반드시 피수식어 앞에 온다. 어순, 문장 성분의 위치는 형태적 특징이 아닌 통사적 특징에 해당한다. 나머지는 형태적 특징이 아닌 국어의 통사적 특징이다.

정답 01 ② 02 ④ 03 ③ 04 ④ 05 ①

제 2 장 훈민정음과 한글에 대한 이해

1 훈민정음의 이해 24 기출

(1) 훈민정음의 의미

① 백성을 가르치는 바른 소리
② **다른 명칭** : 언문, 반절, 국문 등
③ **훈민정음 창제의 목적** : 사람마다 쉽게 익혀 나날이 쓰는데 편하게 하는 것(欲使人人易習便於日用耳)

(2) 훈민정음의 창제 정신

① **실용 정신** : 사용하기 쉽고 편리한 문자
② **자주 정신** : 중국과의 언어적 차이를 인식
③ **애민 정신** : 백성들의 자유로운 문자 생활을 도모
④ **창조 정신** : 새로운 문자를 창조

(3) 훈민정음의 창제 이유

① 유교 정신을 실천하고 질서를 확립하기 위해
② 한문에 표준음이 정해져 있지 않아 서로 뜻이 통하지 않는 경우가 있기 때문
③ 한자는 배우기 어렵고 일부 사람만 사용했으므로 많은 사람이 글자를 알 수 있게 하기 위해

(4) 한글의 과학성

① **초성(17자)** 21, 20 기출
　㉠ 상형의 원리 : 발음기관을 본떠 기본자를 만듦(ㄱ, ㄴ, ㅅ, ㅇ, ㅁ) 23 기출
　㉡ 가획의 원리 : 기본자에 획을 더함(ㅋ, ㄷ, ㅌ, ㅂ, ㅍ, ㅈ, ㅊ, ㆆ, ㅎ)
　㉢ 이체자 : 가획의 원리를 따르지 않고 만들어짐(ㆁ, ㄹ, ㅿ)

② **중성(11자)** 21 기출

    ㉠ 상형의 원리 : 천지인의 모양을 본떠서 기본자를 만듦

    ㉡ 초출자 : 기본자를 조합하여 만듦

    ㉢ 재출자 : 초출자에 'ㆍ'를 붙여서 만듦

제자 순서 소리의 성질	기본자	초출자	재출자
양성 모음	ㆍ(天)	ㅗ, ㅏ	ㅛ, ㅑ
음성 모음	ㅡ(地)	ㅜ, ㅓ	ㅠ, ㅕ
중성 모음	ㅣ(人)		

③ **이어쓰기(연서법, 순경음 표기)**

    ㉠ 'ㅂ, ㅁ, ㅍ, ㅃ' 밑에 'ㅇ'을 이어 쓰는 것

    ㉡ ㅸ, ㅱ, ㆄ, ㅹ

④ **나란히쓰기** : 각자병서, 합용병서

(5) 중세 국어의 특징 20 기출

  ① 성조

  ② 높임법 발달

  ③ 어두자음군 사용

  ④ 뚜렷한 모음조화 현상(후기에는 부분적으로 지켜지지 않음)

2 한글의 이해

(1) 한글의 명칭과 학자들의 견해

  ① **한글의 명칭**

    ㉠ 1913년 아동 잡지 『아이들보이』에서 '한글풀이란'에 가장 먼저 실용화되어 나타남

    ㉡ '한글'이란 이름을 붙인 사람은 주시경으로 알려져 있으나 정확한 근거가 있는 것은 아님

  ② **학자들의 견해**

학자	한글 작명자	'한'의 의미	기타(유래)
이윤재	주시경	크다(大), 하나	환족, 환국, 삼한, 근대한국
최현배	주시경	一, 大, 正	–
최남선	조선광문회	大, 韓	–
박승빈	최남선 작명 주시경 찬동	–	–
김민수	–	大, 韓	대한제국

(2) 한글의 명칭에 대한 유래

① 한글 명칭의 변화
　　㉠ 갑오개혁 ~ 한일병합 : 국어, 국문
　　㉡ 한일병합 이후 : 조선어, 한나라말, 한나라글, 한말, 배달말글, 한글

② 한글 표현이 처음 등장한 책 : 『한글모죽보기』

③ 한글 작명자 : 주시경이라는 의견이 지배적

✏ 확인학습 풀어보기

01 중세 국어의 특징이 <u>아닌</u> 것은?

① 높임법이 발달하였다.
② 성조가 사용되지 않았다.
③ 어두자음군이 사용되었다.
④ 후기에는 부분적으로 지켜지지 않았으나 모음조화 현상이 사용되었다.

해설 중세 국어는 성조(방점으로 표기)가 있었다. 순수한 우리말 어휘가 많았고 문법이 복잡했으며 8종성 가족용, 이어쓰기(연철)를 했다. 중세 국어는 주체 높임법, 객체 높임법, 상대 높임법이 현대보다 다양했다.

02 훈민정음의 창제 이유가 <u>아닌</u> 것은?

① 중국의 제도를 본받기 위해
② 유교 정신을 실천하고 질서를 확립하기 위해
③ 한문에 표준음이 정해져 있지 않아 서로 뜻이 통하지 않는 경우가 있기 때문
④ 한자는 배우기 어렵고 일부 사람만 사용하므로 많은 사람이 글자를 알 수 있게 하기 위해

해설 훈민정음의 창제 정신 중 하나인 자주(自主)정신에서 한자를 빌려다가 우리말을 적는 데에서 오는 불편함을 해소하고자 하여 중국 글자인 한자에 의존하지 않고 우리글을 만들겠다는 의지를 엿볼 수 있다.

03 훈민정음의 창제 정신이 <u>아닌</u> 것은?

① 실용
② 자주
③ 애민
④ 애국

해설

[훈민정음의 창제 정신]

자주(自主)	한자를 빌려다가 우리말을 적는 데에서 오는 불편함을 해소하고자 하여 중국 글자인 한자에 의존하지 않고 우리글을 만들겠다는 의지를 엿볼 수 있음
애민(愛民)	한자를 몰라 서로 소통할 수 없는 백성을 가엽게 여기는, 백성을 사랑하는 마음을 알 수 있음
실용(實用)	지위가 높고 낮음을 막론하고 모든 백성들이 쉽고 편안하게 글자를 익히고 쓸 수 있게 하기 위해 만들었음을 알 수 있음

04 다음 중 한글에 대한 설명으로 옳지 <u>않은</u> 것은?

① 갑오개혁 이후에는 '국어'와 '국문'으로 불렸다.
② 1910년 이후부터는 '한국어', '한국문'으로 불렸다.
③ 『한글모죽보기』는 한글 표현이 최초로 등장한 책이다.
④ '한글'이라는 명칭을 처음 사용한 사람은 주시경이라는 의견이 지배적이다.

해설 1446년 훈민정음이 반포되었지만 갑오개혁(1884) 이후가 돼서야 공문서를 국문으로 사용했으며 통상적으로 1913년 주시경 선생이 '한글' 명칭을 붙였다고 보는 견해가 우세하다.

05 훈민정음에 대한 설명으로 옳은 것은?

① 자음은 모두 발음 기관의 모양을 본뜬 것이다.
② 초성자와는 별도로 종성자를 따로 만들었다.
③ 28자는 모두 실질적인 음가를 가지고 있었다.
④ ㅸ은 28자에 속하지 않으면서 국어의 음운 구실을 하였다.

해설 ① 자음을 나타내는 기본자 중 'ㄱ, ㄴ, ㅁ, ㅅ, ㅇ'은 해당 자음을 발음할 때 가장 중요한 역할을 하는 발음 기관의 모양을 본떠서 만들었다.
② 종성부용초성(終聲復用初聲)은 종성의 글자를 별도로 만들지 않고 모든 초성을 종성으로 다시 쓰는 원리를 말한다.

정답 01 ② 02 ① 03 ④ 04 ② 05 ④

제 **3** 장 **표준어와 방언**

1 표준어의 이해

(1) 표준어의 정의와 표기 원칙

① **표준어의 정의** : 교양 있는 사람들이 두루 쓰는 현대 서울말 `23, 22` `기출`

② **표준어의 표기 원칙** : 표준어를 소리대로(표음주의) 적되, 어법에 맞도록(표의주의) 한다.

   → 원형을 밝혀 적는다는 것을 의미

③ **표준어 교육의 목적** : 국민정신 통일, 바람직한 의사소통

(2) 표준어의 기능 `24` `기출`

① **통일의 기능** : 한 나라 국민을 묶어주는 기능

② **우월의 기능** : 사회적 우위에 있음을 드러내 주는 기능

③ **준거의 기능** : 우리 언어 생활의 규범, 준법정신을 재는 척도 구실

2 한글 맞춤법

1989년 3월 1일부터 시행하도록 한 우리나라 현행 어문규정

(1) 총칙

① 한글 맞춤법은 표준어를 소리대로 적되, 어법에 맞도록 함을 원칙으로 한다.

② 문장의 각 단어는 띄어 씀을 원칙으로 한다.

③ 외래어는 '외래어 표기법'에 따라 적는다.

(2) 주요 규정

① **소리에 관한 것**

   ㉠ 구개음화 `23, 20` `기출`

     • 'ㄷ, ㅌ' 받침 뒤에 종속적 관계를 가진 '-이(-)'나 '-히-'가 올 적에는 그 'ㄷ, ㅌ'이 'ㅈ, ㅊ'으로 소리 나더라도 'ㄷ, ㅌ'으로 적는다.

     • ㉖ 해돋이[해도지], 걷히다[거치다]

ⓛ 두음법칙 24 기출
- 한자음 '녀, 뇨, 뉴, 니'가 단어 첫머리에 올 적에는 '여, 요, 유, 이'로 적는다. 다만, 냥(兩), 냥쭝(兩-), 년(年)과 같은 의존명사에서는 '냐, 녀' 음을 인정한다.
- 예 녀자(女子) → 여자, 년세(年歲) → 연세

② 형태에 관한 것
  ㉠ 체언과 조사 : 체언은 조사와 구별하여 적는다.
  ㉡ 어간과 어미 : 용언의 어간과 어미는 구별하여 적는다.
  ㉢ 사이시옷 24, 21 기출
    - 순우리말로 된 합성어로서 앞말이 모음으로 끝난 경우
      - 뒷말의 첫소리가 된소리로 나는 것: 고랫재, 귓밥, 나룻배, 나뭇가지, 냇가
      - 뒷말의 첫소리 'ㄴ, ㅁ' 앞에서 'ㄴ' 소리가 덧나는 것 : 멧나물, 아랫니, 뒷머리, 빗물
      - 뒷말의 첫소리 모음 앞에서 'ㄴㄴ' 소리가 덧나는 것 : 뒷일, 베갯잇, 나뭇잎
    - 순우리말과 한자어로 된 합성어로서 앞말이 모음으로 끝난 경우
      - 뒷말의 첫소리가 된소리로 나는 것 : 귓병, 머릿방, 아랫방, 전셋집
      - 뒷말의 첫소리 'ㄴ, ㅁ' 앞에서 'ㄴ' 소리가 덧나는 것 : 제삿날, 훗날, 툇마루, 양칫물
      - 뒷말의 첫소리 모음 앞에서 'ㄴㄴ' 소리가 덧나는 것 : 가욋일, 사삿일, 예삿일, 훗일
    - 두음절로 된 다음 한자어 : 곳간(庫間), 셋방(貰房), 숫자(數字), 찻간(車間), 툇간(退間), 횟수(回數)

③ 띄어쓰기 24, 20 기출
  ㉠ 조사는 그 앞말에 붙여 쓴다. 예 어디까지나, 사과하기는커녕
  ㉡ 의존명사는 띄어 쓴다. 예 아는 것이 힘이다.
  ㉢ 단위를 나타내는 명사는 띄어 쓴다. 예 차 한 대, 신 두 켤레
  ㉣ 수를 적을 적에는 '만(萬)' 단위로 띄어 쓴다. 예 십이억 삼천사백오십육만 칠천팔백구십팔
  ㉤ 두 말을 이어 주거나 열거할 적에 쓰이는 다음의 말들은 띄어 쓴다. 예 국장 겸 과장, 열 내지 스물, 청군 대 백군

3 표준어 규정

(1) 표준어 사정 원칙
① 총칙
  ㉠ 표준어는 교양 있는 사람들이 두루 쓰는 현대 서울말로 정함을 원칙으로 한다.
  ㉡ 외래어는 따로 사정한다.
② 주요 규정
  ㉠ 자음
    - 어원에서 멀어진 형태로 굳어져서 널리 쓰이는 것은, 그것을 표준어로 삼는다.
      예 강낭콩, 사글세
    - 수컷을 이르는 접두사는 '수-'로 통일한다. 예 수꿩, 수소

　　　　ⓛ 모음
　　　　　• 양성 모음이 음성 모음으로 바뀌어 굳어진 다음 단어는 음성 모음 형태를 표준어로 삼는다.
　　　　　　예 쌍둥이, 깡충깡충
　　　　　• 어원 의식이 강하게 작용하는 다음 단어에서는 양성 모음 형태를 그대로 표준어로 삼는다.
　　　　　　예 부조, 삼촌, 사돈

(2) 표준 발음법 20 기출
　　① **총칙** : 표준 발음법은 표준어의 실제 발음을 따르되, 국어의 전통성과 합리성을 고려하여 정함을 원
　　　칙으로 한다.
　　② **주요 규정**
　　　　㉠ 음절 끝소리 규칙 : 받침소리로는 'ㄱ, ㄴ, ㄷ, ㄹ, ㅁ, ㅂ, ㅇ'의 7개 자음만 발음한다.
　　　　㉡ 음의 동화
　　　　　• 구개음화 : 받침 'ㄷ, ㅌ'이 'ㅣ'모음과 결합되는 경우 'ㅈ, ㅊ'으로 바뀌어서 소리 나는 현상
　　　　　　예 굳이[구지], 닫히다[다치다]
　　　　　• 자음동화(비음화, 유음화) : 자음과 자음이 만나 서로 영향을 주고받아, 한쪽이 다른 쪽을 닮아
　　　　　　소리 나는 현상 예 신라[실라], 국물[궁물] 24, 20 기출
　　　　　• 된소리되기(경음화) : 본래 예사소리인 'ㄱ', 'ㄷ', 'ㅂ', 'ㅅ', 'ㅈ'가 된소리인 'ㄲ', 'ㄸ', 'ㅃ',
　　　　　　'ㅆ', 'ㅉ'로 소리 나는 현상 예 갈등[갈뜽], 국밥[국빱]
　　　　㉢ 'ㄴ'첨가
　　　　　• 합성어 및 파생어에서, '자음 + 이, 야, 여, 요, 유'인 경우에는, 'ㄴ' 음을 첨가하여 [니, 냐,
　　　　　　녀, 뇨, 뉴]로 발음한다. 예 홑-이불[혼니불], 색-연필[생년필]
　　　　　• 다음 단어에서는 'ㄴ(ㄹ)' 음을 첨가하여 발음하지 않는다.
　　　　　　예 6·25[유기오], 등-용문[등용문]

4 방언의 이해

(1) 방언의 개념과 분류
　　① **방언의 정의** : 어느 한 지방에서만 쓰는 표준어가 아닌 말, 사투리
　　② **방언의 분류**
　　　　㉠ 지역 방언 : 지리적 경계로 인하여 나누어진 방언(전통적 의미의 방언)
　　　　㉡ 사회 방언(계급 방언) : 사회 계층 혹은 성별, 학력, 직업, 세대 등으로 인하여 나누어진 방언

(2) 방언의 기능과 특징
　　① **방언의 기능**
　　　　㉠ 표준어 제정의 바탕이 된다.
　　　　㉡ 특정 지역이나 계층의 사람끼리 같은 방언을 사용하기 때문에 친근감을 느끼게 한다.

ⓒ 우리 민족의 정서와 사상이 들어 있어서 민족성과 전통풍습을 이해하는 데 도움을 준다.

ⓔ 방언은 언중이 사용하는 국어이므로 국어의 여러 가지 특성이 그대로 드러난다.

ⓜ 옛말이 많이 남아 국어 역사 연구에 도움이 된다.

② **방언의 특징**

⑦ 유지성 : 원래의 모습을 유지하려고 함

ⓛ 혼합성 : 경계지역에서 혼합하여 사용함

ⓒ 통일성 : 상이한 방언이 영향을 주고받음으로써 비슷하게 되어감

ⓔ 보수성 : 해당 언어의 오래된 특징을 보존함

ⓜ 개신성 : 새로운 언어적 변화를 발생시켜 이전의 체계와 다르게 됨

ⓗ 분화성 : 방언들 사이에 차이가 생겨나 서로 다르게 되어감

ⓢ 계급성 : 사회 계층이나 직업의 차이에 따라 언어적 차이가 발생함

(3) 방언과 표준어

① **비표준어의 개념으로서의 방언(사투리)** : 그 고장의 말 가운데서 표준어에는 없는, 그 고장 특유의 언어요소만을 일컫는 것

② **언어의 하위 개념으로서의 방언** : 개별 언어는 여러 하위 방언들의 총체로 구성(서울말은 표준어이면서 동시에 한국어의 한 방언)

☑ **확인학습** 풀어보기

01 표준어의 기능이라 할 수 <u>없는</u> 것은?

① 지방화의 기능

② 통일의 기능

③ 우월의 기능

④ 준거의 기능

해설 표준어의 기능

• 통일의 기능

• 우월의 기능

• 준거의 기능

• 독립의 기능

---

02 다음은 표준어의 정의이다. 괄호 안에 들어갈 말끼리 바르게 짝지어진 것은?

> 표준어는 (   ) 사람들이 두루 쓰는 (   )로 정함을 원칙으로 한다.

① 중류 사회의 – 경기 지방말
② 교양 있는 – 현대 서울말
③ 중류 사회의 – 현대 서울말
④ 교양 있는 – 경기 지방말

해설 표준어는 <u>교양 있는</u> 사람들이 두루 쓰는 <u>현대 서울말</u>로 정함을 원칙으로 한다(표준어 규정 총칙 제1항).
- 교양 있는 사람들 : 사회적 계층에 관한 규정 → 우월의 기능과 관련
- 현대 : 시대에 관한 규정 → 역사성을 갖고 있으며 시대에 따라 변함
- 서울말 : 지역에 관한 규정 → 절대적인 것은 아니나 대체로 수도의 방언이 표준어가 되는 경우가 많음

03 다음 중 사회방언으로 볼 수 있는 것은?

① 하르방   ② 어매
③ 방가방가   ④ 무수

해설 사회방언(계급방언)은 지역 이외에 연령, 성별, 직업, 사회적 신분이나 지위, 학력, 경제력 등에 따라 사용하는 말의 양상이 다른 것을 말한다. '방가방가'는 사회방언에 해당한다.

04 다음 중 방언의 특징이 <u>아닌</u> 것은?

① 우월성
② 계급성
③ 통일성
④ 유지성

해설 방언은 그 말을 사용하는 사회 구성원들 간의 정신적 유대감을 돈독하게 하는 친교적 기능을 한다. 방언의 특징으로 유지성, 혼합성, 통일성, 보수성, 개신성, 분화성, 계급성을 들 수 있다.

05 표준어끼리 짝지어진 것이 <u>아닌</u> 것은?

① 깡충깡충 – 사글세

② 둘째 – 열두째

③ 쇠고기 – 옥수꾸

④ 미장이 – 담쟁이덩굴

해설 '옥수꾸'는 '옥수수'의 방언이다. '소고기–쇠고기'는 복수 표준어이다.
① 깡충깡충/껑충껑충(○), 깡총깡총(×), 사글세(○), 삭월세(×)
② '순서가 열두 번째가 되는 차례'를 의미하는 말은 '열두째'이고, '맨 앞에서부터 세어 모두 열두
개째가 됨'을 이르는 말은 '열둘째'이다.
④ 미장이(○), 미쟁이(×), 담쟁이덩굴(○), 담장이덩쿨(×)

정답 01 ① 02 ② 03 ③ 04 ① 05 ③

제 **4** 장 언어 예절

1 언어 예절과 높임법 22 기출

(1) 언어 예절

높임법, 인사말, 호칭 등에 의해 실현

(2) 높임법의 종류 23, 21, 20 기출

① **주체 높임법**: 주체(주어)를 높인다.
  ㉠ 선어말 어미 '-시-': 가다 → 가시다, 오다 → 오시다
  ㉡ 주격 조사 '께서'
  ㉢ 서술어: 먹다 → 잡수시다, 자다 → 주무시다
  ㉣ 간접 높임: 높임 대상인 주체의 신체 부분, 소유물, 생각 등을 높여 주체를 높임
  ㉤ 제약: 문장의 주체가 화자보다 높아도 청자보다 낮으면 '-시-'를 쓰지 않음(압존법)
② **객체 높임법**: 서술어의 객체(목적어나 부사어)를 높인다.
  ㉠ 여격 조사 '께'
  ㉡ 서술어: 주다 → 드리다, 묻다 → 여쭙다
③ **상대 높임법(공손법)**: 청자를 높인다.
  ㉠ 격식체: 합쇼체(아주높임), 하오체(예사높임), 하게체(예사낮춤), 해라체(아주낮춤)
  ㉡ 비격식체: 해요체(두루높임), 해체(두루낮춤)

(3) 높임법의 활용

사장님 말씀이 계시겠습니다. → 사장님 말씀이 있으시겠습니다.
할아버지, 아버지께서 지금 퇴근하셨습니다. → 할아버지, 아버지가 지금 퇴근하였습니다.
그분은 여전히 귀가 밝다. → 그분은 여전히 귀가 밝으시다.

2 일상생활 속 언어 예절

(1) 소개하기

① 자기와 가까운 사람을 그보다 덜 가까운 사람에게 먼저 소개한다.

② 손아랫사람을 손윗사람에게 먼저 소개한다.

③ 성(性)이 다를 때에는 남성을 여성에게 먼저 소개한다.

(2) 통신 예절

① **통신언어의 특징**

ⓐ 일종의 사회방언적 특성

ⓑ 탈규범적 · 탈형식적

ⓒ 감정적 · 비논리적

ⓓ 영상이나 이모티콘 등의 비언어적 시각자료와 함께 전달

② **문제점의 인식과 개선 노력**

ⓐ 어린 시절부터 인터넷 사용자 교육을 강화한다.

ⓑ 관리자로서의 부모와 교사를 위한 교육도 포함한다.

ⓒ 정보통신 윤리강령, 네티즌 윤리강령 등을 준수한다.

☑ 확인학습 풀어보기

01 상대 높임법에 대한 설명으로 옳지 않은 것은?

① 말을 듣는 사람과의 관계에 따라 대우하는 정도가 달라지는 경어법이다.

② 문장 끝의 어미가 바뀜으로써 여러 가지 등급으로 나뉜다.

③ 격식체와 비격식체로 구분할 수 있는데, 비격식체에는 하오체와 해체가 있다.

④ 청유형에서는 그 쓰임이 제한되는 경우가 있다.

> **해설** 상대 높임법은 청자에 대하여 높이거나 낮추어 표현하는 방법으로 종결 어미를 통해 실현한다. 상대 높임법 중 격식체에는 합쇼체(아주높임), 하오체(예사높임), 하게체(예사낮춤), 해라체(아주낮춤)가 있고 비격식체에는 해요체(두루높임)와 해체(두루낮춤)가 있다.

격식체				비격식체	
아주높임	예사높임	예사낮춤	아주낮춤	두루높임	두루낮춤
하십시오	하오	하게	해라	해요	해

02 주체 높임법의 사용이 잘못된 것은?

① 할머니가 주무시고 가셨다.
② 어머니께서 가방을 들고 가셨다.
③ 할머니, 이가 아프세요?
④ 할아버지께서 진지를 드신다.

해설 주체 높임법 중 직접 높임법은 문장의 주체(주어)를 높이는 방법으로 '-(으)시-'와 같은 선어말 어미나 조사 '께서'를 통해 실현한다. '할머니가 → 할머니께서'로 바꾸어야 한다.

[주체 높임법]

주체 높임법	직접 높임법	문장의 주체(주어)를 높임. '-(으)시-'와 같은 선어말 어미나 조사 '께서'를 통해 실현 예 아버지께서 방으로 들어가신다.
	간접 높임법	주체의 소유물이나 부분을 높임으로써 주체를 간접적으로 높임 예 어머니는 손이 크시다.

03 소개할 때의 예절에 대한 설명으로 옳지 않은 것은?

① 남자를 여자에게 먼저 소개한다.
② 아랫사람을 윗사람에게 먼저 소개한다.
③ 가끔 보는 사람을 자주 보는 사람에게 먼저 소개한다.
④ 자신과 가까운 사람을 먼 사람에게 먼저 소개한다.

해설 중간에서 다른 사람을 소개할 때는 친소관계를 따져 자기와 가까운 사람을 먼저 소개한다.
예 아버지를 선생님에게 먼저 소개한다.
여러 상황이 섞여 있을 때는 '친한 사람, 아랫사람, 남성'의 순서를 적용한다.

04 상황별 인사말로 적절하지 않은 것은?

① 아침에 윗사람에게는 "안녕히 주무셨습니까?" 하고 인사한다.
② 직장에서 퇴근하면서는 "먼저 가겠습니다." 하고 인사한다.
③ 선생님 댁을 방문하고 나오면서 "수고하십시오." 하고 인사한다.
④ 직장에서 전화를 받으면 "네, (주)○○물류입니다." 하고 근무하는 곳을 밝힌다.

해설 '수고하다'는 어른에게 사용하지 말아야 하는 표현이다.
예 (본인보다 상대방이 연세가 많은 경우) 경비원 아저씨, 수고하세요.(×)

[어른에게 사용하지 말아야 하는 표현]
① 수고하다, 당부하다, 야단맞다
  예 경비원 아저씨, 수고하세요.(×)
  예 아버님께 당부했습니다.(×) → 아버님께 부탁드렸습니다.(○)
  [참고] 당부를 드리다 / 당부드리다(○)
  예 할머니께 야단을 맞았다.(×) → 할머니께 꾸중을 들었다.(○)
② 직접적인 수명 이야기는 피하는 것이 좋다.
  예 할아버지, 오래오래 사세요, 만수무강하세요.(×)

05 다음 문장의 잘못된 부분에 대한 설명으로 가장 적절한 것은?

> 할아버지, 어머니께서 돌아오셨습니다.

① 외래어를 사용하였다.
② 시제의 표현이 올바르지 못하다.
③ 문장 성분 간의 호응 관계가 자연스럽지 못하다.
④ 높임법의 사용이 바르지 못하다.

해설 주어진 문장은 상대 높임법 상 압존법의 예로 어머니는 할아버지보다 지위가 낮은 사람이므로 '어머니께서'를 '어머니가'로 바꾸고 '돌아오셨습니다'를 '돌아왔어요'로 바꾼다.

06 다음 중 언어 예절에 맞는 것은?

① 저희 회사에서 이번에 새로 개발한 제품입니다.
② 저희 나라는 미국, 일본에 비해 노동 생산성이 낮습니다.
③ 저희 아버님께서는 저희 어머님께 항상 존댓말을 하십니다.
④ 이제 총장님의 말씀이 계시겠습니다.

해설 윗사람이나 남에게 말할 때는 자기와 관계된 부분을 낮추어 '저희 가게', '저희 학교', '저희 회사' 등과 같이 '우리' 대신 '저희'를 쓰는 것이 바람직하다.
② 나라에 대해서는 '저희 나라'로 써서는 안 되고 항상 '우리나라'로 써야 한다.
③ 자신의 살아 계신 부모님을 가리키는 말은 아버지, 어머니이다. '아버님, 어머님'은 남의 부모님 혹은 자신의 돌아가신 부모님을 가리킨다.
④ 계시겠습니다 → 있으시겠습니다
  • 직접 높임 : 계시다 / 안계시다
  • 간접 높임 : 있으시다 / 없으시다

정답 01 ③ 02 ① 03 ③ 04 ③ 05 ④ 06 ①

제5장 올바른 국어 사용

1 어휘(語彙)

(1) 형태소 20 기출

① **형태소의 개념** : 뜻을 지닌 최소 단위로, 더 작은 단위로 쪼개면 뜻을 잃어버린다.

② **형태소의 분류**

  ㉠ 자립성의 유무

    • 자립 형태소 : 홀로 자립하여 쓸 수 있는 형태소 예 하늘, 매우 등

    • 의존 형태소 : 홀로 자립하여 쓰일 수 없는 형태소 예 -을, 푸르-, -구나 등

  ㉡ 실질적 의미의 유무

    • 실질 형태소 : 실질적인 의미가 있는 형태소 예 하늘, 매우, 푸르- 등

    • 형식 형태소 : 실질적인 의미가 없는 형태소 예 -을, -구나 등

(2) 단어

① **단어의 의미** : 뜻을 가지고 홀로 쓰일 수 있는 말(조사 포함)

② **단어의 분류** 21, 20 기출

  ㉠ 단일어 : 하나의 어근으로 된 단어 예 사과, 푸르다, 읽다 등

  ㉡ 복합어 : 둘 이상의 어근이나, 어근과 접사의 결합으로 이루어진 단어

    • 합성어 : 둘 이상의 어근으로 구성된 단어

      – 통사적 합성 : 우리말의 일반적 어순이나 단어 배열과 같은 유형

        예 힘쓰다 : '힘을 쓰다'에서 조사 '을'이 생략된 통사적 합성어

      – 비통사적 합성 : 우리말의 일반적 어순이나 단어 배열에 어긋나는 유형

        예 검푸르다 : '검다 + 푸르다'에서 어미 '다'가 생략된 비통사적 합성어

    • 파생어 : 어근과 접사로 구성된 단어 예 풋사과, 새파랗다, 먹이, 톱질, 초하루 24 기출

③ **단어의 의미 관계**

  ㉠ 동의 관계 : 두 개 이상의 단어가 서로 소리는 다르나 의미가 같을 때의 관계

    예 희귀하다 / 드물다, 속옷 / 내의, 책방 / 서점

  ㉡ 유의 관계 : 두 개 이상의 단어가 서로 소리는 다르나 의미가 비슷할 때의 관계

    예 얼굴 / 낯, 드러나다 / 탄로나다, 밥 / 맘마

  ㉢ 동음이의 관계 : 두 개 이상의 단어가 소리는 같은데 그 의미가 다른 경우의 관계

    예 배[腹] / 배[船] / 배[梨]

  ㉣ 반의 관계 : 한 쌍의 단어가 서로 반대되는 의미를 갖는 관계

    예 남자 / 여자, 있다 / 없다, 오다 / 가다

ⓜ 상의·하의 관계 : 두 단어 중 한 단어의 의미가 다른 언어의 의미에 포함될 때의 관계

　ⓔ 과일 : 상의어 / 사과, 딸기 : 하의어

(3) 품사

① **체언**

　㉠ 명사 : 사람이나 사물의 이름을 나타내는 말

　㉡ 대명사 : 사람이나 사물을 대신 나타내는 말

　㉢ 수사 : 수량이나 순서를 나타내는 말

② **수식언** 21 기출

　㉠ 관형사 : 체언 앞에 놓여서 체언의 내용을 꾸며 주는 말

　㉡ 부사 : 주로 용언이나 문장 전체를 꾸며 주는 말

③ **관계언(조사)** : 자립어에 붙어 그 말과 다른 말의 관계를 표시하는 말 24 기출

④ **용언** 22 기출

　㉠ 동사 : 사물의 동작이나 자연의 작용을 나타내는 단어

　㉡ 형용사 : 사물의 속성(성질)이나 상태를 나타내는 단어

⑤ **독립언(감탄사)** : 문장 속의 다른 성분에 얽매이지 않고 독립성을 지니는 말

(4) 고유어, 한자어, 외래어

① **고유어** : 다른 나라에서 빌려온 말이 아니라 옛날부터 우리 조상들이 사용해 온 순수한 우리말

② **한자어** : 한자를 바탕으로 만들어진 단어

③ **외래어** : 원래 외국어였던 것이 국어의 체계에 동화되어 사회적으로 그 사용이 허용된 단어

2 관용표현

(1) 관용표현의 의미

둘 이상의 낱말이 합쳐져 원래의 뜻과는 전혀 다른 새로운 뜻으로 굳어져서 쓰이는 표현

(2) 관용표현의 종류

① **관용구** : 단어의 의미와는 관계없이 전체로서 하나의 뜻을 나타내어 오랫동안 관습적으로 널리 쓰이는 말 23, 22, 20 기출

　ⓔ 핏대를 올리다. - 몹시 화를 내다.

② **속담** : 교훈이나 풍자를 위해 어떤 사실을 비유의 방법으로 표현

　ⓔ 소 잃고 외양간 고친다. - 일을 그르친 뒤에 후회해야 소용없다.

③ **격언(格言)** : 인생에 대한 교훈과 경계 따위를 간결하게 표현한 말

　ⓔ 웅변은 금이요, 침묵은 금이다.

④ **고사성어** : 옛 유명한 사건에서 유래하여 다른 깊은 뜻을 함축하게 된 한자어로 된 말 `24, 23, 22` `기출`
　　㉎ 조삼모사, 동고동락, 어부지리 등

(3) 관용적 표현의 특징
① 비유적으로 표현되는 경우가 많다.
② 단어들의 원래 의미의 단순 결합이 아니라, 새로운 특수한 의미를 지닌다.
③ 둘 이상의 단어가 한 덩어리로 굳어져 사용되므로, 표현을 함부로 바꿀 수 없다.

3 조사, 어미

(1) 조사의 종류
① **격조사** : 한 문장에서 선행하는 체언으로 하여금 일정한 자격을 갖도록 해주는 조사로, 체언의 문장 성분을 표시
　　㉎ 주격 조사, 서술격 조사, 목적격 조사, 보격 조사, 관형격 조사, 부사격 조사, 호격 조사
② **접속 조사** : 두 단어를 같은 자격으로 이어주는 기능을 표시하는 조사
③ **보조사** : 체언에 일정한 격을 규정하지 않고, 여러 격으로 두루 쓰여 그 체언에 어떤 특별한 뜻을 더해 주는 조사

(2) 어미의 기능과 종류
① **어미의 기능** : 높임법이나 시제, 서법, 양태 등의 범주와 관련된 기능을 갖는다.
② **어미의 종류**
　㉠ 선어말 어미 : 실질 형태소인 어간과 형식 형태소인 어말 어미 사이에 끼이며 높임, 공손, 시간을 표시하는 어미
　㉡ 어말 어미 : 단어의 끝자리에 들어가는 어미 ㉎종결 어미, 연결 어미, 전성 어미

4 수식어와 피수식어

(1) 수식어와 피수식어의 의미
① **수식어** : 지시 대상이나 서술 표현을 한정하는 말(관형어, 부사어)
　㉠ 관형사 : 체언 앞에 놓여서 체언의 내용을 자세하게 꾸며 주는 단어
　㉡ 부사 : 주로 동사나 형용사 앞에서 그것들을 수식하는 단어
② **피수식어** : 한정어의 수식을 받는 말

(2) 수식어와 피수식어의 관계

① 피수식어는 부사어와 관형어의 도움을 받아 더 구체적으로 한정적인 의미를 지니게 된다.

② 관형어는 체언적인 요소를 수식하고, 부사어는 용언적인 요소를 수식한다.

5 문장 성분 간의 호응 등

(1) 문장 성분

① **주성분**

㉠ 주어 : 움직임이나 상태 또는 성질의 주체

㉡ 서술어 : 주어를 풀이해 주는 역할

㉢ 목적어 : 서술어의 동작 대상이 되는 부분

㉣ 보어 : '되다', '아니다' 앞의 '무엇이'에 해당되는 부분

② **부속성분**

㉠ 관형어 : 체언을 꾸며 주는 역할

㉡ 부사어 : 주로 용언을 꾸며 주고, 다른 부사어나 문장 전체를 꾸며 주기도 함

③ **독립성분** : 독립어(다른 문장 성분과 직접적인 관련이 없는 독립적인 말)

(2) 문장의 호응 22 기출

① **주어와 서술어의 호응** 23 기출

㉠ 주어는 표현할 대상을 잡아주고, 서술어는 그 대상의 속성이나 행위를 드러낸다.

㉡ 문장 중간에 주어가 바뀌는 경우 주어를 생략하지 않는다.

② **수식어와 피수식어**

㉠ 수식어와 피수식어의 거리는 가까울수록 좋다.

㉡ 수식어의 수가 지나치게 많거나, 수식어의 길이가 지나치게 긴 것은 좋지 않다.

③ **서술어 요소의 호응** : 서술어에는 시제·높임·사동·피동·부정 등을 나타내는 형태소가 포함되어 있다.

④ **기능어(구조어)의 호응** : 두 단어가 어우러져서 짝을 이루어 사용되는 경우가 많다(결코 - 아니다).

⑤ **논리의 호응** : 문장과 문장을 연결하는 연결 어미를 잘못 쓰게 되면 엉뚱한 말이 되거나 거짓말이 되는 경우가 있으므로 유의해야 한다.

(3) 중의성 24, 22 기출

① 한 단어나 문장이 두 가지 이상의 뜻으로 해석될 수 있는 특성을 말한다.

② 일상 언어생활에서는 의미 해석에 혼동을 가져와 의사소통을 방해할 수도 있다.

③ **중의성의 분류**

㉠ 어휘적 중의성 : 단어의 중의성으로 인하여 문장의 중의성이 생기는 것

　　　예 말이 많다. → 馬, 言

㉡ 구조적 중의성

　• 수식 관계의 중의성 예 아름다운 소녀의 옷이다. → 소녀가 아름답다. / 옷이 아름답다.

　• 주어의 범위에 따른 중의성 예 나는 철수와 민호를 만났다. → 나 / 나와 철수

　• 부정에 의한 중의성 예 사람들이 다 오지 않았다. → 한 명도 안 왔다. / 일부만 왔다.

　• 조사 '의'의 중의성 예 아버지의 그림이다. → 아버지 소유의 그림 / 아버지가 그린 그림 / 아버지를 그린 그림

㉢ 비유적 중의성 : 비유에 사용된 보조 관념의 속성이 다양하기 때문에 중의성이 생기는 것

　　　예 선생님은 호랑이시다. → 호랑이처럼 무서우시다. / 호랑이처럼 생기셨다.

✎ 확인학습 풀어보기

01 다음 설명에서 옳지 않은 것은?

① 용언의 활용형에서 어미 '-게'가 붙으면 체언을 수식하는 관형어가 된다.

② 수식어에는 관형어와 부사어가 있다.

③ 관형어는 체언적인 요소를 수식하고, 부사어는 용언적인 요소를 수식한다.

④ 적절한 수식어는 기본 성분의 의미를 풍부하게 한다.

해설 용언의 활용형에서 어미 '-게'는 한 문장을 부사처럼 만들어 부사어로 쓰이게 하는 어미로 부사형 전성어미이다. 예 마당에는 꽃이 아름답게 피어 있다.

[전성 어미]

관형사형 전성 어미 22 기출	한 문장을 관형사처럼 만들어 관형어로 쓰이게 하는 어미	-(으)ㄴ/-는, -던, -(으)ㄹ	• 나는 청소하시는 아주머니를 도와 드렸다. • 내가 해야 할(-ㄹ) 일을 하지 못했다.
명사형 전성 어미	한 문장을 명사처럼 만들어 체언과 같은 성분으로 쓰이게 하는 어미	-(으)ㅁ, -기	• 이별이 슬픈 것임(-ㅁ)을 알았다. • 약을 먹기가 정말 싫었다.
부사형 전성 어미	한 문장을 부사처럼 만들어 부사어로 쓰이게 하는 어미	-게	• 마당에는 꽃이 아름답게 피어 있다.

02 관용어가 적절하게 사용된 것은?

① 그녀는 귀가 얇아서 귀걸이가 잘 어울린다.
② 그녀는 귀가 얇아서 의심이 많다.
③ 그녀는 귀가 얇아서 다른 사람의 말을 쉽게 믿는다.
④ 그녀는 귀가 얇아서 빠르게 포기하는 편이다.

> **해설** 관용어는 두 개 이상의 단어가 결합되어 특별한 의미로 사용되는 것으로 '귀가 얇다'는 '다른 사람의 말을 쉽게 믿는 경향'을 의미한다. 관용어는 낱말의 기본의미와 무관한 경우도 많고 문화를 반영하기 때문에 문화를 알지 못하면 알기 어렵다. 관용어는 보통 완결된 문장 구조(주술 구조)를 이루지 못하고, 속담은 완결된 문장 구조를 이루고 있는 경우가 많다.

03 부사어와 서술어의 호응이 자연스러운 문장은?

① 이런 시간에 그런 달콤한 유혹을 물리치기란 좀처럼 쉬운 일이 아니다.
② 그는 결코 부자일망정 이웃 돕기에 매우 열성적이다.
③ 그가 그 일을 성취하게 된 것은 전혀 자신의 노력 덕분이다.
④ 비단 고등학생은 운동도 하고 공부도 하는 것이 일반화되었다.

> **해설** ②, ③ '결코, 전혀, 별로' 등은 과거에는 긍정과 부정에 모두 사용되었으나, '~아니다, 없다'와 많이 호응하면서 부정의 의미로 전염되어 사용된다.
> ④ '비단 + 부정' 예 이런 일은 비단 어제오늘의 일이 아니다.

04 어법에 맞고 자연스러운 문장은?

① 최선을 다할 따름이 중요하다.
② 오늘따라 고기가 잘 잡아진다.
③ 형은 모범생이며, 동생은 냉면을 좋아한다.
④ 이번 시즌의 목표는 꼴찌에서 벗어나는 것입니다.

> **해설** ① 최선을 다할 따름이다.
> ② '고기'는 잡히는 대상이므로 피동관계이다. 따라서 "오늘따라 고기가 잘 잡힌다."가 맞다.
> ③ 문장의 앞뒤 관계가 대등하지 않아 어색한 경우이다. 이 문장은 이어진 문장이므로 앞뒤 문장의 성격이 비슷해야 한다. 따라서 '형은 모범생이지만, 동생은 그렇지 않다.' 혹은 '형은 국수를 좋아하며, 동생은 냉면을 좋아한다.'로 고쳐야 한다.

05 다음 문장에서 부사어와 서술어의 호응이 자연스럽지 <u>않은</u> 문장은?

① 과연 그 사람은 현명하지 못하구나.
② 그는 비록 몸은 고단하지만 마음만은 행복해 보였다.
③ 그는 결코 이번 시험에서 좋은 점수를 얻을 것이다.
④ 그녀의 목소리는 마치 하늘에서 울리는 노랫소리같다.

> **해설** '결코, 전혀, 별로' 등은 과거에는 긍정과 부정에 모두 사용되었으나, '~아니다, 없다'와 많이 호응하면서 부정의 의미로 사용된다. 따라서 "그는 결코 이번 시험에서 좋은 점수를 얻지 못할 것이다."가 옳다.

06 낱말의 구성이 나머지 셋과 <u>다른</u> 것은?

① 높푸르다
② 빛나다
③ 새빨갛다
④ 여닫다

> **해설** 새빨갛다 : 새 + 빨갛다 → '빨갛다'에 '매우 짙고 선명하게'의 뜻을 더하는 접두사인 '새–'가 결합 → 파생어
> ① 대등(= 병렬)합성어 : 높푸르다 → 의미 관계에 따른 합성어
> ② 조사 생략 : 빛나다 → 통사적 합성어 : 우리말의 일반적인 단어 배열과 일치하는 합성어
> ④ 용언 + (연결 어미 생략) 용언 : 여닫다 → 비통사적 합성어 : 우리말의 일반적인 단어 배열에 어긋나는 합성어

정답 01 ① 02 ③ 03 ① 04 ④ 05 ③ 06 ③

제 6 장

고전문학

1 한국문학의 범위와 영역 `23` `기출`

(1) 한국문학의 범위

① **한국문학** : 한국인 작가가 한국인 독자를 상대로 한국어로 창작한 문학이다.

② **한국문학의 발달 과정**
  ㉠ 구비문학만이 있던 시대
  ㉡ 한문이 전래되어 일부 지식층이 이를 사용하면서 구비문학 중 일부가 문자로 기록되고, 향가와 같은 차자(借字)문학과 약간의 한문문학으로 이루어진 시대
  ㉢ 지배계층에서는 한문의 사용이 보편화되어 사회 상층의 한문문학과 하층의 구비문학이 병존한 시대
  ㉣ 한글이 창제되어 한문문학, 국문문학, 구비문학이 병존한 시대
  ㉤ 신분제적 사회체제가 무너짐으로써 한문문학이 기반을 잃고, 구비문학의 의의도 약화되면서 국문문학이 크게 확대된 시대

> **체크 포인트**
>
> **차자 표기 방법**
> • 이두 : 한자의 음과 훈을 빌려 우리말을 표기
> • 구결 : 한문에 토를 넣어 읽는 것
> • 향찰 : 한자의 음과 훈을 빌려 우리말 문장 전체를 표기

(2) 한국문학의 영역

① **구비문학** : 말로 된 문학 ㉐ 설화, 민요, 무가, 판소리, 민속극 등
② **한문학** : 한국 작가가 한국 독자를 상대로 창작
③ **국문문학** : 순수 국문문학(한글), 차자문학(향찰) ㉐ 시조, 가사, 소설, 수필류

2 한국문학의 전개

(1) 상고 시대 문학(~통일 신라 시대)

① 문학의 특징

㉠ 제천의식에서 행해진 집단 가무는 원시 종합 예술의 형태로 문학의 모태가 되었다.

㉡ 구비문학이 중심이 된 시대였다.

㉢ 서사문학에서 점차 서정문학으로 발전하였다.

㉣ 고대소설의 근원설화가 형성되었으며, 우리 고유의 시가인 향가 문학이 출현하였다.

② 대표 갈래 및 작품

㉠ 건국신화 : 「단군신화」, 「동명왕신화」, 「김수로왕신화」, 「박혁거세신화」

㉡ 고대가요 : 「구지가」, 「해가」, 「공무도하가」, 「황조가」

㉢ 향가 : 「서동요, 「제망매가」 등 24수

㉣ 설화문학 : 『삼국사기』, 『삼국유사』에 수록된 설화(소설의 근원설화가 됨)

㉤ 한문학 : 「여수장우중문시(한시)」, 「화왕계(설화)」, 『계원필경(문집)』, 『왕오천축국전(기행문)』

㉥ 연극 : 「꼭두각시놀음」, 「오기」, 「처용무」

(2) 고려 시대 문학

① 문학의 특징

㉠ 신라의 불교문화를 계승하였으며, 과거 제도의 실시로 한문학이 융성하였다.

㉡ 설화에서 발전한 패관문학과 가전체 작품이 소설로 접근해 갔다.

㉢ 향가가 쇠퇴했고, 고려가요가 평민층에서 널리 애송되었다.

㉣ 귀족문학인 경기체가가 발달했고, 시조가 발생하였다.

② 대표 갈래 및 작품

㉠ 향가 고려 초기까지 존속, 서정성을 상실하고 찬불가의 형태로 남음(「보현십원가」 11수)

㉡ 속요 : 평민문학, 구비문학적 성격(「가시리」, 「서경별곡」, 「청산별곡」, 「동동」 등)

㉢ 경기체가 : 귀족적, 향락적, 퇴폐적인 풍류문학(「한림별곡」, 「관동별곡」, 「죽계별곡」 등) 24 기출

㉣ 패관문학 : 소설의 근원이 되며 수필적 성격을 보이기도 함(『백운소설』, 『파한집』 등)

㉤ 가전체 문학 : 설화와 소설의 교량적 역할을 함(「국순전」, 「죽부인전」, 「공방전」 등)

㉥ 한문학 : 과거제의 실시, 불교문화의 발달로 한문학이 성행

㉦ 시조 : 고려 중엽에 발생하여 고려 말에 완성, 향가·속요·민요 등의 영향으로 발생

(3) 조선 전기 문학

① 문학의 특징

㉠ 훈민정음의 창제로 고려 시대의 구비문학이 정착되었다.

㉡ 경서와 문학서의 언해 사업이 활발하였다.

㉢ 악장이 출현하였고, 한문소설이 발생하였다.

㉣ 경기체가가 붕괴되고 가사가 출현하였으며, 시조 등 운문문학이 지배적이었다.

㉤ 문학의 향유 계층은 양반 계층이 주류를 이루었다.

② **대표 갈래 및 작품** `21` `기출`

　　㉠ 악장 : 조선왕조의 체제 확립과 유지라는 목적성을 띤 문학(「신도가」, 「정동방곡」 등)

　　㉡ 언해문학 : 불경과 경서, 운서 및 한시 번역(『분류두공부시언해』, 『삼강행실도』 등)

　　㉢ 경기체가 : 고려 때 발생하여 조선 초기까지 이어짐(「상대별곡」, 「화산별곡」 등)

　　㉣ 가사 : 운문과 산문의 중간적 성격(「상춘곡」, 「면앙정가」, 「관동별곡」 등)

　　㉤ 시조 : 사대부들을 중심으로 활발하게 창작됨(「강호사시가」, 「도산십이곡」 등)

　　㉥ 한문학 : 성현, 남곤, 이황, 이이, 김시습 등이 왕성하게 작품 활동을 함

　　㉦ 패관문학 : 설화, 수필, 시화, 시론, 소화 등을 엮은 문집들이 만들어짐(『필원잡기』 등)

　　㉧ 소설 : 산문문학의 대표적 장르(『금오신화』, 「원생몽유록」 등)

(4) 조선 후기 문학 `24` `기출`

① **문학의 특징**

　　㉠ 임진왜란·병자호란 이후, 현실비판의식과 평민의식이 성장하였다.

　　㉡ 현실적이고 구체적인 삶의 의미를 추구하는 실학문학으로 발전되었다.

　　㉢ 작품의 제재 및 주제의 변화와 함께 작가 및 독자의 범위가 확대되었다.

　　㉣ 내간체 수필, 내방가사 등 여류문학이 등장하였다.

② **대표 갈래 및 작품**

　　㉠ 소설 : 국문소설의 효시인 「홍길동전」을 시작으로 본격적인 소설의 시대가 전개

　　㉡ 시조 : 평민의식과 산문정신의 영향으로 사설시조라는 새로운 형식의 시조 등장

　　㉢ 가사 : 관념적·서정적 가사에서 구체적·일상적·서사적 가사로 변모(「일동장유가」, 「북천가」, 「연행가」 등)

　　㉣ 수필 : 개인의 체험이나 역사적 사실을 기록한 글(「계축일기」, 「한중록」, 「서포만필」 등)

　　㉤ 한문학 : 실학자, 중인들에 의한 위항(委巷)문학

　　㉥ 판소리 : 열두 마당이었던 판소리가 신재효에 의해 여섯 마당이 정리됨

　　㉦ 민속극 : 가면극(탈춤)이 대표적이며, 평민의식이 극명하게 표현됨(산대놀이, 해서탈춤, 오광대놀이 등)

3 한국문학의 특질

(1) 한(恨)의 정서

① 주어진 운명에 순응하면서 슬픔을 승화시키는 것

② **미적 범주** : 우아미, 비장미

(2) 해학과 풍자

① **해학** : 고통과 갈등을 화해와 타협의 세계로 변화시키는 웃음의 정신

② **풍자** : 현실에 대한 부정과 비판 의식을 간접적으로 표현하는 정신

③ 지배층의 가렴주구와 불합리한 도덕주의의 질곡으로 고통스러운 삶을 영위하던 서민들의 삶의 애환이 빚어낸 결과이다.

④ 한국의 서사문학 작품은 대개 행복한 결말에 이른다. **22 기출**

⑤ **미적 범주** : 골계미, 해학미

(3) 조화와 풍류

① 사대부 사회의 삶의 여유와 낙천적인 세계관을 배경으로 한다.

② 자연미가 발견되고 인생론이 심화된다.

(4) 선비 기질과 지조

① 고상한 품위와 위엄을 바탕으로 대의명분에 충실하려는 강한 의지와 절개가 있다.

② 민족의 고난을 극복하는 주체성의 확보라는 점에 가치가 있다.

✅ 확인학습 풀어보기

01 한국문학에 대한 설명으로 틀린 것은?

① 한국인이 한국인 수용자를 상대로 한국어로 창작한 문학이다.

② 구비문학이란 입에서 입으로 전해진 문학을 가리킨다.

③ 구비문학은 한국문학에 포함시킨다.

④ 한문학은 중국어로 쓰였기 때문에 한국문학에서 제외시킨다.

해설 한국문학의 영역에는 구비문학, 한문학, 국문문학이 있다.

[한국문학]

	구비문학	민요, 전설, 민담 등	
한국문학		한문문학	한시, 한문 소설 등
	기록문학	차자문학	향가 등
		국문문학	고전 수필, 현대 소설 등

02 한국문학 전개에 대한 설명으로 바르지 않은 것은?

① 삼국 시대 문학은 한자의 보급과 불교의 전래의 영향을 많이 받았다.

② 조선 전기 문학은 양반을 불신하는 서민들이 주도적으로 이끌어갔다.

③ 조선 후기 문학은 현실적·구체적인 삶의 의미를 추구하는 실학 문학으로 발전되었다.

④ 내방가사 등 여류문학이 등장한 것은 조선 후기 시대이다.

> **해설** 조선 전기 문학의 향유 계층은 양반 계층이 주류를 이루었다. 조선 후기 임진왜란, 병자호란 이후, 현실비판의식과 평민의식이 성장하였고 현실적이고 구체적인 삶의 의미를 추구하는 실학문학으로 발전하였다.

03 한국문학의 전개를 볼 때 시기별 대표하는 장르를 잘못 연결한 것은?

① 상고 시대 – 속요, 향가
② 고려 시대 – 경기체가, 가전체
③ 조선 전기 – 악장, 언해문학
④ 조선 후기 – 가사, 시조

> **해설** 고려 시대 문학인 속요는 평민문학이며 구비문학적 성격을 갖고 있다. 상고 시대 문학의 대표갈래로는 건국신화, 고대가요, 향가, 설화문학, 한문학, 연극 등을 들 수 있다.

04 한국문학의 특징으로 적절하지 않은 것은?

① 해학과 풍자의 정신이 드러난다.
② 한국의 서사문학 작품은 대개 비극적인 결말에 이른다.
③ 주어진 운명에 순응하면서 슬픔을 승화시키는 한의 정서가 드러난다.
④ 사대부 사회의 삶의 여유와 낙천적 세계관을 배경으로 풍류가 드러난다.

> **해설** 한국의 서사문학 작품은 대개 행복한 결말에 이른다.

[한국문학의 미적 범주]

숭고미	일상생활에서 벗어난 크고 위대한 것을 추구하는 미의식 예 「단군신화」, 「찬기파랑가」, 한용운의 「님의 침묵」
우아미	아름다움 자체를 추구하는 미의식 예 조지훈의 「승무」, 윤선도의 「어부사시사」
비장미	삶의 정한과 비극적 상황에서 나타나는 미의식 예 정몽주의 「단심가」, 김소월의 「초혼」, 「접동새」
골계미	구속을 거부하고 삶을 긍정하려는 각성에서 오는 아름다움 예 「춘향전」 등 판소리계 소설, 사설시조

정답 01 ④ 02 ② 03 ① 04 ②

제7장 고전시가

1 고대가요의 세계

(1) 고대가요의 특징

① 집단의식을 담은 노래(의식요, 노동요)에서 점차 개인적 서정을 담은 노래로 발전하였다.

② 초기에는 서사문학 속의 서정적 부분으로 독립된 성격이 적었으나, 점차 그 자체가 하나의 서정문학으로 독립하였다.

③ 기록 수단이 없어 구전되다가 후에 한역(漢譯)되었으므로 정확한 본래의 모습을 알 수 없다.

(2) 주요 작품

작품	작자	연대	형식	성격	주제 및 내용
공무도하가 (公無渡河歌)	백수광부의 처	고조선	4언 4구	개인적 서정시	물에 빠져 죽은 남편의 죽음을 애도함
구지가(龜旨歌)	구간 등	신라 유리왕	4언 4구	집단적 서사시	왕의 출현을 기원함 – 영신군가
황조가(黃鳥歌) 23 기출	유리왕	고구려 유리왕	4언 4구	개인적 서정시	아내를 잃은 실연의 슬픔을 노래함
해가(海歌)	백성들	신라 성덕왕	7언 4구	집단적 서사시	용왕에게 납치된 수로부인을 구출함
정읍사(井邑詞) 20 기출	어느 행상의 처	백제	3연 6구 (후렴구 제외)	개인적 서정시	• 행상나간 남편을 염려하는 마음 • 한글로 표기되어 전함

2 향가의 성격과 주요 작품의 세계

(1) 향가의 성격

① **개념** : 한자의 음과 훈을 빌려 향찰로 표기한 최초의 정형시

② **형식** : 4구체(「서동요」, 「풍요」, 「헌화가」, 「도솔가」), 8구체(「모죽지랑가」, 「처용가」), 10구체(「찬기파랑가」, 「제망매가」 등)

③ **수록** : 『삼국유사』(14수), 『균여전』(11수)

④ **작가** : 귀족(화랑, 승려), 부녀자 등

(2) 주요 작품

작품	작자	내용
혜성가	융천사	내침한 왜구와 혜성을 물리쳤다는 축사의 노래
제망매가 23 기출	월명사	죽은 누이를 추모하며 재(齋)를 올리며 부른 노래
도솔가 20 기출	월명사	두 개의 해가 나타난 괴변을 없애기 위해 부른 산화공덕의 노래 → 산화가
처용가 22, 20 기출	처용	아내를 침범하는 역신에게 관용을 베푼 노래 → 축신가
원가	신충	효성왕이 약속을 지키지 않음을 원망하는 노래
서동요 20 기출	무왕	선화공주를 사모하여 아내로 맞이하기 위해 아이들에게 부르게 한 동요 → 신라 최초의 향가
모죽지랑가	득오	화랑 죽지랑의 고매한 인품을 사모하여 부른 애도의 노래
찬기파랑가	충담사	기파랑을 찬양하여 부른 노래 → 최초 문답식
천수대비가	희명	눈이 먼 아들을 위해 부른 노래 → 부녀자 작품
안민가 24 기출	충담사	군・신・민 각자의 할 일을 노래한 치국의 노래 (왕의 요청으로 지음)
풍요	만성 남녀	성 안의 남녀들이 진흙을 나르며 부른 노래
보현십원가	균여	불교의 교리를 대중에게 전파하기 위해 지은 노래 (11수)
우적가	영재	도둑을 만나 도리어 회개시킨 설도의 노래
헌화가	이름 모를 노인	수로부인에게 철쭉꽃을 꺾어 바치며 부른 노래

3 고려속요의 성격과 주요 작품 세계

(1) 고려속요의 성격

① 평민층에서 불렸던 민요적 시가
② 구전되다가 훈민정음이 창제된 후 기록・정착
③ **내용** : 주로 남녀 간의 사랑, 자연에 대한 예찬, 이별의 아쉬움 등 현세적・향락적 평민들의 인간상
④ **형식** : 3음보, 연장체 형식
⑤ **후렴구**
　㉠「정읍사」: 어긔야 어강됴리 아으 다롱디리
　㉡「동동」: 아으 動動다리
　㉢「가시리」: 위 증즐가 大平盛代
　㉣「청산별곡」: 얄리얄리 얄라셩 얄라리 얄라
　㉤「서경별곡」: 위 두어렁셩 두어렁셩 다링디리
　㉥「사모곡」: 위 덩더둥셩
　㉦「쌍화점」: 더러둥셩 다리러디러 다리러디러 다로러거디러 다로러

(2) 주요 작품

작품	작자	내용
청산별곡(靑山別曲)	미상	현실 도피적인 생활상과 실연(失戀)의 애정(哀情)이 담긴 전 8연의 노래 → 고려 속요의 백미(白眉)
동동(動動) 24, 22 기출		월별로 그 달의 자연 경물이나 행사에 따라 남녀 사이의 애정을 읊은 전 13연의 달거리 노래
정석가(鄭石歌)		임금(또는 임)의 만수무강을 축원한 전 6연의 분절체 노래
가시리 22 기출		남녀 간의 애타는 이별의 슬픔을 그린 전 4연의 노래
상저가(相杵歌)		방아를 찧으면서 부른 소박한 노동요로 4구체 비연시
서경별곡(西京別曲) 22 기출		서경(평양)을 무대로 하여 남녀의 이별의 정한을 표현한 이별가
쌍화점(雙花店)		남녀 간의 적나라한 애정을 표현한 노래
사모곡(思母曲) 23 기출		어머니의 사랑을 낫에 비유한 소박한 노래로, 비연시
만전춘(滿殿春)		남녀 간의 애정을 대담·솔직하게 읊은 사랑의 노래로 시조 형식

4 경기체가의 성격과 주요 작품 세계

(1) 경기체가의 성격

① 귀족이 한자로 기록
② 구체적 사물을 나열하면서 객관적인 설명을 하는 교술시
③ **음수율** : 3음절, 4음절
④ '경 긔 엇더ᄒ니잇고'라는 문구 포함

(2) 주요 작품

작품	작자	내용
한림별곡(翰林別曲)	한림제유 (翰林諸儒)	시부(詩賦), 서적(書籍), 명필(名筆), 명주(名酒), 화훼(花卉), 음악(音樂), 누각(樓閣), 추천(鞦韆)의 8연 → 경기체가의 효시
관동별곡(關東別曲)	안축	강원도 순찰사로 갔다가 돌아오는 길에 관동의 절경을 노래함
죽계별곡(竹溪別曲)	안축	고향인 풍기 땅 순흥(竹溪)의 경치를 노래함

5 악장의 성격과 주요 작품 세계

(1) 악장의 성격

① 궁중의 여러 의식과 행사 및 연례 등에 사용된 조선 초기의 송축가(頌祝歌)

② 특수 귀족층의 목적문학(금방 소멸)

③ **내용** : 조선 건국의 정당성 강조, 조선 창업과 왕의 업적을 송축, 왕의 만수무강 기원, 문물제도의 찬양, 후대 왕들에 대한 권계 등

(2) 주요 작품 24 기출

작품	작자	형식	내용
문덕곡	정도전	한시체	조선의 창업 가운데 문덕을 찬양함
정동방곡	정도전	한시체	태조의 위화도회군을 찬양한 무공곡
납씨가	정도전	한시체	태조가 야인(몽고의 나하추)을 격퇴한 무공을 찬양한 작품
봉황음	윤회	한시체	조선의 문물과 왕가의 축수를 노래함
신도가	정도전	속요체	태조의 성덕과 창업을 기리며, 신도 한양의 도성다움을 노래함
감군은	상진	속요체	임금의 성덕과 성은을 칭송
상대별곡	권근	경기체가체	사헌부에서의 생활을 통하여 조선 창업의 위대함을 노래함
화산별곡	변계량	경기체가체	조선 개국 창업을 찬양함
용비어천가 20 기출	정인지, 안지, 권제	신체	조선 6조의 위업 찬양과 후대의 왕에게 권계의 뜻을 일깨운 악장의 대표작. 서사시
월인천강지곡	세종	신체	석가모니의 일대기를 그림

6 시조의 특징과 흐름

(1) 시조의 특징

① **형성배경** : 향가에서 기원하여 고려가요의 분장 과정에서 형성되었으리라 추측

② **형식**

㉠ 3장(초장, 중장, 종장) 6구 12음보 45자 내외

㉡ 음수율은 3·4조 또는 4·4조, 4음보의 율격

㉢ 종장의 첫 음보는 3음절로 고정

(2) 시조의 종류

① **평시조**

㉠ 시조의 기본 형식(3장 6구 45자 내외)

㉡ 주요 작가층 : 사대부(자연친화, 유교)

② **엇시조** : 어느 한 장이 평시조보다 길어진 것

③ **사설시조**

㉠ 종장의 첫 구를 제외하고 2장이 평시조보다 길어진 형태

㉡ 주요 작가층 : 평민과 부녀자(애정, 해학)

㉢ 산문 정신, 서민 의식

(3) **시조집** 22 기출

① **『청구영언』** : 1728년, 김천택, 곡조별 분류[유명(有名)씨를 전반에 싣고 간단히 작자를 소개]

② **『해동가요』** : 1763년, 김수장, 작가별 분류

③ **『가곡원류』** : 1876년, 박효관 · 안민영, 곡조별 분류, 청구악장이라고도 한다.

7 가사의 유형별 이해 20 기출

(1) **조선 전기 가사**

① **특징**

㉠ 시조와 더불어 주로 사대부 사회에서 널리 창작되었다.

㉡ 작가의 계층이 주로 양반이다.

㉢ 3 · 4(4 · 4)조의 연속체(4음보)이며, 마지막 구절은 시조의 종장과 같다.

㉣ 내용: 음풍농월, 충신연주지사, 자연에서 유유자적하는 삶

② **주요 작품** 21 기출

작품	작자	연대	내용
상춘곡 20 기출	정극인	성종	태인(泰仁)에 은거하면서 상춘(賞春)과 안빈낙도(安貧樂道)를 노래함. 가사의 효시
면앙정가	송순	중종	면앙정 주위 산수의 아름다움과 정취를 노래함
관서별곡	백광홍	명종	관서 지방의 아름다운 경치를 노래함
성산별곡	정철	명종	김성원의 풍류와 성산의 풍물을 노래함
관동별곡	정철	선조	강원도 관찰사로 부임하면서 그곳의 자연 풍치를 노래한 기행 가사(紀行歌辭)로, 「관서별곡」의 영향을 받음
사미인곡 24 기출	정철	선조	창평에 귀양 가서 한 여인이 생별한 남편을 그리워하는 형식을 빌려 연군(戀君)의 정을 노래한 것으로, 「정과정곡」의 전통을 이어 받은 여성 취향의 작품
속미인곡	정철	선조	「사미인곡」의 속편으로, 두 여인의 대화체 형식으로 된 연군지사로, 송강의 작품 중 가장 뛰어나다는 평을 받고 있음
규원가	허난설헌	선조	홀로 규방을 지키는 여인의 애원을 우아한 필체로 씀

(2) 조선 후기 가사

① 특징

㉠ 임진왜란과 병자호란의 양난 이후 서민 의식과 산문정신의 영향으로 변하게 되었다.

㉡ 작가의 계층이 평민, 부녀자 등으로 확대되었다(평민 가사, 내방 가사 등).

㉢ 내용 : 음풍농월식의 강호 한정이나 연군에서 벗어나, 널리 인간 생활을 그렸고, 위국 충절의 기상을 읊는 등 다양해졌다(기행 가사, 유배 가사 등).

② 주요 작품 23, 21 기출

작품	작가	연대	내용
선상탄	박인로	선조	전쟁의 비애와 나라의 태평성대를 희망
누항사	박인로	광해군	자연에서 빈이무원하는 생활을 노래
노계가	박인로	인조	노계의 경치를 노래
농가월령가	정학유	헌종	농촌에서 해야할 일과 세시풍속을 노래
일동장유가	김인겸	영조	일본을 견문하고 지은 노래
연행가	홍순학	고종	청나라 북경에 가서 보고 들은 것을 노래

☑ 확인학습 풀어보기

01 향가에 대한 설명으로 잘못된 것은?

① 통일신라 시대 사뇌야 지방을 중심으로 10구체 향가가 크게 유행하였다.

② 중국 글자를 우리말에 맞춰 개조한 향찰이라는 표기 체계를 사용하였다.

③ 현전하는 작품 25수는 『삼국유사』, 『삼대목』에 전한다.

④ 작가들이 대부분 승려였던 관계로 그 내용도 불교적인 것이 주류를 이룬다.

> **해설** 향가는 향찰(鄕札)로 기록한 신라 때의 노래이다. 민요적·불교적인 내용으로, 작가층은 승려, 귀족, 평민에 걸쳐 다양하다. 우리나라 최초의 정형시가로 4구체, 8구체, 10구체의 세 가지 형식이 있으며 특히 10구체는 '사뇌가(詞腦歌)'라고도 했다. 현재 『삼국유사』에 14수, 『균여전』에 11수로 모두 25수가 전한다.

02 고려속요가 아닌 것은?

① 「동동」　　　　　　② 「제망매가」

③ 「가시리」　　　　　④ 「서경별곡」

> **해설** 「서동요」, 「도솔가」, 「제망매가」 등은 신라 시대 항가이다.

[고려가요의 내용과 주제]

내용과 주제	작품
이별	「서경별곡」, 「가시리」
연모	「동동」, 「정과정」
지조	「정석가」
주술	「처용가」(고려 시대)
무상감	「청산별곡」
남녀상열지사	「쌍화점」, 「만전춘」, 「이상곡」
사친	「사모곡」, 「상저가」

03 경기체가가 <u>아닌</u> 것은?

① 「관동별곡」　　　　　② 「죽계별곡」
③ 「한림별곡」　　　　　④ 「청산별곡」

해설 「청산별곡」은 고려 후기 유랑민의 삶의 고뇌와 비애, 지식인의 고뇌와 방황 또는 실연의 애상을 담은 작품으로 고려가요, 고려속요, 장가이다. 오랫동안 구전되다가 훈민정음 창제 이후에 문자로 정착된 이 노래는, 고려속요 중 「서경별곡」, 「가시리」와 함께 비유성과 문학성이 뛰어난 작품으로 손꼽혀 왔다.

04 국문으로 표기되어 전하는 작품은?

① 「공무도하가」　　　　② 「황조가」
③ 「정읍사」　　　　　④ 「제망매가」

해설 「정읍사」는 『고려사 악지』에 백제의 노래라고 전할 뿐 자세한 연대는 알 수 없으며 행상 나간 남편의 안전을 기원하는 내용으로 훈민정음으로 표기된 가장 오래된 노래이다.

05 「한림별곡」의 문학사적 의의는 무엇인가?

① 한문문학의 효시
② 안빈낙도(安貧樂道)를 노래한 최초의 속요
③ 경기체가의 효시
④ 조선 시대 시가문학의 토대가 됨

해설 「한림별곡」은 경기체가의 전형적인 작품이자 현전(現傳)하는 최고(最古)의 작품으로 귀족 생활의 감정을 표현하고 있으며 가사문학에 영향을 주었다. 한자어를 우리말 운율 3음보에 맞춰 노래하였고 일반적으로 의(意)만 중시하던 이전 시기의 관념에서 벗어나 새롭게 물(物)을 소재로 삼았다는 점에서 획기적이다.

06 애정과 자기 폭로 및 해학을 주제로 평민과 부녀자가 주류인 문학은?

① 평시조　　　　　　　② 무가
③ 향가　　　　　　　　④ 사설시조

> **해설** 조선 후기에는 기존의 형식을 파괴한 '엇시조, 사설시조'가 등장했다. 사설시조는 '형식의 파괴' 외에도 '솔직한 표현, 반어와 풍자, 해학미'가 두드러지는 것이 특징이다. 조선 후기의 시조는 주로 사대부가 창작에 참여했던 조선 전기와 달리, 후기로 오면서 여성, 일반 평민에 이르기까지 작자층이 다양해졌다.

07 정철의 가사 작품에서 김만중이 극찬한 작품이 <u>아닌</u> 것은?

① 「관동별곡」
② 「성산별곡」
③ 「사미인곡」
④ 「속미인곡」

> **해설** 『서포만필(西浦漫筆)』에서 김만중은 「관동별곡」을 「속미인곡」, 「사미인곡」과 더불어 "우리나라의 훌륭한 문장은 이 세 편뿐이다(左海眞文章只此三篇 : 좌해진문장지차삼편)."라고 극찬하였고, 초나라 굴원(屈原)의 「이소경(離騷經)」에 비겨 '동방의 이소(東方之離騷)'라고 하였다. 그는 이 중 「속미인곡」을 「관동별곡」, 「사미인곡」과 달리 한자음을 빌려 가사를 꾸미지 않았기 때문에 가장 뛰어나다고 생각했다.

정답 01 ③　02 ②　03 ④　04 ③　05 ③　06 ④　07 ②

제8장 고전산문

1 국문소설의 형성과 전개

(1) 고전소설의 형성

① **고전소설의 발전 방향**
- ㉠ 한문소설 계보의 발전 : 사마천 「사기」 → 가전 → 조선 초 의인체 소설 → 한문단편 → 한문소설
- ㉡ 국문소설 계보의 발전 : 설화(이야기) → [판소리 → 판소리계 소설] → 국문소설

② **고전소설의 내용상 특징**
- ㉠ 주제 : 권선징악
- ㉡ 인물 : 전형적, 평면적
- ㉢ 성격 : 우연성, 전기성, 비현실성

(2) 고전소설의 전개

① **김시습의 『금오신화』**
- ㉠ 최초의 한문소설
- ㉡ 수록 작품 : 「이생규장전」, 「용궁부연록」, 「남염부주지」, 「만복사저포기」, 「취유부벽정기」
- ㉢ 특징 : 우리나라 배경, 독자적 문학세계 구축 – 방외인문학
- ㉣ 구우의 『전등신화』에서 영향을 받음

② **군담소설**

작품	작자	내용
임진록(壬辰錄)	미상	이순신, 조중봉 등의 전략과 서산대사, 사명당의 신출귀몰한 도술로 왜군을 무찌르고, 사명당이 일본에 가서 항서를 받아 개선하는 등의 내용으로 한문본(漢文本)도 있음
유충렬전(劉忠烈傳)		유충렬의 무용(武勇)과 질박한 기상을 그린 것으로, 나라와 임금에 대한 충성심을 주제로 한 소설
조웅전(趙雄傳)		중국 송나라를 배경으로 조웅이 아버지의 원수를 갚은 무용담
임경업전(林慶業傳)		명나라의 위기를 구하고 병자호란의 치욕을 씻으려다 원통하게 죽은 임경업의 무용담
박씨전(朴氏傳)		병자호란 당시 남편을 도술로 성공시키고, 박색(薄色)인 박씨 부인도 미인이 되어 적장을 골려 주었다는 내용으로 「박씨부인전」이라고도 함

③ 허균의 「홍길동전」
  ㉠ 최초의 국문소설
  ㉡ 봉건제도 개혁, 적서 차별 타파, 이상국 건설
④ 김만중 23 기출
  ㉠ 「구운몽」
    • 양반소설, 몽자류 소설
    • 남해 유배지에서 어머니를 위로하기 위해 지은 소설
    • 인생무상, 환몽구조
  ㉡ 「사씨남정기」 : 숙종과 장희빈 풍자, 수필 「인현왕후전」과 비슷함
  ㉢ 「서포만필」
    • 국어존중론
    • 정철의 「관동별곡」, 「사미인곡」, 「속미인곡」 극찬
  ㉣ 「윤씨행장」 : 어머니인 윤씨가 살아있을 때의 행적을 추모한 글
⑤ 박지원 22 기출
  ㉠ 소설의 특징 : 현실성, 풍자성, 한문소설
  ㉡ 대표적인 작품

작품	내용	출전
허생전	무능한 사대부 계층에 대한 비판과 현실에 대한 자각 촉구	열하일기
호질	유학자들의 위선적 행동에 대한 비판	열하일기
양반전	양반의 무능함과 허위의식에 대한 비판	방경각외전
예덕선생전	바람직한 교우의 도와 무실역행하는 참된 인간상	방경각외전
광문자전	신의 있고 허욕을 부리지 않는 삶의 태도 칭송	방경각외전

(3) 국문소설의 발생 요인
① 임진왜란과 병자호란 이후 서민의 자아 각성 및 새로운 문학 환경 조성
② 오래전부터 창작되어 온 한문소설 창작 경험의 축적
③ 국문의 광범위한 보급
④ 여성독자층의 형성

2 판소리계 소설의 현실 인식

(1) 판소리계 소설의 기원
① '설화 → 판소리 → 소설'이 판소리계 소설의 형성에 대한 통설
② 양반과 평민의 불편한 관계가 두드러지게 나타나는 시대상을 반영한 서민문학의 산물

(2) 판소리계 소설의 특징

① 적층문학으로 특정한 작가가 없으며 이본이 많다.

② 비속어와 고사성어, 순수한 우리말과 생생한 느낌의 의성어와 의태어가 사용된다.

③ 판소리계 소설에서 시제는 거의 현재 진행형으로 처리한다.

④ 4·4조 중심의 운문체와 산문체가 결합되었다.

⑤ 근원설화 및 판소리와 밀접한 관련이 있다.

⑥ 조선 후기 서민 의식의 발달상을 반영한다.

⑦ 겉으로 나타난 주제와 내면의 주제가 다르다.

(3) 판소리계 소설의 계보 23 기출

근원설화	판소리 사설	판소리계 소설	신소설
방이 설화, 은혜 갚은 까치 설화	박타령, 흥보가	흥부전	연의 각
구토지설	수궁가, 토별가	별주부전	토의 간
열녀 설화, 암행어사 설화, 신원 설화, 관탈민녀 설화	춘향가	춘향전	옥중화
효녀지은 설화, 개안 설화	심청가	심청전	강상련

3 소설 외의 산문문학

(1) 패관문학

① 문인이나 학자들이 항간에 떠도는 이야기를 한문으로 기록한 문학으로, 소설의 모태가 된다.

② **대표 작품** : 이인로 『파한집』, 최자 『보한집』, 이제현 『역옹패설』, 이규보 『백운소설』 등 23 기출

(2) 가전체 문학

① 물건을 의인화한 의인체 문학으로 계세징인의 목적을 지니고 있다.

② 개인의 창작물로 소설에 근접한 형태이다.

③ **대표 작품** 24 기출

작품	작가	내용
국순전	임춘	술을 의인화하여 술이 사람에게 미치는 영향을 말함
국선생전	이규보	술과 누룩을 의인화함으로써 군자의 처신을 경계
죽부인전	이곡	대나무를 의인화하여 부인의 절개를 나타냄
청강사자현부전	이규보	거북을 의인화하여 어진 사람의 행적을 기리는 내용
저생전	이첨	종이를 의인화하여 당시의 부패한 유생들을 비판
공방전	임춘	돈을 의인화하여 재물욕을 경계
정시자전	식영암	지팡이를 의인화하여 자기의 처지를 알아야 함을 경계

(3) 고전수필

① 특징

㉠ 고려 시대 초기부터 갑오개혁 이전까지 창작된 수필이다.

㉡ 거의 한문으로 되어 있고, 패관문학 또는 문집 속에 수록되어 전한다.

㉢ 국문으로 된 고대수필에는 일기, 기행, 내간, 추도문, 행장, 잡문 등이 있다.

② 대표 작품

작품	내용
계축일기 20 기출	광해군이 영창대군을 죽이고 인목대비를 폐하여 서궁에 감금했던 사건을 기록함
인현왕후전	인현왕후의 폐비 사건을 다룸(숙종, 장희빈)
한중록 22, 21 기출	사도세자의 비극적 죽음을 다룸
산성일기	병자호란의 치욕과 남한산성에서의 항쟁을 다룸
의유당일기	남편의 부임지 함흥을 갔다가 함흥 주변의 아름다운 경치를 보고 느낀 감상
열하일기	박지원이 청나라 외교사절단으로 갔다가 청나라의 실상을 직접 목격하고 이를 기록함
조침문 22 기출	바늘을 의인화하여 제문의 형식으로 추도하며 쓴 글(추모적, 주관적, 고백적, 신변 잡기적)
규중칠우쟁론기 22 기출	바늘, 자, 가위, 인두, 다리미, 실, 골무 등을 의인화하여 인간 사회를 풍자함
어우야담	유몽인이 민간의 야담과 설화를 모아 놓음

✏ 확인학습 풀어보기

01 조선 후기 고전소설의 발달 양상에 대한 설명으로 틀린 것은?

① 19세기에는 수많은 애정소설이 쏟아져 나왔다.

② 소설의 독자 계층이 중인 계층과 서민 계층으로 확대되었다.

③ 임진왜란과 병자호란은 소설의 융성에 큰 영향을 끼쳤다.

④ 한글소설이 등장하면서 한문소설은 거의 자취를 감추었다.

해설 조선 후기 한글 소설이 등장하면서 한문소설이 모두 자취를 감춘 것은 아니다. 조선 전기에는 한문 소설이 주로 창작되었지만, 후기에는 한글로 쓴 한글 소설이 등장했다. 조선 후기의 한문소설에는 박지원의 「양반전」, 「호질」, 「허생전」 등이 있다.

02 『금오신화』에서 '양생의 시공을 초월한 남녀 간의 사랑을 주제로 한 작품은?

① 「만복사저포기」
② 「취유부벽정기」
③ 「남염부주지」
④ 「용궁부연록」

> 해설 「만복사저포기」는 남녀 간의 사랑과 세속적 삶의 초월을 주제로 한 작품으로 현실주의적, 사실적, 불교적, 도교적 특징을 갖는다.
> ② 「취유부벽정기」는 도교적 신선사상이 주제이다.
> ③ 「남염부주지」는 패도의 비판과 왕도의 추구가 주제이다.
> ④ 「용궁부연록」은 세상의 명리와 그것의 덧없음이 주제이다.

03 가전체 문학에 대한 설명으로 옳지 않은 것은?

① 「국선생전」, 「정시자전」, 「청강사자현부전」 등의 작품이 있다.
② 「국선생전」의 작가는 임춘이다.
③ 교훈적·풍자적인 성격을 지닌다.
④ 인간 주변의 동식물, 사물 등을 소재로 한다.

> 해설 가전체 문학은 고려 말기에 형성되어, 구소설의 원형이 된 문학 형태의 하나이다. 우화적, 의인적 수법을 쓴 짧은 전기체의 설화로서, 술·엽전·거북·대(竹)·종이·지팡이 등의 사물을 의인화(擬人化)하고 있으며 계세징인(戒世懲人)을 목적으로 한다. 「국선생전」의 작가는 이규보이며 임춘은 가전체 소설의 효시인 「국순전」을 지었다.

04 「춘향전」의 근원 설화가 아닌 것은?

① 열녀 설화
② 관탈민녀형 설화
③ 신원(伸冤) 설화
④ 개안 설화

> 해설 개안 설화는 앞을 볼 수 없던 사람이 어떤 일을 계기로 눈을 떴다는 내용의 설화로 「심청전」과 관련이 있다.

05 「구운몽」의 근원 설화는?

① 방이 설화
② 조신몽 설화
③ 장자못 설화
④ 손순매아 설화

> 해설 조신몽 설화는 몽자류 소설의 근원 설화이다. 평소의 어떤 생각 때문에 꿈속에서 일련의 사건을 체험하고 꿈에서 깨어나 참다운 이치를 깨닫게 된다는 구조를 가진 설화를 환몽 설화라고 하는데, 조신몽 설화는 후에 몽자류 소설(「구운몽」, 「옥루몽」, 「원생몽유록」) 형성에 큰 영향을 미친다.

06 박지원의 소설 작품이 <u>아닌</u> 것은?

① 「양반전」
② 「호질」
③ 「광문자전」
④ 「남궁선생전」

해설 「남궁선생전」은 조선 중기에 허균이 지은 한문소설이다. 「홍길동전」과 더불어 허균소설의 쌍벽을 이룬 「남궁선생전」은 전기체소설이 갖는 하나의 전형(典型)과 같이, 실재하였던 남궁 두(南宮斗)라는 인물을 대상으로 하여 사건전개의 동기를 잡고, 그 속에 작자의 이상을 표현하고 있다.

07 「홍길동전」이 지닌 문학사적 의미로 가장 중요한 것은?

① 한글로 표기된 국문소설이다.
② 불교설화를 근원설화로 삼았다.
③ 고려 시대의 가전문학을 재생하여 전통을 계승했다.
④ 행복한 결말로 긍정적 세계관을 드러냈다.

해설 「홍길동전」은 최초의 한글소설로 영웅의 일생이라는 서사 전통이 최초로 소설화된 작품이며 사회제도의 불합리성을 문제 삼은 사회 소설의 선구적인 작품이다.

정답 01 ④ 02 ① 03 ② 04 ④ 05 ② 06 ④ 07 ①

1 한문학의 이해

(1) 한문학의 개념

① **한문학의 정의** : 중국의 고전 문학과 한국의 한문으로 된 문학. 문학의 한 장르를 형성하는 것으로, 한시(漢詩)·한문·한학(漢學) 등을 통틀어 이르는 말이기도 하다.

② **한국의 한문학** : 우리 겨레가 중세 동아시아 문학 규범을 통해 표현한 중세 문어(文語) 문학의 일부이다.

(2) 한문학의 분류

① **한문 산문**
ㄱ 운문체 : 음악이나 음송과 관련된 문장
ㄴ 의론체 : 논리적인 글
ㄷ 서사체 : 이야기 형식의 글

② **한문 한시**
ㄱ 한시의 규칙 : 오언절구·칠언율시 등과 같은 형식과 평측(平仄)·압운(押韻)의 규칙을 지켜야 한다.
ㄴ 한시의 형식

구분	시형	운자
5언 절구	4구 20자	2구와 4구의 마지막 글자
7언 절구	4구 28자	2구와 4구 혹은 1구의 마지막 글자까지 포함
5언 율시	8구 40자	2·4·6·8구의 마지막 글자
7언 율시	8구 56자	1·2·4·6·8구의 마지막 글자

2 서정한시의 주요 작품 세계

(1) 삼국, 통일 신라기

① 종교, 정치, 외교의 공식적 기능에 더욱 기울어진 것으로 보았다.

② **주요 작품** : 을지문덕의 「與隋將于仲文詩(여수장우중문시)」, 김지장의 「送童子下山(송동자하산)」 등

(2) 고려 전기

① 부귀와 권력을 독점했던 문신 귀족층이 무신의 난으로 몰락하기까지 고려 전기의 한시는 귀족문화와 밀접한 관련이 있다.

② **주요 작품**

ㄱ 정지상의 「송인」 : 7언 절구, 서정시, 애상적 **21 기출**

ㄴ 김부식의 「결기궁」 : 교훈적 **23 기출**

(3) 무신의 난, 고려 후기

① 중소지주층 출신의 신흥사대부 출현

② **주요 작가 및 작품 23 기출**

ㄱ 이규보 : 영웅서사시 · 농민시, 새로운 현실 인식, 주체적인 문학

ㄴ 이제현

• 『소악부』 : 민간에서 불리던 노래 모음

• 「산중설야」 : 7언 절구, 눈 오는 밤 산중의 정경을 읊은 시

ㄷ 이색 : 고려 말 민족의 생활상, 신흥사대부의 정신세계

ㄹ 정몽주 : 우국충정

ㅁ 안축, 이곡, 윤여형 : 민중의 참상에 깊은 관심을 기울임

(4) 조선 전기

① **훈구파**

ㄱ 재도지문(載道之文) 강조 : 정도전

ㄴ 태평성치를 장식하는 문장을 지어야 한다고 주장 : 권근

ㄷ 현실 문제와 이완된 시 창작

② **사림파**

ㄱ 성리학의 정신과 사유 반영

ㄴ 외물(外物) 인식에 있어 자신과 외물 사이에 개입이 없는 경지 추구

③ **대표 작가** : 김시습, 서거정, 이첨, 박은, 서경덕 등 **23 기출**

(5) 조선 후기

① 작가층의 다양화로 귀족 문화적 특징의 붕괴

② 민족적 자기 인식의 출현으로 한시의 중화 중심의 세계관과 규범의 몰락

③ 대상과 묘사에서 현실성의 제고

④ **대표 작가** : 신흠, 신사임당, 허난설헌, 정약용, 신위, 김정희 등

3 서사한시의 주요 작품 세계

(1) 고려 말기

① 건국 서사시가 주를 이룬다.

② 몽골의 침입 및 지배를 극복하고자 하는 의식이 있었다.

③ **주요 작품**

　　㉠ 이규보의 「동명왕편」 **24** **기출**

　　　• 현존하는 우리나라 최고(最古)의 서사한시

　　　• 고구려 시조인 동명왕의 영웅적인 행적을 노래한 영웅 서사시

　　㉡ 이승휴의 「제왕운기」 : 우리나라 역사를 기술한 역사 서사시(총2권)

(2) 조선 전기

① 고려의 불교에서 조선의 성리학과 유학으로 생활방식과 사고방식이 점차 바뀌게 된다.

② 신흥사대부가 모색・주장하던 사상과 문학이 확고한 모습을 갖추고 널리 정착되면서 한문학에도 그 영향을 미친다.

③ 훈민정음이 창제되었으나 사대부들은 계속 한문을 사용하여 시를 짓고, 기득권층의 권력을 당연시하는 데 한문을 이용한다.

④ **주요 작품** : 김시습의 「기농부어(記農夫語)」

(3) 조선 후기

① 한문학을 함으로써 위정자들이 자신들의 위세를 높이고, 능력을 검증하는 데 이용하였다.

② 소재나 표현을 우리말 노래에 근접시켜 백성들과 공감을 나누기도 하였다.

③ 백성을 주인공으로 하여 신분의 붕괴, 도덕관의 상실, 여성 수난, 비극적 결말 등을 생생하게 묘사하는 등 소설에 비해 문학의 사실성에 한층 근접하였다.

④ **5언 고시 형태가 주류를 이루고 대부분이 장시** : 당시 산문화 추세와 소설문학의 성행 등과 관계가 있을 것으로 추측된다.

⑤ **주요 작품** : 허균의 「노객부원」, 정약용의 「도강고가부사」

4 한문소설의 주요 작품 세계

(1) 특징

① 근대 이전 우리 조상들이 남긴 한자 또는 한문으로 기록된 소설 작품이다.

② 김시습의 『금오신화』가 출현하면서 소설문학의 새로운 단계로 진입하게 되었다.

③ 임진왜란 이후 군담소설, 염정소설 등 주제나 형식 등에서 새로운 시도가 있었다.

④ 중국의 영향을 받았지만 주제나 제재에 있어서 우리의 현실을 반영하려는 등 독자적인 발전을 가져왔다.

(2) 주요 작품

① 김시습의 『금오신화』
  ㉠ 최초의 한문소설
  ㉡ 수록 작품 : 「이생규장전」, 「용궁부연록」, 「남염부주지」, 「만복사저포기」, 「취유부벽정기」
  24, 23 기출

② 사전계(史傳系) 소설
  ㉠ 역사에 보이는 실제 인물을 대상으로 허구를 가미하여 창작한 소설
  ㉡ 주요 작품 : 「전우치전(田禹治傳)」, 「유연전(柳淵傳)」, 「장생전(蔣生傳)」, 「다모전(茶母傳)」 등

③ 필기계(筆記系) 소설 21 기출
  ㉠ 항간에 떠도는 이야기를 바탕으로 허구화하여 소설로 창작한 필기 또는 필기를 소설화한 것
  ㉡ 주요 작품 : 박지원(朴趾源)의 『열하일기(熱河日記)』에 수록된 「옥갑야화(玉匣夜話)」의 「허생
     (許生)」과 「관내정사(關內程史)」의 「호질(虎叱)」, 『방경각외전(放瓊閣外傳)』의 「양반전(兩班
     傳)」 등

④ 우화(寓話) 소설
  ㉠ 민간설화의 우화를 소설로 재창작한 것
  ㉡ 주요 작품 : 「서대주전(鼠大州傳)」, 「와사옥안(蛙蛇獄案)」 등

⑤ 재자가인(才子佳人) 소설
  ㉠ 남녀 주인공 각자가 자신의 목소리를 갖고 욕망의 주체로 나타남
  ㉡ 주요 작품 : 「동선기(洞仙記)」, 「홍백화전(紅白花傳)」 등

⑥ 애정세태(愛情世態) 소설
  ㉠ 애정과 세태라는 주제가 상대적으로 더 부각되는 작품
  ㉡ 주요 작품
    • 애정 소설 : 「숙향전(淑香傳)」, 「광한루기(廣寒樓記)」 등
    • 세태 소설 : 「진대방전(陳大方傳)」, 「만강홍(萬江紅)」 등

⑦ 연의류(演義類) 소설
  ㉠ 역사적인 사실을 부연하여 재미있고 알기 쉽게 쓴 책이나 창극
  ㉡ 주요 작품 : 정태제(鄭泰齊)의 「천군연의(天君演義)」, 유치구(柳致球)의 「천군실록(天君實錄)」,
     정기화(鄭琦和)의 「천군본기(天君本紀)」 등

⑧ 가정가문(家庭家門) 소설
  ㉠ 가정 소설 : 한 가정 내의 갈등을 다룬 것
  ㉡ 가문 소설 : 한 가문의 여러 대에 걸친 문제나 동시대 여러 가문 간의 갈등을 다룬 작품
  ㉢ 주요 작품 : 「장화홍련전(薔花紅蓮傳)」, 「옥린몽(玉麟夢)」, 「일락정기(一樂亭記)」, 효열지(孝烈
     志)」 등 23 기출

⑨ 영웅 소설
  ㉠ 역사 군담소설 또는 영웅을 다룬 작품
  ㉡ 주요 작품 : 「남홍량전(南洪量傳)」, 「운향전(雲香傳)」, 「최고운전(崔孤雲傳)」, 「옥루몽(玉樓夢)」 등

5 기타 산문문학

(1) 통일신라 시대

① **최치원**

　⊙ 「토황소격문」 : 황소를 치기 위하여 지은 격문

　ⓒ 「제가야산독서당」 : 세상을 멀리하고 산중에 은둔하고 싶은 심정을 노래

② **설총의 「화왕계」** : 설총이 꽃을 의인화하여 지은 한문 단편

(2) 전(傳)

① **고려 중기** : 가전은 원래 사마천이 『사기』 열전을 창시함으로써 시작된 전의 일종

② **조선**

　⊙ 조선 전기

　　• 당대 역사적 사건과 사상적 변화를 밀접하게 반영

　　• 자신이 속한 세계의 부정적 특징을 비판하거나, 자신들의 행위에 대한 명분을 확립하고 옹호하는 데 이용됨

　ⓒ 조선 후기 : 성격이 변질되면서 소설화·역사화·야담화가 일어남

(3) 여행록

① 조선 후기 해외 체험을 기록한 여행록이 새로운 세계에 대한 경이와 인식을 불러일으켰다.

② **청의 연행록** : 김창업 『연행일기』, 홍대용 『연기』, 박지원 『열하일기』, 김경선 『연원직지』

③ **일본의 사행록** : 남용익 『부상록』, 신유한 『해유록』, 조업 『해사일기』

✍ **확인학습** 풀어보기

01 한문 산문의 분류에 포함되지 않는 것은?

① 운문체

② 의론체

③ 서사체

④ 역어체

해설 한문 산문은 운문체(음악이나 음송과 관련된 문장), 의론체(논리적인 글), 서사체(이야기 형식의 글)로 분류된다. 역어체란 한문을 번역한 모습의 한글 문제를 말한다.

02 다음 한시의 유형은?

> 雨歇長堤草色多
> 送君南浦動悲歌
> 大同江水何時盡
> 別淚年年添綠波
>
> – 정지상, 「송인」

① 5언 절구   ② 5언 율시
③ 7언 절구   ④ 7언 율시

해설 정지상의 「송인」은 7언 절구이다.

[한체시의 분류]

고체시(古體詩)	한대(漢代)의 민요풍에서 시작되어 육조(六朝) 시대에 완성된 한시의 고체(古體)		
근체시(近體詩)	절구	당나라 초기에 완성된 한시의 한 종류. 고시(古詩)의 일부를 잘라 끊은 시형이라고도 하는데, 기·승·전·결의 4구로 구성됨	
		오언절구	한 구가 5자씩 4구로 되어 있고, 2·4구의 마지막 글자가 압운(押韻)
		칠언절구	한 구가 7자씩 4구로 되어 있고, 1·2·4구의 마지막 글자가 압운(押韻)
율시(律詩)	당나라 때에 완성된 시형(詩形)으로 전 8구로 압운·대구 등에 일정한 법칙이 있음		
	오언 율시 (五言律詩)	한 구(句)가 5자씩 8구로 되어 있고, 2·4·6·8구의 마지막 자가 압운(押韻)	
	칠언 율시 (七言律詩)	한 구(句)가 7자씩 8구로 되어 있고, 1·2·4·6·8구의 마지막 자가 압운(押韻)	

03 이규보의 「동명왕편(東明王篇)」에 관한 설명으로 옳지 <u>않은</u> 것은?

① 우리나라 최초의 건국 서사시로 평가할 수 있다.
② 한 구절이 다섯 자로 된 한시로서 총 282구에 이르는 대장편 서사시이다.
③ 이규보는 동명왕의 신이한 사적에 대해 성(聖)과 신(神)으로 인식했다.
④ 이규보가 『삼국유사(三國遺事)』에 기록된 동명왕의 사적을 읽고 지었다.

해설 동명왕은 당시 중화중심의 역사의식에서 탈피하여 『구삼국사(舊三國史)』에서 소재를 취하여 우리의 민족적 우월성 및 고려가 위대한 고구려를 계승하고 있다는 고려인의 자부심을 천추만대에 전하겠다는 의도에서 씌어진 것으로, 작자의 국가관과 민족에 대한 자부심, 그리고 외적에 대한 항거정신이 잘 나타나 있는 작품이라 할 수 있다.

정답 01 ④   02 ③   03 ④

제10장 구비문학

1 설화의 특징과 갈래

(1) 설화의 특징

① **서사성** : 일정한 이야기 구조를 갖추고 사건이 전개된다.
② **허구성** : 사실에 바탕을 둔 것이라도 말하는 사람의 의도에 따라 새롭게 꾸며진다.
③ **교훈성** : 등장인물들의 행동을 통해 삶의 지혜를 깨닫게 한다.
④ **흥미성** : 듣는 이로 하여금 재미를 느끼게 한다.
⑤ **전승성·구전성** : 입에서 입으로 다른 사람 또는 다음 세대로 전달된다.
⑥ **집단성** : 개인의 상상이나 독창성에 의지하기보다는 많은 사람들에 의해 집단적·민족적으로 변형·창작된다.

(2) 설화의 갈래 24, 22 기출

구분	신화	전설	민담
내용	신에 대한 이야기	사물·현상의 유래, 기원을 설명하는 내용	현실에 바탕을 두는 삶의 지혜와 비판적인 내용
전승자의 태도	절대적인 믿음	신화처럼 전적으로 신봉하지 않음	허구의 이야기임을 공표하고 이야기함(흥미를 주려고 함)
시간과 장소	초월적인 시간과 신성한 장소	구체적인 시간과 장소	뚜렷한 시간과 장소가 나타나지 않음
증거물	포괄적(천지, 국가 등)	개별적(바위, 연못 등)	없음
주인공의 성격	신(神)	비범한 인물	평범한 인물
지역	한 민족이 살고 있는 한정된 지역	증거물 확보로 인한 한정된 지역	광범위한 지역(세계성)
예	단군신화, 주몽신화 등	장자못 전설, 아기장수 전설 등	우렁각시 이야기, 나무꾼과 선녀 등

2 민요의 특징과 갈래

(1) 민요의 특징

① 비전문성, 향토성

② 현실생활과 관련(한과 체념의 정서, 자연친화적 성격은 없음)

③ 민중들 사이에서 자연스럽게 형성되어 구전되는 노래(노동, 의식, 놀이 등)

④ 민중의 생활감정을 비교적 솔직하게 나타낸다.

⑤ 음악적인 성격과 문학적인 성격을 함께 가진다.

⑥ 후렴구를 수반하여 장을 이어나가면서 부르는 것과, 후렴구 없이 사설을 이어서 부르는 형태로 나누어진다.

(2) 민요의 분류 24 기출

① **노동요** : 농업노동요(「방아타령」), 길쌈노동요, 어업노동요

② **의식요** : 세시의식요(「지신밟기요」), 장례의식요(「상여소리」), 신앙의식요

③ **유희요** : 「놋다리밟기」, 「강강술래」

(3) 대표 작품

① **「아리랑 타령」** : 적층민요

② **「시집살이 노래」** : 사실적, 과장적, 여성적, 풍자적, 해학적, 비판적

3 무가의 특징과 갈래

(1) 무가의 특징

① **주술성** : 초자연적이고 신비한 힘을 빌어 인간의 능력을 뛰어넘어선 길흉화복을 점치는 것(무가의 본질)

② **신성성** : 신이 무당에게 신비로운 힘을 주어 공수를 내리는 것

③ **오락성** : 강신무보다는 세습무(용하지 않으므로 재미 위주 공연)가 문학적 가치가 높다.

④ **전승의 제한성** : 부르는 사람(무당)과 장소(의례)의 제한

⑤ **율문성** : 3 · 4조 또는 4 · 4조, 4음보

(2) 무가의 갈래

① **서정무가** : 서정성이 강하게 나타나는 무가(신과 인간이 화합되는 순간의 서정적 노랫가락)

② **서사무가**

㉠ 개념 : 특정한 주인공이 있고 일정한 구조를 가지며 일련의 사건을 갖추고 있음

㉡ 유형 분류

- 제석본풀이유형 : 생산신 또는 수복을 관장하는 신의 유래담으로, 「바리공주」와 함께 우리나라에서 가장 널리 전승되는 유형
- 바리공주 유형 : 오구굿 계통의 무속제의에서 불려지는 서사무가
- 연명설화 유형 : 정해진 명이 다 되어 죽기로 되어 있는 사람이 이 사실을 미리 알고, 자신을 잡으러 온 저승사자에게 인정을 베풀어 그 수명을 연장하였다는 내용의 서사무가

③ **희곡무가** : 배역이 나누어져 있고, 대사와 행위를 통해서 전달된다는 점에서 희곡의 기본요건을 갖추고 있다.

④ **교술무가** : 서정·서사·희곡무가를 제외한 형태의 무가

4 판소리의 특징과 구성 요소 22 기출

(1) 판소리의 특징 24 기출

① **적층성** : 오랜 세월 동안 입에서 입으로 전해 오면서 내용이 첨가·삭제·윤색

② **부분의 독자성** : 부분창을 하는 경우 창자들은 그 부분을 확대하여 부르다 보니 내용이 확대된다(장면의 극대화).

③ 종합예술성

④ 국민예술(국민문학) 또는 민족예술적인 성격

⑤ 해학성(판소리 전반에 나타나는 특성)

(2) 판소리의 구성

① **창(소리)** : 판소리의 주축을 이루는 음악적 요소로, 광대가 가락에 맞추어 부르는 노래

② **아니리(사설)** : 판소리에서 창을 하는 중간에 가락을 붙이지 않고 이야기하듯 엮어 나가는 사설

③ **추임새** : 장단을 짚는 고수가 창의 사이사이에 흥을 돋우기 위하여 삽입하는 소리

④ **발림(너름새)** : 광대(소리꾼)가 소리의 극적인 전개를 돕기 위하여 몸짓이나 손짓으로 하는 동작

(3) 주요 작품

① **판소리 여섯 마당** : 「춘향가」, 「흥부가(박타령)」, 「심청가」, 「적벽가」, 「토별가(수궁가)」, 「가루지기타령」 21 기출

② **판소리 열두 마당** : 여섯 마당 + 「배비장타령」, 「옹고집타령」, 「가짜 신선타령」, 「강릉매화가」, 「왈자타령」, 「장끼타령」

5 민속극의 특징과 작품 세계

(1) 민속극의 특징

① 민간에서 행위로 전승되는 연극

② 민중의 삶과 사고방식에 깊이 관련되어 있다.

③ 양반에 대한 비판·풍자의 정도가 크다.

(2) 민속극의 종류 21 기출

① **가면극**

　㉠ 하회별신굿놀이 : 경북 안동 하회동에서 별신굿이라는 부락제의를 지낼 때 공연하는 가면극

　㉡ 강릉관노 탈놀이 : 강원도 강릉에서 성황제를 지낼 때 공연하던 가면극

　㉢ 오광대 : 다섯 광대 또는 다섯 과장으로 구성되었기에 오광대라고 하는데, 경남 지방에 분포되어 있던 가면극

　㉣ 산대놀이 : 가장 널리 알려진 것으로 서울과 경기도 일원에 분포되어 있는 가면극

　㉤ 해서탈춤 : 황해도 일대의 가면극

② **인형극** : 인형을 사용하는 민속극(꼭두각시놀음, 박첨지놀음, 홍동지놀음 등)

③ **무극** : 가면극이나 인형극이 독립적으로 공연되는 데 비해, 무극은 굿의 일부로서 공연된다.

6 속담 및 수수께끼의 특징과 유형

(1) 속담과 수수께끼의 공통점

① 구비전승

② 단문(대체로 20음절 이내이며, 길어도 40음절을 넘지 않음)

③ 서사적 줄거리 등이 없다.

④ 말 이외의 가락 등이 쓰이지 않는다.

(2) 속담의 특징과 유형

① **속담의 특징**

　㉠ 전체 언중의 사고와 지혜가 반영된 관용어

　㉡ 비유적 특성에서 오는 문학적 의미(다의성, 함축성)를 지님

　㉢ 교훈·경계·풍자를 위한 적절한 표현수단이 됨

　㉣ 일상 대화나 다른 문학작품 속에 끼어서 그 의미를 강화시킴

② **속담의 유형**

 ㉠ 교훈형 : 교훈과 경계를 목적으로 하는 격언이나 금언과 유사

  예 달도 차면 기운다, 바늘 도둑이 소 도둑 된다.

 ㉡ 풍자형 : 어떤 행위나 행위자에 대한 비판과 조롱, 잘못에 대한 적절한 비판 기능

  예 횃대 밑에서 호랑이 잡는다, 노처녀 보고 시집가라 한다.

 ㉢ 표현형 : 있는 그대로 표현, 외모나 소리 등을 절묘하게 표현

  예 게 눈 감추듯, 정월 대보름날 개 같다.

(3) 수수께끼의 특징과 유형

① **수수께끼의 특징**

 ㉠ 반드시 묻는 이와 답하는 이가 함께 참여

 ㉡ 겨루기의 특성상 유희적 성격이 짙게 드러남

 ㉢ 오답을 유도할 만한 장치가 있음

 ㉣ 역전과 반전, 기발함으로 새로운 인식에 이르게 함

② **수수께끼의 유형**

 ㉠ 음성적 유사성에 근거한 수수께끼 예 가위는 가위인데 자를 수 없는 가위는? : 팔월 한가위

 ㉡ 은유적 표현을 통한 수수께끼 예 이 산 저 산 다 잡아먹고 입을 딱 벌리고 있는 것은? : 아궁이

 ㉢ 헷갈리게 하는 수법으로 오답을 유도하는 경우 예 외삼촌 어머니의 외동딸은 누구인가? : 어머니

✏ 확인학습 풀어보기

01 구비문학의 범주에 속하지 않는 것은?

 ① 판소리   ② 수수께끼

 ③ 속담   ④ 육담(욕설)

> **해설** 구비문학은 문자로 기록되지 않고 입에서 입으로 구전되는 문학을 가리키는 말이다. 구비문학에는 민요, 설화, 무가, 판소리, 속담과 수수께끼가 있다.

02 무가가 다른 구비문학 갈래와 구별되는 특징으로 적절하지 않은 것은?

 ① 신성성   ② 주술성

 ③ 유희성   ④ 배타성

> **해설** 무가는 구비문학이며, 신을 즐겁게 하기 위한 작품으로 '배타성'의 성격을 가지지는 않는다. 무가의 성격은 주술성, 신성성, 오락성(문학성), 제한성(전승), 율문성 등이다.

03 판소리 용어의 연결이 틀린 것은?

① 고수 - 북을 치는 사람
② 발림 - 노래를 부르면서 하는 동작
③ 아니리 - 발림과 같으나 가사·소리·몸짓이 일체가 되었을 때를 일컫는 말
④ 자진모리 - 섬세하면서도 명랑하고 차분한 장단

해설 판소리에서, 아니리는 창(唱)을 하는 중간중간에 가락을 붙이지 않고 이야기하듯 엮어 나가는 사설을 말한다.

[판소리의 구성요소]

창(소리)	광대가 부르는 노래 → 득음(得音)
아니리(사설)	• 창이 아닌 말로, 창과 창 사이에 하는 대사를 말함 • 광대가 숨을 돌릴 수 있게 하고 여유 있는 분위기를 조성하게 하는 요소
발림(너름새)	노래를 부르며 하는 광대의 몸짓이나 동작을 말함
추임새	흥을 돋우기 위해 고수와 관객이 발하는 탄성을 말함 예 얼씨구, 얼쑤, 지화자 등
더늠	판소리 명창들이 장기로 부르는 대목 → 부분의 독자성

04 「단군신화」의 곰이 상징하는 것은?

① 관용   ② 인내
③ 충성   ④ 우월

해설 「단군신화」 속 곰은 인간이 되기 위해 햇빛을 보지 않고 마늘과 쑥만 먹고 100일을 지냈는데 이는 곧 원시사회에서 흔히 볼 수 있는 성숙의 과정을 보여주는 것으로 해석된다. 즉 곰이 인간이 되는 과정은 시련을 통한 성숙의 과정이고, 이 과정을 통해 비로소 단군 모계로서의 신성한 혈통을 확보한다는 것이다.

05 민속극에서 가면극에 포함되지 않는 것은?

① 산대놀이
② 해서탈춤
③ 강릉관노탈놀이
④ 꼭두각시놀음

해설 민속극의 종류로는 가면극, 인형극, 무극이 있다. 탈놀음(가면극)은 연희자가 탈을 쓰고 연극하는 것이고 꼭두각시놀음(인형극)은 인형을 조종하여 극적 사건을 보이는 것을 말한다.

정답 01 ④   02 ④   03 ③   04 ②   05 ④

제 11 장

현대문학의 이해

1 현대문학의 범위

(1) 문학의 기능과 요건

① 문학의 기능
- ㉠ 교시적 기능 : 문학은 독자들에게 교훈을 주고 인생의 진실을 보여 주어 삶의 의미를 깨닫게 한다.
- ㉡ 쾌락적 기능 : 문학은 독자에게 고차원적인 정신적 즐거움이나 미적 쾌감을 준다.
- ㉢ 종합적 기능 : 문학은 독자에게 고차원적인 정신적 즐거움을 주면서 인생이 무엇이며 어떻게 살아야 하는 것인지를 가르치는 기능도 함께 수행해야 한다. → 교훈설과 쾌락설 중 어느 하나에 치우치지 않은 종합적인 것

② 문학의 요건
- ㉠ 감동성 : 작가의 사상이나 감정의 요소가 독자에게 감명을 줄 수 있어야 한다.
- ㉡ 평이성 : 전문적 또는 일부에 국한된 내용이 아니라 일반 독자가 이해하기 쉬워야 한다.
- ㉢ 쾌락성 : 독자에게 미적·예술적 감동을 주는 것이어야 한다.
- ㉣ 언어성 : 언어가 가지는 미적 요소에 주목하여야 한다.
- ㉤ 개연성 : 있었던 사실의 나열이 아니라, 있음직한 사건을 언어적으로 형상화한 것이어야 한다.

(2) 현대문학의 범위
① 한국 사회의 근대화 과정을 배경으로 성립
② 개화·계몽 시대에 등장한 신문과 잡지 등을 통해 문학의 대중적 기반 확대
③ 새로운 요구에 부합되는 주제를 담고 국문문학의 형태로 등장
④ 새롭고 다양한 양식 시도(신소설, 자유시, 근대적 연극 공연 등)

2 현대문학의 개념과 갈래

(1) 현대문학의 개념
① 감각이나 기법적 측면에서 전대의 문학과는 다른 현대적인 양상을 보인 문학
② 작가의 현실 의식이나 주제 의식면에서 전대의 문학과 확연히 구별되는 문학(자신의 정체성에 대한 의문, 자본주의적 관계 속에서 살아가는 인간의 모습 등)

(2) 문학의 갈래

① **언어의 형태에 따른 갈래**

㉠ 운문(韻文)문학 : 리듬을 중심으로 하여 일정한 규율에 따라 배열(주관적, 서정적, 정서적, 감성적)

㉡ 산문(散文)문학 : 의미를 중심으로 하여 일정한 규율 없이 배열(객관적, 논리적)

② **언어의 전달 방식에 따른 갈래**

㉠ 구비문학 : 기록 수단이 발명되기 이전에 입에서 입으로 전해진 문학

㉡ 기록문학 : 문자 언어로 기록되어 전승되는 문학

③ **표현양식에 따른 갈래**

㉠ 3분법 : 서정 양식, 서사 양식, 극 양식

㉡ 4분법 : 시, 소설, 수필, 희곡

3 한국 현대문학의 흐름

(1) 1900년대

① **창가** 20 기출

㉠ 갑오개혁 직후 서구 사상의 영향을 받아 나타난 시 형식

㉡ 개화가사와 신체시 사이를 연결해 주는 역할

㉢ 형식 : 3・4, 4・5, 7・5조 등의 리듬

㉣ 내용 : 평등, 독립 사상, 계몽

㉤ 대표 작품 : 최남선의 「경부철도가」 24 기출

② **신소설** 22 기출

㉠ 고대소설에서 근대소설로의 과도기

㉡ 내용 : 개화, 계몽, 신교육

㉢ 대표 작품 : 이인직의 「혈의 누」, 이해조의 「자유종」

③ **역사전기 소설**

㉠ 내용 : 민족주의적 역사의식, 항일구국의 이념

㉡ 대표 작품 : 신채호의 「을지문덕」

(2) 1910년대(1908~1919) : 2인 문단 시대

① **2인** : (육당) 최남선, (춘원) 이광수

② **최초의 신체시** : 최남선의 「해에게서 소년에게」 24 기출

③ **근대 최초 장편소설** : 이광수의 「무정」

④ **최초의 근대 자유시** : 주요한의 「불놀이」(1919) 24, 22 기출

(3) **1920년대(1919~1930)** : 다수 동인지 문단 시대

　① **1920년대 3대 동인지** : 창조, 폐허, 백조 **24 기출**

　② **민요시 운동** : 김억, 김소월

　③ **시조 부흥 운동** **23 기출**

　④ **낭만적·감상적 경향의 시** : 홍사용, 이상화, 황석우, 박종화

　⑤ **사실주의 소설 유행** : 김동인, 현진건, 이효석 등 3대 단편작가

　⑥ **계급주의 문학** : 경향파, KAPF, 좌익

(4) **1930년대(1930~1939)** **22 기출**

　① 일제의 탄압으로 인하여 목적문학 퇴조

　② **시** : 순수시(김영랑, 박용철), 주지시(정지용, 김광균, 이상), 생명파(서정주, 유치환), 청록파(박목월, 박두진, 조지훈)

　③ **소설** : 장편소설(염상섭의 「삼대」 등), 역사소설(김동인의 「운현궁의 봄」 등), 풍자소설(채만식의 「태평천하」 등), 해학소설(김유정의 「봄봄」 등), 농촌계몽소설(심훈의 「상록수」 등)

(5) **1940년대(1939~1945)** : 문단의 암흑기 시대

　① **문학의 공백기** : 창작·출판의 부재

　② **저항 시인(참여 시인)** : 이육사, 윤동주

(6) **전후 문학기(광복~1950년대)**

　① **해방기 문학(광복~6·25 이전)** : 식민지적 한계를 극복하려는 의지를 반영하고 일제 치하의 체험, 삶의 인식을 작품화하려는 경향이 두드러진다.

　② **전후 문학(6·25 이후~)** : 새로운 기교·형식을 추구하고 현대세계의 치열한 고뇌와 자의식을 표현한다.

(7) **현대문학 성숙기(1960년대~1970년대)**

　① **1960년대 문학** : 순수문학과 참여·민중문학의 다극화 시대(4·19 혁명과 5·16 군사혁명의 시작으로 참여·민중문학이 본격화됨)

　② **1970년대 문학** : 정치적 상황 변화와 산업화 경향에 따라 문학 정신의 첨예한 대립이 있었으며, 산업화의 부산물로서의 문학적 관심사 등장

✏️ 확인학습 풀어보기

01 한국 현대문학에 대한 설명으로 옳지 않은 것은?

① 일제 강점기의 우리 문인들은 조국을 일제에서 벗어나게 하려고 노력하였다.
② 한국의 현대문학은 전통문학과 결별하고 서양문학을 적극적으로 수용하였다.
③ 해방 이후 현대문학은 분단의 아픔과 이를 극복하려는 성격을 보여 주었다.
④ 한국 현대문학은 역사적 사건의 실상을 그려내고 그 의미를 밝혀내는 데 힘썼다.

> **해설** 한국의 현대문학은 전통문학과 결별한 것이 아니라 전통을 창조적으로 계승하면서 현대문학으로 전환하였다.
> ① 일부 친일문학가들도 있었으나 대부분의 일제 강점기의 문학가들은 일본의 압제에 저항하려는 노력이 있었다.

02 문학의 요건에 대한 설명으로 옳지 <u>않은</u> 것은?

① 독자에게 미적·예술적 감동을 주어야 한다.
② 있음직한 사건을 언어적으로 형상화해야 한다.
③ 전문적이고 일부에 국한된 내용으로 이루어져야 한다.
④ 작가의 사상이나 감정의 요소가 독자에게 감명을 주어야 한다.

> **해설** 문학은 전문적 또는 일부에 국한된 내용이 아니라 일반 독자가 이해하기 쉬워야 한다.

03 다음 ㉠, ㉡에 들어갈 알맞은 작품은?

> 현대문학사에서 최초의 신소설은 이인직(李人稙)의 (㉠)이며, 최초의 신시(또는 신체시)는 최남선(崔南善)의 (㉡)이다.

	㉠	㉡
①	「빼앗긴 들에도 봄은 오는가」	「유리창」
②	「혈(血)의 누(淚)」	「해(海)에게서 소년에게」
③	「님의 침묵」	「모란이 피기까지는」
④	「깃발」	「별 헤는 밤」

> **해설** 이인직의 「혈(血)의 누(淚)」는 1906년 『만세보(萬歲報)』에 연재되었던 작품으로 상편은 『만세보』 연재로 끝나고 하편에 해당하는 「모란봉(牡丹峰)」은 1913년 『매일신보(每日申報)』에 연재되다가 미완성으로 끝났다. 최남선의 「해(海)에게서 소년에게」는 1904년 우리나라 최초의 월간지인 『소년』지에 발표된 최초의 신시이다.

04 1920년대 시문학에 대한 설명으로 적절하지 않은 것은?

① 시인들이 시를 발표할 기회가 많아졌다.
② 시를 투쟁 수단으로 보는 시인도 있었다.
③ 시각적 이미지를 중시하는 시가 많이 쓰였다.
④ 민족이 처한 현실문제에 깊은 관심을 가졌다.

해설 1930년대 시문학파는 시어에 대한 자각을 구체화했고 언어의 조탁과 시어의 음악성을 중시했다.

[1920년대 시문학의 특징]
① 전통을 계승한 시가 등장하였다. 예 김소월의 「진달래꽃」
② 시조 부흥 운동이 일어났다. 예 최남선, 이병기
③ 자유시가 본격화되었다. 예 이상화의 「나의 침실로」
④ 서사시가 등장하였다. 예 김동환의 「국경의 밤」
⑤ 단편 서사시가 등장하였다. 예 임화의 「우리 오빠 화로」

정답 01 ② 02 ③ 03 ② 04 ③

제12장 현대시

1 한국 현대시의 특징

(1) 시의 내용적 요소와 형식적 요소

① **시의 내용적 요소**
- ㉠ 주제 : 시에 담긴 지은이의 느낌이나 중심이 되는 생각으로, 주로 암시적으로 표현
- ㉡ 소재 : 주제를 나타내기 위하여 사용한 글감
- ㉢ 심상(Image) : 시어의 작용에 의하여 독자의 마음속에 떠오르는 영상

② **시의 형식적 요소**
- ㉠ 시어 : 시에 쓰인 말로서, 운율, 심상, 함축적 의미
- ㉡ 시행 : 시의 한 줄 한 줄
- ㉢ 연 : 시에서 한 줄 띄어 쓴 한 덩어리
- ㉣ 운율 : 시어들의 소리가 만들어 내는 가락

(2) 시의 분류

① **형식상**
- ㉠ 정형시(定型詩) : 일정한 운율(정형률)에 맞추어 쓰는 시로, 외형적으로 자유시나 산문시와 구별되며, 한시(漢詩)의 절구와 율시, 시조 등이 이에 속한다. `22` `기출`
- ㉡ 자유시(自由詩) : 형식에 구애됨이 없이 자유롭게 쓴 시로 내재율을 취하며, 시조 이외의 현대시가 이에 속한다.
- ㉢ 산문시(散文詩) : 형태는 산문이지만 시적인 함축성과 내면적 운율이 있는 시로, 자유시보다 최근에 나타난 시 형태이다.

② **내용상**
- ㉠ 서정시(抒情詩) : 개인의 주관적 감정이나 정서를 다룬 시
- ㉡ 서사시(敍事詩) : 역사적 사실이나 위대한 인물들의 이야기를 다룬 시
  - 예 김동환의 「국경의 밤」, 호머(Homer)의 「일리아드」·「오디세이」 등
- ㉢ 극시(劇詩) : 연극적인 내용을 시의 형식으로 표현 예 괴테의 「파우스트」 등

(3) 운율의 종류

① **외형률** : 시의 외형상 분명히 드러나 있는 운율로, 정형시에서 흔히 볼 수 있다.
- ㉠ 음위율 : 일정한 음이 일정한 위치에 반복되는 운율
- ㉡ 음성률 : 음의 고저, 장단, 강약, 음질 등에 의해서 반복되는 운율
- ㉢ 음수율 : 일정한 수의 음절이 규칙적으로 반복되는 운율

    ㉣ 음보율 : 일정한 수의 음절로 된 음보가 한 호흡 간에 3~4번 규칙적으로 반복되는 운율로, 우리 시에서 가장 두드러진 운율

  ② **내재율** : 외형상의 규칙성은 띠지 않지만 작품의 내면에 흐르는 개성적 운율로, 자유시에서 흔히 볼 수 있다.

(4) 시의 언어(시적인 언어)

  ① **언어의 두 가지 측면**
    ㉠ 지시적 의미[외연(外延)] : 사회적으로 공인된 비개인적 의미이며 모든 사람에게 같은 뜻으로 파악되는 언어로, 객관적 논술이나 설명에 쓰인다.
    ㉡ 함축적 의미[내포(內包)] : 다의적·암시적·상징적인 의미로, 독자의 감각적·정서적 반응을 불러일으키는 글(문학, 광고 등)에 쓰인다.

  ② **시어의 특징**
    ㉠ 함축성 : 내포적 의미
    ㉡ 음악성 : 반복되는 율동감
    ㉢ 다의성 : 중의성, 애매성, 모호성

(5) 시의 심상(心象, Image)

  ① **심상의 제시 방법**
    ㉠ 묘사적 심상 : 직접적인 묘사나 서술에 의해 시에 나타난 언어 그 자체만을 표현한다.
    ㉡ 비유적 심상 : 나타내고자 하는 내용의 특징을 살릴 수 있는 사물이나 언어를 끌어다 표현한다.
    ㉢ 상징적 심상 : 상징적 표현에 의해 드러내는 심상으로, 원관념은 없고 보조 관념만이 나타난다는 점에서 비유와 다르다.

  ② **심상의 종류**
    ㉠ 시각적 심상 : 색채, 명암, 모양, 동작 등을 시각을 통해 떠올리는 심상
    ㉡ 청각적 심상 : 청각을 통해 떠올리는 소리에 대한 심상
    ㉢ 후각적 심상 : 냄새를 통해 구현되는 심상
    ㉣ 미각적 심상 : 맛으로 구현되는 심상
    ㉤ 촉각적 심상 : 피부의 감각으로 구현되는 심상
    ㉥ 공감각적 심상 : 하나의 감각이 다른 감각으로 전이되어 일어나는 심상

(6) 수사법

  ① **비유법** : 직유법, 은유법, 상징법, 의인법, 활유법, 풍유법, 대유법, 제유법, 환유법, 중의법, 의성법, 의태법
  ② **강조법** : 과장법, 영탄법, 반복법, 점층법, 점강법, 연쇄법, 비교법, 미화법, 열거법, 억양법
  ③ **변화법** : 도치법, 설의법, 문답법, 대구법, 인용법, 거례법, 반어법, 생략법, 돈호법, 현재법, 역설법

(7) 서정적 자아와 감정 이입

① **서정적 자아** : 주제를 효과적으로 형상화하기 위해 의도적으로 설정하는 작중 화자로서, 시 속에서 말하는 사람을 가리킨다.

② **어조** : 어조를 서정적 자아의 목소리라고 한다면 그 목소리는 강하거나 약하거나, 남성적이거나 여성적인 어떤 가락을 지닌다.

③ **감정 이입** : 타인이나 자연물 또는 예술작품 등에 자신의 감정을 이입시켜 서정적 자아의 정서를 효과적으로 표현하는 방법으로, 의인법을 통해 구체화된다.

(8) 운율을 이루는 요소

① **동음 반복** : 특정한 음운을 반복하여 사용한다.

② **음수 반복** : 일정한 음절수를 반복하여 사용한다.

③ **의성어, 의태어 사용** : 의성어와 의태어를 사용하여 감각적 반응을 일으킨다.

④ **통사적 구조** : 같거나 비슷한 문장의 짜임을 반복하여 사용한다.

2 한국 현대시의 흐름 22, 21 기출

(1) 개화기

① **개화가사** : 4음보, 애국가류, 우국가류, 의병가사 등

② **창가** : 7 · 5조, 「권학가」, 「경부철도가」

③ **신체시** 23 기출

   ㉠ 최초의 작품 : 최남선의 「해에게서 소년에게」

   ㉡ 창가 가사와 자유시 사이의 징검다리 역할을 한 과도기적 시가 형태

   ㉢ 시대적 · 사회적 요청에 부응하는 계몽적 성격에서 완전히 벗어나지는 못함

(2) 1910년대 말 24, 22 기출

① 『태서문예신보』 : 프랑스 상징주의 시 소개

② **서구 상징시 도입** : 김억, 주요한, 황석우

③ **주요한의 「불놀이」** : 최초의 자유시(『창조』에 발표)

④ **문예동인지 간행** : 『창조』(1919년)

(3) 1920년대

① **여러 문학 동인지 창간** 23 기출

   『폐허』(1920), 『개벽』(1920, 종합잡지), 『장미촌』(1921), 『백조』(1922), 『영대』(1924), 『조선문단』(1924, 본격적 문학 잡지)

② **퇴폐적 낭만주의**

　㉠ 오상순, 황석우, 박종화, 홍사용, 이상화, 변영로

　㉡ 우울한 시대 의식과 개인적 절망 노래

　㉢ 원인 : 3 · 1 운동의 좌절, 세기말적 퇴폐 풍조 유입

③ **신경향파, 카프(조선 프롤레타리아 − 예술가 동맹)** : 투쟁적 사회 의식 노래(김기진, 박영희)

④ **전통 시인** 23 기출

　㉠ 김억, 김소월(민요 시인)

　㉡ 시의 아름다움에 대한 자각

　㉢ 전통적 정감을 민요적 리듬으로 구성

⑤ **대표 작품**

　㉠ 김소월의 「진달래꽃」 : 전통적 정감을 민요적 리듬으로 구성하여 독자적 시 세계 확장

　㉡ 한용운의 「님의 침묵」 : 심오한 종교적 정신과 시대 의식 결합

　㉢ 이상화의 「빼앗긴 들에도 봄은 오는가」 : 일제에 대한 저항 의지

(4) 1930년대

① **구인회** 22 기출

　㉠ 1933년 중견급 작가 9명에 의해 결성

　㉡ 프롤레타리아 문학에 반대하는 순수예술을 지향

　㉢ 창립회원 : 김기림, 이효석, 이종명, 김유영, 유치진, 조용만, 이태준, 정지용, 이무영

② **시문학파** : 순수시(시문학 동인)

　㉠ 프로문학에 대한 반발(일체의 이념적 · 사회적 관념 배제)

　㉡ 섬세한 언어의 아름다움, 언어의 조탁, 치밀한 기교, 음악성 강조

　㉢ 대표 작품 : 박용철의 「떠나가는 배」, 김영랑의 「모란이 피기까지는」

③ **모더니즘** : 주지시

　㉠ 김기림, 김광균, 장만영

　㉡ 이미지 강조(이미지즘), 표현의 선명성

　㉢ 도시와 서구, 현대적 풍경 묘사

　㉣ 참담한 현실 외면, 방법적 측면에만 기울어 시의 깊이 미흡

④ **초현실주의 · 다다이즘** : 이상 24, 23, 22 기출

(5) 1930년대 말~1945년 22 기출

① **생명파** : 『시인부락』 동인 23 기출
  ㉠ 서정주, 유치환
  ㉡ 강렬한 시어로 생명에 대한 본원적 충동을 노래함, 삶의 의미, 고독, 고뇌 등을 다룸

② **청록파** : 『문장』 동인
  ㉠ 박목월(한국의 소박한 자연과 향토적 소재), 박두진(기독교가 착색된 청산), 조지훈(불교적 선의 미, 고전적 아치)
  ㉡ 전통적 시, 새로운 자연과 생명의 이름을 찾음
  ㉢ 자연미의 재발견과 국어미의 순화
  ㉣ 생명 원천의 이데아 추구

③ **저항 시인**
  ㉠ 윤동주 22 기출
   • 사색적이고 지고지순한 도덕적 완벽성을 지향한 감각적인 서정시 추구
   • 민족과 시대를 책임지는 주체자로서의 자아완성 추구
   • 식민지 지식층이 겪는 정신적 고통과 인간 자체의 생명적 아픔을 순수하고 섬세한 표현으로 노래
  ㉡ 이육사
   • 『자오선』 동인이며, 혁명가
   • 간결한 심상과 강한 절개 의식이 특징
   • 남성적 호쾌를 보이는 어조
   • 「청포도」, 「광야」 : 민족의 미래 혁신을 아름답고 장엄한 미로 형상화
   • 「절정」 : 시대의 고통을 집약하고, 개인적 수용의 한계를 노래

(6) 전후 문학기(광복~1950년대)
① **전쟁 체험의 형상화** : 유치환의 「보병과 더불어」, 구상의 「초토의 시」
② **전후의 혼란을 서정적으로 노래** : 박인환의 「목마와 숙녀」
③ **전통적 서정주의 계승** : 박재삼의 「흥부 부부상」·「추억에서」, 서정주의 「동천」

(7) 현대문학 성숙기(1960년대~1970년대)
① 참여·민중문학의 본격화
② **대표 작품**
  ㉠ 사회 비판과 현실 참여 의식 : 김수영의 「풀」, 신동엽의 「껍데기는 가라」
  ㉡ 소외된 계층에 대한 애정 : 신경림의 「가난한 사랑 노래」, 정희성의 「저문 강에 삽을 씻고」

(8) 1980년대 이후

① **1980년대 문학** : 민중문학(민주화 운동)
② **1990년대 문학** : 단일한 흐름을 거부하고 다양한 소재 사용(존재의 문제, 영상문화세대의 감각적 현실 묘사 등)
③ **대표 작품**
　㉠ 민중들의 자유와 권리 노래 : 박노해의 「노동의 새벽」, 김남주의 「함께 가자 우리 이 길을」
　㉡ 억압적 시대를 살아가는 현대인 : 최승호의 「북어」·「대설주의보」
　㉢ 내용과 형식의 새로운 시도 : 장정일의 「라디오와 같이 사랑을 끄고 켤 수 있다면」, 오규원의 「프란츠 카프카」
　㉣ 전통적 감수성 : 정호승의 「슬픔이 기쁨에게」, 송수권의 「산문에 기대어」

3 한국 현대시 주요 작품 이해

(1) 한용운, 「님의 침묵」 21 기출

> 님은 갔습니다. 아아, 사랑하는 나의 님은 갔습니다. / 푸른 산빛을 깨치고 단풍나무 숲을 향하야 난 적은 길을 걸어서, 참어 떨치고 갔습니다. / 황금(黃金)의 꽃같이 굳고 빛나든 옛 맹서(盟誓)는 차디찬 티끌이 되아서 한숨의 미풍(微風)에 날어갔습니다. / (중략) 그러나 이별을 쓸데없는 눈물의 원천(源泉)을 만들고 마는 것은 스스로 사랑을 깨치는 것인 줄 아는 까닭에, 걷잡을 수 없는 슬픔의 힘을 옮겨서 새 희망의 정수박이에 들어부었습니다. / 우리는 만날 때에 떠날 것을 염려하는 것과 같이, 떠날 때에 다시 만날 것을 믿습니다. / 아아, 님은 갔지마는 나는 님을 보내지 아니하얏습니다. / 제 곡조를 못 이기는 사랑의 노래는 님의 침묵(沈默)을 휩싸고 돕니다.

🔍 작품해제

① **성격** : 낭만적, 상징적, 의지적
② **어조** : 연가풍의 여성적 어조, 영탄적 어조
③ **특징** : 불교의 윤회설과 공(空)사상에 바탕을 둠
④ **제재** : 님과의 이별
⑤ **주제** : 님에 대한 영원한 사랑(존재의 회복을 위한 신념과 희구)

(2) 윤동주, 「서시」

> 죽는 날까지 하늘을 우러러 / 한 점 부끄럼이 없기를 / 잎새에 이는 바람에도 / 나는 괴로워했다. // 별을 노래하는 마음으로 / 모든 죽어 가는 것을 사랑해야지. / 그리고 나한테 주어진 길을 걸어가 야겠다. // 오늘밤에도 별이 바람에 스치운다.

🔍 작품해제

① **성격**: 성찰적, 고백적, 의지적, 참여적, 반성적
② **심상**: 별과 바람의 시각적 심상
③ **제재**: 별(이상의 세계와 순수한 양심)
④ **주제**: 순수한 삶에 대한 간절한 소망과 의지

(3) 이상화, 「빼앗긴 들에도 봄은 오는가」

> 지금은 남의 땅 – 빼앗긴 들에도 봄은 오는가? // 나는 온몸에 햇살을 받고, / 푸른 하늘 푸른 들이 맞붙은 곳으로, / 가르마 같은 논길을 따라 꿈속을 가듯 걸어만 간다. // (중략) 강가에 나온 아이와 같이, / 짬도 모르고 끝도 없이 닫는 내 혼아 / 무엇을 찾느냐, 어디로 가느냐, 웃어웁다, 답을 하려무 나. // 나는 온 몸에 풋내를 띠고 / 푸른 웃음, 푸른 설움이 어우러진 사이로 / 다리를 절며 하루를 걷는다. 아마도 봄 신령이 지폈나 보다. // 그러나 지금은 들을 빼앗겨 봄조차 빼앗기겠네.

🔍 작품해제

① **성격**: 저항적, 상징적, 격정적
② **특징**: 향토적·함축적 시어 사용, 일제 강점기의 현실 인식과 좌절감을 드러냄
③ **제재**: 빼앗긴 들
④ **주제**: 국권 회복에 대한 염원

(4) 심훈, 「그날이 오면」

> 그날이 오면 그날이 오면은 / 삼각산이 일어나 더덩실 춤이라도 추고 / (중략) 나는 밤하늘에 나는 까마귀와 같이 / 종로의 인경을 머리로 들이받아 울리오리다

🔍 작품해제

① **성격**: 희생적, 의지적, 저항적, 역동적
② **심상**: 청각적·시각적 심상
③ **어조**: 남성적(강건하고 호소력 있는 어조)
④ **제재**: 조국 광복
⑤ **주제**: 광복에 대한 강렬한 소망과 자기희생 의지

(5) 김영랑, 「모란이 피기까지는」 21 기출

모란이 피기까지는 / 나는 아직 나의 봄을 기다리고 있을 테요. / 모란이 뚝뚝 떨어져 버린 날, / 나는 비로소 봄을 여읜 설움에 잠길 테요. / (중략) 모란이 피기까지는 / 나는 아직 기다리고 있을 테요, 찬란한 슬픔의 봄을.

🔍 작품해제

① **성격** : 낭만적, 유미적, 상징적
② **어조** : 여성적 어조
③ **표현** : 역설적 표현, 수미상관식 구성으로 주제를 부각, 고유어를 다듬어 섬세하게 표현
④ **제재** : 모란의 개화
⑤ **주제** : 소망이 이루어지기를 기다림

(6) 정지용, 「유리창 1」 20 기출

유리에 차고 슬픈 것이 어른거린다. / 열없이 붙어 서서 입김을 흐리우니 / 길들은 양 언 날개를 파닥거린다. // 지우고 보고 지우고 보아도 / 새까만 밤이 밀려나가고 밀려와 부딪히고, / 물먹은 별이, 반짝, 보석처럼 백힌다. // 밤에 홀로 유리를 닦는 것은 / 외로운 황홀한 심사이어니, / 고흔 폐혈관이 찢어진 채로 / 아아, 늬는 산ㅅ새처럼 날러갔구나!

🔍 작품해제

① **성격** : 애상적, 감각적, 회화적, 상징적
② **어조** : 감정을 절제한 차분한 어조
③ **심상** : 시각적 이미지
④ **표현** : 대상의 선명한 시각적 이미지, 서로 상반되는 정서를 동시에 결합한 역설적 표현
⑤ **주제** : 죽은 아이에 대한 그리움과 슬픔

(7) 김기림, 「바다와 나비」

아무도 그에게 수심을 일러준 일이 없기에 / 흰 나비는 도무지 바다가 무섭지 않다. // 청무우 밭인가 해서 내려갔다가는 / 어린 날개가 물결에 절어서 / 공주처럼 지쳐서 돌아온다. // 삼월달 바다가 꽃이 피지 않아서 서글픈 / 나비 허리에 새파란 초생달이 시리다.

🔍 작품해제

① **성격** : 감각적, 상징적, 묘사적
② **심상** : 시각적 심상(흰나비, 푸른 바다, 새파란 초생달)

③ **제재** : 나비, 바다, 초생달
④ **주제** : 낭만적 꿈의 좌절과 냉혹한 현실 인식

(8) 김수영, 「풀」

> 풀이 눕는다. / 비를 몰아오는 동풍에 나부껴 / 풀은 눕고 / 드디어 울었다. / 날이 흐려서 더 울다가 / 다시 누웠다. // 풀이 눕는다. / 바람보다도 더 빨리 눕는다. / 바람보다도 더 빨리 울고 / 바람보다도 먼저 일어난다. // 날이 흐리고 풀이 눕는다. (중략) 바람보다 늦게 누워도 / 바람보다 먼저 일어나고 / (중략) 날이 흐리고 풀뿌리가 눕는다.

🔍 작품해제

① **성격** : 상징적, 현실 참여적
② **표현** : 풀(민중) ↔ 바람(현실의 억압)
③ **제재** : 풀
④ **주제** : 풀의 끈질긴 생명력

(9) 신동엽, 「껍데기는 가라」

> 껍데기는 가라. / 사월도 알맹이만 남고 / 껍데기는 가라. // 껍데기는 가라. / 동학년 곰나루의, 그 아우성만 살고 / 껍데기는 가라. // 그리하여, 다시 / 껍데기는 가라. / 이곳에선, 두 가슴과 그곳까지 내논 / 아사달 아사녀가 / 중립의 초례청 앞에 서서 / 부끄럼 빛내며 / 맞절할지니 // 껍데기는 가라. / 한라에서 백두까지 / 향그러운 흙가슴만 남고. / 그, 모오든 쇠붙이는 가라.

🔍 작품해제

① **성격** : 저항적, 의지적, 직설적
② **표현** : 알맹이(순수) ↔ 쇠붙이(무기, 분단의 현실, 비순수)
③ **제재** : 민족의 현실
④ **주제** : 부정적 세력에 대한 저항과 민족의 화합에 대한 소망

(10) 신경림, 「가난한 사랑 노래」

> 가난하다고 해서 외로움을 모르겠는가 / 너와 헤어져 돌아오는 / 눈 쌓인 골목길에 새파랗게 달빛이 쏟아지는데. / 가난하다고 해서 두려움이 없겠는가 / (중략) 가난하다고 해서 사랑을 모르겠는가 / 내 볼에 와 닿던 네 입술의 뜨거움 / 사랑한다고 사랑한다고 속삭이던 네 숨결 / 돌아서는 내 등 뒤에 터지던 네 울음. / 가난하다고 해서 왜 모르겠는가 / 가난하기 때문에 이것들을 / 이 모든 것들을 버려야 한다는 것을.

🔍 작품해제

① **성격**: 현실적, 감각적, 서정적
② **특징**: 이야기 형식으로 나열, 설의적인 동일 구문 반복
③ **제재**: 가난(현대인 모두가 가지고 있는 마음의 가난함)
④ **주제**: 인간적 진실의 따뜻함과 아름다움, 따뜻한 인간애

✏️ 확인학습 풀어보기

01 시어의 특성으로 가장 알맞은 것은?

① 지적·윤리적
② 추상적·서술적
③ 지시적·설명적
④ 함축적·내포적

해설 시어는 함축성, 음악성, 다의성을 갖는다.

[시어의 특성]

함축성	시어는 개별적이고 내포적인 언어임
음악성	시어는 잘 다듬어져 운율감, 리듬감이 있음
다의성(애매성)	시어는 시적 문맥에 따라 시어의 의미가 달라짐
형상성	시어는 이미지를 활용하여 관념이나 정서를 감각적으로 형상화함
암시성(압축성)	시어는 고도의 압축과 생략이 이루어짐
간결성	대상에 의해 촉발된 서정을 짧게 진술함
감응성	말의 리듬, 이미지, 어조 등과의 결합을 통해 정서적 감응을 일으킴
주관성	시어는 해석하는 사람에 따라 의미가 달라짐

02 1919년에 간행된 문예동인지로 주요한이 「불놀이」를 발표하기도 했던 잡지는?

① 『태서문예신보』
② 『폐허』
③ 『창조』
④ 『장미촌』

해설 최초의 자유시인 주요한의 불놀이는 1919년 『창조』에 발표된 작품이다.

03 김소월의 「진달래꽃」에서 '진달래꽃'이 가진 상징적 의미로 볼 수 <u>없는</u> 것은?

① 시적 화자의 분신
② 과감하고 냉정한 이별의 선언
③ 임에 대한 정성과 순종의 상징
④ 시적 화자의 아름답고 강렬한 사랑의 표상

해설 '진달래꽃'은 사랑과 정성의 표상, 시적 화자의 분식, 이별과 슬픔의 한, 희생과 헌신을 통한 사랑의 승화를 상징한다.

04 다음 중 <u>잘못</u> 짝지어진 것은?

① 시문학파 – 김영랑·김소월
② 백조파 – 홍사용·이상화
③ 생명파 – 유치환·서정주
④ 청록파 – 박목월·조지훈

해설 시문학파는 1930년 창간한 시전문지 『시문학(詩文學)』을 중심으로 순수시 운동을 주도하였던 시인들을 말한다. 주요 시인으로는 박용철, 김영랑, 정인보, 변영로, 이하윤, 정지용 등이 있다. 김소월은 1924년 창간한 『영대(靈臺)』 동인에 가담하여 활동하였다.

05 다음 중 정지용의 작품은 어느 것인가?

① 「성북동 비둘기」   ② 「생명의 서」
③ 「유리창」   ④ 「설일(雪日)」

해설 ① 「성북동 비둘기」 – 김광섭
② 「생명의 서」 – 유치환
④ 「설일(雪日)」 – 김남조

06 다음 시에 관한 설명으로 옳지 <u>않은</u> 것은?

> 차단한 등불이 하나 비인 하늘에 걸리어 있다.
> 내 호올로 어딜 가라는 슬픈 신호냐.
>
> (중략)
>
> 공허한 군중의 행렬에 섞이어
> 내 어디서 그리 무거운 비애를 지고 왔기에
> 길게 늘인 그림자 이다지 어두워
>
> 내 어디로 어떻게 가라는 슬픈 신호기
> 차단한 등불이 하나 비인 하늘에 걸리어 있다.
>
> — 김광균, 「와사등」

① '그림자'는 고독한 현대인을 상징한다.
② 군중 속에서 느끼는 고독감과 같은 불안을 시에 도입하여 표현했다.
③ 한국시의 새로운 영역 확대와 모더니티를 부여하는 데 기여했다.
④ 허무 의식을 떨치고 일어서려는 강인한 의지를 노래했다.

해설 김광균의 「와사등」은 현대인의 고독감과 불안 의식을 다룬 시로 이 시에서 '와사등(가스등)'은 이국적
정서를 환기하는 가공물이자, 일몰(밤)을 나타내며, 공허와 절망으로 살아가는 일제치하 사람들의
'삶'을 표상한다.

07 시인과 작품이 <u>잘못</u> 짝지어진 것은?

① 한용운 – 「님의 침묵」
② 주요한 – 「불놀이」
③ 김영랑 – 「오감도」
④ 윤동주 – 「십자가」

해설 이상의 작품 「오감도」는 현대인의 소외와 고독을 막다른 골목으로 표현하여 절망적이고 암담한 현실
상황을 나타내고, 현대인의 절망 의식을 도식으로 구도화한 시이다.

08 개화기의 애국가사류에 대한 설명으로 옳은 것은?

① 전문적인 작가에 의해 지어졌다.
② 민중들에게 위기의식과 문명의식을 고취하는 데 힘썼다.
③ 시적 영감이나 표현의 예술성을 추구하였다.
④ 형식상 대부분 시조의 전통을 잇고 있다.

해설 '개화 가사'는 개화기의 신사상을 전통적인 문학 양식인 '가사'의 형식으로 노래한 문학 갈래를 말한다. 새로운 시대의 출발과 함께 신문이나 잡지가 간행되면서 발생한 문학으로 새로운 시대의 이념 전파를 목적으로 한다.

[개화 가사의 문학적 특징]
• 최제우의 『용담유사』가 최초의 개화 가사
• 『독립신문』을 통해 발전
• 훗날 의병 가사로 발전
• 국권 상실 이후에는 매국적인 가사도 발표됨

09 '청록파'에 대한 설명으로 옳은 것은?

① 심화된 정감을 한국적인 운율로 재구성하는 자각이 뚜렷하였다.
② 자연미의 재발견과 국어미의 순화 및 생명 원천의 이데아 추구 등에 주력하였다.
③ 기계문명과 도시생활의 영향 속에서 사물과 세계를 보는 새로운 시각과 방법론을 지녔다.
④ 식민지 지식층이 겪는 정신적 고통과 인간 자체의 생명적 아픔을 순수하고 섬세한 표현으로 노래하였다.

해설 청록파는 일제 탄압으로 현실을 다룰 수 없게 됨에 따라 향토적 소재를 통해 자연적 이상 세계를 그렸다.

10 다음 문장에 쓰인 수사법으로 옳은 것은?

네 소원이 무엇이냐 하고 하느님이 내게 물으시면, 나는 서슴지 않고, "내 소원은 대한 독립이오." 하고 대답할 것이다. 그 다음 소원이 무엇이냐 하면, 나는 또 "우리나라의 독립이오." 할 것이요. 또 그 다음 소원이 무엇이냐 하는 세 번째 물음에도, 나는 더욱 소리를 높여서, "나의 소원은 우리나라 대한의 완전한 자주 독립이오." 하고 대답할 것이다.

① 역설법   ② 대유법
③ 반어법   ④ 점층법

해설 점층법은 사상, 감정, 사물을 짧고 작고 낮고 약한 것부터 시작해서 길고 크고 높고 강한 것으로 점차 고조시키는 표현 방법이다.

정답 01 ④ 02 ③ 03 ② 04 ① 05 ③ 06 ④ 07 ③ 08 ② 09 ② 10 ④

제 13 장 현대소설

1 한국 현대소설의 특징

(1) 소설의 특성

① **허구성(虛構性)** : 작가의 상상에 의해 꾸며진 이야기이다.
② **진실성(眞實性)** : 이야기의 전개나 인물의 설정 등에 있어서 진실성을 찾아내어 표현한 문학이다.
③ **예술성(藝術性)** : 단순한 흥미 위주보다 예술로서의 형식미와 기교를 갖추어야 한다.
④ **모방성(模倣性)** : 현실을 소재로 하여 변경시킨 것으로 현실이 반영된다.
⑤ **서사성(敍事性)** : 인물·사건·배경 등을 갖춘 일정한 이야기의 형식을 지닌 문학이다.
⑥ **서술성(敍述性)** : 소설은 서술을 본질로 하며, 여기에 묘사와 대화가 더해진다.
⑦ **객관성(客觀性)** : 소설은 객관적인 문학이다(시는 주관적).

> **체크 포인트**
>
> 소설의 3요소
> • 주제 : 작가가 나타내려는 중심 사상
> • 구성 : 이야기의 전개나 사건의 필연성 등을 유기적으로 결합하여 주제를 표현
> • 문체 : 작가의 개성적 특성을 나타내는 독특한 문장의 체제

(2) 소설 구성의 3요소

① **인물** : 작가의 상상력에 의해 창조된 사건의 행위자이며, 이야기의 주체
② **사건** : 인물의 성격 사이에서 빚어지는 갈등에 의해 구체화되는 이야기의 줄거리
③ **배경** : 작중 인물이 처해 있는 시대적·사회적·장소적 환경이나 분위기

(3) 소설의 시점(視點, Point of view)

① **1인칭 시점**

　㉠ 1인칭 주인공 시점 : 주인공인 '나'가 자기 자신의 이야기를 하는 시점
　㉡ 1인칭 관찰자 시점 : 작품 속에 등장하는 관찰자인 '나'가 주인공의 이야기를 서술하는 시점(나≠
　　주인공)

② **3인칭 시점**

　㉠ 전지적 작가 시점 : 작품에 등장하지 않는 서술자가 마치 신처럼 모든 것을 알고 사건을 서술
　㉡ 작가 관찰자 시점 : 작가가 외부 관찰자의 위치에서 객관적 태도로 서술하는 방법

(4) 문예사조에 따른 소설의 분류

① **낭만주의 소설** : 고전주의에 대한 반동으로 발생하여 감정적이고, 주관적이며, 낭만적인 경향을 띤 소설

② **사실주의 소설** : 낭만주의 소설에 대한 반동으로 발생하여 인간의 현실을 객관적·합리적으로 묘사한 소설

③ **자연주의 소설** : 자연 과학의 엄밀성을 적용한 소설

④ **심리주의 소설** : 인간의 무의식의 세계를 추구한 소설

⑤ **실존주의 소설** : 실존주의 철학을 바탕으로 한 소설

2 한국 현대소설의 흐름

(1) 신소설 22 기출

① **신소설의 특징**

㉠ 개화기에 등장한 소설 장르

㉡ 고전소설에서 벗어나 근대소설로 이어지는 교량 역할

㉢ 내용 : 친일적 성격, 자유 연애, 남녀 평등, 근대 교육, 신문명 도입, 풍속 개량, 여성의 사회 참여 등

② **신소설의 창작 배경** : 근대 개혁에 대한 열광, 발표 지면의 증대, 인쇄술의 발달과 출판시장의 성장, 우리 소설의 전통 축적, 일본 및 서구 소설의 영향 등

③ **주요 작가와 작품** 24 기출

㉠ 이인직 : 「혈의 누」, 「모란봉」, 「귀의 성」, 「치악산」, 「은세계」

㉡ 이해조 : 「자유종」, 「강상련」, 「화의 혈」, 「고목화」, 「구마검」

㉢ 최찬식 : 「추월색」, 「안의 성」, 「춘몽」

㉣ 안국선 : 「금수회의록」, 「공진회」

④ **이인직, 「혈의 누」**

㉠ 신소설의 효시

㉡ 1906년 『만세보』에 연재

(2) 1910년대의 소설

① **특징**

㉠ 본격적으로 근대문학이 등장하는 시기

㉡ 권선징악 주제와 봉건사상에서 탈피

㉢ 인도주의의 바탕 위에서 개화사상 및 자유연애 결혼을 주장한 계몽소설 발표

② 이광수, 「**무정**」 21 기출
  ㉠ 최초의 근대 장편소설(1917)
  ㉡ 「무정」의 근대 문화적 특징
    • 일대기적 구성 탈피
    • 주인공이 영웅적 인물이 아니라 평범한 인물
    • 언문일치(言文一致)에 가까운 문체 사용
  ㉢ 「무정」의 한계
    • 영웅소설의 구조(고난 → 극복 → 보상)
    • 구조자의 등장
    • 계몽적 성격(문학성 약화)

(3) 1920년대의 소설

① **특징**
  ㉠ 다수의 동인지 문단 형성
  ㉡ 계몽주의에서 탈피하여 사실주의적·자연주의적 경향으로 발전
  ㉢ 단편소설의 발달
② **사실주의 소설의 발전**
  ㉠ 김동인, 「감자」
    • 3인칭 시점
    • 자연주의 소설, 환경 결정론, 인간의 존엄성 상실
    • 김동인 소설의 특징
      – 다양한 문예사조를 반영한 작품 창작(자연주의, 사실주의, 유미주의 등)
      – 문학의 독자성 주장(예술성 높임)
      – 비속어와 사투리 사용(사실성 높임)
      – 3인칭 시점과 과거시제 사용
      – 간결하고 개성적인 문체를 통해 단편소설의 특징을 잘 살림
  ㉡ 나도향, 「물레방아」
    • 전지적 작가 시점
    • 인간의 도덕성 타락
    • 일제의 상업 자본에 의한 한민족의 정신적 순결성 훼손 비판
    • 서정성(농촌의 향토적 배경)
  ㉢ 현진건, 「운수 좋은 날」
    • 전지적 작가 시점(부분적으로 작가 관찰자 시점)
    • 돈과 아내의 운명이 대칭을 이루는 구조
    • 반어적 구조

작가	작품
김동인	「감자」, 「배따라기」, 「태형」, 「목숨」 (다양한 문예사조)
염상섭 23, 21 기출	「표본실의 청개구리」, 「삼대」, 「만세전」 (사실주의, 자연주의)
현진건	「빈처」, 「술 권하는 사회」, 「운수 좋은 날」, 「B사감과 러브레터」 (사실주의)
나도향	「물레방아」, 「벙어리 삼룡이」 (낭만주의)

③ **계급소설의 등장**
　　㉠ 피폐해진 농촌과 토지를 잃고 간도나 만주로 떠도는 유랑민, 그리고 또 다른 소외 계층인 도시
　　　노동자의 삶을 다룬다.
　　㉡ 당시의 식민지 상황에서 가장 고통받는 민중들을 부각시켰다.
　　㉢ 주로 폭력, 방화, 살인 등을 주요 소재로 삼아 이야기를 전개하였다.
　　㉣ 계급투쟁의식을 고취하기 위해서 문학을 도구로 사용했다는 비판도 있다(문학의 황폐화).

작가	작품
최서해 22 기출	「고국」, 「탈출기」, 「홍염」, 「박돌의 죽음」, 「기아와 살육」
박영희	「사냥개」, 「철야」, 「지옥 순례」
조명희	「농촌 사람들」, 「낙동강」

(4) 1930년대의 소설
① **특징**
　　㉠ 일제의 탄압으로 사실적 방법에서 상징적 방법으로 변모
　　㉡ 소설의 장편화 경향
② **모더니즘과 지식인 소설**
　　㉠ 현대 도시 문명이 지닌 병적인 징후와 도시가 지닌 세태를 제시하고 관찰하며 비판
　　㉡ 지식인 소설 : 주로 지식인 계급이 주인공으로 제시됨
　　㉢ 박태원, 「소설가 구보 씨의 일일」
　　　• 전지적 작가 시점
　　　• 1930년대 무기력한 문학인의 눈에 비친 일상사
　　㉣ 유진오, 「김강사와 T교수」
　　　• 전지적 작가 시점
　　　• 식민지 시대의 구체적 단면(사상·자유 억압, 경제적 불균형, 조선 지식인의 현실적응 실패)
　　　　제시
　　　• 도시적 삶의 황폐성(지식인이 정상적으로 살아갈 수 없는 사회적 모순과 노예적 삶에 대한
　　　　비판)

작가	작품
이상 24 기출	「실화」, 「날개」, 「봉별기」, 「종생기」 (심리소설, 실험정신, 초현실주의)
박태원 23 기출	「소설가 구보 씨의 일일」, 「천변 풍경」 (소시민의 삶)
채만식 24 기출	「레디메이드 인생」, 「치숙」, 「탁류」 (진보, 풍자)
유진오	「김강사와 T교수」, 「창랑정기」 (도시적 삶의 황폐성)

③ **농민문학의 대두와 농민소설**
　㉠ '브나로드 운동'의 영향으로 지식인들이 농촌으로 들어가 봉사활동을 하는 것을 담은 농촌 계몽 소설 등장(이광수의 「흙」, 심훈의 「상록수」)
　㉡ 민족 운동의 계몽성이나 사회주의의 목적과는 상관없이 농촌 사회의 궁핍하고 고통스런 농민의 생활 실상과 형태를 사실적으로 다룬 농민 소설도 쓰여짐
　㉢ 이광수, 「흙」
　　• 전지적 작가 시점
　　• 농촌 계몽 운동에서 소재를 취한 인도주의적 경향이 강함
　㉣ 심훈, 「상록수」
　　• 전지적 작가 시점
　　• 농촌 계몽 운동을 하는 남녀의 순결한 애정
　㉤ 이효석, 「메밀꽃 필 무렵」 20 기출
　　• 전지적 작가 시점
　　• 유랑인의 삶을 상징적으로 그려내고 있음
　　• 서정적 문체와 함께 독특한 분위기 형성
　㉥ 김정한, 「사하촌」
　　• 3인칭 관찰자 시점
　　• 농촌의 피폐한 수탈 현장과 농민들의 저항의식을 사실주의적 수법으로 그림

작가	작품
이광수	「흙」
심훈	「상록수」
김유정 22 기출	「봄봄」, 「동백꽃」, 「소낙비」
이무영	「제1과 제1장」, 「흙의 노예」
박영준 22 기출	「모범 경작생」, 「목화씨 뿌릴 때」, 「새우젓」
김정한	「사하촌」, 「옥심이」
이효석	「메밀꽃 필 무렵」

④ **역사소설의 발흥** : 역사에서 얻은 소재를 사용하여 일제의 검열을 피하면서도 민족 의식을 고취하기 위한 목적으로 창작

작가	작품
김동인	「젊은 그들」, 「운현궁의 봄」
박종화	「금삼의 피」
현진건	「무영탑」
홍명희	「임꺽정」

⑤ **가족사 소설**
  ⊙ 수세대에 걸친 가족들 상호 간의 갈등과 화합을 그리는 소설
  ⓒ 가족의 계보나 세대 간의 갈등, 가족의 변동과 붕괴 등을 다룸
  ⓒ 대표 작품 : 「삼대」, 「태평천하」, 「고향」
⑥ **김동리**
  ⊙ 토속적 신비주의
  ⓒ 대표 작품 : 「무녀도」, 「바위」, 「황토기」

(5) 해방 직후의 소설

① **식민지적 삶을 극복하고자 하는 자기반성적 소설**

작가	작품
김동인	「반역자」, 「망국인기(亡國人記)」
채만식	「민족의 죄인」

② **해방 전후의 조국을 사실적으로 묘사한 소설**

주제	작품
귀향 의식	김동리 「혈거부족」, 정비석 「귀향」
사회 비판	김영수 「혈맥」, 이태준 「해방 전후」, 채만식 「논 이야기」, 염상섭 「양과자갑」
분단 의식	채만식 「역로」, 염상섭 「이합」, 계용묵 「별을 헨다」

③ **순수문학을 추구한 소설들**

작가	작품
김동리	「역마」, 「달」
염상섭	「두 파산」
황순원	「목넘이 마을의 개」, 「독짓는 늙은이」

(6) 6·25 전후의 소설 22 기출

① 전쟁 체험의 형상화

㉠ 인간 실존에 대한 근본적인 반성, 인생의 무의미성, 깊은 허무와 절망 등의 분위기

㉡ 세태 묘사의 수준에서 비극적 전후의 상황을 반영하는 정도에 머물렀다는 한계

② 관념적이고 추상적인 보편의 세계 추구

㉠ 전쟁으로 인한 정신적 황폐함을 지적 유희나 관념으로 위로

㉡ 이후 관념 소설과 지식인 소설의 초석이 됨

작가	작품
황순원	「카인의 후예」, 「곡예사」, 「학」
서기원	「암사지도」 22 기출
오상원	「모반」, 「유예」
선우휘	「불꽃」, 「단독 강화」
김성한	「바비도」

③ 전후의 비참함과 부조리한 현실 고발

㉠ 민족 분단의 비극 극복, 전후 가치관 혼란 상태 치유 등이 필요

㉡ 전후의 부조리한 현실과 그것을 극복하고자 하는 자세를 보임

㉢ 손창섭, 「비 오는 날」
  • 전지적 작가 시점
  • 전쟁의 후유증으로 무기력한 삶을 살아가는 한 인간의 우울한 내면 심리를 다룬 전후문학

㉣ 하근찬, 「수난이대」 22 기출
  • 민족사의 비극을 외부적 요인에서 찾음
  • 민족사의 비극을 화합으로 극복하고자 하는 태도

㉤ 이범선, 「오발탄」
  • 전지적 작가 시점
  • 민족의 분단 문제를 서민들의 생활상을 통해 형상화
  • '오발탄'의 상징성 : 희망과 현실 사이의 괴리

㉥ 최인훈, 「광장」
  • 이데올로기와 남북 분단의 비극을 정면으로 다룬 장편소설
  • 북쪽 사회구조의 폐쇄성과 집단의식의 강제성을 고발하면서 동시에 남쪽의 사회적 불균형과 개인주의를 비판(제3자 입장에선 어느 쪽도 진정한 인간적 삶의 충족이 어려움)
  • 주인공의 자살을 통해 이념 선택의 한계를 극적으로 제시(분단 상황에 대한 비판적 인식)

작가	작품
손창섭	「비오는 날」, 「혈서」, 「미해결의 장」, 「잉여 인간」
하근찬	「수난이대」, 「흰 종이수염」
이범선	「학마을 사람들」, 「오발탄」
안수길	「제3인간형」
박경리	「불신시대」
최인훈	「광장」

(7) 1960~1970년대 소설

① **현실 비판과 참여** : 당대 사회의 모순과 부조리
  ㉠ 김정한, 「모래톱 이야기」
   • 1인칭 관찰자 시점
   • 현실에 대한 작가의 저항 정신과 고발 정신
   • 산업화·도시화로 인한 노동자 집단의 빈곤, 농촌의 피폐와 해체
  ㉡ 황석영, 「삼포 가는 길」
   • 전지적 작가 시점
   • 산업화로 인한 민중들의 궁핍한 삶
   • 여운을 남기는 기법으로 결말 처리(작중 인물의 떠돌이 삶이 계속될 것임을 보여줌)
  ㉢ 이청준, 「눈길」
   • 1인칭 관찰자 시점
   • 근대화 과정에서 점차 사라져 가고 있는 전통적 효에 대한 문제 조명
  ㉣ 조세희, 「난장이가 쏘아 올린 작은 공」 24 기출
   • 1인칭 주인공 시점
   • 12편의 연작소설
   • 도시 빈민의 궁핍한 생활과 자본주의의 모순된 구조 속에서 노동자의 현실적 패배를 드러냄
   • '난장이'의 상징성 : 가난한 소외 계층과 공장 노동자의 삶의 모습

② **존재의 본질과 삶의 근원 탐색**
  ㉠ 김승옥, 「무진기행」 21 기출
   • 1인칭 주인공 시점
   • '무진'이라는 배경을 통해 혼돈의 시대를 상징적으로 드러냄
   • 일상에서 벗어나 무진을 찾았다가 다시 일상으로 돌아옴('떠남-경험-복귀'의 유형)
  ㉡ 김승옥, 「서울, 1964년 겨울」 23 기출
   • 1인칭 주인공 시점
   • 인간의 고독과 소외, 의사소통의 단절, 피상적인 인간관계만을 강요하는 도시의 특징을 상징적으로 형상화함

③ 한(恨)의 예술적 승화, 종교적 구원

    ㉠ 이청준, 「선학동 나그네」

       • 전지적 작가 시점

       • 「서편제」, 「소리의 빛」과 함께 연작을 이루는 작품(한맺힌 삶을 '소리'를 통해 승화)

       • 여운을 남기는 결말 처리

    ㉡ 김동리, 「등신불」

       • 인간 고뇌의 종교적 구원을 그린 액자소설

       • 희생을 통한 성불, 구원

3 한국 현대소설 주요 작품 이해

◆ 자유종

🔍 **작품해제**

(1) **시대** : 1910년대

(2) **갈래** : 신소설, 계몽소설, 토론체 소설

(3) **배경**

    ① 시간적 : 1908년 음력 1월 16일(대보름 다음 날)

    ② 공간적 : 이매경 부인의 집

(4) **특징**

    ① 토론체의 문체를 사용함

    ② 특정한 사건의 전개가 없음

    ③ 강한 시대 의식과 진보적 여성관을 담음

(5) **주제** : 새로운 교육의 중요성과 근대적 학문의 필요성

(6) **작가** : 이해조(李海朝, 1869~1927), 호는 열재(悅齋)

(7) **전체 줄거리**

> 이 작품은 특정한 줄거리 없이 이야기가 전개되고 네 사람의 토론자가 주고받는 열네 개의 대화와 서두에서 화자의 대화를 합쳐 열다섯 개의 대화로 구성되어 있는 토론소설 형식의 정치소설이다. 이 작품에서 가장 두드러지게 드러나고 있는 토론의 주제는 여성과 신교육이다. 이것은 개화기 조선의 사회적 변화에 적응하기 시작한 여성들의 입장을 보여 준다는 점에서 그 사회사적인 의미가 주목되기도 한다. 새로운 교육의 중요성을 역설하기 위해 국가 발전을 위한 근대적 학문의 필요성을 강조하고, 신학문 교육의 실천 과제로서 국어 국문의 확대, 여성 교육의 실시, 교육 제도의 개선, 자녀 교육의 방법 등을 논하고 있으며, 교육 기회의 균등화를 위한 봉건적인 사회제도인 서얼 문제와 반상제도의 해체를 주장하고 있다.

(8) **작품 해설**

① 여성 해방, 여성 교육의 필요성

② 종래 교육 방법 비판

③ 적서차별, 신분제도 철폐

④ 미신 타파

⑤ 근대 문명에 대한 투철한 의식과 외국관, 자주독립에 대한 확고한 신념

◆ **무정**

🔍 **작품해제**

(1) **시대** : 1910년대

(2) **갈래** : 장편소설, 계몽소설

(3) **시점** : 전지적 작가 시점

(4) **배경**

① 시간적 : 일제 강점하의 개화기

② 공간적 : 서울, 평양, 삼랑진 등

(5) **성격** : 민족주의적, 계몽적, 사실적

(6) **특징**

① 현대 장편소설의 효시

② 삼랑진 수재민을 위해 개최한 자선 음악회를 계기로 형식, 선형, 영채 사이의 삼각관계가 애정갈 등에서 동지적 유대 관계로 전환됨

③ 전지적 작가 시점을 이용하여 등장인물의 내면 심리와 의식은 물론, 행동이나 대화의 외연적 의미까지 설명하고 있음

(7) **주제** : 민족적 현실의 자각과 새로운 사회에 대한 열망

(8) **작가** : 이광수(李光洙, 1892~1950), 호는 춘원(春園)

(9) **전체 줄거리**

> 서울 경성 학교 영어 교사 이형식은 김 장로의 딸 김선형에게 영어 개인 교습을 하다가 그녀의 미모에 매혹된다. 그즈음 이형식은 어린 시절의 동무이면서 자기를 귀여워해 주던 박 진사의 딸인 박영채가 투옥된 아버지를 구하기 위해 기생이 되었다는 사실을 알게 된다. 박영채는 이형 식에 대한 정절을 지키고 있었으나, 이형식의 마음은 김선형에게 기울어져 있었다. 한편 박영채 는 경성 학교의 배학감에게 순결을 짓밟히고서, 이형식에게 유서를 남기고 자살을 결심한다. 그러나 동경 유학생인 김병욱을 만나 자살을 단념하고, 음악과 무용을 공부하기 위해 일본으로 가게 된다. 이형식 역시 김선형과 약혼하고 미국으로 유학길에 오른다. 김병욱과 박영채, 이형 식과 김선형은 우연히 기차 안에서 만나게 된다. 그들은 도중에 삼랑진에서 홍수 때문에 고생하 는 수재민을 돕기 위해 자선 음악회를 열고 우리 민족을 구할 힘을 가진 사람이 될 것을 다짐하 며 유학길에 오르며 각자의 앞날을 설계한다.

◈ 감자

🔍 작품해제

(1) **시대** : 1920년대

(2) **갈래** : 단편소설, 자연주의 소설

(3) **시점** : 전지적 작가 시점

(4) **배경** : 일제 강점기, 1920년대 평양 칠성문 밖의 빈민굴

(5) **특징**

    ① 자연주의적 관점을 사용함

    ② 평안도 사투리와 하층 사회의 비속어를 구사함

    ③ 장면 중심으로 사건을 전개시켜 집약적 효과를 거둠

(6) **주제** : 현실의 추악함과 인간의 존엄성 상실

(7) **작가** : 김동인(金東仁, 1900~1951), 호는 금동(琴童)

(8) **전체 줄거리**

> 복녀는 가난했지만 정직한 농가의 유교적 가율(家律)로 자란 농민의 딸로, 막연하나마 도덕에 대한 의식도 가지고 있었다. 20년 연상의 남편은 게으르고 무능했기 때문에 전답도 없어지고 신용도 떨어져 막벌이는 물론 행랑살이마저 못하게 되자, 칠성문 밖 빈민굴로 쫓겨나 살게 된다. 복녀가 빈민굴로 온 그해 여름 기자묘 솔밭에 송충이가 들끓었는데, 이를 없애기 위해 이곳 아낙네들을 인부로 쓰게 됐다. 복녀도 굶고만 있을 수 없어 인부로 자원했고, 어느날 일에 나갔다가 감독의 호감을 산다. 복녀도 여느 여자 인부처럼 작업 대신 정조 제공만으로 품삯을 많이 받게 된다. 이때부터 복녀는 도덕과 인생을 보는 눈이 달라진다. 송충이잡이는 여름으로 끝났지만, 그 후에도 복녀의 매음은 계속됐고 가을에는 중국인 채마밭의 감자며 배추를 도둑질까지 한다. 어느날 밤 복녀는 고구마 한 바구니를 도둑질하고 일어서다가 주인인 왕 서방에게 들켜 죄의 대가로 몸을 판다. 이를 계기로 왕 서방은 수시로 복녀와 매음하게 된다. 그 후 왕 서방이 한 처녀를 사오자, 복녀는 질투심에 불타 낫을 품고 신혼방에 뛰어든다. 그러나 복녀는 도리어 왕 서방의 손에 죽고 만다. 사흘 뒤에 복녀의 시체는 왕 서방과 남편 등의 흥정과 모의에 의해 뇌일혈로 죽었다는 진단에 따라 공동묘지에 묻힌다.

(9) **김동인의 문학적 공헌**

    ① 결정론에 입각한 자연주의 문학 도입, 문학의 독자성·자율성을 확립(예술성 위주의 문학관)

    ② 최초의 문예동인지 『창조』, 『영대』 등을 간행

    ③ 「광염소나타」 등 유미주의 경향의 작품을 발표

    ④ 호칭에 '그'라는 3인칭을 쓰고 과거 시제를 도입

    ⑤ 간결체 문장을 확립

(10) **작품 해설**

    ① 1925년 『조선문단』 4호에 발표된 단편소설로, 복녀라는 한 여인의 도덕적인 전락과 파멸의 과정을 그린 자연주의 계열의 작품

② 플롯의 전개

ㄱ 제시 : 빈민굴이라는 환경 속에서 '복녀'의 등장

ㄴ 복잡화 : 남편의 게으름과 성에 대해 눈뜸

※ 여기서 점층적으로 서술되는 세 가지 에피소드가 등장

• 송충이잡이를 가서 감독과 정사를 나누는 일

• 빈민굴의 거지들에게 매음하는 행위

• 왕서방의 정부가 되어 쾌락의 도구로 성을 이용하는 단계

ㄷ 클라이맥스 : 질투심이 복녀의 '죽음'을 야기하는 단계

ㄹ 대단원 : 복녀의 주검을 둘러싼 암거래

③ 한 도덕적인 인간이 새로운 환경 속에서 어떻게 외적 행동 변화와 내적·심리적 변화를 일으키는가를 빠른 템포로 보여 주고 있다.

④ 한계점 : 기존의 도덕을 내던진 인간의 추악한 면을 드러내는 것 이상으로 더 보여 주는 것은 없다.

⑤ 복녀의 전락과 파멸 : 가난과 본성의 이중적 요인이 작용

⑥ 사실주의 경향으로 나아가지 못한 점 : 가난의 요인을 사회 병리적 현상이 아닌 '게으름'에서 찾고 있으며, 이를 한 개인의 문제로 파악하였다.

⑦ 문학사적 의의

ㄱ 평안도 사투리와 하층 사회의 비속어를 구사하고 있다.

ㄴ 필요없는 설명의 과감한 삭제, 사건의 빠른 진행, 묘사의 간결한 처리 등의 수법으로 집약적 효과를 살리고 있다.

ㄷ 경멸과 야유의 인생관 제시로 문학의 개성을 보여 준다.

ㄹ 복녀를 통해 식민지 시대의 민족적 빈곤의 비극을 어느 정도 상상할 수 있게 해 준다.

◈ 운수 좋은 날

🔍 작품해제

(1) **시대** : 1920년대

(2) **갈래** : 단편소설, 사실주의 소설

(3) **시점** : 전지적 작가 시점(부분적으로 작가 관찰자 시점 혼용)

(4) **배경** : 일제 강점기의 서울

(5) **성격** : 반어적, 사실적, 비극적

(6) **특징**

① 전지적 작가 시점과 작가 관찰자 시점의 혼용

② 추보식 단일 구성을 사용함

③ 비속한 말을 그대로 쓴 구어체를 구사함

(7) **제재** : 인력거꾼의 하루

(8) **주제** : 일제 강점하의 가난한 하층민의 비참한 삶에 대한 고발

(9) **작가** : 현진건(玄鎭健, 1900~1943), 호는 빙허(憑虛)

(10) **전체 줄거리**

> 인력거꾼 김 첨지에게 오랜만에 닥친 운수 좋은 날이었다. 재수가 옴 붙어서 근 열흘 동안 돈 구경도 못한 김 첨지에게 아침부터 손님들이 줄을 이었기 때문이다. 아침 댓바람에 80전을 번 김 첨지는 병든 아내에게 설렁탕을 사 줄 수 있어 기뻐한다. 집에는 약은커녕 끼니를 잇지 못한 아내가 병석에 누워 있는 것이다. 그는 모처럼만에 찾아든 행운을 잃지 않기 위하여 우중(雨中)에도 열심히 손님을 실어 나른다. 기적에 가까운 벌이를 하였다는 기쁨 뒤에는 집의 아내가 죽지나 않았나 하는 근심이 그를 엄습한다. 귀갓길에 치삼이라는 친구를 만나 선술집에 들어가 술을 한 잔 나눈다. 술잔을 나누는 사이 김 첨지는 주정을 하기 시작한다. 돈이 있다고 호기를 부리는가 하면 돈 팔매질을 하고, 마누라가 죽었다고 엉엉 우는가 하면 젊은 여자에게 인력거를 거절당한 것을 흉내내기도 한다. 김 첨지는 아내에 대한 불안감으로 횡설수설한다. 마침내 아내가 먹고 싶다는 설렁탕을 한 그릇 사가지고 집으로 돌아간다. 그러나 아내는 이미 싸늘한 시체로 변해 있었다.

(11) **작품 해설**

① 3인칭의 객관적 서술로 구성, 노동 계층의 의식을 반영하였다.

② 플롯의 전개

　㉠ 문제의 제기 : 인력거꾼인 김 첨지에게 '예기치 않은 행운'이 닥침

　㉡ 복잡화 : 행운과 불길한 예감의 반복 및 치삼과의 만남

　㉢ 클라이맥스 : 김 첨지가 설렁탕을 사들고 와서 보게 된 아내의 주검

　㉣ 대단원 : 넋두리에 해당하는 김 첨지의 독백

③ 상황의 아이러니한 반전 속에서 경제적인 궁핍과 무지 때문에 아내가 굶어 죽어가는 한 하층 계급의 가정적 불행(식민지 시대의 궁핍한 현실과 하층민의 참담한 가난)을 드러낸다.

④ 작품의 의의

　㉠ 「운수 좋은 날」은 결국 운수 나쁜 날로 전환할 수 있는 기교의 탁월성이 잘 드러남

　㉡ 돈의 가치를 교묘한 방법으로 설득함으로써 현실감각을 느끼게 함 → 현실 문제는 가난에 있음을 보여 줌

　㉢ 치밀하고 섬세한 사실주의적인 묘사를 취한 점과 조화에 바탕을 둔 구성 및 기교 확립의 탁월성이 잘 드러남

⑤ 한계점

　㉠ 작가의 개입이 자주 나와 극적 제시의 방법을 잘 살리지 못함

　㉡ 클라이맥스 이후에 보이는 김 첨지의 행동에 대한 장황한 해설이 소설의 치밀한 구성에 손상을 주고 있다.

　㉢ 가난의 본질적인 근원과 근본적인 모순에까지 작가의 시각이 미치지 못함

◆ 치숙

🔍 **작품해제**

(1) **시대** : 1930년대
(2) **갈래** : 단편소설, 풍자소설
(3) **시점** : 1인칭 관찰자 시점
(4) **배경** : 일제 강점기, 서울
(5) **성격** : 식민지 시대 상황이 사실적으로 묘사되고 있는 소설로서 풍자적 성격이 강함
(6) **특징**
　① 속어나 비어 등을 많이 사용하여 사실성을 높이고 있음
　② 대화적 문체를 구사하여 '나'와 아저씨와의 의식상의 괴리를 극명하게 드러냄
　③ 주인공인 소년이 혼자 지껄이는 넋두리 형식으로 일관함
　④ 풍자의 심층화를 통해 식민지 사회의 병리적 현상들을 역설적으로 드러냄
(7) **표현상의 특징**
　① 역논리의 기법, 즉 칭찬과 비난의 전도라는 아이러니에 의한 풍자의 실상을 구체적으로 나타낸다.
　　例 '나' : 왜놈의 앞잡이, '아저씨' : 사회주의자
　　　작품의 화자이기도 하며, 일본인 밑에서 만족스럽게 살아가는 인물의 전형이기도 한 '나(소년)'를 통해 지식인의 박해와 수난이 바보같이 조롱되고 있음 → 아이러니를 기조로 한 모순의 페이소스를 통해 사회주의 지식인의 정치적 수난의 문제를 제기함
　② 「치숙」의 아저씨의 경우처럼 그가 긍정하고자 하는 인물은 희롱의 대상이 된다. 곧 그의 문장의 아이러니는 그가 부정적인 인간을 긍정적으로 보여 주려는 과정에서 자연히 생겨난다.
　③ 채만식의 반어 기법은 강력한 비판정신의 소산으로서, 일제하 검열제도를 피하면서도 공격하고자 하는 당대의 제도나 구조에 대해 신랄한 비판을 퍼붓고자 하는 고민의 결과이다.
(8) **주제** : 일제 강점하에 순응하는 태도에 대한 비판과 풍자, 사회주의 지식인의 현실 무능력 비판
(9) **작가** : 채만식(蔡萬植, 1902~1950)
(10) **전체 줄거리**

> 일본에 가서 대학까지 나온 아저씨가 착한 아주머니를 친정으로 보내고 신교육을 받은 여성과 살림을 차린다. 사회주의 운동을 하다가 잡혀가 5년 만에 풀려난 아저씨는 감옥에서 악화된 폐병 때문에 목숨이 위태로운 지경에 이른다. 아주머니는 아저씨가 감옥에 가 있는 동안 식모살이를 하면서 어렵게 번 돈을 아저씨의 치료비로 아낌없이 쓰고 무려 3년 동안이나 아저씨의 병 간호에 지극한 정성을 쏟는다. 이러한 아주머니의 정성 때문에 아저씨의 병은 조금씩 차도를 보인다. 몸이 좀 낫자 아저씨는 다시 사회주의 운동을 하겠다고 나선다. 일본인 주인에게 잘 보여 장사를 해 부자가 돼서 일본 여자와 결혼하는 것이 '나'의 꿈이다. 그런데 아저씨는 부자를 타도하는 운동인 사회주의에 대한 미련을 버리지 못하고 있으니 정말 소름이 끼칠 정도이다. 남의 재산을 빼앗아 먹자는 불한당질을 계속 하겠다는 것을 보면 아저씨는 헛공부를 했음에 틀림없다. 친정살이를 하던 아주머니의 은공을 갚아야 할 것이 아니냐고 충고해도 막무가내이다. 오히려 적반하장 격으로 내 쪽을 딱하다고 하니 정말 한심한 노릇이다.

◈ 날개

🔍 작품해제

(1) **시대** : 1930년대

(2) **갈래** : 단편소설, 심리소설

(3) **시점** : 1인칭 주인공 시점

(4) **배경** : 1930년대, 서울의 33번지 집의 골방

(5) **성격** : 고백적, 상징적

(6) **특징** 22 기출

    ① 억압된 자아의식을 '방'이라는 밀폐된 구조로 표현함

    ② 서두에 도입부가 제시되어 나의 역설적 논리가 나타남

    ③ 나의 분열된 내면 세계를 의식의 흐름 수법으로 그려내고 있음

    ④ 주인공 '나'의 자폐적인 세계를 역설적인 독백체로 표현함

(7) **제재** : 도착(倒錯)된 삶과 자아 분열

(8) **주제** : 자의식의 심화과정과 극복을 위한 몸부림

(9) **작가** : 이상(李箱, 1910~1937), 시인, 소설가

(10) **전체 줄거리**

> '나'는 접객업소에 나가는 아내와 함께 유곽과 같은 33번지 어떤 방에 세를 들어 살면서 그날그날을 의욕도 없이 방에서 뒹굴며 산다. 아내는 상당한 미인이며, 나는 아내의 미모를 내심 사랑하고 있다. 그런데 어느날 아내의 방에 손님이 찾아온다. 아내는 그곳에서 음식을 시켜 먹고 몸을 팔기도 한다. 그럼에도 불구하고 나는 그것에 대해서 아무런 반응을 보이지 않는다. 나는 단지 아내가 주는 밥을 먹을 뿐이고, 아내는 자기의 직업 때문에 나라는 존재를 불편하게 여긴다. 그래서 나는 아내가 수면제를 주면 그것을 먹고 잠을 잘 뿐이다. 나는 그 수면제가 아스피린인 줄 알고 먹은 후 낮잠을 자거나 혼자서 공상에 잠기며 시간을 보낸다. 그러던 어느 날 나는 아내를 연구한다. 나는 아내가 외출하고 나면 아내의 화장품 냄새를 맡고 돋보기로 화장지를 태우면서 아내의 체취를 맡는다. 나를 죽음으로 몰고 갔을지도 모를 수면제를 한 번에 여섯 알이나 먹고 일주일 동안 자고 일어난 나는 아내의 매음 행위를 본 후, 나를 낮이나 밤이나 재워 놓고 아내가 무슨 짓을 했는가하는 생각으로 모순에 봉착한다. 나는 바지 주머니 속에 남은 돈을 가지고 미스꼬시 백화점 옥상에 올라 26년간의 과거를 생각한다. 나는 정오의 사이렌이 울릴 때 현란한 거리의 풍경을 바라보면서 "날개야 다시 돋아라. 날자. 날자. 날자. 한 번만 더 날자꾸나. 한 번만 더 날아 보자꾸나."라고 외친다.

(11) **작품 해설**

    ① 1936년 『조광』에 발표된 자의식이 강한 심리소설이다.

    ② 내용 : 외견상 부부의 성적 도착 상태를 그린 「날개」는 폐쇄된 시공으로부터 개방된 시공으로 이행하려는 의식, 또는 삶의 자전적 구조로 이루어진 작품이다.

③ 구성

　　㉠ 모두(冒頭, Prologue) : 혼잣말과 내적인 독백, 소설적인 서술

　　㉡ 소설적인 전개

　　　• 전반부 : 나의 침잠(폐쇄성)을 보여 주는 내용

　　　• 후반부 : 나의 외출이 탈출로 비약하는 내용

(12) **문학사적 위치와 특성**

① 부정적인 자기 폐쇄를 통해서 사회와의 정당한 통로를 차단 당한 인간의 파산을 여실하게 보여 주었다.

② 다양한 실험정신의 표출을 통해서 표현되어야 할 것과 표현해야 하는 기교 사이에는 떼어낼 수 없는 긴밀한 관계가 있다는 것을 뚜렷하게 인식한 점, 즉 지적인 재치와 심리주의를 도입했다.

☑ 확인학습 풀어보기

01 신소설의 주제가 아닌 것은?

① 자유결혼관 주장

② 남녀평등

③ 신문명의 도입 강조

④ 권선징악

> **해설** 고대소설의 주제가 유교사상의 권선징악이었다면 신소설의 주제는 자유결혼관의 주장, 남녀평등, 신문명의 도입 강조 등 개화 의식의 반영이다.

02 최초의 신소설 작가와 그 작품은?

① 이인직의 「혈의 누」

② 이해조의 「고목화」

③ 안국선의 「공진회」

④ 이광수의 「무정」

> **해설** 최초의 신소설은 이인직의 「혈의 누」이다. 「혈의 누」는 1906년 『만세보(萬歲報)』에 연재되었던 작품으로 상편은 『만세보』 연재로 끝났고 하편에 해당하는 「모란봉(牡丹峰)」은 1913년 『매일신보(每日申報)』에 연재되다가 미완성으로 끝났다.

03 농촌소설 또는 농민문학을 지향했던 1930년대의 작가는?

① 채만식, 박영준　　　　　② 이무영, 박영준
③ 정비석, 김유정　　　　　④ 유진오, 이효석

해설 「흙의 노예」, 「농민」, 「제1과 제1장」의 작가인 이무영은 농민작가로 농촌을 소재로 한 사실주의적 경향이 두드러진 작품을 남겼다. 「모범 경작생」, 「목화씨 뿌릴 때」의 작가인 박영준은 농촌의 가난을 사실적으로 묘사하였다.

04 현진건의 작품에서 식민지 시대의 궁핍한 현실을 주제로 한 작품에 속하지 <u>않는</u> 것은?

① 「무영탑」
② 「술 권하는 사회」
③ 「고향」
④ 「빈처」

해설 「무영탑」은 현진건의 장편 역사소설로 1938~1939년 『동아일보』에 연재되었다. 흔히 역사소설이 왕조의 영고성쇠(榮枯盛衰)나 세도가(勢道家)의 파란만장한 생애를 그리는 데 반해, 이 소설은 한 석공의 사랑과 예술을 다루었다는 점에서 특이하고, 낭만적인 향기가 높은 작품으로 평가된다.

05 다음 내용과 관련 있는 소설은?

> • 치밀하고 섬세한 사실주의적 묘사
> • 김첨지, 인력거, 설렁탕, 아내의 죽음
> • 식민지 시대의 궁핍한 현실과 하층민의 참담한 생활

① 「치숙」
② 「운수 좋은 날」
③ 「제1과 제1장」
④ 「배따라기」

해설 현진건의 「운수 좋은 날」은 일제 치하 하층민의 비참한 생활상을 그린 현실 고발적 소설이다.
① 「치숙」은 사회주의 운동을 하고서 감옥살이 5년만에 풀려난 한 진보적 지식인에 관한 이야기를 그 조카가 시점인물이 되어 전하는 이야기다.
③ 「제1과 제1장」은 도쿄유학까지 다녀온 지식인이자 신문기자인 수택이 농촌으로 돌아와 아버지 김영감의 농민상에 동화되어 가는 과정을 형상화하고 있다.
④ 「배따라기」는 오해로 빚어진 남편과 아내의 불화를 소설화한 가정비극의 액자소설이다.

06 **이광수의 「무정」이 지니고 있는 근대소설적 요소는?**

① 구조자가 등장하고 있는 점
② 주인공들이 지도자의 위치에 있는 점
③ 전지적 작가 시점의 사용
④ 1910년대의 사회 현실을 그린 점

해설 근대소설은 사회 속에서 개인의 삶의 모습을 그리는 것을 특징으로 한다.

07 **다음에서 설명하는 작가는 누구인가?**

• 사실주의적 수법을 사용하고 예술지상주의를 표방하였다.
• 비속어와 사투리를 사용하여 사실성을 높였다.
• 순문예지인 『창조』를 발간하였다.

① 이상 ② 김동인
③ 채만식 ④ 현진건

해설 김동인은 1920~1930년대, 간결하고 현대적 문체로 문장혁신에 공헌한 소설가이다. 최초의 문학동인지 『창조』를 발간하였다. 사실주의적 수법을 사용하였고, 예술지상주의를 표방하고 순수문학 운동을 벌였다. 주요 작품은 「배따라기」, 「감자」, 「광염 소나타」, 「발가락이 닮았다」, 「광화사」 등이다.

08 **신소설에 대한 설명으로 옳지 않은 것은?**

① 신소설은 개화기에 등장한 소설 장르이다.
② 이인직의 「혈의 누」는 신소설의 효시이다.
③ 고전소설에서 벗어나 근대소설로 이어지는 교량 역할을 하였다.
④ 신소설은 현대 도시 문명이 지닌 병적인 징후와 도시가 지닌 세태를 드러내고 있다.

해설 신소설의 표면적 주제는 새로운 개화·계몽사상과 관련되고 이면적 주제는 전통적인 권선징악과 관련 있다.

[신소설의 의의와 한계]

의의	• 고소설과 현대소설을 잇는 다리 역할을 함 • 내용이 비현실적인 것에서 현실적인 것으로 바뀜
한계	• 고전소설의 특징이 많이 나타남 • 문명개화를 지나치게 낙관적으로 묘사 • 후기로 갈수록 통속 소설화 • 완벽한 언문일치를 이루지 못함

09 다음 중 카프문학에 대한 설명으로 옳지 <u>않은</u> 것은?

① 계급 투쟁을 통해 프롤레타리아의 해방을 목적으로 하는 문학이다.
② 소재를 살인과 방화라는 극단적인 범죄 양식으로 소화하여 소설의 유형을 경직화했다.
③ 정치적 선동과 문학화를 거부하였다.
④ 총독부의 탄압으로 지하로 숨어 버린다.

해설 카프문학은 노동자, 농민 등 무산 계급의 해방을 목적으로 삼는 계몽적 성격의 문학을 말한다.

10 1930년대의 소설문학에 대한 설명으로 옳지 <u>않은</u> 것은?

① 사회성이 거세된 예술성 위주의 작품활동이 성행했다.
② 현대적 기법의 심리 소설과 향토색 짙은 소설들이 창작되었다.
③ 지식인 소설, 농촌 소설, 세태 소설 등이 등장했다.
④ KAPF에 대한 규제 완화로 경향파 문학이 성행했다.

해설 1930년대는 일제의 탄압으로 인해 '목적문학'이 퇴조하였다. 1920년대와 달리 장편 소설이 주를 이루었고 현실 비판적인 내용을 다룬 작품의 창작이 위축된 시기이다.

11 다음 중 채만식의 「치숙」에 대한 설명으로 옳은 것은?

① 실험정신이 충만한 작품이다.
② 아이러니와 풍자기법으로 시대를 비판한다.
③ 작가의 고의적인 반어적 상황의 설정이 자주 등장한다.
④ 금강의 물 상징을 통해 작가의 역사적 안목을 보여 준다.

해설 채만식의 치숙은 풍자적 어조로 일제 시대 무능한 인텔리의 비극을 통해 현실 적응적 생활관과 사회주의 사상적 삶의 방식 간의 갈등을 담고 있다.

정답 01 ④ 02 ① 03 ② 04 ① 05 ② 06 ④ 07 ② 08 ④ 09 ③ 10 ④ 11 ②

제14장 현대수필

1 한국 현대수필의 특징

(1) 수필의 개념

① 붓 가는 대로 쓴 글이다.

② 생활 속에서 느끼고 생각한 바를 마음의 여유를 가지고 부담 없이 쓴 산문의 하나이다.

③ 인생에 대한 관조와 체험을 개성적인 문체로 표현하여 작가 자신을 진실하게 드러내는 문학이다.

(2) 수필의 특성 22 기출

① **자유로운 형식의 문학** : '무형식의 형식'이라는 표현을 쓸 수 있을 정도로 다양한 형식으로 주제를 형상화할 수 있는 개방적인 문학이다. 일기, 기행문, 편지 등도 수필에 포함된다.

② **다양한 제재의 문학** : 수필의 글감에는 한계가 없으므로, 인생이나 자연 등 그 어떤 것도 수필의 소재가 될 수 있다.

③ **자기고백의 문학** : 작가가 수필 속에 직접 '나'로 등장하여 자신을 노출하면서 자신의 가치관과 인생관을 솔직하게 토로할 수 있다.

④ **개성의 문학** : 작가만의 독특한 시각과 관점, 개성적 문체가 생생하게 드러난다.

⑤ **유머(Humor)와 위트(Wit)의 문학** : 유머와 위트를 가미함으로써 문학적 향취와 멋을 지니게 된다 (유머는 웃음을 자아내는 품위 있는 언어 표현이며, 위트는 보통 사람으로는 미처 생각할 수 없는 날카로운 판단이나 지혜를 가리킨다).

⑥ **비전문적인 문학** : 생활인이면 누구나 쓸 수 있는, 전문성을 필요로 하지 않는 대중적인 글이다.

⑦ **심미적·철학적인 문학** : 작가의 심미적 안목과 철학적 사색의 깊이가 드러나는 글이다.

⑧ **간결한 산문의 문학** : 수필은 주로 200자 원고지 5~10매 내외의 비교적 짧고 간결한 산문으로 표현된다.

(3) 수필의 요소

① **주제**: 작가가 작품을 통해서 나타내려는 핵심적인 사상이나 중심적 의미이다. 작가의 인생관, 세계관, 인간상 등을 드러낸다. '제재에 대한 작가의 해석'이라고도 할 수 있다.

② **제재**: 주제를 나타내기 위해 선택한 소재이다. 작가가 주제를 나타내려는 의도 아래 많은 소재 중에서 선택한 재료를 말한다.

③ **구성**: 주제를 나타내기에 알맞게 제재를 배열하는 기법이다. 선택된 글감들을 치밀하게 얽어짜서 조화를 이루고 의미화할 수 있게 하는 작업이다.

④ **표현**: 어떤 것들이 생명력 있는 작품으로 잘 드러날 수 있게 하는, 적합하고 효과적인 표현을 뜻한다.

⑤ **문체**: 글에 나타나는 작가의 개성적인 특징이다. 작가마다 개성이나 느낌이 다르기 때문에 같은 대상을 묘사·서술하더라도 작가에 따라 그 느낌이 달라지게 된다.

(4) 수필의 분류

① **형식상 분류**: 서술체 수필, 일기체 수필, 서간체 수필, 기행체 수필 등

② **태도상 분류**

경수필	중수필
가벼운 내용	무거운 내용
몽테뉴적 수필	베이컨적 수필
감성 중시	이성 중시
일정한 주제 없음	일정한 주제 있음

③ **내용상 분류**: 사색적 수필, 비평적 수필, 담화적 수필, 개인적 수필, 연단적 수필, 성격 소묘 수필 등

④ **진술 방식상 분류**: 교훈적 수필, 희곡적 수필, 서정적 수필, 서사적(敍事的) 수필 등

2 한국 현대수필의 흐름

(1) 근대적 수필의 형성(1910~1920년대)

① 1910년대의 수필(근대수필의 태동)

㉠ 기행 수필: 최남선의 「반순성기(半巡城記)」·「평양행(平壤行)」, 이광수의 「남유잡감(南遊雜感)」 등

㉡ 감상 수필: 전영택의 「독어록(獨語綠)」 등

② 1920년대 수필(근대수필의 정착)

    ㉠ 교훈적 수필 : 이광수의 「우덕송(牛德頌)」

    ㉡ 서사적 기행 수필 : 최남선의 「심춘순례(尋春巡禮)」·「백두산 근참기(白頭山觀參記)」, 이광수의 「금강산 유기(遊記)」, 이병기의 「낙화암을 찾는 길에」 등

    ㉢ 서정적 수필 : 염상섭의 「국화와 앵화(櫻花)」

(2) 1930~1940년대의 수필(수필문학의 본격화)

① **1930년대 수필문학** : 시인, 작가 및 학자들의 '여기(餘技)의 글'이었던 수필이 전문적인 작가에 의한 '문학적인 수필', '에세이적 수필'로 변모되었다.

② **1940년대 수필문학** : 일제 말기 및 해방 직후의 몇 해 동안 새로운 움직임이 없이 주로 그때까지 발표된 것을 정리하는 데 그쳤다.

③ **특징**

    ㉠ 수필문학의 이론 소개

    ㉡ 전문적인 수필가 등장

    ㉢ 발표 지면 확대

    ㉣ 기행적 수필을 탈피하여 인생, 사회, 자연 등 다양한 소재가 수필의 영역으로 확장

    ㉤ 문학적으로 세련된 기법과 개성 있는 문체 등장

(3) 수필문학의 확대(1950~1960년대 이후)

교훈적인 것과 서정적인 것이 크게 늘어났다.

3 한국 현대수필 주요 작품 이해

(1) 「멋」

① **작품 개요** : 가난하여도 궁상맞지 않고 인색하지 않으며, 허심하고 관대하며 여백의 미(美)가 있는 내면의 아름다움이 진정한 '멋'임을 피력

② **작가** : 피천득(1910~2007)

    ㉠ 호는 '금아(琴兒)'

    ㉡ 일상에서의 생활 감정을 친근하고 섬세한 문체로 곱고 아름답게 표현

(2) 「구두」

① **작품 개요** : 징을 박은 구두 발자국 소리로 인해 일어나게 된 긴박한 한 순간을 포착하여 쓴 체험담이다.

② **작가** : 계용묵(1904~1961)

    ㉠ 본명은 하태용(河泰鏞)

    ㉡ 1935년에 대표 소설 「백치 아다다」를 발표, 수필집으로 『상아탑』이 있음

③ **주제**
　　㉠ 섬세한 부분까지 신경 써야 하는 세태 비판
　　㉡ 현대 사회의 왜곡된 인간관계 비판

(3)「딸깍발이」

① **작품 개요** : 궁핍한 삶 속에서도 자기 의지와 지조를 지키면서 인간의 도리를 다했던 옛날 지식인의
참된 모습을 찾고자 하지만 현실은 이기주의에 빠져들고, 눈앞의 일에만 급급한 현대인들에게 '딸깍
발이'의 정신이 필요함을 알리려 하였다.
② **작가** : 이희승(1896~1989)
　　㉠ 자는 성세(聖世), 호는 일석(一石)
　　㉡ 국어학자로 『국어대사전』을 편찬, 작품으로는 「박꽃」, 「벙어리 냉가슴」 등이 있음

(4)「무소유(無所有)」

① **작품 개요** : 두 편의 이야기로, 하나는 『간디 어록』을 읽고 생각한 간디의 생활상, 또 하나는 난(蘭)
에 얽힌 지은이의 체험이다. 인간의 소유욕이 빚어내는 역사의 비극과 인간성의 상실을 경계하며,
이러한 욕심에서 해방될 때 진정한 자유와 행복을 얻을 수 있음을 역설한다.
② **작가** : 법정 스님(1932~2010)
　　㉠ 속명은 박재철
　　㉡ 한국의 승려이자 수필 작가로, 『무소유』, 『오두막 편지』 등의 수필집이 있음

(5)「수필」

① **작품 개요** : 개념적 지식에 해당하는 내용을 정서적이고, 함축적인 언어로 치환(置換)해서 보여 주
고 있다는 점에서 창조적인 문학성을 지닌다.
② **작가** : 피천득

(6)「그믐달」

① **작품 개요** : '그믐달'에서 느끼는 애절함과 한스러움을 구체화하기 위해 여러 가지 비유의 대상을
끌어들이고 있는데, 특히 직유법에 의한 표현은 대상에 대한 느낌에 구체성을 더해 준다.
② **작가** : 나도향(1902~1927)
　　㉠ 본명은 경손(慶孫), 호는 도향(稻香)
　　㉡ 「젊은이의 시절」, 「환희」 등의 애상적인 작품들을 발표하였고, 이후 「물레방아」, 「뽕」 등을 발표
하면서 객관적인 사실주의적 경향을 보임

(7) 「오척단구(五尺短軀)」

① **작품 개요** : 작은 키로 세상의 놀림을 받았던 서러움을 소개하고 "키 크고 싱겁지 않은 사람이 없다." 며 키 작기로 유명한 과거 국내외의 인물들을 들어 인간의 평가는 어디까지나 육체적인 면보다는 정신적인 면에서 이루어져야 한다는 점을 시사한다.

② **작가** : 이희승

(8) 「목근통신(木槿通信)」

① **작품 개요** : 일본인의 모멸에 대한 항의를 담아 쓴 서간체 수필과 한국문화의 일제 잔재 등에 대해 쓴 글들을 모은 책으로 일본 지성인들의 양심에 호소하고 충격을 준 글이다. 여기서 '목근(木槿)'은 무궁화를 뜻한다.

② **작가** : 김소운(1907~1981)

㉠ 본명은 교중(教重), 호는 삼오당(三誤堂)

㉡ 20세부터 일본시단에서 활약하여 『조선민요집』, 『조선시집』 등 많은 작품을 일본에 소개하는 데 공헌

☑ 확인학습 풀어보기

01 "수필은 청춘의 글은 아니요, 서른여섯 살 중년 고개를 넘어선 사람의 글이다."에 해당하는 수필의 특성은?

① 개성의 문학
② 무형식의 산문
③ 체험과 관조
④ 유머와 위트

해설 수필에는 인생과 자연의 관조(觀照, 아등바등 살아가지 않고 한 발 짝 뒤로 물러나 지긋한 태도로 인생과 사물을 바라보는 태도)로서 체득한 삶의 의의, 가치 등 생활인의 철학이 담겨 있다.

02 수필에 대한 설명으로 옳은 것은?

① 초기에는 대중적인 경향을 보였으나 근래에 와서 비대중적인 문학 양식으로 인식한다.
② 수필의 글감에는 한계가 있다.
③ 수필은 다른 문학과 달리 지성을 기반으로 하지 않는다.
④ 수필문학의 대상은 결국 작가 자신이다.

해설 ① 수필은 비전문적인 문학으로 대중적인 문학 갈래에 해당한다.
② 수필의 글감은 다양하고 남녀노소 누구나 쓸 수 있어 더욱 광범위한 문학이다.
③ 수필 역시 다른 문학처럼 지성을 기반으로 한다.

03 '무형식의 형식'이라는 표현을 쓸 수 있을 정도로 다양한 형식으로 주제를 형상화할 수 있는 문학은?

① 소설
② 시
③ 수필
④ 희곡

> **해설** 수필은 다른 어느 문학의 갈래보다 형식의 구애를 받지 않는 자유로운 형식의 문학이다. 형식의 제약을 받지 않고 붓 가는 대로 쓴 글을 일컫는 말로 개인의 체험이나 경험, 사색, 감상을 적는 글이다. 한 개인이 쓰는 일기나 기행문, 감상문 등도 모두 수필로 볼 수 있으며 사회적·논리적·철학적 성격을 가진 소평론도 수필에 속한다.

04 시인, 수필가 겸 영문학자로, 「은전 한 닢」, 「멋」, 「인연」 등의 작품을 남긴 사람은?

① 계용묵
② 피천득
③ 나도향
④ 이희승

> **해설** 피천득은 시인, 수필가 겸 영문학자이다. 시보다 수필을 통해 진수를 드러냈는데 주요 작품으로 수필 「은전 한 닢」, 「인연」 등이 있으며 시집으로는 「서정소곡」 등이 있다.
> ① 계용묵은 현실주의적·경향파적인 작품세계에서 인생파적·예술파적 작품세계로 옮겨간 후, 예술지상주의적 작품을 썼다. 소설집 「병풍에 그린 닭이」, 「백치 아다다」 등이 있다.
> ③ 나도향의 본명은 나경손으로 「벙어리 삼룡」, 「물레방아」, 「뽕」, 「환희」, 「행랑자식」 등의 작품이 있다.
> ④ 이희승은 해방 이후 『국어학개설』, 『새고등문법』, 『국어대사전』 등을 저술한 학자로 국어국문학자이다.

05 수필에 대한 설명으로 옳지 않은 것은?

① 글자 그대로 붓 가는 대로 쓰는 글이다.
② 진실한 태도에서 인생을 관조하는 글이다.
③ 의식적 동기에서 쓰여지는 글이다.
④ 전문성을 필요로 하지 않는 대중적인 글이다.

> **해설** 수필은 인생에 대한 관조와 체험을 개성적인 문제로 표현하여 붓 가는대로 자연스럽게 쓴 글로 의식적인 동기로 쓰는 글은 아니다.

06 수필의 특성으로 적절하지 <u>않은</u> 것은?

① 완결성의 문학
② 무형식의 문학
③ 개성의 문학
④ 비평정신의 문학

해설 수필은 개성의 문학, 무형식의 문학, 제재가 다양한 문학, 유머와 위트, 비평적 문학, 관조와 사색의
문학, 비교적 짧은 산문 형식의 문학, 비전문적인 문학, 1인칭의 문학, 자기 고백의 문학이다.

07 다음 수필에 나타난 문체의 특징으로 가장 적절한 것은?

> 그 꽃이 청초하고 가향(佳香)이 넘칠 뿐 아니라, 기품과 아취가 비할 곳 없는 것도 선
> 구적 성격과 상통하거니와, 그 인내와 그 패기와 그 신산에서 결과(結果)된 매실(梅
> 實)은 선구자로서의 고충을 흠뻑 상징함이겠고, 말할 수 없이 신선한 맛을 극(極)하고
> 있는 것마저 선구자다워 재미있다.
>
> – 김진섭, 「매화찬」

① 간결체   ② 건조체
③ 만연체   ④ 우유체

해설 만연체는 많은 어구를 사용하여 반복·부연·수식·설명함으로써 문장을 장황하게 표현하는 문체
이다. 만연체는 정보를 충분히 전달할 수 있으나 문장의 길이가 길기 때문에 독자에게 지루함을
줄 수 있다.

정답 01 ③ 02 ④ 03 ③ 04 ② 05 ③ 06 ① 07 ③

제15_장 현대희곡

1 한국 현대희곡의 특징

(1) 희곡의 3요소

① **해설**: 무대, 등장인물, 시간, 장소 등을 설명한 글

② **지문**: 등장인물의 동작·표정·심리 등을 설명하고, 배경·분위기·효과 등을 지시하는 글

③ **대사**: 등장인물끼리 주고받거나 혼자 중얼거리는 말로, 인물의 생각·성격을 나타내고 사건의 분위기를 드러낸다.

    ㉠ 대화(對話): 등장인물 상호 간에 주고받는 말

    ㉡ 독백(獨白): 상대방 없이 혼자 중얼거리는 말

    ㉢ 방백(傍白): 관객은 들을 수 있으나, 상대방은 듣지 못한다는 약속 아래 하는 말

⚡ 체크 포인트

희곡의 내용적 구성 요소

• 인물: 대화와 구성을 통해 인물을 설정하는데, 희곡 속의 인물은 의지적·개성적·전형적이어야 한다.

• 사건: 희곡 속의 사건은 주제를 향해서 갈등과 긴장을 일으키고, 압축되고 집중되며 통일된 것이어야 한다.

• 배경: 사건이 일어나는 때(시간)와 곳(장소)이 제시된다.

---

(2) 희곡의 구성

① **삼일치(三一致)의 법칙**: 시간의 일치, 장소의 일치, 행동의 일치

② **구성 단위**: 희곡의 구성은 대사가 모여서 장(場, Scene)을 이루고, 장이 모여서 막(幕, Act)을 이룬다. 단막극도 있으나 보통 3막 또는 5막으로 구성된다.

③ **희곡의 구성 단계**

    ㉠ 발단: 시간적·공간적 배경과 인물이 나타나고 이야기의 실마리가 드러난다.

    ㉡ 전개: 주동 인물과 반동 인물 사이의 갈등과 대결이 점차 노골화되고 격렬해지며, 중심사건과 부수적 사건이 교차되어 흥분과 긴장이 고조된다. '상승'이라고도 한다.

    ㉢ 절정: 심리적 갈등이나 주동 세력과 반동 세력 간의 대결이 최고조에 이르러 극적 장면이 나타나는 부분으로 주제가 드러난다.

    ㉣ 반전: 서로 대결하던 두 세력 중 뜻하지 않은 쪽으로 대세가 기울어지는 단계로 결말을 향하여 급속히 치닫는 부분이다. '하강'이라고도 한다.

    ㉤ 대단원: 갈등이 해소되고 모든 사건이 종결에 이르는 부분으로 긴장과 흥분이 해결된다. '파국'이라고도 한다.

(3) 희곡의 종류

① **형식에 따른 분류** : 단막극, 장막극

② **성격에 따른 분류** : 비극, 희극, 희비극

③ **내용에 따른 분류** : 심리극, 운명극, 사회극, 영웅극, 계몽극, 종교극, 사극

④ **창작 의도에 따른 분류** : 창작 희곡, 각색(脚色) 희곡, 레제드라마

(4) 희곡의 제약

① 시간과 공간의 제약을 받는다.

② 작가의 직접적인 묘사나 해설이 불가능하다.

③ 전적으로 내면적인 심리 상태나 정신세계를 표현하기 어렵다.

2 한국 현대희곡의 흐름

(1) 개화기와 1910년대의 극문학

① 봉건제도의 몰락과 일제에 의한 국권 피탈로 인해 개화·계몽의 욕구가 표출되었다.

② 판소리가 발전한 창극(唱劇)과 일본 연극의 영향을 받은 신파극(新派劇)이 인기를 끌었다.

③ 1908년 이인직의 「은세계」가 '원각사'에서 처음 공연된 이래 '혁신단', '문수성', '취성좌' 등의 극단
이 창립되면서 임성구, 윤백남, 조중환 등이 신극 운동을 주도하였다.

④ **신파극의 발달**

㉠ 일본 신파극의 영향을 받았으며, 예술성보다 흥미성·오락성 강조

㉡ 주제 : 개화·계몽, 신교육, 멜로드라마, 미신 타파

㉢ 신파극의 목표 : 권선징악, 풍속개량, 민지개발, 진충갈력

⑤ **주요 작품** 24 기출

작품	작가	연대	주제	비고
은세계 (銀世界)	이인직	1908	반봉건의 개화 사상 고취	'원각사'에서 상연, 신연극의 효시
병자삼인 (病者三人) 22 기출	조중환	1912	무능한 남편들을 통해 여권 옹호	『매일신보』에 연재, 최초의 창작 희곡
육혈포 강도	임성구	1912	권총 강도와 경찰 사이의 활극	탐정극, 일본 작품을 번안한 것임

(2) 1920년대의 극문학

① 김우진을 중심으로 한 '극예술협회(1920)'와 박승희를 중심으로 한 '토월회(1923)' 등에 의해 개화기의 신파극을 극복하고 현대극을 정립하려는 노력이 전개되었다.

② 대사가 일상 회화에 가까워졌고, 무대나 분장 등에서 사실성이 강조되었다.

③ 나운규의 「아리랑」(1926), 심훈의 「먼 동이 틀 때」(1927) 등의 영화가 만들어졌다.

④ **신극단체의 목표**

    ㉠ 정통적인 서구의 근대극 수용

    ㉡ 연극을 통한 민족의 자주 독립

⑤ **토월회**

    ㉠ 저질 신파극에 대항

    ㉡ 서구적인 근대극의 싹을 심는 데 이바지함

⑥ **주요 작품**

작품	작가	연대	주제	비고
산돼지	김우진	1926	식민지 지식인의 삶의 방향 모색	사실주의적 경향
아리랑	나운규	1926	억압 속에서도 굴하지 않는 민족 정신	변사 해설용 시나리오

(3) 1930~1940년대의 극문학

① 일제의 수탈로 황폐화된 농촌의 비참한 실상을 고발하는 작품들이 창작되었다.

② 유치진이 중심이 된 '극예술연구회(1931)'가 창작극, 전문극을 적극 전개하여 연극 발전에 크게 공헌하였으며, 본격적인 사실주의 희곡이 발표되었다. 22 기출

③ **극예술연구회**: 근대극 운동 23 기출

    ㉠ 본격적인 신극 단체

    ㉡ 주동 인물 : 해외문학파(유치진, 김진섭 등)

    ㉢ 활동 : 본격적인 신극 수립을 위해 관중 교도, 배우 양성, 기성 연극계의 정화 시도

    ㉣ 서구 근대극을 그대로 계승한 리얼리즘극 공연

④ **신파극의 전성기** : 상업적 연극

    ㉠ 신파극 전용극장 : 동양극장

    ㉡ 동양극장의 공적

      • 연극 전문극장의 가능성 입증

      • 연극의 기업화 입증

      • 수많은 연극인 배출

    ㉢ 동양극장의 연극 주제 : 의리, 인정, 애정, 갈등, 민족의 설움

⑤ 주요 작품

작품	작가	연대	주제	비고
토막(土幕) 24, 22 기출	유치진	1932	수탈당하는 빈민층의 꿈과 좌절	사실주의 희곡
임자 없는 나룻배	이규환	1932	일제의 억압 속에 사는 인물의 비극	영화
소	유치진	1934	일제하 가난에 시달리던 농촌의 실상	사실주의 희곡
동승(童僧)	함세덕	1939	어머니에 대한 그리움과 사랑	상징적 결말
맹진사댁 경사	오영진	1943	인간의 탐욕과 우매함	대표적인 희곡

(4) 광복 이후 극문학

① 광복을 맞이하여 일제하의 항일운동 경과나 애국지사들의 삶을 소재로 하여 애국, 애족 정신을 고취하는 작품들이 발표되었다.

② 극예술협회 발족(1947)
　　㉠ 극예술연구회의 신극정신 계승
　　㉡ 프로극에 대항, 민족극 표방

③ 국립극장 설치(1950)

④ 주요 작품

작품	작가	연대	주제	비고
조국	유치진	1946	애국, 애족 정신의 고취	3·1 운동을 소재로 한 희곡
유관순	윤봉춘	1948	유관순의 고귀한 애국 정신	광복 직후 항일 영화의 대표작
살아있는 이중생 각하	오명진	1949	친일 잔재 세력의 이중성	사회 풍자극

3 한국 현대희곡 주요 작품 이해

(1) 유치진, 「토막」 21 기출

> 금녀　　　: 윗마을 오빠의 친구에게 알아봤더니, 오빠 헌 일은 정말 훌륭한 일이래요. 우리두 이런
> 　　　　　　토막살이에서 죽지 말구, 좀더 잘 살아 보자는…….
> 명서 처　: 그럼 그렇지. 그래, 종신 징역을 산다는 건 정말이라디?
> 이웃 여자: 종신 징역?
> 명서 처　: 거짓말야! 거짓말야! (미친 듯이 부르짖는다.)
> 금녀　　　: 암, 거짓말이죠!

명서 처	: 종신 징역이란 감옥에서 죽어 나온단 말 아냐? 젊어서 새파란 그가! 금지옥엽 내 자식이! 내겐 아무래도, 아무래도 믿을 수 없는 일야! 그런 청천에 벼락 같은 일이 우리 명수의 신상에 있어 어쩔랴구! 신문에만 난 걸 보구 그걸 우리 명수라지만 그런 멀쩡한 소리가 어딨어? 이 넓은 팔도 강산에 얼굴 같은 사람이 없구, 최명수란 이름 석 자 가진 사람이 어디 우리 자식 하나뿐일 거라구? 이건 누가 뭐래두 난 안 믿어.
금녀	: 어머니, 이러시다가 병이나 나시문 어떻게 해유? 설사 오빠가 죽어 나온대두 조금도 서러울 건 없어유. 외려 우리의 자랑이에유. 오빠는 우릴 위해서 싸웠어유. 이런 번듯한 일이 또 있겠수? 더구나 이런 토막에서 자란 오빠는, 결단코 이 토막을 잊지 않을 거유. 병드신 아버지를 구하시려구, 늙으신 아버지를 섬기시려구, 그리구 이 철부지 나를 불쌍히 여기셔서, 오빠는 장차 큰 성공을 해 가지고 꼭 한 번 이 토막에 찾아오셔요. 전보다 몇 배나 튼튼한 장부가 되어 오실거야. 여기를 떠날 때만 해두, 오빠는 나무를 하거나 끌밭을 매거나 남의 두 몫은 했었는데, 지금쯤은 어머니, 오빤 얼마나 대장부가 됐겠수?
명서 처	: …… 옳아! 그놈은 몸도 크구 기상도 좋았겠다! 그놈이 지금은 얼마나 훌륭한 장골이 됐겠니? 제 어미도 몰라보게 됐을 거야. …… 아아, 명수야! 이제 명수가 저 사립문에 나타나서 장부다운 우렁찬 목소리로 이 어미를 부르고, 떠벅떠벅 내 앞으로 걸어와서 그 억센 손으로 이 여윈 팔목을 덜컥 붙잡을 것이다. …… 그러면 이 토막에도 서기(瑞氣)가 날 거야.
금녀	: 아무렴, 서기가 나구말구! 이 어두운 땅도 환해질 거예유. …… 그러면 어머니는 똬리 파시노라구 거리거리로 떨고 다니실 필요두 없을 거구…….

① **등장인물**
  ㉠ 최명서 : 병들고 가난한 늙은이, 생활의 능력이 전혀 없지만 가장으로서의 체통과 위엄은 잃지 않은 인물
  ㉡ 명서 처 : 아들에 대한 무조건적인 사랑과 희망을 가지고 있는 생활력이 강한 아낙네
  ㉢ 금녀 : 최명서의 딸로서 병약한 처녀, 등장인물 중 유일하게 예지를 가진 인물
  ㉣ 강경선과 아내 : 명서 내외의 친구, 빈농·등짐장수로 전락함, 빚에 몰려 집을 빼앗기고 야반도주해버림
  ㉤ 삼조 : 돈을 벌러 일본으로 건너가는 젊은이

② **구성**
  ㉠ 발단 : 삼조가 명서에게 소식 전할 것을 약속함
  ㉡ 전개 : 재산을 빼앗기게 된 경선. 명수가 구속된 소식을 들음
  ㉢ 절정 : 경선이 솔가(率家)하여 떠나고 명수 때문에 온 가족은 비탄에 빠짐
  ㉣ 대단원 : 명수가 백골로 돌아오자 명수네 가족은 절규함

③ **핵심 정리**
  ㉠ 갈래 : 희곡, 장막극, 사실극
  ㉡ 배경 : 1920년대 어느 빈한한 농촌
  ㉢ 경향 : 민족 의식 고취
  ㉣ 표현 : 1920년대 농민의 궁핍한 생활상을 사실적으로 표현

　　　ⓜ 의의 : 한국 근대극의 출발

　　　ⓗ 주제 : 일제 시대 한국 농촌의 현실과 비참한 삶

④ **작품의 이해와 감상** 23 기출

　　ⓐ 1920년대 일제 강점기하의 궁핍한 농촌을 배경으로 하여 시대상을 사실적으로 그려 내고 있다.

　　ⓑ '토막'이라는 어두운 공간을 중심으로 삶의 기반을 상실한 채 파멸해 가는 한 가정의 비극을 통하여 일제의 악랄한 식민 통치를 비판하고 있다.

　　ⓒ 상업주의 연극에 식상한 사람들이 갈망해 온 정통적 연극의 출발을 알리는 작품이다.

　　ⓓ 리얼리즘 희곡의 한 전형(典型)으로서 식민지 시대의 현실을 강렬하게 고발한 작품이다.

⑤ **문학사적 의미**

　　ⓐ 우리 현대 희곡사에서 구체적인 사회 현실을 다룬 본격적인 희곡으로는 첫 작품이자 사실주의 희곡의 첫 작품이다.

　　ⓑ 유치진의 처녀작인 동시에 대표작인 이 작품은 일제 강점하의 현실을 강력하게 고발하여 당시 무대로 올려졌을 때 대단한 반향을 불러일으켰다.

(2) 오영진, 「맹진사댁 경사」

> **🗒 줄거리**
>
> 1막 1장 : 맹진사 태량의 안사랑. 돈으로 진사 벼슬을 산 허풍과 위선의 상징인 맹진사가 건너마을 양반댁과의 혼사를 성사시키고 기고만장하여 들어온다. 맹문가의 경사라고 좋아하던 맹씨 가문의 효원이 신랑의 선도 보지 않았다는 태량의 말에 한심하여 반대의 뜻을 표하나 보내온 예물과 권세 높은 양반댁과의 혼사라는 데만 정신이 팔려 이를 들으려고도 하지 않는다.
>
> 1막 2장 : 밤 깊은 맹진사 집 안사랑. 맹태량이 참봉과 더불어 궁색하고 망신스런 맹씨 가문 족보를 바꿔치기 하는 장면이 희화적으로 보여진다. 윗대로 올라가도 아전은 고사하고 사농공상 중 꼴찌만 골라했던 족보를 포도대장에서부터 상감만 뺀 영의정까지 마음껏 고쳐넣는 장면이다.
>
> 1막 3장 : 효원과 태량의 아버지 맹노인을 비롯하여 일가 친척들이 모두 모여 침통한 모습으로 긴급 회의를 하고 있다. 문자를 써가며 왈가왈부해보지만 애초에 태량이 선을 안 본 것이 잘못이므로 묘책이 없이 다들 나가버리고 애가 탄 태량이 노망끼 있는 맹노인에게 상황을 설명하고 묘안을 구하려 하지만 상황만 더 악화될 뿐이다.
>
> 2막 1장 : 다음날, 아침 뜰 안에 가득 모인 작인들에게 일장 훈시를 하고 있는 참봉. 얘기인 즉, 입분이가 갑분 아가씨가 되어 건너마을 도라지골로 시집간다는 얘기인데 혼란스러워지자 맹태량이 나타나 그 상황을 더 코믹하고 헷갈리게 만든다. 비록 종의 신분이지만 지혜롭고 똑똑한 삼돌은 약속을 어긴 양반들에 대해 반감을 표시하고, 이런 삼돌이 때문에 혼례식에 어려움이 닥칠까봐 태량은 입분이 대신에 갑분 아가씨를 주겠노라 엉겁결에 약속을 하고 만다.

> 2막 2장 : 말을 탄 신랑의 행차 소리가 무대를 가득 매우는 가운데, 참봉이 뛰어들어 오면서 신랑이
> 　소문과는 달리 훤칠한 미남자라는 사실을 알린다. 일대의 혼란. 신랑이 등장하자 맹진사
> 　는 너무 놀라 신랑을 걸어보게 하고 만져보는 등 추태를 보인다.
> 2막 3장 : 촛불이 하늘거리는 행랑방. 신랑 미언은 이 일이 다 자신이 꾸민 일이라고 말하며, 깨끗한
> 　마음씨와 진심을 간직한 입분이를 아내로 택했음을 밝힌다. 촛불이 꺼지자 갑분이, 맹진
> 　사, 한씨 등은 허물어지고, 나타난 삼돌이 맹진사를 장인어른이라고 부르며, 대단원의
> 　막이 내린다.

① **등장인물**
　㉠ 맹진사 : 허영적 인간으로 명예 획득을 위해 노력하나 그것을 이룰 능력이나 품격이 부족
　㉡ 맹노인 : 90대 노인으로 타인의 말을 잘 알아듣지 못하여 대화 속에서 웃음 유발
　㉢ 맹효원 : 유일하게 맹진사를 꾸짖는 적대적 인물이지만 가문에 위기가 왔을 때는 힘을 합함
　㉣ 입분이 : 마음씨가 곱고 순종적인 여인상
　㉤ 갑분이 : 내면보다 외면을 중시하며 입분이와 함께 전형적인 인물
② **구성**
　㉠ 발단 : 혼인 성사와 함께 시작, 맹진사와 맹효원의 갈등
　㉡ 상승 : 김명정이 등장하여 김미언이 절름발이라고 소문을 냄, 맹진사가 신부를 바꿔치기하기로 결정
　㉢ 위기 : 미언이 절름발이가 아니라는 사실이 밝혀지기 직전까지 입분이가 대신 시집갈 것이라는 소식을 접한 삼돌이의 난동
　㉣ 하강 : 미언의 등장부터 입분이가 사실을 밝히는 장면, 다시 갑분이를 불러오려 하나 맹노인으로 인해 수포로 돌아감
　㉤ 대단원 : 미언이 자신의 거짓 소문에 대해 해명하는 부분부터 끝까지로, 극 전반부에 걸쳐 감추어져 있던 비밀의 이유 공개, 서로의 진정성을 확인한 미언과 입분
③ **주제** : 한국의 양반사회를 배경으로 가문의식의 허실, 구습 결혼제도의 모순, 전통적 계층사회의 비인간성 등을 풍자함으로써 사랑의 참뜻과 인간성의 회복 강조
④ **작품의 의의**
　㉠ 작품의 전체적 기조는 한국적 해학과 웃음에 있으며 한국 신극에서 드물게 정통 희극의 여러 가지 요소를 갖춤
　㉡ 1943년은 일제 시대 말기로서 민족적 요소가 말살되어버린 당시에 오영진이 굳이 이와 같은 전통적 소재에 관심을 두었다는 사실은 중요한 의미를 지님

01 개화기 창작극의 첫 작품은?

① 「혈의 누」
② 「은세계」
③ 「모란봉」
④ 「빈상설」

해설 「은세계」는 1908년 원각사(圓覺社)에서 처음 공연된 창극(唱劇)이다. 이를 기점으로 우리나라에서 근대식 연극이 시작되었다. 「혈의 누」(1906년)는 신소설의 효시이고 「은세계」(1908년)는 최초의 신파극이다. 「모란봉」(1913년)은 「혈의 누」의 속편이다.

[이인직 : 「혈의 누」, 「은세계」·「모란봉」의 공통점과 차이점]

공통점	친일적이고 계몽적인 성향이 강하다.
차이점	「은세계」·「모란봉」에는 의병을 비판하는 내용이 있는데 반해 「혈의 누」에는 그러한 내용이 없다.

02 한국 최초의 근대희곡 작품은?

① 윤백남의 「운명」
② 이광수의 「규한」
③ 임선규의 「사랑에 속고 돈에 울고」
④ 조중환의 「병자삼인」

해설 한국 최초의 창작 희곡은 조중환의 「병자삼인」이다. 전체 4장으로 구성되어 있으며 1912년 『매일신보』에 연재, 발표되었다. 능력이 뛰어난 세 아내와 그녀들의 열등한 세 남편 사이의 갈등을 소극(笑劇)의 형태로 다룬 작품으로, 학교 급사·병원 조수·여학교 회계인 남편들은 각각 여교사·여의사·여교장인 아내들보다 열등하다는 생각으로 주눅이 들어 있다.
남편들은 아내들에게 더욱 시달리던 끝에 각각 귀머거리·벙어리·장님 등의 병신으로 가장하기에 이르며 아내들의 핍박을 벗어나기 위해 감옥에 들어가기를 자청한다. 사태가 여기에 이르자, 아내들은 남편들에 대한 태도를 바꾸게 되어 세 쌍의 부부는 단란한 모습을 되찾게 된다는 내용이다.

03 극예술연구회에 관한 내용으로 옳지 않은 것은?

① 1930년대 조직된 본격적인 신극단체이다.
② 김우진, 나운규, 이규환 등이 결성하였다.
③ 관중교도, 배우 양성, 기성 연극계의 정화를 시도하였다.
④ 서구 근대극을 그대로 계승한 리얼리즘극을 공연하였다.

해설 극예술연구회는 1931년 진정한 의미의 신극 수립을 목표로 서울에서 창단되었던 극단으로 외국문학을 전공한 동경유학생들인 김진섭·서항석·유치진·이하윤·이헌구·장기제·정인섭·조희순·최정우·함대훈 등 10명이 주동하여 연극계 선배 윤백남과 홍해성을 영입한 12명의 동인으로 구성했다.

04 다음 설명에서 옳은 것은?

① 우리나라 최초의 희곡은 김우진의 「산돼지」이다.
② 1920년대 신파연극은 일본 신파극의 요소를 그대로 답습하고 있다.
③ 1930년대 극예술연구회는 근대극 운동의 중심지였다.
④ 유치진의 「토막」은 상업주의 연극의 특징을 잘 보여 주고 있다.

해설 ① 우리나라 최초의 희곡은 조중환의 「병자삼인」이다.
② 1920년대 신파극단들은 종래의 상투적으로 일본의 작품을 번안, 각색하던 것에서 벗어나 차츰 당대의 현실을 소재로 한 작품으로 대치하였고 무대장치·분장·연기방식도 한국적인 방식을 적용하기 시작하였다.
④ 「토막」은 우리 현대 희곡사에서 본격적인 희곡으로서는 첫 작품이며 사실주의 희곡의 첫 작품이다.

05 1920년대 조선 연극에 대한 설명으로 옳은 것은?

① 일본의 신파극을 철저하게 거부하였다.
② 초기 토월회가 등장하였다.
③ 이 시기의 대표적 작품은 유치진의 「토막」이다.
④ 신파극 전용 극장인 '국립극장'이 만들어졌다.

해설 토월회는 1923년 동경 유학생을 중심으로 한 현대극 단체로, 문학적 가치가 있는 희곡 작품을 사실주의 수법으로 공연해 근대극을 정착시키는 데 주도적 역할을 하였다.

06 1930~1940년대 연극에 대한 설명으로 옳은 것은?

① 저질 신파극에 대항한 '토월회'가 만들어졌다.
② 이 시기의 대표적인 작품은 조중환의 「병자삼인」이다.
③ 고등신파극은 극예술연구회를 중심으로 전개되었다.
④ 일제의 수탈로 황폐화된 농촌의 비참한 실상을 고발하는 작품들이 창작되었다.

해설 1930~1940년대는 민족의식을 고취하기 위한 식민지하의 참혹한 삶과 사회적 모순을 다룬 사실주의 희곡이 창작, 공연되었다.

07 희곡과 시나리오의 차이점에 대한 내용으로 옳지 <u>않은</u> 것은?

① 희곡은 시·공간의 제한을 덜 받으나, 시나리오는 시·공간의 제한을 받는다.
② 희곡은 등장인물의 수에 제한이 있지만, 시나리오는 등장인물의 수에 제한이 없다.
③ 희곡은 집약미(集約美)를 추구하지만, 시나리오는 유동미(流動美)를 추구한다.
④ 희곡은 상연으로 소멸되는 순간예술이지만, 시나리오는 필름으로 보존되는 영구예술이다.

해설 희곡은 무대상연을 전제로 한 문학이기에 영화나 드라마의 각본인 시나리오에 비해 시간과 공간의 제약이 크다.

정답 01 ② 02 ④ 03 ② 04 ③ 05 ② 06 ④ 07 ①

제 **2** 편

적중모의고사

교육이란 사람이 학교에서 배운 것을 잊어버린 후에 남은 것을 말한다.

– 알버트 아인슈타인 –

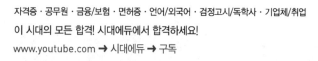

제1회 적중모의고사 | 국어

제한시간: 50분 | 시작 ____시 ____분 - 종료 ____시 ____분

정답 및 해설 209p

01 다음 중 표준어가 <u>아닌</u> 것은?

① 넝쿨
② 강냉이
③ 알타리무
④ 안절부절못하다

02 다음 내용과 관련 있는 소설은?

- 치밀하고 섬세한 사실주의적 묘사
- 김첨지, 인력거, 설렁탕, 아내의 죽음
- 식민지 시대의 궁핍한 현실과 하층민의 참담한 생활

① 「빈처」
② 「운수 좋은 날」
③ 「무영탑」
④ 「술 권하는 사회」

03 신소설 「옥중화」의 근원 설화는?

① 구토지설
② 방이 설화
③ 암행어사 설화
④ 효녀 지은 설화

04 「정시자전」에 대한 설명이 <u>아닌</u> 것은?

① 지팡이를 의인화한 가전체 작품이다.
② 독자들에게 교훈을 준다.
③ 박지원의 작품이다.
④ 고려 후기에 창작되었다.

05 다음 두 조건을 모두 만족하는 단어는?

- 어근과 접사의 결합으로 이루어진 단어
- 접미사가 붙어서 어근의 품사가 바뀐 단어

① 지우개
② 돌다리
③ 풋사과
④ 나뭇잎

06 의미의 중복이 <u>없는</u> 문장은?

① 나는 어머니께 꽃을 드렸다.
② 친구들이 운동장에 다 오지 않았다.
③ 언니는 나보다 역사책을 더 좋아한다.
④ 나는 예의 바른 친구의 오빠를 보았다.

07 다음의 시적 화자가 추구하는 삶의 태도는?

> 산수간(山水間) 바회 아래 뛰집을 짓노
> 라 ᄒ니
> 그 모론 ᄂᆞᆷ들은 웃는다 ᄒ다마는
> 어리고 하암의 뜻의는 내 분(分)인가 ᄒ
> 노라.
>
> 보리밥 픗ᄂᆞ물을 알마초 머근 후(後)에
> 바횟긋 믉ᄀᆞ의 슬ᄏᆞ지 노니노라.
> 그나믄 녀나믄 일이야 부룰 줄이 이시랴.
> — 윤선도, 「만흥」

① 안분지족(安分知足)
② 선공후사(先公後私)
③ 일편단심(一片丹心)
④ 입신양명(立身揚名)

08 가전체 문학에 대한 설명으로 옳지 않은 것은?

① 가전체 작품으로는 「국선생전」, 「죽부인
전」, 「청강사자현부전」 등이 있다.
② 교훈성·풍자성을 띤다.
③ 「국순전」의 작가는 이규보이다.
④ 인간 주변의 동식물, 사물 등을 소재로 한다.

09 다음 시인에 대한 설명으로 옳지 않은 것은?

① 김소월 : 전통적인 정감을 민요적 리듬으
로 구성하여 독자적 시세계를 확립하였다.
② 김영랑 : 개성적 정서를 한국적 운율로 재
구성하는 데 주력했다.
③ 정지용 : 인간적인 문제와 생명적인 구경
(究竟)의 탐구에 주력하였다.
④ 한용운 : 불교의 형이상학적 내용을 여성
적 호흡과 리듬으로 형상화했다.

10 무가의 성격이 아닌 것은?

① 주술성
② 신성성
③ 오락성
④ 향토성

11 전통 가면극의 특성으로 옳지 않은 것은?

① 풍자적인 성격이 있다.
② 종합 예술적 성격을 지닌다.
③ 익살스러운 표현이 사용된다.
④ 전문적인 무대장치가 필요하다.

12 사설시조에 대한 설명으로 옳지 않은 것은?

① 산문 정신, 서민 의식을 배경으로 생겨났다.
② 상징과 묘사로써 애정 세계, 패륜, 육감
적인 것 등 여러 가지 내용을 다채롭게 그
렸다.
③ 단시조의 낡은 형태를 탈피하는 데 성공
했다.
④ 음악과 조화를 이루는 데 성공했다.

13 우리말의 특징에 대한 설명으로 옳지 않은
것은?

① 양성 모음은 양성 모음끼리, 음성 모음은
음성 모음끼리 결합하려는 경향이 있다.
② 자음이 음절 끝에 올 때에 터지지 않고 닫
힌 상태로 발음되는 규칙이 있다.
③ 음상(音相)의 차이로 인해 표현의 의미가
달라진다.
④ 우리말의 파열음 계열은 2중 체계로 이루
어졌다.

14 고려가요에 대한 설명으로 옳지 <u>않은</u> 것은?

① 평민층에서 부르던 민요적 시가이다.
②『삼국유사』에 14수,『균여전』에 11수가 전해진다.
③ 구전되다가 훈민정음이 창제된 후 기록・정착되었다.
④ 남녀 간의 사랑, 자연에 대한 예찬, 이별의 아쉬움 등에 대한 내용이 있다.

15 고대 서사문학에 대한 설명으로 옳은 것은?

① 신화는 민족을 결속시키는 힘을 지닌다.
② 민담은 실재하는 장소, 시대, 인물을 구체적인 내용으로 한다.
③ 전설은 흥미성과 골계미를 중요시한다.
④ 설화는 신성성과 숭고미를 추구한다.

16 다음 중 높임 표현이 정확하게 쓰인 것은?

① 할아버지께서는 이빨이 참 좋다.
② 실장님 제 말씀 좀 들어 보십시오.
③ 철수는 과장님에게 책을 드렸다.
④ 지금부터 회장님의 말씀이 계시겠습니다.

17 경기체가에 대한 설명으로 옳지 <u>않은</u> 것은?

① 고려 고종 때 발생하여 조선 선조 때까지 창작되었다.
② 음수율은 3음절과 4음절로 이루어졌다.
③ 노래 말미에 '경(景) 긔 엇더ᄒ니잇고'라는 후렴구가 붙는다.
④ 대표적인 작품에「청산별곡」,「서경별곡」이 있다.

18 「구운몽」의 문학사적 의의로 옳지 <u>않은</u> 것은?

①『삼국유사』에 수록된 조신몽 설화의 영향을 받았다.
② 몽자류 소설인「옥루몽」,「옥련몽」등에 영향을 주었다.
③ 조선 시대 서민층의 생활상을 반영한 대표적인 평민 소설로 꼽힌다.
④ 작가가 어머니를 위로하기 위해 쓴 글이다.

19 ㉠~㉣ 중 〈보기〉의 표현 기법이 사용된 것은?

> 유리(琉璃)에 차고 슬픈 것이 어른거린다.
> 열없이 붙어서서 입김을 흐리우니
> 길들은 양 언 날개를 파다거린다.
> ㉠ 지우고 보고 지우고 보아도
> 새까만 밤이 밀려 나가고 밀려와 부딪히고,
> ㉡ 물 먹은 별이, 반짝, 보석(寶石)처럼 박힌다.
> 밤에 홀로 유리를 닦는 것은
> ㉢ 외로운 황홀한 심사이어니,
> 고운 폐혈관(肺血管)이 찢어진 채로
> ㉣ 아아, 늬는 산(山)ㅅ새처럼 날아갔구나!
>   – 정지용,「유리창(琉璃窓)」

보기

> 겉으로 보기에는 진리에 어긋나는 것 같으나 그 속에 진실을 담고 있는 표현 기법을 역설이라고 한다.

① ㉠   ② ㉡
③ ㉢   ④ ㉣

20 다음 중 홑문장이 <u>아닌</u> 것은?

① 할아버지가 송도에서 물감을 사 오셨다.
② 마을 사람들은 개성을 송도라고 불렀다.
③ 할아버지는 무섭게 화를 내셨다.
④ 두 집 다 박가였고 서로 친척이었다.

21 다음은 「서동요」의 배경설화 중 일부이다. 이를 통해 알 수 있는 「서동요」의 성격으로 가장 적절한 것은?

> 이 동요가 장안에 퍼져 궁중까지 알려지니 모든 신하들이 탄핵하여 공주를 시골로 유배시킨다. 공주가 떠나려 할 때 왕후가 순금 한 말을 주어 보냈다. 공주가 귀양 가는 길에 서동이 나와서 절을 하고 모시고 가겠다고 하였다. 공주는 그가 어디에서 온 사람인지 알지는 못하지만 공연히 미덥고 즐거웠다. 그래서 따라가다가 서로 통하게 되었다. 그런 뒤에 서동의 이름을 알고 동요가 맞았다는 것을 알았다.

① 참요(讖謠)
② 의식요(儀式謠)
③ 유희요(遊戲謠)
④ 노동요(勞動謠)

22 언어습득이론의 성격이 <u>다른</u> 하나는?

① 인간은 태어날 때부터 말하기 위한 조건을 갖추고 태어난다.
② 말을 배운 뒤에는 특별한 노력을 기울이지 않아도 잘 구사할 수 있다.
③ 행동주의 언어습득이론으로도 불린다.
④ 언어의 습득은 인종이나 지능과 관계없이 누구나 비슷한 수준으로 이루어진다.

23 임춘이 지은 가전체 문학으로 돈을 의인화한 작품은?

① 「국선생전」
② 「청강사자현부전」
③ 「저생전」
④ 「공방전」

24 판소리계 소설에 대한 설명으로 옳지 <u>않은</u> 것은?

① 익명이 아닌 특정한 작가가 등장하기 시작했다.
② 순수한 우리말과 의성어·의태어가 자주 사용된다.
③ 거의 현재 진행형으로 처리된다.
④ 4·4조 중심의 운문체와 산문체가 결합되어 나타난다.

25 현대시의 흐름에 대한 설명으로 적절하지 <u>않은</u> 것은?

① 1910년대 : 계몽성과 교훈성은 쇠퇴하고, 자유시가 등장하였다.
② 1920년대 : 프로문학과 국민문학파가 등장하고, 시조 부흥 운동이 일어났다.
③ 1930년대 : 다수 동인지 문단 시대로 민요시 운동이 일어났다.
④ 1940년대 : 저항과 자기성찰의 문학이 대두되고, 전통에 대한 관심이 표출되기 시작했다.

26 다음은 어떤 작품에 대한 설명인가?

- 고대소설, 한문소설, 풍자소설
- 몰락한 양반 주인공
- 당시의 빈약한 경제 사정 반영
- 조선 시대 지배계층의 위선적 행동 비판

① 「박씨전」
② 「구운몽」
③ 「허생전」
④ 「홍길동전」

27 훈민정음에 대한 설명으로 옳지 않은 것은?

① 훈민정음은 상형, 가획, 합용의 원리로 창제되었다.
② 모음은 천지인을 상형한 'ㆍ, ㅡ, ㅣ'를 기본자로 하여 초출, 재출, 합용의 원리로 만들어졌다.
③ 자음은 발음 기관의 모양을 본떠 'ㄱ, ㄴ, ㅁ, ㅅ, ㅎ' 다섯 자를 기본으로 하였다.
④ 'ㄲ, ㄸ, ㅃ, ㅆ, ㅉ'은 각자병서, 'ㅲ, ㅵ, ㅺ, ㅼ, ㅽ, ㅴ'은 합용병서이다.

28 다음 설명에 해당하는 문학 작품은?

> 당파 싸움의 제물이 된 사도세자의 비극을 그의 빈 혜경궁 홍씨가 직접 기록한 회고록

① 「조침문」
② 「계축일기」
③ 「인현왕후전」
④ 「한중록」

29 가사에 대한 설명으로 옳지 않은 것은?

① 운문과 산문의 혼합 형태로, 운문에서 산문으로 넘어가는 과도기 형태의 문학 갈래이다.
② 조선 전기에는 유교적 이념을 바탕으로 한 서정적 가사가, 조선 후기에는 실학 사상을 기반으로 한 서사적 가사가 유행하였다.
③ 3・4조(4・4조) 연속체이며, 마지막 구절은 시조의 종장과 같다.
④ 궁중의 제전이나 연례 때 부르던 것으로, 대부분 송축을 내용으로 한다.

30 '얄리얄리 얄라셩 얄라리 얄라'의 후렴구를 가진 고려속요는 무엇인가?

① 「정읍사」
② 「동동」
③ 「서경별곡」
④ 「청산별곡」

31 형태소의 개수가 가장 많은 것은?

① 날씨가 덥겠더라.
② 나는 집으로 간다.
③ 훔쳐 갔을 수도 있겠군.
④ 너를 위해서 땀을 흘렸어.

32 다음은 어떤 문예지에 대한 설명인가?

> 우리나라 최초의 순수 문예지로서 1919
> 년 2월, 김동인·주요한·전영택 등에
> 의해 발간되었다. 3·1 운동 이후 동인
> 들이 분산되어 잠시 중단되기도 했으나
> (2호까지 발간), 1920년 다시 김동인에
> 의해 속간해 제9호까지 발간되었다. 기
> 성 문단에 대해 예리한 비판적 태도를
> 취하였으며, 주요한의 「불놀이」, 김동
> 인의 「약한 자의 슬픔」 등이 실렸다.

① 『개벽』
② 『창조』
③ 『폐허』
④ 『백조』

33 다음의 문장에서 나타나지 않는 음운 현상은?

> 나는 어제 친구와 같이 광한루에 갔다.

① 구개음화
② 경음화
③ 사잇소리 현상
④ 유음화

34 우리말의 어휘상 특징이 아닌 것은?

① 한자어나 외래어의 비중이 낮은 반면 고유어의 비중이 높다.
② 소리나 모양, 동작 등을 흉내 낸 의성어와 의태어가 발달했다.
③ 사람 사이의 사회적 상하 관계를 중시하는 의식이 반영되어 높임법이 발달했다.
④ 신체의 내부 또는 외부의 자극에 의하여 일어나는 느낌을 표현하는 감각어가 발달했다.

35 다음 내용에 대한 설명으로 가장 적절한 것은?

> 雨歇長堤草色多(우헐장제초색다)
> 비 개인 긴 둑엔 풀빛 더 파란데
> 送君南浦動悲歌(송군남포동비가)
> 남포에서 임 보내니 슬픈 노래 울린다.
> 大同江水何時盡(대동강수하시진)
> 대동강 저 물은 언제나 다할 것인고?
> 別淚年年添綠波(별루년년첨록파)
> 해마다 흘린 눈물로 푸른 물결 더 보태네.
> – 정지상, 「대동강」

① 설의법을 통해 슬픔을 극복하려는 강한 의지를 표현하고 있다.
② 아름다운 자연에 묻혀 인간 세상에서 겪은 상처를 치유하고 있다.
③ 슬픔을 대동강 물에 흘려보냄으로써 슬픔과의 단절을 꾀하고 있다.
④ '다(多), 가(歌), 파(波)' 등의 시어는 각운(脚韻)을 맞추기 위한 것이다.

36 우리말의 형태적 특징에 대한 설명으로 옳은 것은?

① 동사와 형용사의 활용이 유사하다.
② 수식어는 반드시 피수식어 앞에 온다.
③ 문장 성분의 순서를 비교적 자유롭게 바꿀 수 있다.
④ '주어–목적어–동사'의 어순을 이루는 언어의 유형에 속한다.

37 다음에서 설명하는 것은 『금오신화』에서 어떤 작품인가?

> 남원에 사는 노총각 양생(梁生)이 부처님과 윷놀이 내기를 하고 수년 전 왜구에게 죽은 처녀의 화신(化身)을 만나 사랑을 속삭였다는 내용

① 「만복사저포기」
② 「이생규장전」
③ 「취유부벽정기」
④ 「남염부주지」

38 문장의 표현이 가장 자연스러운 것은?

① 하나에 천 원씩 처줄 테니 나한테 팔아라.
② 정든 친구들과 헤어지려 하니 여간 슬프다.
③ 내가 눈물을 흘린 것은 고국에 남겨 둔 자식들이 그립다.
④ 굶주림에 시달리는 전쟁고아들의 참상을 차마 볼 수 없었다.

39 중세 국어는 표음주의 표기가 원칙이다. 표음주의와 관련이 없는 것은?

① 곳
② 닙
③ 식미
④ 기픈

40 다음 조사 중 그 기능이 다른 하나는?

① 할아버지께서 진지를 잡수신다.
② 물이 얼음이 되었다.
③ 나는 어제 친구와 영화를 보았다.
④ 기차를 타고 부산에 갔다.

제 2 회 적중모의고사 | 국어

제한시간: 50분 | 시작 ___시 ___분 - 종료 ___시 ___분

➡ 정답 및 해설 213p

01 향가에 대한 설명으로 옳지 <u>않은</u> 것은?

① 4구체, 8구체, 10구체의 형식으로 이루어지며, 10구체가 가장 정제된 형식이다.
② 현재 『삼대목(三代目)』, 『삼국유사(三國遺事)』, 『균여전(均如傳)』에 실려 전한다.
③ 작가층은 대부분 승려와 화랑이며, 향찰로 기록하였다.
④ 「모죽지랑가」, 「처용가」는 8구체 향가이다.

02 고려 시대의 평민들이 부르던 민요적 시가로 '여요(麗謠)' 또는 '장가(長歌)'라고 불리는 평민문학은?

① 경기체가
② 고려가요
③ 향가
④ 가전체

03 민요의 특징이 <u>아닌</u> 것은?

① 구비성
② 민중성
③ 주술성
④ 비전문성

04 이상향에 대한 동경과 좌절, 생명 의식과 허무 의지를 노래한 작품은?

① 유치환, 「깃발」
② 이육사, 「절정」
③ 김수영, 「폭포」
④ 심훈, 「그날이 오면」

05 다음에서 설명하는 것은?

- 광복 직후 조직
- 극예술연구회의 신극정신 계승
- 프로극에 대항, 민족극 표방

① 토월회
② 극예술협회
③ 유일단
④ 혁신단

06 세종대왕이 훈민정음을 창제한 이유와 가장 거리가 <u>먼</u> 것은?

① 배우기 어려운 한자를 없애고, 대신 한글을 사용하기 위해
② 한문에 표준음이 정해져 있지 않아 서로 뜻이 통하지 않는 경우가 있으므로
③ 유교 정신을 실천하고 질서를 확립하기 위해
④ 백성, 즉 많은 사람이 글자를 알 수 있게 하기 위해

07 「공무도하가」의 주제와 가장 관련이 없는 것은?

① 「정읍사」
② 「가시리」
③ 「구지가」
④ 「진달래꽃」

08 「한림별곡」의 특징으로 가장 적절한 것은?

① 가사문학의 백미(白眉)
② 대화체
③ 순수국문 표기
④ 경기체가의 효시(嚆矢)

09 송강 정철의 가사작품이 아닌 것은?

① 「태평사」
② 「성산별곡」
③ 「관동별곡」
④ 「속미인곡」

10 다음 글의 내용이 나타내는 언어의 특성은?

영미는 모두가 사물을 하나의 이름으로 부르는 게 싫어서 사물의 이름을 자신이 정한 다른 단어로 바꿔 부르기로 결심하였다. 영미는 '침대'를 '사진'이라 부르기로 결심하고는 "침대에 누울 거야."가 아닌, "사진에 누울 거야."라고 말하였으며, '의자'를 '시계'라 부르면서 "시계에 앉아 있다."라고 이야기하였다. 영미 주변의 친구들은 영미의 말을 좀처럼 알아들을 수 없었다.

① 언어의 자의성
② 언어의 역사성
③ 언어의 사회성
④ 언어의 창조성

11 윤동주 시의 특징과 가장 거리가 먼 것은?

① 간결한 심상과 매운 절개(節槪) 의식이 특징이다.
② 민족과 시대를 책임지는 주체자로서의 자아완성을 추구하였다.
③ 식민지 지식층이 겪는 정신적 고통과 인간 자체의 생명적 아픔을 노래하였다.
④ 순수하고 섬세한 감각적 서정시를 추구하였다.

12 1930년대 작품이 아닌 것은?

① 김유정, 「봄봄」
② 이상, 「날개」
③ 이광수, 「흙」
④ 최인훈, 「광장」

13 다음 제시문의 표기상의 특징으로 옳지 않은 것은?

나·랏:말ㅆ·미中듕國·귁·에 달·아文문字·ㅉ·와·로 서르ᄉᆞᄆᆞᆺ디 아·니홀·씨·이런젼·ᄎ·로 어·린百·빅姓·셩·이니르·고·져·홇·배이·셔·도ᄆᆞ·ᄎᆞᆷ:내제·ᄠ·들 시·러 펴·디:몯홇·노·미하·니·라 내·이·ᄅᆞᆯ 爲·윙·ᄒᆞ·야:어엿·비너·겨·새·로·스·믈·여·듏字·ㅉ·ᄅᆞᆯ밍·ᄀᆞ노·니:사ᄅᆞᆷ:마·다:ᄒᆡ·ᅇᅧ:수·ᄫᅵ니·겨·날·로·ᄡᅮ·메便뼌安한·ᄒᆞ·고·져 홇ᄯᆞ·ᄅᆞ·미니·라

① 동국정운식 표기를 하고 있다.
② 띄어쓰기를 하고 있다.
③ 어두에 자음군이 사용되었다.
④ 연철 표기를 하였다.

14 간접 높임말과 간접 낮춤말로 동시에 사용할 수 있는 것은?

① 댁
② 진지
③ 말씀
④ 돌아가시다

15 「사미인곡」과 「속미인곡」을 비교한 것으로 적절하지 <u>않은</u> 것은?

① 두 작품의 화자는 모두 임을 그리워하는 여성이다.
② 「사미인곡」은 독백체, 「속미인곡」은 대화체의 특징을 보인다.
③ 두 작품에서 화자의 태도는 모두 적극적이다.
④ 작자의 분신은 「사미인곡」은 '범나비', 「속미인곡」은 '구준비, 낙월'이다.

16 4 · 19 혁명을 계기로 우리 사회에서 금기시되어 온 이데올로기와 남북 분단의 비극을 정면으로 다룬 작품으로 주인공의 죽음을 통해 이념 선택의 한계를 극적으로 제시한 소설은?

① 김원일, 「어둠의 혼」
② 최인훈, 「광장」
③ 선우휘, 「불꽃」
④ 윤흥길, 「장마」

17 무대 상연을 목적으로 하지 않고, 읽히기 위한 목적으로 쓴 희곡을 무엇이라고 하는가?

① 창작 희곡
② 각색(脚色) 희곡
③ 레제드라마
④ 멜로드라마

18 판소리 여섯 마당과 관계가 <u>없는</u> 것은?

① 춘향가
② 적벽가
③ 장끼타령
④ 변강쇠타령

19 다음 밑줄 친 '어둠'의 함축적 의미로 알맞은 것은?

어둠은 새를 낳고, 돌을
낳고, 꽃을 낳는다.
아침이면,
어둠은 온갖 물상(物象)을 돌려주지만
스스로는 땅 위에 굴복(屈服)한다.
무거운 어깨를 털고
물상(物象)들은 몸을 움직이어
노동(勞動)의 시간(時間)을 즐기고 있다.
즐거운 지상(地上)의 잔치에
금(金)으로 타는 태양(太陽)의 즐거운
울림.
아침이면,
세상은 개벽(開闢)을 한다.
– 박남수, 「아침 이미지」

① 생명의 잉태
② 억압된 자유
③ 현실에 저항
④ 존재의 소멸

20 다음 괄호 안에 들어갈 시로 적절한 것은?

> 전라도 남원부에 사는 양생이 일찍이 부모를 여의고 아직 장가는 들지 아니하고 만복사의 동쪽 방에서 독신 생활을 하고 있었다. 그 방문 밖에는 배나무 한 그루가 서 있었는데, 그때 마침 봄을 맞이하여 꽃이 활짝 피어서 백옥나무에 은덩어리가 달려 있는 것 같았다. 양생은 언제나 달밤이면 그 나무 밑을 거닐면서 낭랑한 목소리로 시를 읊었다.
> (   )
> 시를 읊고 나자 별안간 공중에서 이상한 소리가 들려왔다.
> — 김시습, 「만복사저포기」

① 한 그루의 꽃나무 외로움을 벗삼으니
　휘영청 달 밝은 밤 시름도 하도 할샤
　푸른 꿈 홀로 누운 고요한 들창으로
　들려오는 저 퉁소 소리 어느 임이 불고 있나
② 요사이 안부를 묻노니 어떠하시나요
　달 비친 창문에 저의 한이 많습니다
　꿈 속의 넋에게 자취를 남기게 한다면
　문 앞의 들길이 반쯤은 모래가 되었을 걸
③ 봄 비 가늘어 방울 없더니
　밤 되자 빗소리 귀에 들리네
　눈 녹아 시냇물 불어날 테고
　파릇파릇 풀싹도 돋아날거야
④ 집 둘레와 섬돌가에 온통 국화 심었더니
　창문 열면 곳곳마다 국화꽃 만발하네
　꽃더미 언덕 이뤄 황금색이 넘쳐나니
　돈만 아는 부귀가라 남들이 욕하려나

21 소설의 특성과 가장 거리가 먼 것은?

① 주관성(主觀性)
② 허구성(虛構性)
③ 서사성(敍事性)
④ 모방성(模倣性)

22 다음 중 어법에 맞는 문장은?

① 정부는 일본 시마네 현의 '독도의 날' 선포에 대해 일본에게 강력히 항의하였다.
② 그 이론은 종래의 이론을 반박한 것이라 하여 크게 주목받았을 뿐 아니라 반대도 매우 컸다.
③ 공장의 폐수를 분리하도록 한 것은 환경보호를 위한 조치를 강화시킨 대표적인 예로 들 수 있다.
④ 여기서 주의해야 할 점은 일제의 식민지 교육이 민족을 분열시키는 간교한 수단으로 활용되었다는 것이다.

※ 다음을 읽고 물음에 답하시오. (23 ~ 24)

> (가) 이씨의 사촌이 되지 말고
> 민씨의 팔촌이 되려무나.
> 아리랑 아리랑 아라리요
> 아리랑 배 띄여라 노다 가세.
> 남산 밑에다 장충단을 짓고
> 군악대 장단에 받들어 총만 한다.
> 아리랑 아리랑 아라리요
> 아리랑 배 띄여라 노다 가세.
>
> (나) 형님 온다 형님 온다 분고개로 형님 온다.
> 형님 마중 누가 갈까 형님 동생 내가 가지.
> 형님 형님 사촌 형님 시집살이 어떱뎁까?
> 이애 이애 그말 마라 시집살이 개집살이
> 앞밭에는 당추 심고 뒷밭에는 고추 심어,
> 고추 당추 맵다 해도 시집살이 더 맵더라.

23 (가)에 대한 설명으로 옳지 <u>않은</u> 것은?

① 우리 민족의 절박했던 상황이 잘 드러나 있다.
② 대표적인 적층 민요이다.
③ 일상어를 그대로 옮겨 놓았다.
④ 내용 자체를 굴절시켜 간접적으로 전달하고 있다.

24 (나)에 대한 설명으로 옳지 <u>않은</u> 것은?

① 가부장적 사회에서 느끼는 삶의 고통과 한을 내적으로 억제하며 표현하고 있다.
② 평범한 일상어로 되어 있으면서도 언어의 묘미를 잘 살리고 있다.
③ 고된 시집살이를 하는 부녀자들의 생활을 대화 형식으로 표현한 부요(婦謠)이다.
④ 대구와 대조, 반복과 열거 등 다양한 표현 방법이 사용되었다.

25 다음 작품의 주제로 가장 적절한 것은?

> 春去花猶在(춘거화유재)
> 天晴谷自陰(천청곡자음)
> 杜鵑啼白晝(두견제백주)
> 始覺卜居深(시각복거심)
> 　　　　　　　 – 이인로, 「산거」

① 이별의 정한
② 타국에서의 슬픔
③ 자연에 은거하고자 하는 마음
④ 탐관오리의 횡포 풍자

26 어법에 어긋남이 <u>없는</u> 문장은?

① 어느 땐가 절망 속에 헤매이던 시절이 있었다.
② 거기에 씨름군들이 다 모여 있었다.
③ 운명을 건 거사의 날, 칠흙같이 어두운 밤이었다.
④ 이번 여름은 후텁지근한 날이 많아 견디기 어렵다.

27 띄어쓰기 원칙에 맞게 쓴 문장은?

① 서울에∨온∨지∨십여∨년이∨됐다.
② 지금∨부터는∨오는∨대로∨입장해야∨한다.
③ 나를∨알아주는∨사람은∨너∨밖에∨없다.
④ 이∨방법은∨쇠의∨강도를∨높이는데∨활용된다.

28 사이시옷이 <u>잘못</u> 사용된 말은?

① 셋방(貰房)
② 뒷간(退間)
③ 곳간(庫間)
④ 갯수(個數)

29 다음 내용이 설명하는 현상은?

> 첫소리에 유음 'ㄹ'과 'ㄴ', '냐, 녀, 뇨,
> 뉴' 등의 소리가 오지 않는다.

① 모음조화
② 자음동화
③ 음절 끝소리 규칙
④ 두음법칙

30 '콧날'에 나타나는 음운현상이 <u>아닌</u> 것은?

① 음운 축약
② 사잇소리 현상
③ 음절의 끝소리 규칙
④ 비음화

31 다음 시조를 이해한 내용으로 적절하지 <u>않은</u> 것은?

> 두터비 ᄑᆞ리를 물고 두험 우희 치ᄃᆞ라 안자
> 것넌 산(山) ᄇᆞ라보니 백송골(白松骨)이 ᄯᅥ잇거ᄂᆞᆯ 가슴이 금즉ᄒᆞ여 풀덕 ᄲᅱ여 내ᄃᆞᆺ다가 두험아래 잣바지거고
> 모쳐라 놀낸 낼식만졍 에헐질 번 ᄒᆞ괘라

① '백송골, 두험, 금즉하여, 모쳐라' 등 서민적인 일상어를 사용하고 있다.
② 두꺼비는 비판의 대상으로 볼 수 있다.
③ 두꺼비는 약자에게는 군림하고 강자에게는 비굴한 존재로 그려진다.
④ 종장에서 화자를 바꾸어 풍자의 효과를 높이고 있다.

32 다음 고대시가에서 '노동요'에 속하는 것은?

① 「황조가」
② 「도솔가」
③ 「공무도하가」
④ 「구지가」

33 중세 국어에 대한 다음 설명으로 적절하지 않은 것은?

> ⊙ 孔子(공ᄌᆞ)ㅣ 曾子(증ᄌᆞ)ᄃᆞ려 닐러 ᄀᆞᆯᄋᆞ
> 샤ᄃᆡ 몸이며 얼굴이며 머리털이며 ⓒ ᄉᆞᆯᄒᆞᆫ 父母(부모)ᄭᅴ ⓒ 받ᄌᆞ온 거시라 敢(감)히 헐워 샹ᄒᆞ오디 아니 홈이 효도이 비르소미오 몸을 셰워 道(도)를 行(ᄒᆡᆼ)ᄒᆞ야 일홈을 後世(후셰)예 베퍼 ⓔ ᄡᅥ 父母(부모)ᄅᆞᆯ 현뎌케 홈이 효도이 ᄆᆞᄎᆞᆷ이니라.

① ⊙ : 중세국어 시기에도 주격 조사를 사용했다는 사례

② ⓒ : 중세국어 시기에는 'ㅎ'으로 끝나는 체언을 사용했다는 사례

③ ⓒ : 중세국어 시기에는 객체를 높이는 형태소로 '–ᄌᆞᆸ–'이 있었다는 사례

④ ⓔ : 중세국어 시기에 어두에 두 개 자음을 하나의 자음처럼 발음했다는 사례

※ 다음 글을 읽고 물음에 답하시오. (34 ~ 35)

> 원 산부인과에서는 만단의 수술 준비를 갖추고 보증금이 도착되기만을 기다리고 있었다. 학교에서 우격다짐으로 후려낸 가불에다 가까운 동료들 주머니를 닥치는 대로 떨어 간신히 마련한 일금 10만 원을 건네자 금테의 마비츠 안경을 쓴 원장이 바로 마취사를 부르도록 간호원에게 지시했다. 원장은 내가 권 씨하고 아무 척분도 없으며 다만 그의 셋방 주인일 따름인 걸 알고는 혀를 찼다.
> "아버지가 되는 방법도 정말 여러 질이군요. 보증금을 마련해 오랬더니 오전 중에 나가서는 여태껏 얼굴 한번 안 비치지 뭡니까."
> "맞습니다. 의사가 애를 꺼내는 방법도 여러 질이듯이 아버지 노릇 하는 것도 아마 여러 질일 겁니다."
> 나는 내 말이 제발 의사의 귀에 농담으로 들리지 않기를 바랐으나 유감스럽게도 금테 안경의 상대방은 한 차례의 너털웃음으로 그걸 간단히 눙쳐 버렸다. 나는 이미 죽은 게 아닌가 싶게 사색이 완연한 권 씨 부인이 들것에 실려 수술실로 들어가는 걸 거들었다.
> – 윤흥길, 「아홉 켤레의 구두로 남은 사내」

34 윗글의 서술 방식에 대한 설명으로 가장 적절한 것은?

① 작품 밖의 서술자가 작품 안의 인물에 대해 서술한다.

② 외부 이야기 속에 내부 이야기를 삽입하여 시점과 주인공이 바뀐다.

③ 작품 속의 서술자가 특정 인물을 관찰하여 서술한다.

④ 작품 속 서술자의 요약적 서술을 통해 특정 인물의 심리와 성격을 제시한다.

35 밑줄 친 부분에 숨겨진 화자의 의도로 가장 적절한 것은?

① 사람의 목숨보다 돈을 더 중시하는 원장 의사에 대한 비난을 담고 있다.

② 목숨이 위태로운 자기 아내를 내팽개친 권씨에 대한 비난을 담고 있다.

③ 최소한의 인간적인 삶도 허락하지 않는 정부의 정책을 비난하고 있다.

④ 다양한 인간들의 삶이 얽혀 있는 현실에 대한 무기력증을 표현하고 있다.

36 청록파에 대한 설명으로 옳은 것은?

① 심화된 정감을 한국적인 운율로 재구성하는 자각이 뚜렷하였다.

② 자연미의 재발견과 국어미의 순화 및 생명 원천의 이데아 추구 등에 주력하였다.

③ 전통보다는 개인의 특성을 중요하게 여긴다.

④ 식민지 지식층이 겪는 정신적 고통과 인간 자체의 생명적 아픔을 순수하고 섬세한 표현으로 노래하였다.

37 다음 시에 대한 설명으로 적절하지 <u>않은</u> 것은?

> 나는 꿈꾸었노라, 동무들과 내가 가지런히
> 벌가의 하루 일을 다 마치고
> 석양에 마을로 돌아오는 꿈을,
> 즐거이, 꿈 가운데.
>
> 그러나 집 잃은 내 몸이여,
> 바라건대는 우리에게 우리의 보습 대일
> 땅이 있었더면!
> 이처럼 떠돌으랴, 아침에 저물손에
> 새라 새로운 탄식을 얻으면서.
>
> 동이랴, 남북이랴,
> 내 몸은 떠가나니, 볼지어다,
> 희망의 반짝임은, 별빛이 아득임은.
> 물결뿐 떠올라라, 가슴에 팔다리에.
>
> 그러나 어쩌면 황송한 이 심정을! 날로
> 날이 내 앞에는
> 자칫 가늘은 길이 이어가라. 나는 나아가
> 리라.
> 한 걸음, 또 한 걸음. 보이는 산비탈엔
> 온 새벽 동무들, 저 저 혼자…… 산경을
> 김매이는.
>   – 김소월, 「바라건대는 우리에게
>   우리의 보습 대일 땅이 있었더면」

① 1연에는 평화로운 삶에 대한 기대가 드러난다.

② 2연에는 삶의 터전을 잃고 헤매는 삶의 고통이 나타난다.

③ 3연에는 희망이 없는 현실의 모습이 드러난다.

④ 4연에는 현실의 모습에 절망하는 모습이 드러난다.

38 문맥상 빈칸에 들어갈 가장 알맞은 말은?

> 흥부 하는 말
> "형님 댁에 갔다가 보리나 타고 오게?"
> 흥부 아내 착한 마음에 보리라 하니까 먹는 보리로만 알고 하는 말이,
> "여보, 배부른 소리 작작하오. 보리는 흉년 곡식이라 느루 먹기는 정말 쌀보다 낫습네다."
> 흥부 하는 말이,
> "여보 마누라, 보리라니까 갈보리, 봄보리, 늦보리로 아나 보오 그려. 우리 형님이 음식 끝을 볼 양이면 사촌을 몰라보고 가사목이나무 푸레 몽치로 함부로 치는 성품이니 그런 보리를 어떤 놈이 탄단 말인가."
> 흥부 아내 하는 말이,
> "애고, 이 말이 웬 말이오. 상담(常談)에 (㉠   )는 말이 있지 않소. 맞으나 아니 맞으나 쏘아 보다가 그만둡소."
> 흥부 이 말 듣고 마지못하여 형의 집으로 건너간다.
> – 작자 미상, 「흥부전」

① 소 가는 데 말도 간다.
② 동냥은 아니 주더라도 쪽박은 깨지 말라.
③ 하루 죽을 줄은 모르고 열흘 살 줄만 안다.
④ 자식 죽는 건 봐도 곡식 타는 건 못 본다.

39 다음 작품에 대한 설명으로 옳지 않은 것은?

> 새침하게 흐린 품이 눈이 올 듯하더니 눈은 아니 오고 얼다가 만 비가 추적추적 내리는 날이었다. 이 날이야말로 동소문 안에서 인력거꾼 노릇을 하는 김 첨지에게는 오래간만에도 닥친 운수 좋은 날이었다. 문 안(거기도 문 밖은 아니지만) 들어 간답시는 앞집 마나님을 전찻길까지 모셔다 드린 것을 비롯으로, 행여나 손님이 있을까 하고 정류장에서 어정어정하며 내리는 사람 하나하나에게 거의 비는 듯한 눈결을 보내고 있다가 마침내 교원인 듯한 양복쟁이를 동광학교까지 태워다 주기로 되었다.
> – 현진건, 「운수 좋은 날」

① 전지적 작가 시점으로 서술되어 등장인물의 내면을 잘 알 수 있다.
② 비가 추적추적 내리는 배경은 사건 전개의 결과를 암시하고 있다.
③ 전체적으로 볼 때 퇴폐적 낭만주의 경향의 작품이라 할 수 있다.
④ 단 하루 동안의 일과를 통해 하층민의 고단한 삶의 모습을 보여 주고 있다.

40 내부 이야기와 외부 이야기로 구성되는 소설의 구성 방식은?

① 복합 구성
② 단순 구성
③ 옴니버스식 구성
④ 액자식 구성

제한시간: 50분 | 시작 _____시 _____분 – 종료 _____시 _____분

⊡ 정답 및 해설 217p

01 「공무도하가」와 관련이 없는 것은?

① 「공후인」
② 백수광부
③ 여옥
④ 화희

02 「처용가」에 대한 평가 중 '민속 신앙적 관점'이 드러난 것은?

① 굿이나 연극 속에서 불린 노래이다.
② 문학적 내포와 시적 긴장감이 없는 지방 문학이다.
③ 불교적 사심(捨心)을 성취한 고도의 문학이다.
④ 만인의 오이디푸스 콤플렉스를 표현하였다.

03 다음 제시문에 대한 설명으로 옳지 않은 것은?

> 銀은 ㄱ튼 무지게, 玉옥 ㄱ튼 龍룡의 초리, 섯돌며 쑴는 소리 十십里리의 조자시니, 들을 제는 우레러니 보니는 눈이로다.
>
> – 정철, 「관동별곡」

① 시각적 이미지와 청각적 이미지를 사용한 복합 감각적 표현이 사용되었다.
② 자연물에 의탁하여 연군지정을 효과적으로 표현했다.
③ 비유법과 대구법을 적절하게 사용하여 자연을 화려하게 표현했다.
④ 기발한 조어(造語)와 형상적 문체로 폭포를 묘사한 부분이다.

04 「무정」의 근대소설적인 특징으로 옳은 것은?

① 구조자의 등장
② 언문일치(言文一致)에 가까운 문체를 사용
③ 지도자적 상층 인물의 성격
④ 영웅소설의 구조

05 전원생활을 노래한 시조가 <u>아닌</u> 것은?

① 대쵸 볼 불근 골에 밤은 어이 쌧드르며,
   벼 븬 그르헤 게는 어이 느리는고.
   술 닉쟈 쳬쟝ᄉ 도라가니 아니 먹고 어이리.

② 동창(東窓)이 볼갓느냐 노고지리 우지
   진다.
   쇼 칠 아히는 여틔 아니 니럿느냐.
   재 너머 ᄉ래 긴 밧츨 언제 갈려 ᄒ나니.

③ 삿갓세 도롱이 닙고 세우 중에 호믜메고
   산전(山田)을 훗매다가 녹음(綠陰)에 누
   어시니
   목동(牧童)이 우양(牛羊)을 모라 잠든 날
   을 깨와다.

④ 북창(北窓)이 묽다커늘 우장(雨裝) 업시
   길을 난이
   산에는 눈이 오고 들에는 찬비로다.
   오늘은 찬비 맛쟛시니 얼어 잘까 ᄒ노라.

06 (가)와 (나)에 나타난 '꿈'의 특징이 바르게
연결된 것은?

> (가) 오백년 도읍지를 필마(匹馬)로 도
>   라 드니,
>   산천은 의구(依舊)ᄒ되 인걸(人傑)
>   은 간듸 없다.
>   어즈버, 태평연월(太平烟月)이 <u>꿈</u>
>   이런가ᄒ노라.
>
> (나) 이화우(梨花雨) 훗쑤릴 제 울며 잡
>   고 이별ᄒ 님,
>   추풍낙엽(秋風落葉)에 저도 날 싱
>   각는가.
>   천 리(千里)에 외로온 <u>꿈</u>만 오락가
>   락 ᄒ노매.

	(가)	(나)
①	오매불망(寤寐不忘)	일장춘몽(一場春夢)
②	전전긍긍(戰戰兢兢)	회자정리(會者定離)
③	일장춘몽(一場春夢)	오매불망(寤寐不忘)
④	노심초사(勞心焦思)	전전반측(輾轉反側)

07 가사 작품의 영향 관계가 바르게 연결된
것은?

① 정극인, 「상춘곡」 → 정철, 「성산별곡」
   → 송순, 「면앙정가」

② 정극인, 「상춘곡」 → 송순, 「면앙정가」
   → 정철, 「성산별곡」

③ 송순, 「면앙정가」 → 정극인, 「상춘곡」
   → 정철, 「성산별곡」

④ 정철, 「성산별곡」 → 정극인, 「상춘곡」
   → 송순, 「면앙정가」

08 다음은 「최척전」에 나오는 시의 구절이다.
시에 대한 감상으로 옳지 <u>않은</u> 것은?

> 왕자진이 피리를 부니 달도 내려와 들으
> 려 하네.
> 푸른 난조(鸞鳥) 나는 것을 막아나 보리,
> 바다처럼 푸른 하늘엔 이슬만 서늘한데,
> 봉래산 가는 길이 안개와 놀에 싸여 찾
> 을 수가 없네.

① 가락이 비교적 느리고 처연하다.

② '피리 소리'에 대해 회답하는 듯한 노래
   이다.

③ 점층적 표현으로 고조되는 감정을 표현하
   고 있다.

④ '피리 소리'는 상봉(相逢)의 매개체가 되
   고 있다.

09 1970년대 산업화·도시화로 인한 노동자 집단의 빈곤을 주제로 한 소설이 <u>아닌</u> 것은?

① 박경리, 「김약국의 딸들」
② 황석영, 「삼포 가는 길」
③ 조세희, 「난장이가 쏘아올린 작은 공」
④ 윤흥길, 「아홉 켤레의 구두로 남은 사내」

10 다음에서 나타나는 언어의 기능은 무엇인가?

> • 아야, 아파!
> • 에구머니나!

① 표현적 기능
② 감화적 기능
③ 친교적 기능
④ 표출적 기능

11 중의성을 가지지 <u>않는</u> 문장은?

① 나와 내 동생이 좋아하는 사람들이 같이 갔다.
② 본 사적지 내의 고분은 고고학적으로 중요한 가치를 지닌다.
③ 순철이와 영희가 결혼했다.
④ 나는 항상 놀지 않는다.

12 언어습득이론 중 어린이가 언어를 습득하는 것을 선천적인 것으로 보는 이론은 무엇인가?

① 합리주의
② 경험주의
③ 절대주의
④ 상대주의

13 다음 시의 운율에 대한 설명으로 적절하지 <u>않은</u> 것은?

> 해야 솟아라, 해야 솟아라, 말갛게 씻은 얼굴 고운 해야 솟아라. 산 넘어 산 넘어서 어둠을 살라 먹고, 산 넘어서 밤새도록 어둠을 살라 먹고, 이글이글 앳된 얼굴 고운 해야 솟아라.
> – 박두진, 「해」

① 일정한 음보를 반복하여 율격을 형성하고 있다.
② 'ㅅ'음을 반복하여 가쁜 숨결을 느끼게 하고 있다.
③ 감탄형 어미를 반복하여 소망의 절실함을 드러내고 있다.
④ 음성 상징어를 통해 시각적 이미지를 강화하고 있다.

14 다음 단어에 공통으로 드러난 음운 현상은?

> 무릎맞춤, 책 넣는다, 흙 냄새, 옷 말리다

① 사잇소리
② 동화
③ 축약
④ 탈락

15 고려 시대 문학의 특징과 관련이 <u>없는</u> 것은?

① 신라의 불교문화를 계승하였으며, 과거 제도의 실시로 한문학이 융성했다.

② 향가가 쇠퇴했고, 고려가요가 평민층에서 널리 애송되었다.

③ 귀족문학인 경기체가가 발달했고, 시조가 발생했다.

④ 운문 중심에서 산문 중심의 문학으로 발전했다.

16 외래어 표기법의 기본 원칙으로 옳지 <u>않은</u> 것은?

① 외래어는 국어의 현용 24자모만으로 적는다.

② 외래어의 1음운은 원칙적으로 1기호로 적는다.

③ 받침에는 'ㄱ, ㄴ, ㄹ, ㅁ, ㅂ, ㅅ, ㅇ, ㅍ, ㅎ'을 쓴다.

④ 파열음 표기에는 된소리를 쓰지 않는 것을 원칙으로 한다.

17 다음 상황에서 이쁜이가 불렀음직한 노래로 가장 적절한 것은?

> 물론, 아무 죄도 없이 이쁜이가 그 자에게 그렇게 얻어맞은 것은 심히 억울한 일이다. 그것을 가지고 따지자면, 직접 책임은 점룡이에게 있다고 하겠으나, 강가와 같이 산다 해도 끝끝내 다행한 날을 맞아 보기는 어려운 일이라 하면, 진작 이렇게 갈라설 수 있었던 것이 결국은 얼마나 좋을지 모른다.
>
> 외로운 어머니도 이번에는 다시 이쁜이를 그 집에 보내려 하지 않았다. 그는 그 이튿날로 즉시 필원이네를 시켜 딸의 세간을 아주 찾아오고야 말았다.
>
> 동네 아낙네들은 이쁜이의 시집살이가 그렇게도 맵던 것을 잘 알고 있었으므로, 공연히 그 집에서 고생만 더 하느니, 오히려 시원하게 잘 되었다고 모두들 같은 의견이었다.
>
> – 박태원, 「천변풍경」

① 이애 이애 그 말 마라 시집살이 개집살이. 앞밭에는 당추 심고 뒷밭에는 고추 심어 고추 당추 맵다 해도 시집살이 더 맵더라. 둥글둥글 수박 식기(食器) 밥 담기도 어렵더라.

② 바릿밥 남 주시고 잡숫느니 찬 것이며 두둑히 다 입히고 겨울이라 엷은 옷을 솜치마 좋다시더니 보공되고 말어라.

③ 흥보기도 싫다마는 저 부인의 거동보소. 시집 간 지 석 달 만에 시집살이 심하다고 친정에 편지하여 시집 흉을 잡아 내네.

④ 임 그린 상사몽(想思夢)이 실솔의 넋이 되어 추야장 깊은 밤에 님의 방에 들었다가 날 잊고 깊이 든 잠을 깨워 볼까 하노라.

18 의인화한 대상이 바르게 연결되지 <u>않은</u> 것은?

① 「죽부인전」 – 대나무
② 「국순전」 – 술
③ 「공방전」 – 나침반
④ 「정시자전」 – 지팡이

19 「화왕계」와 관련이 <u>없는</u> 것은?

① 의인체
② 꽃
③ 설총
④ 직접적 표현

20 일제 강점기에 등장한 시문학 유파가 <u>아닌</u> 것은?

① 미래파
② 청록파
③ 생명파
④ 시문학파

21 희곡의 삼일치(三一致) 법칙에 속하지 <u>않는</u> 것은?

① 시간의 일치
② 장소의 일치
③ 행동의 일치
④ 인물의 일치

※ 다음을 읽고 물음에 답하시오. (22 ~ 24)

> (가) 임이여, 물을 건너지 마오　　　公無渡河
> 　　 임은 기어이 ㉠ <u>물을 건너시다</u>　公竟渡河
> 　　 물에 빠져 죽으니　　　　　　　 墮河而死
> 　　 이제 임을 ㉡ <u>어찌할거나</u>　　 當奈公何
> 　　 – 백수광부의 처, 「공무도하가(公無渡河歌)」
>
> (나) 펄펄 나는 ㉢ <u>꾀꼬리는</u>　　　 翩翩黃鳥
> 　　 암수가 서로 정다운데　　　　　 雌雄相依
> 　　 외로운 이내 몸은　　　　　　　 念我之獨
> 　　 뉘와 함께 돌아갈꼬　　　　　　 誰其與歸
> 　　　　　 – 유리왕, 「황조가(黃鳥歌)」
>
> (다) 비 개인 긴 언덕에는 ㉣ <u>풀빛이 푸른데</u>
> 　　　　　　　　　　　 雨歇長堤草色多
> 　　 그대를 남포에서 보내며 슬픈 노래 부르네
> 　　　　　　　　　　　 送君南浦動悲歌
> 　　 대동강 물은 그 언제 다할 것인가
> 　　　　　　　　　　　 大同江水何時盡
> 　　 이별의 눈물 해마다 푸른 물결에 더하는
> 　　 것을　　　　　　　　 別淚年年添綠波
> 　　　　　 – 정지상, 「송인(送人)」

22 (가)~(다)의 공통점으로 적절한 것은?

① 회상의 기법을 사용해 이별의 슬픔을 극대화하고 있다.
② 이별의 고통과 그것을 극복하려는 의지가 드러나 있다.
③ 임에 대한 영원한 사랑을 다짐하고 있다.
④ 자신이 처한 상황에 대한 비애의 정서가 드러나 있다.

23 (가)의 시적 화자의 심리 변화 과정으로 적절한 것은?

① 애원 – 초조 – 비애 – 탄식
② 당부 – 놀람 – 탄식 – 절망
③ 초조 – 탄식 – 원망 – 절망
④ 애원 – 기원 – 원망 – 비애

24 ㉠~㉢에 대한 설명으로 옳지 않은 것은?

① ㉠ : 임과 화자의 이별의 계기가 된다.
② ㉡ : 어쩔 수 없는 상황에 대한 체념적 어투가 드러난다.
③ ㉢ : 화자의 처지와 대조되는 소재이다.
④ ㉣ : 이별을 비유하는 소재이다.

25 다음 소설의 작품 요약에 대한 설명으로 옳지 않은 것은?

> 복녀는 가난했지만 정직한 농가의 유교적 가율로 자란 농민의 딸이다. 그녀는 막연하나마 도덕에 대한 의식도 가지고 있었다. 그녀가 시집 간 20년 연상의 남편은 게으르고 무능했기 때문에 전답도 없어지고 신용도 떨어져, 막벌이는 물론 행랑살이마저 못하게 되자 칠성문 밖 빈민굴로 쫓겨나 살게 된다.

① 주제는 현실의 추악함과 인간의 존엄성 상실이다.
② 복녀는 도덕성을 지닌 여자에서 도덕성을 상실한 여자로 변하는 입체적 인물이다.
③ 복녀가 타락한 원인은 지주의 횡포 때문이다.
④ 배경은 1920년대 평양의 빈민굴인 칠성문 밖 동네이다.

26 전통극의 종류가 아닌 것은?

① 가면극
② 인형극
③ 무극
④ 소극

27 파생어끼리 묶인 것은?

① 치솟다, 고무신
② 새빨갛다, 놀이
③ 얽매다, 풋사랑
④ 굶주리다, 까막까치

28 다음 중 띄어쓰기가 옳지 않은 것은?

① 꽃 중의 꽃 무궁화가 활짝 피었다.
② 새로 들어온 요리사는 다년간의 경험을 살려 손님을 끌었다.
③ 정말로 아무것도 아닌 사람이 행복하다는 말을 하고 싶다.
④ 그런 거짓말을 하는 것을 보니 심보가 참 못 된 친구이다.

29 다음 문장은 몇 어절로 이루어진 문장인가?

> 두사람은가까워지기는커녕점점더멀어
> 져만갔다.

① 5어절
② 6어절
③ 7어절
④ 8어절

30 일어나는 음운 현상이 <u>다른</u> 하나는?

① 꽃도
② 신라
③ 국물
④ 독립

31 다음 설명을 참고할 때, 높임 표현의 방식이 나머지와 <u>다른</u> 것은?

> 한국어는 높임 표현이 발달해 있다. 이
> 는 세 유형으로 나뉘는데 주체를 높이는
> 방식, 객체를 높이는 방식, 청자를 높이
> 는 방식이 그것이다.

① 영철이는 선생님께 여쭤 보고 결정하기로
   했다.
② 아버지께 전화를 드리고 나가는 거니?
③ 우리 가족은 주말에 할머니를 모시고 동
   물원에 갈 것이다.
④ 새벽만 되면 할아버지께서는 어디에 가
   실까?

32 「정읍사」에 대한 설명으로 옳지 <u>않은</u> 것은?

① 백제 시대에 창작된 것으로 알려져 있다.
② 행상 나간 남편의 무사귀환을 빌고 있다.
③ 한글로 기록된 가장 오래된 가요이다.
④ 주술성을 지닌 노래로 집단적으로 불렸다.

33 밑줄 친 시어 가운데 내적 연관성이 가장 <u>적은</u> 것은?

> 유리에 <u>차고 슬픈 것</u>이 어른거린다.
> 열없이 붙어서서 입김을 흐리우니
> 길들은 양 언 날개를 파다거린다.
> 지우고 보고 지우고 보아도
> <u>새까만 밤</u>이 밀려나가고 밀려와 부딪히고,
> <u>물먹은 별</u>이, 반짝, 보석처럼 박힌다.
> 밤에 홀로 유리를 닦는 것은
> 외로운 황홀한 심사이어니,
> 고운 폐혈관이 찢어진 채로
> 아아, <u>늬</u>는 산ㅅ새처럼 날아갔구나!
> – 정지용, 「유리창」

① 차고 슬픈 것
② 새까만 밤
③ 물먹은 별
④ 늬

34 다음 시에 대한 설명으로 옳지 <u>않은</u> 것은?

> 아무도 그에게 수심(水深)을 일러준 일
> 이 없기에
> 흰나비는 도무지 바다가 무섭지 않다.
>
> 청(靑)무우 밭인가 해서 내려갔다가는
> 어린 날개가 물결에 절어서
> 공주처럼 지쳐서 돌아온다.
>
> 삼월달 바다가 꽃이 피지 않아서 서글픈
> 나비 허리에 새파란 초승달이 시리다.
>   - 김기림, 「바다와 나비」

① 이 시에서 '나비'가 바다에서 궁극적으로
 찾는 대상은 '꽃'이다.
② 이 시에서 '흰나비'와 이미지가 대조되는
 시어는 '바다, 청무우 밭, 새파란 초승달'
 이다.
③ '나비'는 허무적 꿈을 가지고 여행하는 의
 지적 존재를 형상화한 시어로 볼 수 있다.
④ '나비'가 '바다'를 향해 내려갔다가 지쳐서
 돌아오는 행위는 거대한 문명 앞에 무릎꿇
 는 당시 지식인의 모습으로 볼 수 있다.

35 시어(詩語)의 특징으로 가장 알맞은 것은?

① 객관성
② 직접성
③ 다의성
④ 지시성

36 다음 밑줄 친 표현에 주로 나타나는 언어적
기능은?

> 나흘 전 감자 쪼간만 하더라도, 나는
> 저에게 조금도 잘못한 것은 없다.
> 계집애가 나물을 캐러 가면 갔지 남
> 울타리 엮는 데 쌩이질을 하는 것은 다
> 뭐냐. 그것도 발소리를 죽여 가지고 등
> 뒤로 살며시 와서
> "얘! 너 혼자만 일하니?"
> 하고 긴치 않은 수작을 하는 것이었다.
> 어제까지도 저와 나는 이야기도 잘 않
> 고 서로 만나도 본척만척하고 이렇게 점
> 잖게 지내던 터이런만, 오늘로 갑작스레
> 대견해졌음은 웬일인가. 항차 망아지만
> 한 계집애가 남 일하는 놈 보구…….
> "그럼 혼자 하지 때루 하디?"
>   - 김유정, 「동백꽃」

① 미학적 기능
② 지령적 기능
③ 친교적 기능
④ 표현적 기능

37 다음 작품에 활용된 시점(視點)에 대한 설명으로 가장 적절한 것은?

> 우리 부부는 숙명적으로 발이 맞지 않는 절름발이인 것이다. 내나 아내나 제 거동에 로직을 붙일 필요는 없다. 변해할 필요도 없다. 사실은 사실대로 오해는 오해대로 그저 끝없이 발을 절뚝거리면서 세상을 걸어가면 되는 것이다. 그렇지 않을까? 그러나 나는 이 발길이 아내에게로 돌아가야 옳은가 이것만은 분간하기가 좀 어려웠다. 가야 하나? 그럼 어디로 가나?
>
> 이때 뚜— 하고 정오 사이렌이 울었다. 사람들은 모두 네 활개를 펴고 닭처럼 푸드덕거리는 것 같고 온갖 유리와 강철과 대리석과 지폐와 잉크가 부글부글 끓고 수선을 떨고 하는 것 같은 찰나, 그야말로 현란을 극한 정오다. 나는 불현듯이 겨드랑이가 가렵다.
>
> – 이상, 「날개」

① 서술자는 인물의 대화와 행동, 장면 등을 객관적으로 관찰하고 전달하여 극적 효과를 야기한다.
② 중심인물의 내면이 드러나지 않아 긴장감과 경이감을 조성하며, 어떠한 인물을 관찰자로 설정했는가에 따라 소설의 효과가 달라진다.
③ 서술자와 인물, 서술자와 독자의 거리는 멀지만, 인물과 독자의 거리는 가깝다.
④ 서술자의 내면적 갈등이나 감정 등의 심리변화를 생생하게 전해 줄 수 있으나 객관성이 결여될 수 있다.

38 로마자 표기법이 옳지 <u>않은</u> 것은?

① 춘천 – Chuncheon
② 밀양 – Millyang
③ 청량리 – Cheongnyangni
④ 예산 – Yesan

※ 다음 글을 읽고 물음에 답하시오. (39 ～ 40)

> (가) 사내는 고개를 떨구고 한참 동안 무언지 입을 우물거리고 있었다. 안이 손가락으로 내 무릎을 찌르며 우리는 꺼지는 게 어떻겠느냐는 눈짓을 보냈다. 나 역시 동감이었지만 그때 그 사내가 다시 고개를 들고 말을 계속했기 때문에 우리는 눌러앉아 있을 수밖에 없었다.
>
> "아내와는 재작년에 결혼했습니다. 우연히 알게 되었습니다. 친정이 대구 근처에 있다는 얘기만 했지 한 번도 친정과는 내왕이 없었습니다. ⓐ 난 처갓집이 어딘지도 모릅니다. 그래서 할 수 없었어요."
>
> 그는 다시 고개를 떨구고 입을 우물거렸다. ⓑ "뭘 할 수 없었다는 말입니까?" 내가 물었다. 그는 내 말을 못 들은 것 같았다. 그러나 한참 후에 다시 고개를 들고 마치 애원하는 듯한 눈빛으로 말을 이었다. ⓒ "아내의 시체를 병원에 팔았습니다. 할 수 없었습니다. 난 서적 외판원에 지나지 않습니다. 할 수 없었습니다. ⓓ 돈 사천 원을 주더군요. 난 두 분을 만나기 얼마 전까지도 세브란스 병원 울타리 곁에서 있었습니다. 아내가 누워 있을 시체실이 있는 건물을 알아보려고 했습니다만 어딘지 알 수 없었습니다. 그냥 울타리 곁에 앉아서 병원의 큰 굴뚝에서 나오는 희끄무레한 연기만 바라보고 있었습니다. 아내는 어떻게 될까요? 학생들이 해부 실습하느라고 톱으로 머리를 가르고 칼로 배를 째고 한다는데 정말 그러겠지요?"

우리는 입을 다물고 있을 수밖에 없었다. 사환이 다쿠앙과 양파가 담긴 접시를 갖다놓고 나갔다.

(나) "기분 나쁜 얘길 해서 미안합니다. 다만 누구에게라도 얘기하지 않고서는 견딜 수 없었습니다. 한 가지만 의논해 보고 싶은데, 이 돈을 어떻게 하면 좋을까요? 저는 오늘 저녁에 다 써 버리고 싶은데요."

"쓰십시오." 안이 얼른 대답했다.

"이 돈이 다 없어질 때까지 함께 있어 주시겠어요?" 사내가 말했다. 우리는 얼른 대답하지 못했다.

"ⓔ 함께 있어 주십시오." 사내가 말했다. 우리는 승낙했다.

"멋있게 한번 써 봅시다."라고 사내는 우리와 만난 후 처음으로 웃으면서, ⓕ 그러나 여전히 힘없는 음성으로 말했다.

– 김승옥, 「서울, 1964년 겨울」

39 윗글에 대한 설명으로 옳지 <u>않은</u> 것은?

① 1인칭 관찰자 시점의 소설이다.
② 1964년 겨울, 서울을 배경으로 한다.
③ 현대 사회 지식인의 고뇌와 인간 소외를 담고 있다.
④ 주체성이 없는 현대인의 삶을 비판한 작품이다.

40 윗글의 상황을 바르게 이해한 것으로 옳은 것을 〈보기〉에서 모두 고른 것은?

보기

ⓐ 사내가 ⓒ를 한 이유는 ⓐ 때문이다.
ⓑ 나는 ⓒ의 상황을 알지 못해 ⓑ로 되묻고 있다.
ⓒ 사내는 ⓒ의 결과로 ⓓ를 갖게 되었다.
ⓓ 사내의 ⓓ는 ⓔ를 요청하는 계기가 되고 있다.
ⓔ 사내가 ⓕ처럼 반응한 것은 ⓔ가 좌절되었기 때문이다.

① ㉠, ㉡, ㉤
② ㉠, ㉢, ㉣
③ ㉠, ㉡, ㉢, ㉣
④ ㉠, ㉡, ㉢, ㉣, ㉤

제한시간: 50분 | 시작 ____시 ____분 – 종료 ____시 ____분

☞ 정답 및 해설 222p

01 다음 시조의 특징으로 가장 적절한 것은?

> 창 내고쟈 창을 내고쟈 이 내 가슴에 창 내고쟈
> 고모장지 셰살장지 들장지 열장지 암돌져귀 수돌져귀 비목걸새 크나큰 쟝도리로 쏭닥 바가 이 내 가슴에 창 내고쟈
> 잇다감 하 답답홀 제면 여다져 볼가 ᄒ노라

① 충·효 사상을 담고 있다.
② 초·중·종장 중 어느 한 장이 길어졌다.
③ 단아하고 함축적 어휘를 사용하였다.
④ 초·중·종장을 포함하여 4장으로 처리하였다.

※ 다음을 읽고 물음에 답하시오. (02 ~ 03)

> (가) 이것은 ⊙ 소리없는 아우성
> 저 푸른 해원(海原)을 향하여 흔드는
> ⓒ 영원한 노스탤지어의 손수건
> 순정은 물결같이 바람에 나부끼고
> 오로지 맑고 곧은 ⓒ 이념의 푯대 끝에
> 애수는 백로처럼 날개를 펴다.
> 아 누구던가.
> 이렇게 ② 슬프고도 애달픈 마음을
> 맨 처음 공중에 달 줄을 안 그는.
> – 유치환, 「깃발」

> (나) 모란이 피기까지는
> 나는 아직 나의 봄을 기다리고 있을 테요.
> 모란이 뚝뚝 떨어져 버린 날
> 나는 비로소 봄을 여읜 설움에 잠길 테요.
> 오월 어느 날, 그 하루 무덥던 날
> 떨어져 누운 꽃잎마저 시들어 버리고는
> 천지에 모란은 자취도 없어지고
> 뻗쳐 오르던 내 보람 서운케 무너졌느니
> 모란이 지고 말면 그뿐, 내 한 해는 다 가고 말아
> 삼백 예순 날 하냥 섭섭해 우옵내다.
> 모란이 피기까지는
> 나는 아직 기다리고 있을 테요, 찬란한 슬픔의 봄을.
> – 김영랑, 「모란이 피기까지는」

02 (가), (나)의 공통점으로 가장 적절한 것은?

① 이상 세계에 대한 동경을 보여 주고 있다.
② 1930년대 순수시의 전통을 계승하고 있다.
③ 도치와 반어의 표현 기법을 사용하고 있다.
④ 현실에 대한 시적 화자의 태도가 비관적이다.

03 밑줄 친 ⊙~② 중 함축적 의미가 <u>다른</u> 것은?

① ⊙
② ⓒ
③ ⓒ
④ ②

04 다음에서 설명하는 사람은 누구인가?

> - 식민지 시대 작가의 시대적·사회적인 책임을 강조
> - 외향적 ·현실적 삶의 개선
> - 「나의 침실로」, 「빼앗긴 들에도 봄은 오는가」

① 한용운
② 이육사
③ 김광균
④ 이상화

05 「동명왕편」에 대한 설명으로 적절하지 <u>않은</u> 것은?

① 한국문학사 최초의 영웅서사시이다.
② 중국 중심주의에서 탈피하여 우리나라가 원래 성인국(聖人國)임을 후손들에게 알리기 위해 창작하였다.
③ 고려의 고구려 정통론을 주장하였다.
④ 『삼국사기』식 사관(史觀)에 따라 저술하였다.

06 근대 단편소설가로서 사실주의 문학의 선구자는 누구인가?

① 나도향
② 현진건
③ 박종화
④ 주요한

07 다음 작가와 작품의 연결이 <u>잘못된</u> 것은?

① 「동승」 – 함세덕
② 「살아있는 이중생 각하」 – 오영진
③ 「토막」 – 유치진
④ 「소」 – 오영진

08 다음 작품 중 전쟁을 배경으로 하는 군담소설은?

① 「박씨전」
② 「숙향전」
③ 「화문록」
④ 「이춘풍전」

09 표준어로만 묶인 것은?

① 돌잔치, 덧니, 툇마루, 깍뚜기
② 강낭콩, 사흗날, 방방곡곡, 곰곰이
③ 사글세방, 끄나풀, 횟수, 배불뚝이
④ 여닫이, 아무튼, 털어먹다, 늦수그레하다

10 방언의 기능으로 옳지 <u>않은</u> 것은?

① 특정 지역이나 계층의 사람끼리 같은 방언을 사용하기 때문에 사용하는 사람끼리는 거리감이 느껴진다.
② 표준어 제정의 바탕이 된다.
③ 방언은 언중이 사용하는 국어이므로 국어의 여러 가지 특성이 그대로 드러난다.
④ 방언 속에는 우리 민족의 정서와 사상이 들어 있어서 민족성과 전통·풍습을 이해하는 데 도움을 준다.

11 조선 시대 문학을 전기와 후기로 나눌 때 그 경계가 되는 것은?

① 갑신정변
② 병자호란
③ 임진왜란
④ 갑오개혁

12 신라 최초의 향가 작품은?

① 「서동요」
② 「공무도하가」
③ 「처용가」
④ 「제망매가」

13 시의 태도와 정서 면에서 ⑤과 가장 유사한 것은?

> 어와, 허虛ㅅ事로다. 이 님이 어디간고. 결의 니러 안자 창窓을 열고 ㅂ라보니 어엿븐 그림재 날 조출 쓴이로다. ⑤ 출 하리 싀여디여 낙落월月이나 되야 이셔 님 겨신 창窓안히 번드시 비최리라.
>   – 정철, 「속미인곡」

① 나의 원수와 / 원수에게 아첨하는 자에겐 / 가장 옳은 증오를 예비하였나니 // 마지막 우러른 태양이 / 두 동공에 해바라기처럼 박힌 채로 / 내 어느 불의에 짐승처럼 무찔리기로 / 오오 나의 세상의 거룩한 일월에 / 또한 무슨 회한인들 남길 소냐.
           – 유치환, 「일월」

② 지조 높은 개는 / 밤을 새워 어둠을 짖는다. / 어둠을 짖는 개는 / 나를 쫓는 것일 게다. // 가자 가자. / 쫓기우는 사람처럼 가자. / 백골 몰래 / 아름다운 또 다른 고향에 가자.
           – 윤동주, 「또 다른 고향」

③ 천 길 땅 밑을 검은 물로 흐르거나 / 도솔천의 하늘을 구름으로 날더라도 / 그건 결국 도련님 곁 아니에요? // 더구나 그 구름이 소나기 되어 퍼부을 때 / 춘향은 틀림없이 거기 있을 거예요.
           – 서정주, 「춘향유문」

④ 누나라고 불러 보랴. / 오오 불설워 / 시샘에 몸이 죽은 우리 누나는 / 죽어서 접동새가 되었습니다. // 아홉이나 남아 되던 오랍동생을 / 죽어서도 못잊어 차마 못잊어 / 야삼경 남 다 자는 밤이 깊으면 / 이 산 저 산 옮아가며 슬피 웁니다.
           – 김소월, 「접동새」

14 다음 낱말 중 조어법이 다른 것은?

① 바늘방석
② 앞뒤
③ 첫날밤
④ 헛소문

15 밑줄 친 부분을 바르게 설명한 것은?

> 붉가버슨 兒孩(아해) ㅣ 들리 거뮈쥴 테를 들고 기천(川)을고 왕래ㅎ며 붉가숭아 붉가숭아 져리 가면 죽ㄴ니라. 이리 오면 스ㄴ니라. 부로ㄴ니 붉가숭이로다.
> 아마도 世上(세상) 일이 다 이러ㅎ가 ㅎ노라.

① 서로 모해하는 세상이다.
② 어린 아이들의 놀이와 같다.
③ 도덕이 땅에 떨어진 세상이다.
④ 거미줄에 걸려 있는 잠자리같다.

※ 다음을 읽고 물음에 답하시오. (16 ~ 17)

강(江)나루 건너서
밀밭 길을

구름에 달 가듯이
가는 나그네.

길은 외줄기
남도(南道) 삼백 리(三百里),

술 익는 마을마다
타는 저녁놀,

구름에 달 가듯이
가는 나그네.

16 위 시의 작가는 누구인가?

① 윤동주
② 김소월
③ 박목월
④ 조지훈

17 위의 시를 작품 자체의 내재적 의미를 중심 으로 감상한 것은?

① 종환 : 이 시는 일제 강점기에 쓴 작품이 래. 그런데 농촌이 수탈된 마당에 술익는 마을이 어디 있었겠어?
② 민희 : 그건 조금 지나친 지적 같아. 그 당 시 시인은 아마 생활이 어려웠을 거야. 힘 들게 걷다가 노을이 찾아오고, 술도 한잔 하고 싶고, 그 허무한 마음을 표현한 것 아 닐까?

③ 인구 : 술과 노을이라……. 이미지가 썩 잘 어울리는데. 밀밭 길이 주는 느낌과도 통하면서.
④ 석현 : 그래도 그렇지, 외줄기 길이 삼백 리나 이어지는 게 어디 있어? 구름에 달 이 간다는 것도 사실은 말이 안 되지.

18 심상(心象)이 전이(轉移)된 표현이 <u>아닌</u> 것은?

① 향기로운 님의 말소리에 귀먹고
② 흔들리는 종소리의 동그라미 속에서
③ 창문에 아롱지는 청자빛 빗소리
④ 머리맡에 찬물을 쇄아 퍼붓고는

19 「쌍화점」의 풍자 대상이 <u>아닌</u> 것은?

① 선비
② 외국인
③ 왕실층
④ 평민

20 신파극에 대한 설명으로 옳지 <u>않은</u> 것은?

① 1911년 임성구(林聖九)의 '혁신단'이 창 립되어 「불효천벌(不孝天罰)」을 공연하 면서 신파극의 막이 올랐다.
② 최초의 신파극 창작 희곡은 이인직의 「은 세계」이다.
③ 대부분이 개화·계몽, 신교육, 미신 타파 를 주제로 한다는 점에서 신소설과 비슷 하다.
④ 신파극 전용 극장인 동양극장이 설립되어 신파극이 융성하게 되었다.

21 다음 내용에 전제되어 있는 언어의 특성으로 가장 적절한 것은?

> 외래어는 받아들인 쪽의 말 체계뿐만 아니라 그 말을 쓰는 사람의 의식 구조에까지 영향을 미친다. 언어는 그 말을 사용하는 겨레의 몸과 마음, 그리고 삶을 총체적으로 반영하기 때문이다. 외래어가 들어와서 원래 있던 토박이 말의 자리를 차지하게 되는 과정은 단지 원래 있던 뜻을 다른 소리로 부르게 되는 차원이 아니라 뜻과 소리 두 면에서 전혀 이질적인 요소가 들어오는 것이다.
> 예를 들어 '쌀' 대신에 '라이스(Rice)'라는 단어를 사용할 때, 얼핏 생각하면 '쌀'이 가지고 있던 뜻은 그대로 남고 소리만 [ṣal]에서 [rais]로 바뀐 것 같지만 실제로는 그렇지 않다. '라이스'는 '쌀'이 가지고 있던 소리와 뜻뿐 아니라 그 안에 담겨 있던 우리 겨레의 삶과 관련된 많은 부분도 변해 가는 것이다.

① 언어의 자의성
② 언어의 사회성
③ 언어의 문화성
④ 언어의 창조성

22 밑줄 친 부분이 의미하는 것은?

> 磨마訶하衍연 妙묘吉길祥샹 雁안門문
> 재 너머 디여, 외나모 써근 ᄃᆞ리 佛블
> 頂뎡臺ᄃᆡ 올라ᄒᆞ니, 千쳔尋심絶졀壁벽
> 을 半반空공애 셰여 두고, 銀은河하水슈
> 한 구 비롤 촌촌이 버혀내여, 실ᄀᆞ티 플
> 텨이셔 뵈ᄀᆞ티 거러시니, 圖도經경 열두
> 구비, 내 보매는 여러히라. 李니謫뎍仙
> 션 이제 이셔 고텨 의논ᄒᆞ게 되면, 盧녀
> 山산이 여긔도곤 낫단 말 못ᄒᆞ려니.
> － 정철, 「관동별곡」

① 산
② 폭포
③ 시냇물
④ 바다

23 밑줄 친 '바람'의 상징적 의미로 가장 적절한 것은?

> 　문 서방의 아내가 죽던 그 이튿날 밤이었다. 그날 밤에도 <u>바람</u>이 몹시 불었다. 그 바람은 강바람이어서 서북에 둘리인 산 때문에 좀한 바람은 움쩍도 못하던 달리소(문 서방의 사위 인가의 땅)까지 범하였다. 서북으로 산을 등지고 앞으로 강 건너 높은 절벽을 대하여 강골 밖에 터진 데 없는 달리소는 강바람이 들이 차면 빠질 데는 없고 바람과 바람이 부닥쳐서 흔히 회오리바람이 일게 된다. 이날 밤에도 그 모양으로 달리소에는 회오리바람이 일어서 낟가리가 날리고 지붕이 날리고 산천이 울려서 혼돈이 대단할 때 빙세계나 트는 듯한 밤이라 사람은커녕 개나 도야지도 굴 속에서 꼼짝 못하였다.
> － 최서해, 「홍염」

① 시련, 고난
② 암담한 현실
③ 아내의 죽음에 대한 분노
④ 현실에 대한 고뇌

24 고려속요와 경기체가의 공통점은?

① 향유 계층이 동일하다.
② 훈민정음 창제 이후 한글로 표기되었다.
③ 남녀 간의 애정을 묘사한 작품이 많다.
④ 대체로 분절체이며, 후렴구가 있다.

26 고려속요인「가시리」,「서경별곡」과 현대시인 김소월의「진달래꽃」을 이어주는 이별시의 절창이라 할 수 있는 것은?

① (가)
② (나)
③ (다)
④ (라)

※ 다음을 읽고 물음에 답하시오. (25 ~ 26)

> (가) 房(방) 안에 혓는 燭(촉)불 눌과 이별ᄒ엿관ᄃᆡ,
> 것흐로 눈물 디고 속 타는 줄 모로는고,
> 우리도 뎌 燭(촉)불 갓ᄒ여 속타는 줄 모로노라.
>
> (나) 千萬里(천만 리) 머나먼 길히 고은 님 여희옵고,
> ᄂᆡ ᄆᆞᆷ 둘 ᄃᆡ 업셔 냇ᄀᆞ의 안자시니,
> 져 물도 ᄂᆡ 온 ᄀᆞᆺᄒ여 우러 밤길 녜놋다.
>
> (다) 동짓달 기나긴 밤을 한 허리를 버혀 내어
> 춘풍 니불 아ᄅᆡ 서리서리 너헛다가
> 어론 님 오신 날 밤이여든 구뷔구뷔 펴리라
>
> (라) 어져 내 일이야 그릴 줄을 모로ᄃᆞ냐
> 이시라 ᄒᆞ더면 가랴마는 제 구ᄐᆡ여
> 보닉고 그리ᄂᆞᆫ 정은 나도 몰라 ᄒᆞ노라.

27 언어습득이론 중 언어습득을 선천적인 것으로 파악한 것은?

① 합리주의 이론
② 경험주의 이론
③ 행동주의 이론
④ 상대주의 이론

28 다음 문헌들 가운데 정음으로 된 한자음을 큰 활자로 적고, 한자들을 옆에 붙여 적는 형식을 취한 것은?

①『용비어천가』
②『석보상절』
③『월인천강지곡』
④『월인석보』

25 각 작품의 주제로 옳지 않은 것은?

① (가) : 임의 처지를 염려하는 심회
② (나) : 고운 임과의 안타까운 이별
③ (다) : 정든 임을 그리워하는 애틋한 심정
④ (라) : 인생무상에 대한 극복

29 띄어쓰기가 바르게 표기된 것은?

① "뭐라고?"라고 물었다.
② 너 뿐만 아니라 나도 그래.
③ 차가 끊겨 걸어갈 수 밖에 없었다.
④ 사과는 커녕 오히려 화를 내다니.

30 음운은 의미를 변별해 주는 최소의 단위이다. 다음 중 음운의 유형으로 적절하지 <u>않은</u> 것은?

① '태/테'에서의 모음
② '밤/발'에서의 어말 자음
③ '가지/바지'에서의 어두 자음
④ '시름/주름'에서의 첫째 음절

31 표준 발음에서 축약 현상이 나타나는 것은?

① 놓치다
② 닫히다
③ 똑같이
④ 헛웃음

32 밑줄 친 말의 문장 성분을 잘못 연결한 것은?

① 오랫동안 <u>비가</u> 내리지를 않았다. – 주어
② <u>철수는</u> 학교에 오지 않았다. – 주어
③ <u>영희만</u> 학교에 오너라. – 주어
④ 얼음이 <u>물이</u> 되었다. – 주어

33 다음 관용적 표현의 뜻을 <u>잘못</u> 연결한 것은?

① 손이 거칠다 – 도둑질같은 나쁜 손버릇이 있다.
② 손에 붙다 – 능숙해져서 의욕과 능률이 오르다.
③ 손에 오르다 – 뜻밖의 상황에 놀라거나 다급해지다.
④ 손을 끊다 – 교제나 거래 따위를 중단하다.

※ 다음 글을 읽고 물음에 답하시오. (34 ~ 36)

> 스스로 제 몸을 보니 일백여덟 낱 염주(念珠)가 손목에 걸렸고, 머리를 만지니 갓 깎은 머리털이 가칠가칠하였으니 완연히 소화상의 몸이요, 다시 대승상의 위의(威儀) 아니니, 정신이 황홀하여 오랜 후에 비로소 제 몸이 연화 도량(道場) 성진(性眞) 행자인 줄 알고 생각하니, 처음에 스승에게 수책(受責)하여 풍도(酆都)로 가고, 인세에 환도하여 양가의 아들 되어 장원 급제 한림학사하고, 출장입상(出將入相)하여 공명신퇴(功名身退)하고, 양 공주와 육 낭자로 더불어 즐기던 것이 다 하룻밤 꿈이라. 마음에 이 필연(必然) 사부가 나의 염려(念慮)를 그릇함을 알고, 나로 하여금 이 꿈을 꾸어 인간 부귀(富貴)와 남녀 정욕(情欲)이 다 허사(虛事)인 줄 알게 함이로다.

34 이 작품에 대한 설명으로 적절하지 <u>않은</u> 것은?

① 유배지에서 어머니를 위로하기 위해 쓴 소설이다.
② '현실 → 꿈 → 현실'의 환몽 구조 소설이다.
③ 근원 설화는 조신 설화이다.
④ 작품 속의 시대적 배경은 조선 시대이다.

35 이 작품의 주제와 가장 유사한 것은?

① 어져 내 일이야 그릴 줄을 모로두냐.
　이시랴 ᄒ더면 가랴마는 제 구틔여
　보내고 그리는 情(정)은 나도 몰라 ᄒ노라.

② 五百年(오백 년) 도읍지를 匹馬(필마)로
　도라드니,
　山川(산천)은 依舊(의구)ᄒ되 人傑(인
　걸)은 간 듸 업다.
　어즈버 太平烟月(태평연월)이 ᄭᅮᆷ이런가
　ᄒ노라.

③ 首陽山(수양산) 바라보며 夷齊(이제)를
　恨(한) ᄒ노라.
　주려 주글진들 採薇(채미)도 ᄒ는것가.
　비록애 푸새엣 거신들 긔 뉘 짜헤 낫ᄃ니.

④ 三冬(삼동)에 뵈옷 닙고 嚴穴(암혈)에 눈
　비마자
　구름 씬 볏뉘도 쐰 적이 업건마는,
　西山(서산)에 ᄒᆡ 지다 ᄒ니 눈물겨워
　ᄒ노라.

36 이 작품의 작가가 쓴 글만 옳게 고른 것은?

① 「사씨남정기」, 「양반전」
② 「양반전」, 「열하일기」
③ 「사씨남정기」, 「서포만필」
④ 「서포만필」, 「열하일기」

※ 다음 글을 읽고 물음에 답하시오. (37 ~ 38)

　젊은 사람들의 얼굴까지 시든 배춧잎 같고 주눅이 들어서 멀거니 앉았거나, 그렇지 않으면 빌붙는 듯한 천한 웃음이나 '헤에' 하고 싱겁게 웃는 그 표정을 보면 가엾기도 하고, 분이 치밀어 올라와서 소리라도 버럭 질렀으면 시원할 것 같다.
　'이게 산다는 꼴인가? 모두 뒈져 버려라!'
　찻간 안으로 들어오며 나는 혼자 속으로 외쳤다.
　'무덤이다! 구더기가 끓는 무덤이다!'
　나는 모자를 벗어서 앉았던 자리 위에 던지고 난로 앞으로 가서 몸을 녹이며 섰다. 난로는 꽤 달았다. 뱀의 혀 같은 빨간 불길이 난로 문틈으로 날름날름 내다보인다. 찻간 안의 공기는 담배 연기와 석탄재의 먼지로 흐릿하면서도 쌀쌀하다. 우중충한 남폿불은 웅크리고 자는 사람들의 머리 위를 지키는 것 같으나 묵직하고도 고요한 압력으로 지그시 내리누르는 것 같다. 나는 한번 휘 돌려다 보며,
　'공동묘지다! 공동묘지 속에서 살면서 죽어서 공동묘지에 갈까봐 애가 말라하는 갸륵한 백성들이다!'
　하고 혼자 코웃음을 쳤다.
　　　　　　　　　　　　　　 – 염상섭, 「만세전」

37 윗글에 대한 설명으로 적절하지 <u>않은</u> 것은?

① 냉소적 어조로 참담한 현실을 표현하고
　있다.
② 호흡이 긴 만연체 문장을 사용하고 있다.
③ 지식인의 각성과 현실 개선의 의지가 드
　러난다.
④ 주인공이 도쿄에서 서울로 왔다가 다시
　도쿄로 돌아가는 여로형 소설이다.

38 윗글과 같은 시대의 작품이 <u>아닌</u> 것은?

① 박영준, 「모범 경작생」
② 김동인, 「배따라기」
③ 박영희, 「사냥개」
④ 현진건, 「운수 좋은 날」

※ 다음 글을 읽고 물음에 답하시오. (39 ∼ 40)

> 동네 사람들이 방앗간의 터진 두 면을 둘러쌌다. 그리고 방앗간 속을 들여다 보았다. 과연 어둠 속에 움직이는 게 있었다. 그리고 그게 어둠 속에서도 흰 짐승이라는 걸 알 수 있었다. 분명히 그놈의 신둥이 개다. 동네 사람들은 한 걸음 한 걸음 죄어들었다. 점점 뒤로 움직여 쫓기는 짐승의 어느 한 부분에 불이 켜졌다. 저게 산(山) 개의 눈이다. 동네 사람들은 몽둥이 잡은 손에 힘을 주었다. 이 속에서 간난이 할아버지도 몽둥이 잡은 손에 힘을 주었다. 한 걸음 더 죄어들었다. 눈앞의 새파란 불이 빠져나갈 틈을 엿보듯이 휙 한 바퀴 돌았다. 별나게 새파란 불이었다. 문득 간난이 할아버지는 이런 새파란 불이란 눈 앞에 있는 신둥이개 한 마리의 몸에서 나오는 것이 아니고 여럿의 몸에서 나오는 것이 합쳐진 것이라는 생각이 들었다. 말하자면 지금 이 신둥이 개의 뱃속에 든 새끼의 몫까지 합쳐진 것이라는. 그러자 간난이 할아버지의 가슴 속을 흘러 지나가는 게 있었다. 짐승이라도 새끼 밴 것을 차마? 이때에 누구의 입에선가, 때레라! 하는 고함 소리가 나왔다. 다음 순간 간난이 할아버지의 양옆 사람들이 주욱 개를 향해 달려들며 몽둥이를 내리쳤다. 그와 동시에 간난이 할아버지는 푸른 불꽃이 자기 다리 곁을 새어나가는 것을 느꼈다. 뒤이어 누구의 입에선가, 누가 빈틈을 냈어? 하는 흥분에 찬 목소리가 들렸다. 그리고 저마다, 거 누구야? 거 누구야? 하고 못마땅해 하는 말소리 속에 간난이 할아버지 턱 밑으로 디미는 얼굴이 있어, "아즈반이웨다레"하는 것은 동장네 절가였다.
>
> ― 황순원, 「목넘이 마을의 개」

39 윗글에 대한 설명으로 옳지 <u>않은</u> 것은?

① 토속적이면서도 억센 삶의 현장을 그리고 있다.
② 신둥이의 새파란 불은 생의 욕구를 암시한다.
③ 간난이 할아버지에게서 생명에 대한 외경을 느낄 수 있다.
④ 동장네 절가는 간난이 할아버지의 행동에 동조하고 있다.

40 윗글의 시점에 대한 설명으로 옳은 것은?

① 부수적 인물이 주인공의 행동을 관찰하고 있다.
② 주인공이 자신의 체험을 담담하게 회상하고 있다.
③ 시점의 빈번한 전환을 통해 사건을 입체감 있게 표현하고 있다.
④ 이야기 바깥의 서술자가 등장인물의 행동·심리를 직접 서술한다.

제한시간: 50분 | 시작 ___시 ___분 – 종료 ___시 ___분

정답 및 해설 227p

01 「정읍사」에 대한 설명으로 옳은 것은?

① 남편을 여읜 슬픔을 노래했다.
② 『악장가사』 권5에 전한다.
③ 현전하는 유일한 백제가요이다.
④ '즌 ᄃᆡ'는 남편을 존경하는 마음을 의미한다.

02 작품의 성격이 잘못 연결된 것은?

① 「혜성가」 – 참요적
② 「제망매가」 – 추모적
③ 「도솔가」 – 주술적
④ 「안민가」 – 유교적

03 다음에서 설명하는 작품명은?

> • 고려 후기 임춘이 지은 가전체 소설이다.
> • 술을 의인화하였다.
> • 뛰어난 인물이 소외되는 현실을 풍자·비판하고 있다.

① 「국순전」
② 「동명왕편」
③ 「고승전」
④ 「화랑세기」

04 다음 밑줄 친 표현들과 높임의 대상이 바르게 연결되지 <u>않은</u> 것은?

① 우리 아빠는 언제 <u>오시려나</u>. (행위의 주체)
② 민수는 어르신께 인사를 <u>드렸다</u>. (행위의 대상)
③ 귀빈들<u>께서</u> 도착하십니다. (행위의 주체)
④ 상황을 어머니께 <u>여쭤봤습니다</u>. (행위의 주체)

05 다음 밑줄 친 부분의 심상은 무엇인가?

> 하이얀 모색(暮色) 속에 피어 있는
> 산협촌(山峽村)의 고독한 그림 속으로
> 파아란 역등(驛燈)을 단 마차가 한 대 잠기어 가고
> 바다를 향한 산마루 길에
> 우두커니 서 있는 전신주 위엔
> 지나가던 구름이 하나 새빨간 노을에 젖어 있었다.
> (중략)
> <u>분수(噴水)처럼 흩어지는 푸른 종소리</u>.
> – 김광균, 「외인촌」

① 청각
② 후각
③ 촉각
④ 공감각

06 밑줄 친 '길'의 상징적 의미로 볼 수 <u>없는</u> 것은?

> 잃어버렸습니다.
> 무얼 어디다 잃었는지 몰라
> 두 손이 주머니를 더듬어
> 길에 나아갑니다.
>
> 돌과 돌과 돌이 끝없이 연달아
> 길은 돌담을 끼고 갑니다.
>
> 담은 쇠문을 굳게 닫아
> 길 위에 긴 그림자를 드리우고
>
> 길은 아침에서 저녁으로
> 저녁에서 아침으로 통했습니다.
> – 윤동주, 「길」

① 삶의 목표
② 자아 성찰의 공간
③ 시적 화자가 처한 현실적 상황을 상징하는 공간
④ 잃어버린 자아를 회복하기 위한 과정

07 훈민정음의 창제 정신이 <u>아닌</u> 것은?

① 자주 정신
② 독립 정신
③ 실용 정신
④ 애민 정신

08 액자소설이 <u>아닌</u> 것은?

① 현진건, 「고향」
② 전영택, 「화수분」
③ 이청준, 「선학동 나그네」
④ 김동인, 「감자」

09 다음 시조의 표현상 특징으로 적절하지 <u>않은</u> 것은?

> 이화(梨花)에 월백(月白)ᄒ고 은한(銀漢)이 삼경(三更)인 제
> 일지춘심(一枝春心)을 자규(子規)ㅣ야 알냐 마는,
> 다정(多情)도 병(病)인 양ᄒ여 좀 못 드러 ᄒ노라.
> – 이조년

① 자연물과 대화 형식을 통해 주제 의식을 드러내고 있다.
② 선경후정의 구조를 통해 시상을 전개하고 있다.
③ 계절적 배경을 바탕으로 시적 화자의 정서를 드러내고 있다.
④ '이화', '달', '은한' 등의 시어는 백색(白色)의 시각적 심상을 형성하고 있다.

10 객체 높임법에 대한 설명으로 옳지 <u>않은</u> 것은?

① 어떤 행위가 미치는 대상에 대한 존대를 나타내는 높임법이다.
② 현대 국어에서는 주로 조사 '께'와 특수한 어휘들에 의해 객체 높임법이 이루어진다.
③ 선어말 어미 '-시-'를 사용한다.
④ "이 만년필을 선생님께 드려라."라는 문장은 객체 높임법의 한 예로 볼 수 있다.

11 「처용가」에 대한 설명으로 옳지 <u>않은</u> 것은?

① 연극의 성격을 띠고 고려와 조선 시대까 지 계승되었다.
② 벽사진경의 성격을 띤 무가이다.
③ 향가의 가장 정제된 형식을 갖추고 있으 며 서정성이 높다.
④ 원문은 향찰로 표기되어 있다.

12 민간에서 행위로 전승되는 연극인 '민속극'의 특성으로 볼 수 <u>없는</u> 것은?

① 민중성
② 영속성
③ 축제성
④ 풍자성

13 다음과 같은 설명 방법은 무엇인가?

> 동물을 식성에 따라 나누면 육식과 채식, 잡식으로 나눌 수 있다.

① 정의
② 대조
③ 분류
④ 묘사

14 '설화 → 고소설 → 신소설'의 작품 변화가 바르게 연결되지 <u>않은</u> 것은?

① 귀토지설 → 「토끼전」 → 「토의 간」
② 방이 설화 → 「흥부전」 → 「연의 각」
③ 열녀, 인신공양 → 「춘향전」 → 「옥중화」
④ 연권녀, 효녀지은 → 「심청전」 → 「강상련」

15 표준어의 기능이 <u>아닌</u> 것은?

① 계층의 기능
② 통일의 기능
③ 우월의 기능
④ 준거의 기능

16 표현이 바른 문장은?

① 언 땅을 디디다가 그만 발을 삐고 말았다.
② 물 한 사발을 쭉 들여마시고 나니 이제야 살 것 같다.
③ 피의자들은 범죄가 백일하에 들어나자 잘못을 시인했다.
④ 그는 말년에 망나니 아들 때문에 속을 썩힐 때로 썩히다가 화병을 얻었다.

17 다음 중 작가와 작품의 연결이 <u>잘못된</u> 것은?

① 「국순전」 - 임춘
② 「국선생전」 - 이규보
③ 「청강사자현부전」 - 임춘
④ 「정시자전」 - 석식영암

18 혜경궁 홍씨의 작품으로 사도세자의 비극적 죽음을 다룬 조선 시대 교술문학은?

① 「산성일기」
② 「요로원야화기」
③ 「한중록」
④ 「계축일기」

19 사설시조의 특징으로 적절하지 <u>않은</u> 것은?

① 20세기 초 현대시조로 발전, 오늘날까지 창작되고 있다.
② 실학의 영향을 받았다.
③ 생활 주변의 일용잡사(日用雜事)가 그 소재이다.
④ 풍자미, 희극미를 구현한다.

20 표준어가 <u>아닌</u> 것은?

① 깡충깡충
② 소고기
③ 사돈
④ 멋쟁이

21 다음 시조의 주제를 드러내기 위해 사용한 표현 기법과 유사한 것은?

> 두터비 ㅍ리를 물고 두험 우희 치ㄷ라 안자
> 것넌산(山) ㅂ라보니 백송골(白松骨)이 써 잇거놀
> 가슴이 금즉ㅎ여 풀덕 쒸여 내듯다가 두험 아래 잣바지거고.
> 모쳐라 놀낸 낼싀망정 에헐질 번ㅎ괘라.

① 오늘도 다 새거다. 호믜메고 가쟈스랴.
② 추강에 밤이 드니 물결이 ᄎ노미라.
③ 구틔야 광명호 날빗츨 ᄯ라가며 덥느니
④ 말 업슨 청산이요, 태 업슨 유수로다.

22 가전체 문학의 특징으로 옳지 <u>않은</u> 것은?

① 인간 주위의 사물이나 성격 등을 소재로 하여 쓴 의인전기체이다.
② 교훈성, 풍자성, 오락성의 성격을 갖는다.
③ 주로 고려 초에 성행하였으며, 임춘, 이규보, 이곡 등이 대표적이다.
④ 작품으로는 「국순전」, 「정시자전」, 「죽부인전」 등이 있다.

23 다음 작품 중 군담소설(軍談小說)이 <u>아닌</u> 것은?

① 「임진록(壬辰錄)」
② 「옥단춘전(玉丹春傳)」
③ 「박씨전(朴氏傳)」
④ 「유충렬전(劉忠烈傳)」

※ 다음 글을 읽고 물음에 답하시오. (24 ∼ 25)

새침하게 흐린 품이 눈이 올 듯하더니 눈은 아니 오고 얼다가 만 비가 추적추적 내리는 날이었다. 이 날이야말로 동소문 안에서 인력거꾼 노릇을 하는 김 첨지에게는 오래간만에도 닥친 운수 좋은 날이었다. 문안에(거기도 문밖은 아니지만) 들어간답시는 앞집 마나님을 전찻길까지 모셔다 드린 것을 비롯으로, 행여나 손님이 있을까 하고 정류장에서 어정어정하며 내리는 사람 하나하나에게 거의 비는 듯한 눈길을 보내고 있다가 마침내 교원인 듯한 양복쟁이를 동광학교까지 태워다 주기로 되었다. 첫 번에 삼십 전, 둘째 번에 오십 전 – 아침 댓바람에 그리 흔치 않은 일이었다. 그야말로 재수가 옴 붙어서 근 열흘 동안 돈 구경도 못한 김 첨지는 십 전짜리 백동화 서 푼, 또는 다섯 푼이 찰깍하고 손바닥에 떨어질 제 거의 눈물을 흘릴 만큼 기뻤었다. 더구나 이날 이때에 이 팔십 전이라는 돈이 그에게 얼마나 유용한지 몰랐다. 컬컬한 목에 모주 한잔도 적실 수 있거니와, 그보다도 앓는 아내에게 설렁탕 한 그릇도 사다줄 수 있음이다. 그의 아내가 기침으로 쿨룩거리기는 벌써 달포가 넘었다. 조밥도 굶기를 먹다시피 하는 형편이니 물론 약 한첩 써 본 일이 없다. 구태여 쓰라면 못 쓸 바도 아니로되, 그는 병이란 놈에게 약을 주어 보내면 재미를 붙여서 자꾸 온다는 자기 신조에 어디까지 충실하였다. 따라서 의사에게 보인 적이 없으니 무슨 병인지는 알 수 없으되, 반듯이 누워 가지고, 일어나기는커녕 세로도 모로도 못 눕는 걸 보면 중증은 중증인 듯. 병이 이 대도록 심해지기는 열흘 전에 조밥을 먹고 체한 때문이다.

– 현진건, 「운수 좋은 날」

24 윗글에 대한 설명으로 옳지 <u>않은</u> 것은?

① 전지적 작가 시점으로 등장인물의 내면을 잘 파악할 수 있다.
② 낭만주의 경향의 작품이다.
③ 반어 구조를 통해 비극적 결말을 극대화하였다.
④ '눈', '얼다가 만 비가 추적추적 내리는 날' 등의 배경은 사건의 결과를 암시한다.

25 밑줄 친 부분이 뜻하는 바와 가장 가까운 속담은?

① 가난 구제는 나라님도 못한다.
② 가난한 놈은 제 성도 못 가진다.
③ 가난한 집에 제삿날 돌아오듯 한다.
④ 고양이 죽 쑤어 줄 것도 없고, 생쥐 볼가심할 것도 없다.

26 밑줄 친 단어와 품사가 같은 것은?

쓰러져 가는 집에서 <u>늙은</u> 아버지가 홀로 기다리고 계셨다.

① 저 기차는 정말 번개처럼 <u>빠르네</u>.
② 박사는 이제 그를 조수로 <u>삼았네</u>.
③ 산나물은 바다의 미역과 <u>다르겠지</u>.
④ 겉모습보다 마음이 정말 <u>예뻐야지</u>.

※ 다음 글을 읽고 물음에 답하시오. (27 ～ 28)

> 삭삭기 세몰애 별헤 나는
> 삭삭기 세몰애 별헤 나는
> 구은 밤 닷 되를 심고이다.
> 그 바미 우미 도다 삭나거시아
> 그 바미 우미 도다 삭나거시아
> 유덕ᄒ신 님믈 여희ᄋ와지이다.

27 위와 같은 글에 대한 설명과 거리가 <u>먼</u> 것은?

① 평민층에서 주로 불리던 시가 형태이다.
② 구전되어 오다 훈민정음 창제 후 기록되었다.
③ 구체적인 사물을 나열하면서 객관적으로 설명하고 있다.
④ 대체로 분연체의 형식을 취하고, 후렴구가 있다.

28 윗글의 표현상 특징은?

① 불가능한 상황을 통하여 영원한 사랑을 다짐하고 있다.
② 이상향에의 동경을 비유적으로 표현하고 있다.
③ 현실 도피적 정서를 직설적으로 드러내고 있다.
④ 이별의 정한을 감정 이입에 의해 표현하고 있다.

※ 다음 글을 읽고 물음에 답하시오. (29 ～ 31)

> ㉠ 내 죽으면 한개 바위가 되리라.
> 아예 애련(愛憐)에 물들지 않고
> 희로(喜怒)에 움직이지 않고
> ㉡ 비와 바람에 깎이는 대로
> 억년(億年) 비정의 함묵(緘默)에
> 안으로 안으로만 채찍질하여
> 드디어 생명도 망각하고
> ㉢ 흐르는 구름
> 머언 원뢰(遠雷)
> 꿈꾸어도 ㉣ 노래하지 않고
> 두쪽으로 깨뜨려져도
> 소리하지 않는 바위가 되리라.
>
>   - 유치환, 「바위」

29 이 시의 시적 자아에 대한 설명으로 옳은 것은?

① 인간적 감정에 얽매이는 사람
② 현실의 고통 속에 좌절하는 사람
③ 현실의 자신의 모습에 불만이 없는 사람
④ 내적 단련을 통해 굳게 살고자 하는 사람

30 이 시와 같은 시기에 쓰여진 작품은?

① 김소월, 「진달래꽃」
② 이상화, 「빼앗긴 들에도 봄은 오는가」
③ 서정주, 「귀촉도」
④ 신경림, 「가난한 사랑 노래」

31 ㉠~㉢에 대한 설명으로 옳지 <u>않은</u> 것은?

① ㉠ : 비장한 각오와 결의를 엿볼 수 있다.

② ㉡ : 시련과 고난을 상징한다.

③ ㉢ : 가변적이고 유동적인 것으로 '바위'와 같은 의미를 갖는다.

④ ㉣ : 겉으로 드러내지 않겠다는 의지를 엿볼 수 있다.

※ 다음 글을 읽고 물음에 답하시오. (32 ~ 33)

> 초승달이나 보름달은 보는 이가 많지마는, 그믐달은 보는 이가 적어 그만큼 외로운 달이다. 객창한등(客窓寒燈)에 <u>정든 님 그리워 잠 못 들어 하는 분이나, 못 견디게 쓰린 가슴을 움켜잡은 무슨 한(恨) 있는 사람</u>이 아니면, 그 달을 보아 주는 이가 별로 없을 것이다.
> – 나도향, 「그믐달」

32 윗글에 대한 설명으로 옳은 것은?

① 형식과 내용의 제한이 없는 글이다.

② 인물, 사건, 배경을 구성 요소로 한다.

③ 음악성과 함축성을 중요시한다.

④ 전문적인 작가가 쓰는 글이다.

33 밑줄 친 부분과 어울리는 한자 성어는?

① 동병상련(同病相憐)

② 불립문자(不立文字)

③ 각골난망(刻骨難忘)

④ 오매불망(寤寐不忘)

※ 다음 글을 읽고 물음에 답하시오. (34 ~ 35)

> 그러나 나는 이 발길이 아내에게로 돌아가야 옳은가 이것만은 분간하기가 좀 어려웠다. 가야 하나? 그럼 어디로 가나?
> 이때 뚜우 하고 정오 사이렌이 울었다. 사람들은 모두 네 활개를 펴고 닭처럼 푸드덕거리는 것 같고 온갖 유리와 강철과 대리석과 지폐와 잉크가 부글부글 끓고 수선을 떨고 하는 것 같은 찰나! 그야말로 현란을 극한 정오다.
> 나는 불현듯 겨드랑이가 가렵다. 아하, 그것은 내 인공의 날개가 돋았던 자국이다. 오늘은 없는 이 날개. 머릿속에서는 희망과 야심이 말소된 페이지가 딕셔너리 넘어가듯 번뜩였다. 나는 걷던 걸음을 멈추고 그리고 일어나 한 번 이렇게 외쳐 보고 싶었다. 날개야 다시 돋아라.
> – 이상, 「날개」

34 윗글에 대한 설명으로 옳은 것은?

① 작가는 「봉별기」, 「종생기」, 「지주회시」 등을 썼다.

② 1인칭 관찰자 시점을 활용하고 있다.

③ 1930년대 발표된 풍자소설이다.

④ 식민지 시대에 하층민이 처한 현실을 사실적으로 그렸다.

35 윗글의 시대적 배경과 관련된 설명으로 옳지 <u>않은</u> 것은?

① 현대문명을 비판하는 모더니즘 소설이 문단의 큰 흐름으로 자리잡았다.

② 장편소설보다 단편소설 중심의 시대라고 할 수 있다.

③ 지식인 계급을 주인공으로 하는 지식인 소설이 쓰여졌다.

④ 식민지 지배 아래 살아가는 사람들의 내적 고민과 방황이 드러난다.

※ 다음 글을 읽고 물음에 답하시오. (36 ～ 37)

한 개의 기쁨을 찾아, 구보는 남대문을 안에서 밖으로 나가 보기로 한다. 그러나 그곳에는 불어드는 바람도 없이, 양옆에 웅숭그리고 앉아 있는 서너 명의 지게꾼들의 그 모양이 맥없다. 구보는 고독을 느끼고, 사람들 있는 곳으로, 약동하는 무리들이 있는 곳으로 가고 싶다 생각한다. 그는 눈앞의 경성역을 본다. 그곳에는 마땅히 인생이 있을 게다. 이 낡은 서울의 호흡과 또 감정이 있을 게다. 도회의 소설가는 모름지기 이 도회의 항구와 친하여야 한다. 그러나 물론 그러한 직업의식은 어떻든 좋았다. 다만 구보는 고독을 삼등 대합실 군중 속에 피할 수 있으면 그만이다. 그러나 오히려 고독은 그곳에 있었다. 구보가 한옆에 끼어 앉을 수도 없게시리 사람들은 그곳에 빽빽하게 모여 있어도, 그들의 누구에게서도 인간 본래의 온정을 찾을 수는 없었다. 그네들은 거의 옆엣 사람에게 한마디 말을 건네는 일도 없이, 오직 자기네들 사무에 바빴고, 그리고 간혹 말을 건네도, 그것은 자기네가 타고 갈 열차의 시각이나 그러한 것에 지나지 않았다. 그네들의 동료가 아닌 사람에게 그네들은 변소에 다녀올 동안의 그네들 짐을 부탁하는 일조차 없었다. 남을 결코 믿지 않는 그네들의 눈은 보기에 딱하고 또 가엾었다.

– 박태원, 「소설가 구보씨의 일일」

36 윗글에 대한 설명으로 적절하지 않은 것은?

① 주인공이 하루 동안 경성역에 머물며 그곳에 모인 사람들을 마치 카메라로 찍듯이 정밀하게 묘사한 소설이다.
② 주인공은 군중 속에서 고독을 느끼고 있다.
③ 1930년대 한국 모더니즘 문학을 대표하는 작품이다.
④ 이 작품의 작가는 「천변풍경」, 「갑오농민전쟁」 등을 썼다.

37 이 소설의 시점에 대한 설명으로 옳은 것은?

① 주인공인 '나'가 자기 자신의 이야기를 하는 시점
② 작품 속에 등장하는 관찰자인 '나'가 주인공의 이야기를 서술하는 시점
③ 작품에 등장하지 않는 서술자가 마치 신처럼 모든 것을 알고 사건을 서술하는 시점
④ 작가가 외부 관찰자의 위치에서 객관적 태도로 서술하는 시점

※ 다음 글을 읽고 물음에 답하시오. (38 ~ 40)

제6 ㉠ 과장 양반춤
말뚝이 : (벙거지를 쓰고 채찍을 들었다. 굿거
리장단에 맞추어 양반 삼 형제를 인도
하여 등장)
양반 삼 형제 : (말뚝이 뒤를 따라 굿거리장단
에 맞추어 점잔을 피우나, ㉡ 어색하게
춤을 추며 등장. 양반 삼 형제 맏이는 샌
님[生員], 둘째는 서방님[書房], 끝은 도
련님[道令]이다. 샌님과 서방님은 흰 창
옷에 관을 썼다. 도련님은 남색 쾌자에
복건을 썼다. 샌님과 서방님은 언청이
이며(샌님은 언청이 두 줄, 서방님은 한
줄이다.) 부채와 장죽을 가지고 있고,
도련님은 입이 삐뚤어졌고, 부채만 가
졌다. 도련님은 일절 대사는 없으며, 형
들과 동작을 같이 하면서 형들의 면상
을 부채로 때리며 방정맞게 군다.)
말뚝이 : (가운데쯤에 나와서) 쉬이. (음악과
춤 멈춘다.) 양반 나오신다. 아! 양반
이라고 하니까 노론(老論), 소론(少
論), 호조(戶曹), 병조(兵曹), 옥당(玉
堂)을 다 지내고 삼정승(三政丞), 육판
서(六判書)를 다 지낸 퇴로재상(退老
宰相)으로 계신 양반인 줄 아지 마시
오. ㉢ 개잘량이라는 '양'자에 개다리
소반이라는 '반'자 쓰는 양반이 나오
신단 말이오.
양반들 : 야아, 이놈, 뭐야!
말뚝이 : 아, 이 양반들, 어찌 듣는지 모르갔소.
노론, 소론, 호조, 병조, 옥당을 다 지
내고 삼정승, 육판서 다 지내고 퇴로
재상으로 계신 이 생원네 삼 형제분이
나오신다고 그리 하였소.
양반들 : (합창) 이 생원이라네. (굿거리장단으
로 ㉣ 모두 춤을 춘다. 도령은 때때로
형들의 면상을 치며 논다. 끝까지 그런
행동을 한다.)

38 다음 작품에서 윗글과 종류가 다른 하나는?
① 오광대놀이
② 산대놀이
③ 강릉관노 탈놀이
④ 박첨지놀음

39 윗글에 대한 설명으로 가장 적절한 것은?
① 경상도 안동 지방에서 전해 내려오는 민속극이다.
② '양반의 위엄 → 말뚝이의 조롱 → 양반의 호통 → 말뚝이의 변명 → 양반의 안심'의 재담 구조를 보인다.
③ 등장인물은 공연 상황에 따라 대사를 바꾸어 표현하지 못한다.
④ 말뚝이는 무능한 지배 계층을 대변하는 인물이다.

40 밑줄 친 부분에 대한 설명으로 적절하지 않은 것은?
① ㉠ : 현대 연극의 '막'과 유사하지만 각 '과장'은 독립적이다.
② ㉡ : 양반의 행동을 희화화하는 모습이다.
③ ㉢ : 언어유희를 통해 양반을 조롱하고 있다.
④ ㉣ : 말뚝이를 통해 유발된 갈등이 완전히 해소되었다.

독학사 1단계 교양과정
적중모의고사 | 국어

제한시간: 50분 | 시작 ___시 ___분 – 종료 ___시 ___분

정답 및 해설 232p

01 「단군신화」와 가장 관련이 <u>적은</u> 것은?

① 통과제의
② 제정분리
③ 인본주의
④ 토테미즘

02 국어의 문법적 특징을 형태적 특징과 통사적 특징으로 나눌 때, 다음의 설명과 그 특징이 잘못 연결된 것은?

① 국어는 동사와 형용사의 활용이 매우 유사한 특징을 가진다. → 통사적 특징
② 단위성 의존명사가 발달했다. → 형태적 특징
③ 국어의 수식 구성에서 수식어는 반드시 피수식어 앞에 온다. → 통사적 특징
④ 국어는 교착어(또는 첨가어)에 속한다. → 형태적 특징

03 우리나라 현대시의 흐름상 각 시대별 특징으로 옳지 <u>않은</u> 것은?

① 1910년대 말 : 계몽성에서 탈피하여 서정시, 자유시로의 발전을 꾀하였다.
② 1920년대 : 시문학파, 모더니즘파, 생명파가 형성되었다.
③ 1930년대 : 근대시로부터 현대시로의 전환이 본격적으로 시작되었으며, 순수 서정시에의 관심과 개척에 역점을 두었다.
④ 1940년대 : 한국 문학사의 암흑기로, 청록파의 전통적인 시 정신과 이육사, 윤동주의 저항시들이 그 빛을 발하였다.

04 우리나라 3대 시조집에 해당하지 <u>않는</u> 것은?

① 『청구영언』
② 『병와가곡집』
③ 『해동가요』
④ 『가곡원류』

05 수필의 특징이 <u>아닌</u> 것은?

① 무형식의 산문
② 유머와 위트
③ 전문성·개성적 문학
④ 고백적·철학적 문학

06 다음 중 어법에 맞는 표현은?

① 저희 나라의 대표적인 음식은 불고기와 비빔밥입니다.

② 저는 남편과 네 살 터울입니다.

③ 요즘 벚꽃이 한참이다.

④ 두 정상이 악수를 한 것은 두 나라가 친선 관계로 접어들었음을 나타낸다.

※ 다음 시조를 읽고 물음에 답하시오. (07 ～ 08)

> 興亡(흥망)이 有數(유수)ᄒ니 滿月臺(만월대)도 秋草(추초) | 로다.
> 五百年(오백 년) 王業(왕업)이 牧笛(목적)에 부쳐시니,
> 夕陽(석양)에 지나ᄂ 客(객)이 눈물계워 ᄒ노라.

07 이 시조에 대한 설명으로 옳지 <u>않은</u> 것은?

① 회고적, 감상적인 성격을 지닌다.

② 선경후정의 구조를 갖는다.

③ '秋草(추초)'는 고려왕조의 몰락을 의미한다.

④ '牧笛(목적)에 부쳐시니'에는 시각적 심상이 나타난다.

08 이 시조의 주제를 설명하는 말로 가장 적절한 것은?

① 맥수지탄(麥秀之嘆)

② 수구초심(首丘初心)

③ 풍수지탄(風樹之嘆)

④ 망운지정(望雲之情)

09 박지원의 「허생전」의 특징으로 옳지 <u>않은</u> 것은?

① 병자호란을 배경으로 하고 있다.

② 닫힌 결말 구조를 통해 이상국을 건설하고자 하는 의도를 드러냈다.

③ 유학자의 허위를 비판하였다.

④ 해외무역을 주장하고, 매점매석을 경계하고자 했다.

※ 다음 글을 읽고 물음에 답하시오. (10 ～ 11)

> 어져 내 일이야 그릴 줄을 모로ᄃ냐.
> 이시라 ᄒ더면 가랴마ᄂ 제 구ᄐ여
> 보ᄂ고 그리ᄂ 정(情)은 나도 몰라 ᄒ노라.

10 이 시조에 대한 설명으로 옳지 <u>않은</u> 것은?

① 문장의 순서를 바꾸는 강조법을 사용하였다.

② 감탄사를 활용하여 화자의 정서를 드러낸다.

③ 중의적인 해석이 가능한 시구가 있다.

④ 자존심과 연정 사이의 묘한 심리적 갈등이 드러난다.

11 종장 부분에 내재된 시적 화자의 정서와 가장 유사한 것은?

① 산촌(山村)에 눈이 오니 돌길이 뭇쳐셰라.
　시비(柴扉)를 여지 마라 날 ᄎᄌ리 뉘 이스리.
　밤즁만 일편명월(一片明月)이 긔 벗인가 ᄒ노라.

② 이화우(梨花雨) 훗ᄲᅳ릴 제 울며 잡고 이별(離別)ᄒᆞᆫ 님
　추풍낙엽(秋風落葉)에 저도 날 ᄉᆡᆼ각ᄂᆞᆫ가
　천리(千里)에 외로운 ᄭᅮᆷ만 오락가락 ᄒ노매.

③ 노래 삼긴 사ᄅᆞᆷ 시름도 하도 할샤.
　닐러 다 못 닐러 불러나 푸돗ᄃᆞᆫ가
　진실(眞實)로 플릴 거시면은 나도 불러 보리라.

④ 쑴은 듣는 대로 듯고 볏슨 쐴대로 쐰다.
　청풍의 옷깃 열고 긴 파람 흘리 불 제,
　어ᄃᆡ셔 길가는 소남ᄂᆡ 아는 ᄃᆞ시 머무는고.

12 다음과 관련 있는 사람은 누구인가?

> • 법고이지변(法古而知變) 창신이능전(創新而能典)
> • 고문(古文)의 절정

① 김부식
② 이제현
③ 박지원
④ 김창협

13 다음 밑줄 친 부분을 고쳐 쓴 것으로 적절하지 않은 것은?

① 선생님께서는 열 살 된 따님이 있으시다.
　→ 계시다
② 할아버지, 아버지가 내일 오신대요. →
　온대요
③ 잠시 후 사장님의 말씀이 계시겠습니다.
　→ 있으시겠습니다
④ 영수야, 선생님께서 오시랜다. → 오라신다

※ 다음 글을 읽고 물음에 답하시오. (14 ~ 15)

> 최랑은 눈물이 흘러 곡조를 다 이루지 못하였다. 이생도 슬퍼하며 말했다.
> "내 당신과 함께 지하로 돌아갈지언정 어찌 무료하게 여생을 홀로 보존하겠소?"
> "당신의 명수는 아직 남았고 저는 이미 귀신의 명부(名簿)에 실렸사오니, 미련을 가지면 명부(冥府)의 법령에 위반되어 더 힘든 죄과가 미칠까 염려됩니다. 제 해골이 아직 그곳에 흩어져 있사오니, 은혜를 베푸신다면 사체나 잘 거두어주십시오."
> 말을 마치자마자 그녀는 종적을 감추어버렸다. 이생은 그녀가 부탁한 대로 해골을 거두어 부모 묘 옆에 장사지낸 후 곧 병이 나서 세상을 떠나고 말았다. 이야기를 들은 사람들은 감탄하며 그들의 아름다운 절개를 칭찬했다.
> 　　　　　　　　　　－ 김시습, 「이생규장전」

14 이 글의 주제로 가장 적절한 것은?

① 세월이 흘러도 사랑은 변함없다.
② 사랑은 삶과 죽음의 문제를 초월할 수 있다.
③ 이별은 늘 인간의 삶에 도사리고 있는 그림자와 같은 것이다.
④ 이별은 만남을 전제로 한 것이므로 절망해서는 안 된다.

15 다음 중 윗글과 관련이 없는 것은?

① 한글소설
② 『금오신화』
③ 홍건적의 난
④ 명혼소설

16 ⊙과 ⓒ에 나타난 글쓴이의 감회를 설명하는 말이 바르게 연결된 것은?

> ⊙ 정말 우리도 한 떨기 단풍에 지나지 않아 보인다. 다리는 줄기요, 팔을 가지인 채, 피부는 단풍으로 물들어 버린 것 같다. 옷을 훨훨 벗어 꽉 쥐어짜면, 물에 헹궈 낸 빨래처럼 진주홍 물이 주르르 흘러내릴 것만 같다. … (중략) … 한 층계 한 층계 한사코 기어오르는 마지막 발걸음에서 시야는 일망무제(一望無際)로 탁 트인다. 여기가 해발 오천 척의 망군대(望軍臺) – 아! ⓒ 천하는 이렇게도 광활하고 웅장하고 숭엄하던가!
>
> – 정비석, 「산정무한」

① ⊙ – 물심일여(物心一如)
　 ⓒ – 호연지기(浩然之氣)
② ⊙ – 안빈낙도(安貧樂道)
　 ⓒ – 오리무중(五里霧中)
③ ⊙ – 안분지족(安分知足)
　 ⓒ – 창해일속(滄海一粟)
④ ⊙ – 단사표음(簞食瓢飮)
　 ⓒ – 우화등선(羽化登仙)

17 세종의 비인 소헌왕후(昭憲王后)가 죽자 명복을 빌기 위해 석가의 전기를 엮어만든 작품은 무엇인가?

① 『월인석보(月印釋譜)』
② 『능엄경언해(楞嚴經諺解)』
③ 『석보상절(釋譜詳節)』
④ 『반야바라밀다심경언해(般若波羅蜜多心經諺解)』

18 다음 중 속담의 특징이 아닌 것은?

① 속담은 사회적 소산이다.
② 속담은 향토성을 반영한다.
③ 속담은 시대상을 반영한다.
④ 속담의 형식은 복잡하다.

19 민속극의 특성과 거리가 먼 것은?

① 민중성　　② 골계성
③ 해학성　　④ 교훈성

※ 다음을 읽고 물음에 답하시오. (20 ~ 22)

> (가) ⊙ 돌하 노피곰 도두샤
> 　　어긔야 머리곰 비취오시라.
> 　　어긔야 어강됴리
> 　　아으 다롱디리
> 　　져재 녀러 신고요.
> 　　어긔야 ⓒ 즌 딕롤 드딕욜셰라.
> 　　어긔야 어강됴리
> 　　어느이다 노코시라.
> 　　어긔야 내 가논 딕 ⓒ 졈그룰셰라.
> 　　어긔야 어강됴리
> 　　아으 다롱디리
> 　　　　　　　　　　– 「정읍사」

(나) 늦겨곰 ᄇ라매
　　　이슬 불갼 ᄃ라리
　　　힌 구룸 조초 ᄠ간 언저레
　　　몰이 가론 믈서리여희
　　　기랑(耆郎)이 즈싀올시 수프리야.
　　　일오(逸烏)나릿 ᄌ벅긔
　　　낭(郎)이여 디니더시온
　　　ᄆᄉ민 ᄀᄉ훌 좃ᄂ라져.
　　　아야 ㉣ 자싯가지 노포
　　　누니 모돌 두폴 곳가리여
　　　　　　　－「찬기파랑가(讚耆婆郎歌)」

20 (가), (나)의 공통점으로 적절한 것은?

　① 죽은 남편을 그리워하고 있다.
　② 대상에 대한 연모의 정서가 내재되어 있다.
　③ 떠나 버린 임을 원망하고 있다.
　④ 과거에 대한 회한이 잘 드러나 있다.

21 ㉠~㉣에 대한 해석으로 적절하지 <u>않은</u> 것은?

　① ㉠ – 자신의 소망을 '들'에 의탁하여 표현
　　하고 있다.
　② ㉡ – 대상에 대한 화자의 원망이 드러나
　　있다.
　③ ㉢ – "저물까 두렵습니다."의 의미이다.
　④ ㉣ – 대상에 대한 추모의 마음이 깃들어
　　있다.

22 (나)에 쓰인 시어의 의미가 가장 <u>이질적인</u>
　것은?

　① 들
　② 눈
　③ 믈서리
　④ 자싯가지

23 「춘향전」의 특징이 <u>아닌</u> 것은?

　① 판소리에서 유래하였기 때문에 적층성이
　　강하다.
　② 주인공은 물론 주변 인물인 월매, 향단,
　　변사또 등이 펼치는 재담, 풍자적 발언,
　　욕망 등은 작품의 재미를 한층 더해 준다.
　③ 따로 이본(異本)이 존재하지 않는다.
　④ 확장적 문체로 표현 효과를 극대화하며,
　　일상적인 구어체를 사용하였다.

※ 다음 글을 읽고 물음에 답하시오. (24 ~ 26)

생사(生死) 길은
예 있으매 머뭇거리고
나는 간다는 말도
못다 이르고 어찌 갑니까.
어느 가을 이른 바람에
이에 저에 떨어질 잎처럼
한 가지에 나고
가는 곳 모르온저.
아아, 미타찰(彌陀刹)에서 만날 나
도(道) 닦아 기다리겠노라.
　　　　－ 월명사, 「제망매가(祭亡妹歌)」

24 이 글의 종류에 대한 설명으로 옳지 <u>않은</u> 것은?

　① 한자의 음과 훈을 빌려 표기하는 방식을
　　사용하였다.
　② 『삼국사기』와 『균여전』에 25수가 전해
　　진다.
　③ '사뇌가'라고도 불린다.
　④ 가장 정제된 형식은 10구체이다.

25 이 글에서 남매 관계를 비유적으로 나타내고 있는 구절은?

① 한 가지에 나고
② 어느 가을 이른 바람에
③ 이에 저에 떨어질 잎처럼
④ 아아, 미타찰(彌陀刹)에서 만날 나

26 이 글에 대한 설명으로 가장 적절한 것은?

① 시적 대상과의 재회에 대한 소망을 담고 있다.
② 반어적 표현을 통해 화자의 정서를 부각하고 있다.
③ 세속의 인연에 미련을 두지 않은 구도자의 자세를 드러내고 있다.
④ '상황 인식-객관적 서경 묘사-종교적 기원'의 3단 구성으로 되어 있다.

※ 다음 글을 읽고 물음에 답하시오. (27 ~ 28)

> 그 마을에 사는 한 부자가 가족들과 의논하기를,
> "양반은 아무리 가난해도 늘 존귀하게 대접받고 나는 아무리 부자라도 항상 비천(卑賤)하지 않으냐. 말도 못하고, 양반만 보면 굽신굽신 두려워해야 하고, 엉금엉금 가서 정하배(庭下拜)를 하는데 코를 땅에 대고 무릎으로 기는 등 우리는 이런 수모를 받는단 말이다. 이제 동네 양반이 가난해서 타먹은 환자를 갚지 못하고 시방 아주 난처한 판이니 그 형편이 도저히 양반을 지키지 못할 것이다. 내가 장차 그의 양반을 사서 가져 보겠다."
> 부자는 양반을 찾아가 보고 자기가 대신 환자를 갚아 주겠다고 청했다. 양반은 크게 기뻐하며 이를 승낙했다. 그래서 부자는 즉시 곡식을 관가에 실어가서 양반의 환자를 갚았다.
> — 박지원, 「양반전」

27 윗글을 통해서 드러내고자 한 당대 사회의 모순으로 가장 적절한 것은?

① 매관매직이 성행하였다.
② 평민들이 부자로 출세하였다.
③ 양반들의 권위가 약화되었다.
④ 상업의 발달이 두드러졌다.

28 이 글의 성격으로 가장 적절한 것은?

① 사실적
② 반어적
③ 풍자적
④ 비극적

※ 다음 시를 읽고 물음에 답하시오. (29 ~ 30)

> [A] 들길은 마을에 들자 붉어지고
>   마을 골목은 들로 내려서자 푸르러졌다.
> [B] 바람은 넘실 천 이랑 만 이랑
>   이랑 이랑 햇빛이 갈라지고
>   보리도 허리통이 부끄럽게 드러났다.
> [C] 꾀꼬리는 엽태 혼자 날아 볼 줄 모르나니
>   암컷이라 쫓길 뿐
>   수놈이라 쫓을 뿐
>   황금빛 난 길이 어지럴 뿐
> [D] 얇은 단장하고 아양 가득 차 있는
>   산봉우리야 오늘밤 너 어디로 가 버리련?
>   — 김영랑, 「오월」

29 이 시에 대한 설명으로 옳지 않은 것은?

① 5월의 아름다운 자연을 예찬하였다.
② 1920년대 감상적 낭만주의 시풍을 계승했다.
③ 『문장』에 발표된 작품이다.
④ 토착어와 전통적 율격이 조화를 이룬다.

30 [A]~[D]에 대한 감상으로 적절하지 <u>않은</u> 것은?

① [A] : 마을과 들이 자아내는 색감을 그려 내고 있다.

② [B] : 바람과 햇빛과 보리가 더불어 빚어 내는 장면을 형상화하고 있다.

③ [C] : 꾀꼬리들이 이리저리 함께 날아다 니는 동작을 표현하고 있다.

④ [D] : 사철 내내 변함없는 산봉우리의 의 연한 풍모를 묘사하고 있다.

31 윗글에 대한 설명으로 적절하지 <u>않은</u> 것은?

① 과거형 시제를 사용하여 고향에 대한 그 리움을 표현하였다.

② 서정적, 감각적, 낭만적인 작품이다.

③ 계절적 배경은 이른 봄이다.

④ 후각적 · 시각적 · 청각적 이미지가 사용되 었다.

※ 다음 시를 읽고 물음에 답하시오. (31 ~ 33)

흙이 풀리는 내음새
강바람은
㉠ <u>산짐승의 우는 소릴 불러</u>
다 녹지 않은 얼음장 울멍울멍 떠나려간다.

진종일
나룻가에 서성거리다
㉡ <u>행인의 손을 쥐면 따듯하리라.</u>

고향 가차운 주막에 들러
누구와 함께 지난날의 꿈을 이야기하랴.
양구비 끓여다 놓고
주인집 늙은이는 공연히 눈물지운다.

㉢ <u>간간이 잿내비 우는 산기슭에는</u>
아직도 무덤 속에 조상이 잠자고
설레는 바람이 가랑잎을 휩쓸어간다.

예 제로 떠도는 장꾼들이여!
商賈(상고)하며 오가는 길에

혹여나 보셨나이까.

전나무 우거진 마을
㉣ <u>집집마다 누룩을 듸듸는 소리</u>, 누룩이 뜨는
내음새……
    – 오장환, 「고향 앞에서」

32 ㉠~㉣ 중 다른 이미지가 사용된 것은?

① ㉠
② ㉡
③ ㉢
④ ㉣

33 윗글의 정서와 가장 거리가 <u>먼</u> 작품은?

① 김소월의 「진달래꽃」

② 정지용의 「향수」

③ 김소월의 「바라건대 우리에게 우리의 보 습 대일 땅이 있었더면」

④ 윤동주의 「또 다른 고향」

※ 다음 글을 읽고 물음에 답하시오. (34 ~ 35)

덕기는 분명히 조부의 이런 목소리를 들은 법하다. 꿈이 아니었던가 하며 소스라쳐 깨어 눈을 떠보니 머리맡 창에 볕이 쨍쨍히 비친 것이 어느덧 저녁때가 된 것 같다. 벌써 새로 세 시가 넘었다. 아침 먹고 나오는 길로 따뜻한데 누웠으려니까 잠이 폭폭 왔던 것이다. 어쨌든 머리를 쳐드니, 인제는 거뜬하고 몸도 풀린 것 같다.

"네 처두 묵으라고 하였다만 모레는 너두 들 를 테냐? 들르면 무얼 하느냐마는……."

조부의 못마땅해하는, 어떻게 들으면 말을 만들어 보려고 짓궂이 비꼬는 강강한 어투가 또 들린다.

덕기는 부친이 왔나 보다 하고 가만히 유리 구멍으로 내다보았다. 수달피 깃을 댄 검정 외투를 입은 홀쭉한 뒷모양이 뜰을 격하여 툇마루 앞에 보이고 조부는 창을 열고 내다보고 앉았다. 덕기는 일어서려다가 조부가 문을 닫은 뒤에 나가리라 하고 주저앉았다.

"저야 오지요마는 덕기는 붙드실 게 무엇 있습니까. 공부하는 애는 그보다 더한 일이 있더라도 날짜를 대서 하루 바삐 보내야지요……."

이것은 부친의 소리다. 부친은 가냘프고 신경질적인 체격 보아서는 목소리라든지 느리게 하는 어조가 퍽 딴판인 인상을 주는 것이었다.

– 염상섭, 「삼대」

34 이 소설에 대한 설명으로 옳지 않은 것은?

① 단편소설
② 세태소설
③ 가족사 소설
④ 사실주의 소설

35 윗글에 등장하는 인물에 대한 설명으로 옳지 않은 것은?

① '부친'은 구세대의 전형적인 인물이다.
② '덕기'는 '조부'와 갈등 관계에 있다.
③ '덕기'는 지식인으로 절충적 인물이다.
④ '조부'가 가장 중요시하는 것은 '돈'이다.

※ 다음 글을 읽고 물음에 답하시오. (36 ~ 37)

옛날의 영화가 꿈이 되고, 일조에 몰락하여 가뜩이나 초상집 개처럼 초라한 자기가 또 한 번 어깨가 움츠러듦을 느끼지 아니치 못하였다. 그런데다 이 녀석이, 언제 [A] 적 저라고 무엄스럽게 굴어 심히 불쾌하였고, 그래서 엔간히 자리를 털고 일어설 생각이 몇번이나 나지 아니한 것도 아니었다.

그러나 참았다. 보아하니 큰 세도를 부리는 것이 분명하였다. 잘만 하면 그 힘을 빌려 분풀이와 빼앗긴 재물을 도로 찾을 여망이 있을듯 싶었다. 분풀이를 하고, 더구나 재물을 도로 찾고 하는 것이라면야, 코 삐뚤이 삼복이는 말고, 그보다 더한 놈한테라도 머리 숙이는 것쯤 상관할 바 아니었다.

"그러니, 여보게, 미씨다 방……."

있는 말 없는 말 보태 가며 일장 경과 설명을 한 후에, 백 주사는 끝을 맺기를,

"어쨌든지 그놈들을 말이네, 그놈들을 한 놈 냉기지 말구섬 죄다 붙잡아다가 말이네, 괴수 놈들일랑 목을 썰어 죽이구, 다른 놈들일랑 뼉다구가 부러지두룩 두들겨 주구, 꿇어앉히구 항복 받구, 그리구 빼앗긴 것 일일이 도루 다찾구, 집허구 세간 쳐부순 것 말끔 다 물리구…… 그렇게만 해준다면, 내, 내, 재산 절반 노나 주문세, 절반. 응, 여보게, 미씨다 방."

"염려 마슈." 미스터 방은 선뜻 쾌한 대답이었다. "진정인가?"

"머, 지끔 당장이래두, 내 입 한 번만 떨어진다 치면, 기관총 들멘 엠피가 백 명이구 천 명이구 들끓어 내려가서, 들이 쑥밭을 만들어 놉니다, 쑥밭을."

"고마우이!" 백 주사는 복수하여지는 광경을 서언히 연상하면서, 미스터 방의 손목을 덤쑥 잡는다.

"백골난망이겠네."

"놈들을 깡그리 죽여 놀 테니, 보슈."

"자네라면야 어렵겠나."

"흰말이 아니라 참 이승만 박사두 내 말 한마디면 고만 다 제바리유."

미스터 방은 그러고는 냉수 그릇을 집어 한 모금 물고 꿀쩍꿀쩍 양치를 한다. 웬 버릇인지, 하여간 그는 미스터 방이 된 뒤로, 술을 먹으면서 양치하는 버릇이 생겼다. 양치한 물을 처치하려고 휘휘 둘러보다, 일어서서 노대로 성큼성큼 나간다. 노대는 현관 정통 위였었다.

미스터 방이 그 걸쭉한 양칫물을 노대 아래로 아낌없이 좍 배앗는 바로 그 순간이었다. 그 순간이 공교롭게도, 마침 그를 찾으러 온 S소위가 현관으로 일단 들어서려다 말고(미스터 방이 노대로 나오는 기척이 들렸기 때문에) 뒤로 서너 걸음 도로 물러나, "헬로." 부르면서 웃는 얼굴을 쳐드는 순간과 그만 일치가 되었다. "에구머니!" 놀라 질겁을 하였으나 이미 배앗아진 양칫물은 퀴퀴한 냄새와 더불어 백절폭포로 내려 쏟혀, 웃으면서 쳐드는 S소위의 얼굴 정통에 가 좌르르. "유 데블!" 이 기급할 자식이라고 S소위는 주먹질을 하면서 고함을 질렀고, 그 주먹이 쳐든 채 그대로 있다가, 일변 허둥지둥 버선발로 뛰쳐나와 손바닥을 싹싹 비비는 미스터 방의 턱을, "상놈의 자식!" 하면서 철컥, 어퍼컷으로 한 대 갈겼더라고. [B]

– 채만식, 「미스터 방」

36 [A], [B]의 서사적 기능으로 가장 적절한 것은?

① [A]는 인물 간의 대화를 통해 외적인 갈등을 고조하고 있다.
② [A]는 공간적 배경의 묘사를 통해 비극적인 분위기를 심화하고 있다.
③ [B]는 행동 묘사를 통해 주인공을 희화화하고 있다.
④ [B]는 과거 사건의 요약을 통해 이야기의 전개를 빠르게 하고 있다.

37 윗글의 등장인물에 대한 이해로 적절하지 않은 것은?

① 백 주사는 자신이 누렸던 '옛날의 영화'를 되찾고 싶어 한다.
② 백 주사는 '큰 세도'를 빌리기 위해 자존심을 굽힌다.
③ 미스터 방은 백 주사의 '분풀이'를 약속하며 자기를 과시한다.
④ 미스터 방은 '기관총 들멘 엠피'를 조롱의 대상으로 여긴다.

※ 다음 글을 읽고 물음에 답하시오. (38~40)

　　사람들은 아버지를 난쟁이라고 불렀다. 사람들은 옳게 보았다. ㉠ 아버지는 난쟁이였다. 불행하게도 사람들은 아버지를 보는 것 하나만 옳았다. 그 밖의 것들은 하나도 옳지 않았다. 나는 아버지, 어머니, 영호, 영희, 그리고 나를 포함한 다섯 식구의 모든 것을 걸고 그들이 옳지 않다는 것을 언제나 말할 수 있다. 나의 '모든 것'이라는 표현에는 '다섯 식구의 목숨'이 포함되어 있다. 천국에 사는 사람들은 지옥을 생각할 필요가 없다. 그러나 우리 다섯 식구는 지옥에 살면서 천국을 생각했다. 단 하루라도 천국을 생각해 보지 않은 날이 없다. 하루하루의 생활이 지겨웠기 때문이다. ㉡ 우리의 생활은 전쟁과 같았다. 우리는 그 전쟁에서 날마다 지기만 했다. 그런데도 어머니는 모든 것을 잘 참았다. 그러나 그날 아침 일만은 참기 어려웠던 것 같다. "통장이 이걸 가져왔어요." 내가 말했다. 어머니는 조각 마루 끝에 앉아 아침 식사를 하고 있었다. "그게 뭐냐." "철거 계고장이에요." "기어코 왔구나!" 어머니가 말했다. "그러니까 집을 헐라는 거지? 우리가 꼭 받아야 할 것 중의 하나가 이제 나온 셈이구나!" 어머니는 식사를 중단했다. 나는 어머니의 밥상을 내려다보았다. 보리밥에 까만 된장, 그리고 시든 고추 두어 개와 조린 감자. 나는 어머니를 위해 철거 계고장을 천천히 읽었다.

낙 원 구
주택 : 444,1 -　　 197×. 9. 10.
수신 : 서울특별시 낙원구 행복동 46번지의 1839 김불이 귀하
제목 : 재개발 사업 구역 및 고지대 건물 철거 지시
귀하 소유 아래 표시 건물은 주택 개량 촉진에 관한 임시 조치법에 따라 행복 3구역 재개발 지구로 지정되어 서울특별시 주택 개량 재개발 사업 시행 조례 제15조, 건축법 제5조 및 동법 제42조의 규정에 의하여 197×. 9. 30.까지 자진 철거할 것을 명합니다. 만일 위 기일까

지 자진 철거하지 않을 경우에는 행정 대집행법의 정하는 바에 의하여 강제 철거하고 그 비용은 귀하로부터 징수하겠습니다.
철거 대상 건물 표시
서울특별시 낙원구 행복동 46번지의 1839
구조　　　　건평　　　평
　　　　　　　　　끝
　　　　　　　　　　낙 원 구 청 장

　　어머니는 조각 마루 끝에 앉아 말이 없었다. ㉢ 벽돌 공장의 높은 굴뚝 그림자가 시멘트 담에서 꺾이며 좁은 마당을 덮었다. 동네 사람들이 골목으로 나와 뭐라고 소리치고 있었다. 통장은 그들 사이를 비집고 나와 방죽 쪽으로 걸음을 옮겼다. 어머니는 식사를 끝내지 않은 밥상을 들고 부엌으로 들어갔다. ㉣ 어머니는 두 무릎을 곧추세우고 앉았다. 그리고 손을 들어 부엌 바닥을 한번 치고 가슴을 한번 쳤다. 나는 동사무소로 갔다. ㉤ 행복동 주민들이 잔뜩 몰려들어 자기의 의견들을 큰 소리로 말하고 있었다. 들을 사람은 두셋밖에 안 되는데 수십 명이 거의 동시에 떠들어대고 있었다. 쓸데없는 짓이었다. 떠든다고 해결될 문제는 아니었다.
　　나는 바깥 게시판에 적혀 있는 공고문을 읽었다. 거기에는 아파트 입주 절차와 아파트 입주를 포기할 경우 탈 수 있는 이주 보조금 액수 등이 적혀 있었다. 동사무소 주위는 시장 바닥과 같았다.
　　　　　　 - 조세희, 「난쟁이가 쏘아 올린 작은 공」

38 윗글에 대한 설명으로 옳지 않은 것은?

① 연작 소설 중 하나이다.
② 농촌 빈민층이 겪는 삶의 고통과 좌절을 이야기하고 있다.
③ 반어적인 표현으로 비참한 삶의 모습을 극명하게 드러내고 있다.
④ 사회고발적·사실주의적인 소설이다.

40 ㉠~㉣에 대한 이해로 적절하지 않은 것은?

① ㉠ : 산업화 과정에서 소외된 '아버지'의 왜소함을 드러낸다.
② ㉡ : 가난한 사람들의 힘겨운 삶을 전쟁에 비유한다.
③ ㉢ : 맹목적이고 무리한 산업화의 위압적 분위기를 나타낸다.
④ ㉣ : 주민들의 노력으로 삶이 개선될 것임을 암시한다.

39 ㉮에서 알 수 있는 '어머니'의 상황을 설명하는 말로 가장 적절한 것은?

① 자승자박(自繩自縛)
② 주경야독(晝耕夜讀)
③ 분기충천(憤氣衝天)
④ 사면초가(四面楚歌)

제한시간: 50분 | 시작 ___시 ___분 – 종료 ___시 ___분

→ 정답 및 해설 237p

01 우리나라 최초의 서사시 작품은?

① 「구지가」
② 「공무도하가」
③ 「정읍사」
④ 「황조가」

02 다음 중 '훈민정음'의 창제가 국문학사에 미친 가장 큰 의의는 무엇인가?

① 구전문학의 쇠퇴
② 진정한 국문학의 형성
③ 한문학의 쇠퇴
④ 경기체가의 발전

03 다음 작품의 중심 소재인 '달'에 대한 설명으로 가장 적절한 것은?

> 나는 그믐달을 몹시 사랑한다.
> 그믐달은 요염하여 감히 손을 댈 수도 없고, 말을 붙일 수도 없이 깜찍하게 예쁜 계집같은 달인 동시에 가슴이 저리고 쓰리도록 가련한 달이다. 서산 위에 잠깐 나타났다 숨어버리는 초생달은 세상을 후려 삼키려는 독부가 아니면 철모르는 처녀같은 달이지마는, 그믐달은 세상의 갖은 풍상을 다 겪고 나중에는 그 무슨 원한을 품고서 애처롭게 쓰러지는 원부와 같이 애절하고 애절한 맛이 있다. 보름에 둥근달은 모든 영화와 끝없는 숭배를 받는 여왕과 같은 달이지마는, 그믐달은 애인을 잃고 쫓겨남을 당한 공주와 같은 달이다. 초생달이나 보름달은 보는 이가 많지마는 그믐달은 보는 이가 적어 그만큼 외로운 달이다. 객창한 등에 정든님 그리워 잠 못 들어 하는 분이나, 못 견디게 쓰린 가슴을 움켜잡은 무슨 한 있는 사람이 아니면 그 달을 보아 주는 이가 별로 없을 것이다.
> – 나도향, 「그믐달」

① 인간과 교감이 가능한 자연이다.
② 인간의 고통과 슬픔을 외면하는 존재이다.
③ 찬양과 숭배의 종교적 대상물이다.
④ 끈질긴 생명력을 가진 민중을 의미한다.

04 다음 중 작가와 한문학 문집이 바르게 연결된 것은?

① 이규보 – 「파한집」
② 이제현 – 「삼국사기」
③ 박지원 – 「초정집서」
④ 김부식 – 「익재난고」

05 다음 중 궁중문학이 <u>아닌</u> 것은?

① 「계축일기」
② 「한중록」
③ 「인현왕후전」
④ 「동명일기」

06 다음 내용과 관련 있는 언어의 특성은?

- 무지개의 색깔을 일곱 가지로 나누어 말한다.
- 사람의 얼굴을 뺨, 턱, 이마로 나누어 말한다.
- 하루 24시간을 아침, 점심, 저녁으로 나누어 말한다.

① 자의성
② 분절성
③ 사회성
④ 추상성

07 다음 밑줄 친 부분과 같은 의미로 쓰인 것은?

<u>사람</u>을 보내 마중을 나갔다.

① <u>사람</u>은 만물의 영장이다.
② 아버지는 충남 <u>사람</u>이다.
③ <u>사람</u>들이 뭐라 해도 할 수 없다.
④ 그 일은 <u>사람</u>이 많이 필요하다.

08 다음 중 언어의 기능에 대한 예문으로 적절하지 <u>않은</u> 것은?

① 표현적 기능 : 철수는 공부하지 않은 것 같다.
② 감화적 기능 : 이 책은 참 재미있다.
③ 친교적 기능 : 아침 드셨습니까?
④ 표출적 기능 : 아이구, 아파!

09 다음 설명의 괄호 안에 들어갈 말을 순서대로 바르게 나열한 것은?

서사 무가와 판소리는 (　　)을(를) 중심으로 사건이 전개된다는 측면에서 서사성이라는 공통점이 있다. 구성 방식에 있어서 서사 무가는 창과 말이 교체되면서 진행되고, 판소리는 창과 (　　)이(가) 교체되면서 진행된다. 서사 무가는 무녀와 재비가 공연을 하고, 판소리는 소리꾼과 고수가 공연을 한다. 서사 무가에서는 재비가 중간 중간에 탄성을 지르는데 이는 판소리에서 고수가 (　　)을(를) 하는 것과 유사하다.

① 이야기 – 아니리 – 추임새
② 이야기 – 아니리 – 발림
③ 주인공 – 발림 – 추임새
④ 이야기 – 추임새 – 아니리

10 현행 표준어 규정에서 유사한 두 단어를 모두 표준어로 인정해 주는 복수표준어의 예가 <u>아닌</u> 것은?

① 쇠고기 – 소고기
② 네 – 예
③ 손목시계 – 팔목시계
④ 거슴츠레하다 – 게슴츠레하다

11 다음 밑줄 친 부분의 띄어쓰기가 바르게 된 것으로 짝지어진 것은?

> ㉠ 물 건너간 일을 이제 와서 아쉬워한들 무슨 소용이 있으랴. 사물의 ㉡ 이치 및 순리를 꿰뚫어 보고 옳고 그름을 ㉢ 구별할 수 있는 예리한 눈, 모난 것은 ㉣ 모난대로 보아 줄 줄 아는 넉넉한 눈, 이런 눈을 갖고 싶다.

① ㉠ – ㉢
② ㉠ – ㉣
③ ㉡ – ㉢
④ ㉡ – ㉣

12 「사미인곡(思美人曲)」에 대한 설명으로 옳지 <u>않은</u> 것은?

① 「속미인곡」과 더불어 가사문학의 극치를 이룬 작품으로, 우리말 구사가 뛰어나다.
② 대화체를 통해 임금에 대한 그리움을 표현했다.
③ 계절의 변화에 따라 임금에 대한 그리움과 충성을 표현했다.
④ 음수율은 3·4조가 주조를 이루고 전편이 126구로 되었다.

13 밑줄 친 부분에 나타나 있는 시적 자아의 심정을 설명하는 말로 가장 적절한 것은?

> 년닙희 밥 싸두고 반찬으란 쟝만 마라
> 닫 드러라 닫 드러라
> 靑청蒻약笠립은 써 잇노라 綠녹蓑사衣의 가져오냐
> 至지匊국恩총 至지匊국恩총 於어思사臥와
> <u>無무心심호 白백鷗구는 내 좃눈가 제 좃눈가</u>
>
> – 윤선도, 「어부사시사」

① 주객전도(主客顚倒)
② 망연자실(茫然自失)
③ 수구초심(首丘初心)
④ 물아일체(物我一體)

14 다음 중 개화기 문학의 특징이 <u>아닌</u> 것은?

① 창가가사, 신체시, 신소설 등 새로운 형태의 문학 작품이 성행하였다.
② 『소년』 등의 잡지가 등장하면서 신문학 운동이 활발하게 전개되었다.
③ 언문일치 운동이 일어나 문학의 표현 방법이 달라졌다.
④ 한문학이 과거 어느 때보다도 눈부시게 발전하였으며, 번안작품도 많이 나타났다.

15 다음 중 「양반전」에 대한 설명으로 가장 적절한 것은?

① 「허생전」, 「호질」과 더불어 김시습의 대표작이다.

② 실학파에 반기를 든 작가의 사회 비판 의식을 담은 작품이다.

③ 신분을 돈으로 사고파는 일이 있었던 조선 전기를 배경으로 한다.

④ 실추된 양반의 참모습과 평민의 도덕성, 순수성을 참신하게 묘사한 수작이다.

16 다음 중 민요의 특징이 아닌 것은?

① 비전문성

② 현실생활과 관련

③ 구비문학

④ 우아미

17 다음 작품에 대한 설명으로 옳지 않은 것은?

> 가마귀 눈비 마자 희는 듯 검노미라.
> 야광명월이 밤인들 어두오랴.
> 님 향흔 일편단심이야 고칠 줄이 이시랴.

① 작자는 사육신 중의 한 사람이다.

② 화자의 심정을 자연물에 의탁하여 우의적으로 표현하였다.

③ 단종을 향한 변함없는 충정을 노래하였다.

④ '가마귀'는 단종을 그리워하는 시적 자아의 화신이다.

18 현실 참여 관점에서 문학을 연구하는 방법은?

① 역사주의적 방법

② 사회·문화적 방법

③ 형식주의적 방법

④ 심리주의적 방법

19 「운영전」에 관한 설명으로 적절하지 않은 것은?

① 염정소설, 몽유소설, 액자소설이다.

② 작자·연대 미상의 조선 후기 작품이다.

③ 봉건적 애정관을 탈피한 자유연애사상을 그렸다.

④ 김 진사와 궁녀의 사랑이 이루어지는 행복한 결말이 주 내용이다.

20 문학의 5대 장르로 알맞은 것은?

① 시, 소설, 수필, 희곡, 평론

② 시, 소설, 희곡, 비평, 일기

③ 소설, 일기, 수필, 서간, 희곡

④ 시, 소설, 수필, 일기, 희곡

21 밑줄 친 '이것'은 무엇인가?

> 이것은 우리의 성정에 잘 맞는, 생명력이 강한 시형이라고 할 수 있다. 이것이 조선조를 거쳐서 오늘에 계승되고 있는 것은 우연(偶然)이 아닌 것이다.

① 장가(長歌)

② 향가(鄕歌)

③ 시조(時調)

④ 경기체가(景幾體歌)

22 브나로드 운동의 영향을 받아 농촌 계몽운동을 주제로 한 작품은?

① 이광수, 「흙」
② 김유정, 「동백꽃」
③ 이무영, 「제1과 제1장」
④ 채만식, 「탁류」

23 다음 중 각 작품의 핵심 소재가 지니는 의미가 옳지 <u>않은</u> 것은?

① 「공무도하가」의 '물' : 삶과 죽음의 경계
② 「황조가」의 '꾀꼬리' : 서정적 자아와 대조
③ 「정읍사」의 '달' : 구원과 광명의 대상
④ 「구지가」의 '거북' : 위협적 존재

24 기록문학과 구비문학의 특징이 바르게 연결된 것은?

	〈기록문학〉	〈구비문학〉
①	개인적	정착적
②	고정적	적층적
③	보편적	개인적
④	민중적	집단적

25 다음에 나타난 필자의 태도를 비판한 것으로 가장 적절한 것은?

그리고 또, 어떻게 생각하면, 우리 사람이란– 세속에 얽매여, 머리 위에 푸른 하늘이 있는 것을 알지 못하고, 주머니의 돈을 세고, 지위를 생각하고, 명예를 생각하는 데 여념이 없거나, 또는 오욕칠정(五欲七情)에 사로잡혀, 서로 미워하고 시기하고 질투하고 싸우는 데 마음에 영일(寧日)을 가지지 못하는 우리 사람이란, 어떻게 비소(卑小)하고 어떻게 저속한 것인지. 결국은 이 대자연의 거룩하고 아름답고 영광스러운 조화를 깨뜨리는 한 오점(汚點) 또는 한 잡음(雜音)밖에 되어 보이지 아니하여, 될 수 있으면 이러한 때를 타서, 잠깐 동안이나마 사람을 떠나, 사람의 일을 잊고, 풀과 나무와 하늘과 바람과 마찬가지로 숨쉬고 느끼고 노래하고 싶은 마음을 억제할 수가 없다.

– 이양하, 「신록예찬」

① 일반 사람들의 현실적인 삶을 비하할 우려가 있다.
② 자기 도취에 빠져 자연관에 대한 편견을 가질 우려가 있다.
③ 다른 사람에 대해 배타적 태도를 가질 우려가 있다.
④ 현실을 부정함으로써 염세주의적 세계관으로 흐를 우려가 있다.

26 다음 중 사설시조의 특징이 <u>아닌</u> 것은?

① 허사(虛辭)를 배제한다.
② 구체적인 일상생활에서 소재를 취한다.
③ 강렬한 애정과 꾸밈없는 자기 폭로를 드러낸다.
④ 임진왜란 후 평민문학의 대표적 장르이다.

27 사이시옷을 적을 수 있는 것을 〈보기〉에서 모두 고른 것은?

> **보기**
>
> ㄱ. 대+잎
> ㄴ. 아래+마을
> ㄷ. 머리+말
> ㄹ. 코+병
> ㅁ. 위+층
> ㅂ. 개(個)+수(數)

① ㄱ, ㄴ, ㄷ
② ㄱ, ㄴ, ㄹ
③ ㄴ, ㄹ, ㅁ
④ ㄷ, ㅁ, ㅂ

28 다음 중 어법상 옳은 문장으로 가장 적절한 것은?

① 졸업 시험에 합격하신 것을 축하드립니다.
② 고객님, 주문하신 음식이 나오셨습니다.
③ 어른들이 문자 안절부절하며 어쩔 줄 몰라했다.
④ 이어서 회장님의 인사 말씀이 계시겠습니다.

29 ㉠, ㉡의 밑줄 친 단어의 품사를 순서대로 바르게 연결한 것은?

> ㉠ 아들이 아버지와 성격이 <u>다르다</u>.
> ㉡ 유리컵이 깨져서 산산조각이 <u>났다</u>.

① 형용사, 형용사
② 동사, 동사
③ 동사, 형용사
④ 형용사, 동사

30 다음 작품에 대한 설명으로 적절하지 <u>않은</u> 것은?

> 德(덕)으란 곰배예 받잡고,
> 福(덕)으란 림배예 받잡고
> 德(덕)이여 福(복)이라 호날
> 나사라 오소이다.
> 아으 動動(동동) 다리
>
> 正月(정월)ㅅ 나릿므른
> 아으 어져 녹져 하논대
> 누릿 가온대 나곤
> 몸하 하올로 녈셔
> 아으 動動(동동) 다리

① 임을 그리는 여인의 심정을 월령체 형식으로 노래한 고려가요이다.
② 구전되어 내려오다가 조선 시대에 문자로 정착되어 『악장가사』에 전한다.
③ 후렴구를 사용하여 연을 구분하고 음악적 흥취를 고조시켰다.
④ 1연은 서사(序詞)로서 송축의 내용을 담고 있다.

31 한국 현대문학에 대한 설명 중 1920년대의 특징이 <u>아닌</u> 것은?

① 계몽주의에서 탈피하여 사실주의적 경향으로 발전하였다.
② 문학을 계급투쟁의 수단으로 이용하기도 했다.
③ 낭만적·감상적 경향의 시가 나타났다.
④ 식민지 지식인의 자화상을 그린 작품이 등장했다.

32 다음 글에서 설명하는 시인은?

> • 불교의 형이상학적 내용을 여성적 호흡과 리듬으로 형상화
> • 「님의 침묵」, 「알 수 없어요」

① 한용운
② 김소월
③ 이상화
④ 주요한

33 다음 시에 대한 설명으로 적절하지 않은 것은?

> 머언 산 청운사 / 낡은 기와집 //
> 산은 자하산 / 봄눈 녹으면 //
> 느릅나무 / 속잎 피어나는 열두 구비를 //
> 청노루 / 맑은 눈에 //
> 도는 / 구름
>
> — 박목월, 「청노루」

① 묘사된 자연이 상상적·허구적이다.
② 이상적 세계에 대한 그리움을 노래하고 있다.
③ 시적 공간이 원경에서 근경으로 옮아오고 있다.
④ 시간적 순서에 따라 제재가 배열되었다.

34 다음 글의 특징으로 적절하지 않은 것은?

> 가리워진 안개를 걷게 하라,
> 국경이며 탑이며 어용학(御用學)의 울타리며
> 죽 가래 밀어 바다로 몰아 넣어라.
>
> 하여 하늘을 흐르는 날새처럼
> 한 세상 한 바람 한 햇빛 속에,
> 만 가지와 만 노래를 한 가지로 흐르게 하라.
>
> 보다 큰 집단은 보다 큰 체계를 건축하고,
> 보다 큰 체계는 보다 큰 악을 양조(釀造)한다.
>
> 조직은 형식을 강요하고
> 형식은 위조품을 모집한다.
>
> 하여, 전통은 궁궐안의 상전이 되고
> 조작된 권위는 주위를 침식한다.
>
> 국경이며 탑이며 일만년 울타리며
> 죽 가래 밀어 바다로 몰아 넣어라.
> — 신동엽, 「이야기하는 쟁기꾼의 대지」

① 직설적인 어조로써 이야기를 전달하고 있다.
② 고전적인 질서를 통해 새로운 희망을 추구하고 있다.
③ 인위적인 것과 자연적인 것이 대조를 이룬다.
④ 농기구의 상징을 통해 체제 개혁을 역설하고 있다.

35 최서해의 소설 작품에서 반복적으로 나타나는 소설적 특징은?

① 폭력과 살상
② 역설과 반전
③ 매춘과 빈궁
④ 풍자와 해학

36 현진건의 「운수 좋은 날」에 대한 설명으로 옳지 않은 것은?

① 전지적 작가 시점과 작가 관찰자 시점이 혼용되었다.
② 비속한 말을 그대로 쓴 구어체를 사용하였다.
③ 일제강점기 도시빈민층의 힘든 삶이 잘 그려져 있다.
④ 부조리한 사회를 살아가는 지식인의 고뇌가 드러나 있다.

37 다음 소설에 관한 설명으로 옳지 않은 것은?

> 화수분은 양평서 오정이 거의 되어서 떠나서 해 져 갈 즈음해서 백리를 거의 와서 어떤 높은 고개에 올라섰다. 칼날 같은 바람이 뺨을 친다. 그는 고개를 숙여 앞을 내려다보다가 소나무 밑에 희끄무레한 사람의 모양을 보았다. 그것에 곧 달려가 보았다. 가 본즉 그것은 옥분과 그의 어머니다. 나무 밑 눈 위에 나뭇가지를 깔고, 어린 것 업은 헌 누더기를 쓰고 한끝으로 어린 것을 꼭 안아 가지고 웅크리고 떨고 있다. 화수분은 왁 달려들어 안았다. 어멈은 눈은 떴으나 말은 못한다. 화수분도 말을 못한다. 어린 것을 가운데 두고 그냥 꺼안고 밤을 지낸 모양이다. 이튿날 아침에 나무장사가 지나다가 그 고개에 젊은 남녀의 껴안은 시체와, 그 가운데 아직 막 자다 깬 어린애가 등에 따뜻한 햇볕을 받고 앉아서 시체를 툭툭 치고 있는 것을 발견하여 어린 것만 소에 싣고 갔다.
> – 전영택, 「화수분」

① 1920년대 사실주의 소설이다.
② 간결한 문체를 사용한 단편 소설이다.
③ 주인공의 이름은 결말을 직설적으로 표현하고 있다.
④ 비극적인 사건을 객관적으로 서술하고 있다.

38 다음 중 작가와 작품이 바르게 연결된 것은?

① 김동인 – 「배따라기」, 「광화사」
② 김동리 – 「화랑의 후예」, 「벙어리 삼룡이」
③ 황순원 – 「카인의 후예」, 「백치 아다다」
④ 이효석 – 「메밀꽃 필 무렵」, 「봄봄」

39 다음 소설에 관한 설명으로 옳은 것은?

> 막차는 좀처럼 오지 않았다. 별로 복잡한 내용이랄 것도 없는 장부를 마저 꼼꼼히 확인해 보고 나서야 늙은 역장은 돋보기안경을 벗어 책상 위에 놓고 일어선다. 그는 두 줄기 레일이 두툼한 눈을 뒤집어쓴 채 멀리 뻗어 나간 쪽을 바라본다. 낮엔 철길이 저만큼 산모퉁이를 돌아가는 모습까지 뚜렷이 보였다. 봄날 몸을 푼 강물이 흐르듯 반원을 그리며 유유히 산모퉁이를 돌아 사라지는 철길의 끝을 보고 있노라면 마치도 모든 걸 다 마치고 평온하게 죽음을 맞이하는 어느 노년의 모습처럼 그것은 퍽이나 안온하고 평화로운 느낌을 주곤 하는 것이다. 하지만 지금, 철길은 훨씬 앞당겨져서 끝나 있다. 수은등 불빛이 약해지는 부분에서부터 차츰 희미해져 가다가 이윽고 흐물흐물 녹아 버렸는가 싶게 철길은 더 이상 볼 수가 없다. 그 저편은 칠흑 같은 어둠이다. 어둠에 삼켜져 버린 철길의 끝이 오늘 밤은 까닭 없이 늙은 역장의 가슴 한구석을 썰렁하게 만든다.
> – 임철우, 「사평역」

① 작품 속의 등장인물이 자신의 이야기를 서술하고 있다.
② 객관적인 관점에서 등장인물의 대화와 행동만을 서술한다.
③ 작품 밖의 화자가 등장인물의 내면을 서술하고 있다.
④ 작품 속의 주변인물이 주인공의 대화와 행동을 서술하고 있다.

40 다음 글의 밑줄 친 ㉠와 의미상 가장 가까운 것은?

> '내가 당초에 되고 싶었던 건 ㉠소설가가 아니었다. 다만 대학에 가서 학문을 하고 싶은 꿈에 부풀어 있었다. …… 당시만 해도 대학은 학문의 전당이었을 뿐 졸업하고 뭐가 되는 직업인을 양성하는 데가 아니었다. 어느 대학 어느 과가 더 ㉡출세에 유리하고, 돈을 잘 벌고 좋은 직업을 가질 수 있다는 식의 이익을 추구하는 데가 아니었다. 사회적 부조리를 비판하고 약자의 편에 설 수 있는 지성을 길러내는 데지 개인적인 이익을 추구하는 데가 아니었다. 특히 인문대가 그러해서 우리는 인문대를 대학의 대학이라고 자부하며 기고만장했었다. …… 내가 ㉮꿈꾸던 비단은 현재 내가 ㉢실제로 획득한 비단보다 못할 수도 있지만, 가본 길보다는 못 가본 길이 더 아름다운 것처럼 내가 ㉣놓친 꿈에 비해 현실적으로 획득한 성공이 훨씬 초라해 보이는 건 어쩔 수가 없다.
> – 박완서, 「못 가본 길이 더 아름답다」

① ㉠ ② ㉡
③ ㉢ ④ ㉣

제한시간: 50분 | 시작 ___시 ___분 − 종료 ___시 ___분

⟥ 정답 및 해설 242p

01 「제망매가」에 관한 설명으로 **틀린** 것은?

① 8구체 향가로, 현존하는 향가 중 문학성이 가장 뛰어난 작품이다.
② 인간적인 슬픔과 고뇌를 종교적으로 승화하였다.
③ '한 가지'는 시적 화자와 대상이 남매지간임을 암시하는 시어이다.
④ 서방정토왕생관(西方淨土往生觀)을 드러내는 불교적 서정시이다.

02 다음 시에 대한 설명으로 옳은 것은?

> 公無渡河
> 公竟渡河
> 墮河而死
> 當奈公何

① 황조가와 더불어 현존하는 우리나라 최고(最古)의 서사시다.
② 한시와 함께 번역한 시가가 따로 전한다.
③ '물'의 상징적 의미를 따라 시상을 전개하고 있다.
④ 몇 번을 죽어도 충성의 마음이 변치 않음을 노래하고 있다.

03 다음 작품의 후렴구가 바르게 연결되지 **않은** 것은?

① 「정읍사」 − 위 증즐가 大平聖代
② 「동동」 − 아으 動動다리
③ 「서경별곡」 − 위 두어렁셩 두어렁셩 다링디리
④ 「청산별곡」 − 얄리얄리 얄라셩 얄라리 얄라

04 1930년대 우리나라 현대시의 특징으로 옳은 것은?

① 부정적인 현실 인식이나 퇴폐적인 경향에 빠지게 하였다.
② 김억, 주요한 등에 의해 서구 상징시가 도입되었다.
③ 한국 문학사의 암흑기로서, 표면적으로는 한국 현대시사의 단절상을 드러낸다.
④ 순수 서정시의 개척 및 발전을 가져왔으며, 김기림·이효석 등의 구인회가 결성되었다.

05 밑줄 친 어휘가 문맥의 흐름상 가장 적절하게 사용된 문장은?

① 현대 사회에서 영화가 차지하는 <u>비율</u>은 아주 크다.
② 최근 여러 나라에서는 통신 방식을 아날로그에서 디지털 방식으로 <u>대체</u>하기 시작했다.
③ 예술 사진은 단순히 기록만을 남기는 작업이 아니라, 예술로서 또 다른 <u>창조</u> 활동에 속한다.
④ 우리 농업의 생산성이 낮은 것은 그동안 우리 사회가 농업 <u>부분</u>에 대한 투자를 하지 않았기 때문이다.

06 고려속요를 주제별로 묶은 것으로 적절하지 <u>않은</u> 것은?

① 현실도피 - 「청산별곡」
② 남녀상열지사 - 「쌍화점」, 「만전춘」
③ 효(孝) - 「사모곡」, 「상저가」
④ 충(忠) - 「서경별곡」

07 다음 중 3인칭 전지적 작가 시점의 작품이 <u>아닌</u> 것은?

① 이광수, 「무정」
② 염상섭, 「삼대」
③ 이효석, 「메밀꽃 필 무렵」
④ 주요섭, 「사랑 손님과 어머니」

08 1920년대 시조 부흥 운동을 주도한 단체는?

① 국민문학파
② 경향파
③ 구인회
④ 생명파

09 시대별 현대시의 특징으로 가장 적절한 것은?

① 1910년대 : 시어에 대한 자각이 뚜렷해지고, 현대시의 진정한 기점이 확립되었다.
② 1920년대 : 민중을 계몽하고, 민족 의식을 고취하는 애국주의적 경향의 교훈시가 주류를 이루었다.
③ 1930년대 : 시문학파는 시어에 대한 자각을 구체화시켜 심화된 정감을 한국적인 운율로 재구성함으로써 순수 서정시의 세계를 이룩하였다.
④ 1940년대 : 청록파 시인들이 등장하여 일제의 압제에 대한 저항 의식을 드러냈고, 후반기에 들어 모더니즘 시 운동이 전개되었다.

10 언어가 사고에 미치는 영향이 <u>아닌</u> 것은?

① 우리는 실세계를 있는 그대로 보고 경험하는 것이 아니라 언어를 통해 인식한다.
② 언어의 상대성이란, 예를 들어 실제 빛의 색깔이 수백 가지일 수 있으나 우리의 언어에 있는 색깔로만 인식·분류하는 것을 의미한다.
③ 언어의 문법적 차이가 그들의 세계관이나 인생관 혹은 사고능력에 크게 차이를 미치지는 않는다.
④ 언어가 없는 사고는 절대적으로 불가능하다.

11 다음은 「한림별곡」의 원문에 나오는 구절이다. 이에 대한 해석으로 잘못된 것은?

① 인노시(仁老詩) : 어진 노인이 쓴 시(詩)
② 튱긔딕책(沖基對策) : 유충기(劉沖基)라고 하는 사람이 쓴 대책(對策)
③ 날조차 몃부니잇고 : 나를 포함하여 몇 사람이나 됩니까?
④ 시댱(試場)ㅅ경(景) : 시험장(과거 보는 곳)의 광경

12 일제강점기 가난한 하층민의 비참한 삶을 고발한 작품으로, 예기치 않은 행운과 아내의 죽음을 반어적으로 표현한 작품은?

① 「화수분」
② 「운수 좋은 날」
③ 「감자」
④ 「홍염」

13 밑줄 친 부분에서 부자가 느낄 수 있는 느낌에 가장 가까운 것은?

> 그리고 통인이 도장을 받아서 찍었다. 그 뚜욱 뚜욱 하는 소리는 저 엄고(嚴鼓) 치는 소리와 같고, 그 찍어 놓은 꼴은 마치 북두성이 세로 놓인듯이 삼성(參星)이 가로 잘린 듯이 벌여 있다. 뒤를 이어서 호장(戶長)이 증서를 한번 읽어 끝내었다. 부자는 한참 멍엉하다가 말했다.
> "양반이 겨우 요것뿐이란 말씀이우? 내가 듣기엔 양반 하면 신선이나 다름없다더니, 정말 이것뿐이라면 너무도 억울하게 곡식만 몰수당한 것이어유. 아무쪼록 좀 더 이롭게 고쳐 주시기유."
> – 박지원, 「양반전」

① 장쾌(壯快)하다
② 침중(沈重)하다
③ 냉혹(冷酷)하다
④ 엄숙(嚴肅)하다

14 세계, 작가, 독자, 작품은 상호 관련성을 지닌다. 다음 밑줄 친 부분이 의미하는 창작의의로 가장 적절한 것은?

> 체호프가 살았던 당시의 러시아는 참으로 암울한 분위기였다. 정치적 탄압은 가중되고, 양심적 지식인들은 설 자리를 잃었다. 문화계도 황폐해지고, 대중들은 저급한 통속극에 빠져 있었다. 체호프는 좋은 작품으로 병든 문화를 치유시켜야겠다고 마음먹었다. 「벚꽃 동산」을 비롯한 뛰어난 희곡들을 창작하고 공연하게 된 것은 그의 이런 결심의 결과였다. 저급한 통속극에 빠져 있던 러시아 관객들은 체호프의 연극에서 신선한 충격과 감동을 받고, 새로운 길을 찾았다.

① 창작은 실생활에 많은 도움을 준다.
② 창작의 희열은 다른 무엇과도 바꿀 수 없다.
③ 창작은 공동체 문화를 가치 있는 것으로 만든다.
④ 창작은 문학의 본질에 대한 이해를 가능하게 한다.

※ 다음을 읽고 물음에 답하시오. (15 ~ 16)

(가) 나의 무덤 앞에는 그 차가운 비(碑)ㅅ돌을
　　세우지 말라.
　　나의 무덤 주위에는 그 노오란 해바라기
　　를 심어 달라.
　　그리고 해바라기의 긴 줄거리 사이로 끝
　　없는 보리밭을 보여 달라.
　　노오란 해바라기는 늘 태양같이 태양같이
　　하던 화려한 나의 사랑이라고 생각하라.
　　푸른 보리밭 사이로 하늘을 쏘는 노고지
　　리가 있거든 아직도 날아오르는 나의 꿈
　　이라고 생각하라.
　　　　　　　　　　ㅡ 함형수, 「해바라기의 비명(碑銘)」

(나) …… 활자(活字)는 반짝거리면서 하늘 아
　　래에서
　　간간이
　　자유를 말하는데
　　나의 영(靈)은 죽어 있는 것이 아니냐.

　　벗이여
　　그대의 말을 고개 숙이고 듣는 것이
　　그대는 마음에 들지 않겠지
　　마음에 들지 않어라.

　　모두 다 마음에 들지 않어라.
　　이 황혼(黃昏)도 저 돌벽 아래 잡초(雜草)도
　　담장의 푸른 페인트 빛도
　　저 고요함도 이 고요함도.

　　그대의 정의도 우리들의 섬세(纖細)도
　　행동(行動)이 죽음에서 나오는
　　이 욕된 교외(郊外)에서는
　　어제도 오늘도 내일도 마음에 들지 않어라.

　　그대는 반짝거리면서 하늘 아래에서
　　간간이
　　자유를 말하는데
　　우스워라 나의 영은 죽어 있는 것이 아니냐.
　　　　　　　　　　ㅡ 김수영, 「사령(死靈)」

15 (가)와 (나)의 시적 화자가 나눌 수 있는 대화로 가장 적절한 것은?

① (가) : 당신도 나와 같이 삶을 부정하고 있군요. 정말 세상은 모순투성이로 가득차 있습니다.

② (나) : 현실에서의 삶이 거부될 때, 우리는 새로운 이상 세계를 찾을 수밖에 없다고 생각해요.

③ (나) : 죽음은 하나의 순리입니다. 그런데 그 순리를 거부하는 당신의 태도는 너무 지나친 것이 아닌가요.

④ (가) : 나는 획일적인 삶을 거부하고 싶어요. 심지어 죽음조차도 그 획일성에서 벗어난 태도로 바라보고 싶어요.

16 (가)와 유사한 시적 태도를 드러내고 있는 것은?

① 검은 그림자 쓸쓸하면
　마침내 호수 속 깊이 거꾸러져
　차마 바람도 흔들진 못해라.
　　　　　　　　ㅡ 이육사, 「교목」

② 나에게 원이 있다면
　뉘우침 없는 일몰(日沒)이
　고요히 꽃잎인 양 쌓여가는
　그 일이란다.
　　　　　　　　ㅡ 김남조, 「정념의 기」

③ 아픔에 하늘이 무너졌다.
　깨진 하늘이 아물 때에도
　가슴에 뼈가 서지 못해서
　푸른 빛은 장마에
　넘쳐 흐르는 흐린 강물 위에 떠서 황야(荒野)에 갔다.
　　　　　　　　ㅡ 김광섭, 「생의 감각」

④ 나는 / 나는 / 죽어서 / 파랑새 되어 //
　푸른 하늘 / 푸른 들 / 날아 다니며 //
　푸른 노래 / 푸른 울음 / 울어 예으리 //
　　　　　　　　ㅡ 한하운, 「파랑새」

17 향가계 고려가요에서 유배문학의 효시가 되는 작품은?

① 「도이장가」
② 「정과정」
③ 「죽계별곡」
④ 「정석가」

18 다음 작품의 작가는?

> 雨歇長堤草色多(우헐장제초색다)
> 送君南浦動悲歌(송군남포동비가)
> 大同江水何時盡(대동강수하시진)
> 別淚年年添綠波(별루년년첨록파)

① 최치원
② 정지상
③ 이인로
④ 박은

19 다음 중 띄어쓰기가 바르지 <u>않은</u> 것은?

① 바른대로 말해라.
② 그녀가 떠난 지 벌써 5년이 지났다.
③ 사장님이 계속 이러시면 회사를 그만둘 테야.
④ 사실을 말하기는 커녕 더 큰 거짓말만 하면 되겠니?

20 다음 중 국어의 어휘상 특징이 <u>아닌</u> 것은?

① 상하 관계가 중시되던 사회 구조의 영향으로 높임법이 발달하였다.
② 조사와 어미가 다양하게 발달되어 있다.
③ 정서적이고 감각적인 감각어가 발달되었다.
④ 소리, 동작, 형태 등을 나타내는 상징어가 발달되어 있다.

21 이미지를 강조한 모더니즘을 추구한 시인은?

① 이육사
② 유치환
③ 김기림
④ 윤동주

22 다음 중 표준 발음법이 옳은 것은?

① 생산량[생산냥]
② 핥다[한따]
③ 넓다[넙따]
④ 밟다[발:따]

23 1920~1930년대 결정론에 입각한 자연주의 문학을 도입하였으며, 문예동인지인 『창조』, 『영대』 등을 간행하고, 「광염소나타」 등의 유미주의 경향의 작품을 발표한 작가는?

① 채만식
② 김동인
③ 김유정
④ 최서해

24 다음 시조의 작가는 누구인가?

> 십년(十年)을 경영(經營)ᄒᆞ야 초려삼간(草廬三間) 지어 닉니
> 나 ᄒᆞᆫ 간 ᄃᆞᆯ ᄒᆞᆫ 간에 청풍(淸風) ᄒᆞᆫ 간 맛져두고
> 강산(江山)은 드릴 ᄃᆡ 업스니 둘너 두고 보리라.

① 송순   ② 성삼문
③ 박인로   ④ 서경덕

25 다음 작품에 대한 설명으로 적절하지 <u>않은</u> 것은?

> 아내가 외출만 하면 나는 얼른 아랫방으로 와서 그 동쪽으로 난 들창을 열어놓고, 열어놓으면 들이비치는 볕살이 아내의 화장대를 비춰 가지각색 병들이 아롱이지면서 찬란하게 빛나고 이렇게 빛나는 것을 보는 것은 다시없는 내 오락이다. 나는 조꼬만 돋보기를 꺼내 가지고 아내만이 사용하는 지리가미를 끄실러가면서 불장난을 하고 논다. 평행 광선을 굴절시켜서 한 초점에 모아 가지고 그 초점이 따끈따끈해지다가, 마지막에는 종이를 끄시르기 시작하고 가느다란 연기를 내면서 드디어 구멍을 뚫어 놓는 데까지에 이르는 고 얼마 안 되는 동안의 초조한 맛이 죽고 싶을 만치 내게는 재미있었다.
> 이 장난이 싫증이 나면 나는 또 아내의 손잡이 거울을 가지고 여러 가지로 논다. 거울이란 제 얼굴을 비출 때만 실용품이다. 그 외의 경우에는 도무지 장난감인 것이다.
> — 이상, 「날개」

① 속어나 비어 등을 많이 사용하여 사실성을 높이고 있다.
② 이 작품의 주인공 '나'는 '아내'에게 예속된 관계로 설정되어 있다.
③ 억압된 자아의식을 '방'이라는 밀폐된 구조로 표현하고 있다.
④ '나'의 분열된 내면 세계를 의식의 흐름 수법을 이용해 표현하였다.

26 다음 밑줄 친 단어에서 작중 화자의 감정이 이입된 것은?

> 츨하리 잠을 드러 숨이나 보려 ᄒ니 바람의 디ᄂᆞᆫ 닙과 풀 속에 우는 즘생 무스 일 원수로서 잠조차 ᄭᅢ오ᄂᆞᆫ다. 천상(天上)의 견우직녀(牽牛織女) 은하수(銀河水) 막혀서도 칠월칠석(七月七夕) 일년일도(一年一度) 실기(實技)치 아니거든 우리 님 가신 후는 무슨 <u>약수(弱水)</u> 가렷관ᄃᆡ 오거나 가거나 소식(消息)조차 ᄭᅳᆫ는고. 난간(欄干)의 비겨 셔서 님 가신 ᄃᆡ 바라보니 <u>초로(草露)</u>는 맷쳐 잇고 <u>모운(暮雲)</u>이 디나갈 제 죽림(竹林) 푸른 고ᄃᆡ <u>새</u> 소리 더욱 셜다. 세상의 서룬 사람 수업다 ᄒ려니와 박명(薄命)ᄒᆫ 홍안(紅顏)이야 날 가ᄐᆞ니 ᄯᅩ 이실가. 아마도 이 님의 지위로 살동말동 ᄒᆞ여라.
> — 허난설헌, 「규원가」

① 약수(弱水)
② 초로(草露)
③ 모운(募雲)
④ 새

27 파생어에 대한 설명으로 옳지 <u>않은</u> 것은?

① 둘 이상의 어근으로 이루어진 말이다.
② 약간의 뜻을 더해 주고, 새로운 낱말을 만든다.
③ 둘 이상의 형태소로 구성되는 복합어에 속한다.
④ '잠꾸러기', '헛수고'는 파생어이다.

28 자음축약이 나타나는 단어를 〈보기〉에서 모두 고른 것은?

> **보기**
>
> ㄱ. 국화　　　ㄴ. 미닫이
> ㄷ. 같이　　　ㄹ. 잡히다

① ㄱ, ㄹ
② ㄴ, ㄷ
③ ㄱ, ㄷ, ㄹ
④ ㄴ, ㄷ, ㄹ

29 다음 중 외래어 표기법에 맞게 표기된 것은?

① 나는 반려견으로 달마시안을 키우고 싶다.
② 직접 만든 케잌을 선물했다.
③ 조용한 까페에 가서 쉬었다 가야겠다.
④ 오랜만에 랍스터를 먹으러 가자.

30 다음에서 진술하는 언어의 본질로 가장 적절한 것은?

> 언어는 기본적으로 인간 상호간의 의사소통을 위한 기호의 체계이다. 모든 기호가 그렇듯이, 언어도 전달하고자 하는 '내용'과 그것을 실어 나르는 '형식'의 두 가지 요소로 구분된다. 언어에서의 내용은 의미이며, 형식은 음성이다. 언어 기호에서 이러한 형식으로서의 음성과 내용으로서의 의미는 그 어떤 필연적인 관계도 맺고 있지 않다.

① 형식성
② 내용성
③ 자의성
④ 사회성

31 문학의 요건과 거리가 <u>먼</u> 것은?

① 평이성
② 객관성
③ 감동성
④ 쾌락성

32 다음 작품을 시대순으로 바르게 나열한 것은?

> ㄱ. 상춘곡　　　ㄴ. 제망매가
> ㄷ. 홍길동전　　　ㄹ. 황조가

① ㄱ － ㄴ － ㄷ － ㄹ
② ㄴ － ㄱ － ㄹ － ㄷ
③ ㄹ － ㄴ － ㄱ － ㄷ
④ ㄹ － ㄷ － ㄴ － ㄱ

33 밑줄 친 부분에 나타난 정신으로 가장 적절한 것은?

> 世·솅宗종御·엉製·졩訓·훈民민正
> ·졍音흠
> 나·랏:말ᄊᆞ·미 中듕國·귁·에 달·
> 아 文문
> 字·ᄍᆞ·와·로 서르 ᄉᆞᄆᆞᆺ·디 아니ᄒᆞᆯ
> ·ᄊᆡ·이런 젼·ᄎᆞ·로 어·린 百·ᄇᆡᆨ
> 姓·셩·이 니르·고·져 ·ᄒᆞᇙ·배 이
> ·셔·도 ᄆᆞ·ᄎᆞᆷ:내 제 ·ᄠᅳ·들 시
> 러 펴·디 :몯ᄒᆞᇙ·노·미 하·니·라
> ·내·이·룰爲·윙·ᄒᆞ·야:어엿·
> 비 너·겨 ·새·로·스·믈여·듧字
> ·ᄍᆞ·ᄅᆞᆯ 밍·ᄀᆞ노·니 :사ᄅᆞᆷ:마·다:
> 히·여:수·ᄫᅵ니·겨·날·로·ᄡᅮ
> ·메 便뼌安ᅙᅡᆫ·킈 ᄒᆞ·고·져 ᄒᆞᇙ ᄯᆞᄅᆞ
> 미니·라

① 애민 정신
② 실용 정신
③ 자주 정신
④ 민족주의 정신

34 밑줄 친 말과 가장 관계 있는 표현은?

> "소첩의 몸이 대대 거족으로 문중이 쇠잔하고 가세 탕패하던 차 좌수가 간청하므로 그 후 처가 되오니 전실의 양녀가 있사오되 그 행동거지 심히 아름답기에 <u>친자식같이 양육하여 이십에 이르러는 저의 행사가 점점 불측하여 백 가지 말에 한 말도 듣지 아니하고 성실치 못할 일이 많사와 원망이 심하옵기로</u> 때때로 저를 경계하고 타일러 아무쪼록 사람이 되게 하옵더니 하루는 저희 형제의 비밀한 말을 우연히 엿듣사온즉 그 흉패한 말이 측량치 못할지라 마음에 가장 놀랍사와 가부더러 이른즉 반드시 모해하는 줄로 알 듯하여 다시금 생각하여 저를 먼저 죽여 내 마음을 펴고자 하여 가부를 속이고 죽인 것이 옳사오니 자백하오매 법에 따라 처치하시려니와 첩의 아들 장쇠는 이 일로 말미암아 천벌을 입어 이미 병신이 되었으니 죄를 사하소서."
> – 작자 미상,「장화홍련전(薔花紅蓮傳)」

① 오리무중(五里霧中)이구나.
② 공든 탑이 무너져 버렸구나.
③ 적반하장(賊反荷杖)도 유분수지.
④ 닭 쫓던 개 지붕 쳐다보는 격이군.

35 다음과 같은 종류의 시조에 대한 설명으로 적절하지 <u>않은</u> 것은?

> 붉가버슨 兒孩(아해) ㅣ 들리 거믜쥴 테를 들고 긔川(천)으로 往來(왕래)ᄒ며,
> 붉가숭아 붉가숭아, 져리 가면 쥭ᄂ니라. 이리 오면 ᄉᄂ니라. 부로나니 붉가숭 이로다.
> 아마도 世上(세상) 일이 다 이러흔가 ᄒ노라.

① 주로 구체적이고 서민적인 소재가 쓰인다.
② 자기 폭로적인 묘사를 사용하기도 한다.
③ 비판과 풍자적인 내용이 많다.
④ 서경적이고 영탄적 성격이 강하다.

36 다음 시에 대한 설명으로 옳지 <u>않은</u> 것은?

> 모란이 피기까지는
> 나는 아직 나의 봄을 기다리고 있을 테요.
> 모란이 뚝뚝 떨어져 버린 날
> 나는 비로소 봄을 여읜 설움에 잠길 테요.
> 5월 어느 날, 그 하루 무덥던 날
> 떨어져 누운 꽃잎마저 시들어 버리고는
> 천지에 모란은 자취도 없어지고
> 뻗쳐 오르던 내 보람 서운케 무너졌느니
> 모란이 지고 말면 그뿐, 내 한 해는 다 가고 말아,
> 삼백 예순 날 하냥 섭섭해 우옵내다.
> 모란이 피기까지는
> 나는 아직 기다리고 있을 테요, 찬란한 슬픔의 봄을.
> — 김영랑, 「모란이 피기까지는」

① 수미상관 구성이다.
② 크게 모란이 피는 상황과 모란이 진 상황을 보여준다.

③ 섬세하고 아름다운 언어의 조탁을 엿볼 수 있다.
④ 기다림에 대한 의지를 반어적으로 표현하고 있다.

37 다음 소설에 나타난 시점에 대한 설명으로 옳은 것은?

> 그러나 웬일인지 나를 그렇게도 귀여워해 주던 아저씨도 아랫방에 외삼촌이 들어오면 갑자기 태도가 달라지지요. 이것저것 묻지도 않고, 나를 껴안지도 않고 점잖게 앉아서 그림책이나 보여 주고 그러지요. 이때는 그 레슬링하는 그림책이 아니어요. 아마 아저씨가 우리 외삼촌을 무서워하나 봐요.
> — 주요섭, 「사랑 손님과 어머니」

① 사건의 내적분석에 의존한 의식의 흐름에 따라 서술한다.
② 부수적 인물인 '나'가 주인공의 이야기를 서술한다.
③ 작가가 작품 속에 직접 개입하여 사건을 진행시키고 인물을 논평한다.
④ 주관적인 관찰자에 의해 해설이나 평가를 하지 않고 있는 그대로 제시한다.

38 다음 작품에서 작가가 <u>다른</u> 것은?

① 「탁류」
② 「레디메이드 인생」
③ 「물레방아」
④ 「치숙」

39 다음 작품에 대한 설명으로 옳지 <u>않은</u> 것은?

> "그럼, 너, 이담부턴 안 그럴 테냐"
> 하고 물을 때에야 비로소 살 길을 찾은 듯싶었다. 나는 눈물을 우선 씻고 뭘 안 그러는지 명색도 모르건만
> "그래!"
> 하고 무턱대고 대답하였다.
> "요담부터 또 그래 봐라. 내 자꾸 못살게 굴테니."
> "그래 그래, 인젠 안 그럴 테야."
> "닭 죽은 건 염려 마라. 내 안 이를 테니."
> 그리고 뭣에 떠다밀렸는지 나의 어깨를 짚은 채 그대로 퍽 쓰러진다. 그 바람에 나의 몸둥이도 겹쳐서 쓰러지며 한창 피어 퍼드러진 노란 동백꽃 속으로 푹 파묻혀 버렸다.
> – 김유정, 「동백꽃」

① 주제는 순박한 시골 남녀의 사랑이다.
② 방언과 비속어 등 토속적인 언어를 사용한다.
③ 가난한 하층민의 궁핍한 삶이 사실적으로 드러난다.
④ 서정적이고 해학적인 성격의 농촌소설이다.

40 밑줄 친 단어들의 시대적 상징성이 같은 것끼리 묶인 것은?

> "어디 일들 가슈?"
> "아뇨, 고향에 갑니다."
> "고향이 어딘데…….."
> "삼포라구 아십니까?"
> "어 알지, 우리 아들놈이 거기서 ㉠ 도자를 끄는데…….."
> "삼포에서요? 거 어디 공사 벌일 데나 됩니까? 고작해야 고기잡이나 하구 감자나 매는데요."
> "어허! 몇 년 만에 가는 거요?"
> "십 년."
> 노인은 그렇겠다며 고개를 끄덕였다.
> "말두 말우. 거긴 지금 육지야. 바다에 ㉡ 방둑을 쌓아 놓구, ㉢ 트럭이 수십 대씩 돌을 실어 나른다구."
> "뭣 땜에요?"
> "낸들 아나. 뭐 관광호텔을 여러 채 짓는담서, 복잡하기가 말할 수 없네."
> "동네는 그대루 있을까요?"
> "그대루가 뭐요. 맨 천지에 공사판 사람들에 다 장까지 들어섰는걸."
> "그럼 나룻배두 없어졌겠네요."
> "바다 위로 신작로가 났는데, 나룻배는 뭐에 쓰오. 허허, 사람이 많아지니 변고지. 사람이 많아지면 ㉣ 하늘을 잊는 법이거든."
> – 황석영, 「삼포가는 길」

① ㉠, ㉡, ㉢
② ㉠, ㉡, ㉣
③ ㉠, ㉢, ㉣
④ ㉡, ㉢, ㉣

제한시간: 50분 | 시작 ___시 ___분 – 종료 ___시 ___분

🔁 정답 및 해설 246p

01 다음에서 설명하는 언어의 특성은?

> • 나라마다 사용하는 언어가 다르다.
> • 언어는 개인이 마음대로 바꿀 수 없다.

① 언어의 사회성
② 언어의 자의성
③ 언어의 역사성
④ 언어의 창조성

02 문자 언어의 특징이 <u>아닌</u> 것은?

① 시대와 공간을 초월하여 전달할 수 있다.
② 오랜 기간 동안 보관할 수 있다.
③ 억양, 감정 등을 표현하기가 비교적 쉽다.
④ 교정이 가능하다.

03 다음에서 설명하는 언어의 기능은?

> • 듣는 사람으로 하여금 무엇을 하거나 하지 못하게 하는 기능
> • 표어, 광고문, 법률 용어, 신호등, 도로표지판 등

① 표현적 기능
② 감화적 기능
③ 친교적 기능
④ 표출적 기능

04 국어의 통사적 특징이 <u>아닌</u> 것은?

① 교착어, 첨가어에 속한다.
② 문장 성분의 순서를 자유롭게 바꿀 수 있다.
③ 피수식어는 수식어 뒤에 온다.
④ 주어나 목적어가 쉽게 생략된다.

※ 다음 글을 읽고 물음에 답하시오. (05 ~ 06)

> 나랏말ᄊᆞ미 中듕國귁에 달아 文문字ᄍᆞ와로 서르 ㉠ ᄉᆞᄆᆞᆺ디 아니ᄒᆞᆯᄊᆡ 이런 ㉡ 젼ᄎᆞ로 어린 百빅姓셩이 니르고져 ᄒᆞᇙ 배이셔도 ᄆᆞᄎᆞᆷ내 제ᄠᅳ들 시러 펴디 몯ᄒᆞᇙ 노미 하니라 내 이ᄅᆞᆯ 爲윙ᄒᆞ야 ㉢ 어엿비 너겨 새로 스믈 여듧 字ᄍᆞᆼᄅᆞᆯ ᄆᆡᇰᄀᆞ노니 사ᄅᆞᆷ마다 ᄒᆡᅇᅧ 수ᄫᅵ 니겨 날로 ㉣ ᄡᅮ메 便뼌安ᅙᅡᆫ킈 ᄒᆞ고져 ᄒᆞᇙ ᄯᆞᄅᆞ미니라

05 이 글을 통해 알 수 있는 훈민정음 창제 정신이 <u>아닌</u> 것은?

① 실용 정신
② 선비 정신
③ 자주 정신
④ 애민 정신

06 ⓐ~ⓓ의 의미를 **잘못** 풀이한 것은?

① ⓐ : 통하지[通]

② ⓑ : 까닭[故]

③ ⓒ : 불쌍히[憫]

④ ⓓ : 씀에[書]

07 표준 발음법에 **어긋난** 것은?

① 국회[구쾨]

② 멋있다[머싣따]

③ 문법[뭄뻡]

④ 젖먹이[전머기]

08 〈보기〉에서 밑줄 친 단어의 품사가 같은 것끼리 묶은 것은?

> **보기**
>
> ㄱ. 아들이 아버지와 얼굴이 <u>다르다</u>.
> ㄴ. 아들의 턱에 수염이 <u>나기</u> 시작했다.
> ㄷ. 음악 소리가 너무 <u>커서</u> 앞사람의 말소리도 들리지 않는다.

① ㄱ, ㄴ

② ㄱ, ㄷ

③ ㄴ, ㄷ

④ ㄱ, ㄴ, ㄷ

09 다음에서 설명하는 현상이 일어나지 **않는** 것은?

> 'ㄷ, ㅌ' 받침 뒤에 종속적 관계를 가진 '-이(-)'나 '-히-'가 올 적에는 그 'ㄷ, ㅌ'이 'ㅈ, ㅊ'으로 소리 나더라도 'ㄷ, ㅌ'으로 적는다.

① 핥이다 　　　② 묻히다

③ 곧이어 　　　④ 끝이

10 다음 중 어법상 **잘못** 표기된 문장은?

① 이것은 책이요, 저것은 붓이다.

② 건강은 건강할 때 지키는 것이 중요하오.

③ 우리는 친구가 아니요, 형제랍니다.

④ 이리로 오시요.

11 다음 중 복수표준어는 무엇인가?

① 애달프다, 애닯다

② 거슴츠레하다, 게슴츠레하다

③ 자두, 오얏

④ 설거지, 설겆이

12 높임법의 종류가 **다른** 것은?

① 어머니께서 용돈을 주신다.

② 할머니께서는 아직도 귀가 밝으시다.

③ 아버지께서는 지방에 가 계신다.

④ 모르는 문제는 선생님께 여쭤 보아라.

13 고대문학의 특징을 **잘못** 설명한 것은?

① 원시 종합 예술의 형태로 문학의 모태가 된다.

② 구비문학이 중심이 되었다.

③ 서정문학에서 서사문학으로 발전했다.

④ 고대소설의 근원설화가 형성되었다.

14 밑줄 친 구절에 나타난 시적화자의 심정과 거리가 먼 것은?

> 公無渡河
> 公竟渡河
> 墮河而死
> <u>當奈公何</u>

① 본디 내해다마른 / 아아놀 엇디 흐릿고.
② 날러는 엇디 살라 흐고 / 브리고 가시리 잇고.
③ 나는 가느다 말도 / 몯다 니르고 가느닛고.
④ 돌하 노피곰 도두샤 /어긔야 머리곰 비취오시라.

15 다음 설명과 관계 깊은 표기방법은?

> • 한자의 음과 훈을 빌려 우리말을 표기
> • 「서동요」, 「제망매가」

① 이두   ② 향찰
③ 구결   ④ 한글

16 다음 작품에 대한 설명으로 적절하지 <u>않은</u> 것은?

> 東京明期月良(서라벌 밝은 달밤에)
> 夜入伊遊行如可(밤늦도록 놀고 다니다가)
> 入良沙寢矣見昆(들어와 자리를 보니)
> 脚烏伊四是良羅(다리가 넷이로구나)

① 갈래 : 8구체
② 성격 : 주술적
③ 화자의 태도 : 의지적, 적극적
④ 문체 : 독백체 형식

17 다음 중 향가 작품이 <u>아닌</u> 것은?

① 「상저가」
② 「헌화가」
③ 「원가」
④ 「우적가」

18 고려속요 주요 작품의 내용으로 옳지 <u>않은</u> 것은?

① 「풍요」: 성 안의 남녀들이 진흙을 나르며 부른 노래
② 「혜성가」: 두 개의 해가 나타난 괴변을 없애기 위해 부른 산화공덕의 노래
③ 「천수대비가」: 눈이 먼 아들을 위해 부른 노래
④ 「헌화가」: 수로부인에게 철쭉꽃을 꺾어 바치며 부른 노래

19 다음 작품에 대한 설명으로 옳지 <u>않은</u> 것은?

> 호미도 놀히언마르는
> 낟ᄀ티 들 리도 업스니이다.
> 아바님도 어이어신마르는
> 위 덩더둥셩
> 어마님ᄀ티 괴시리 업세라.
> 아소 님하
> 어마님ᄀ티 괴시리 업세라.

① 어머니의 사랑을 '호미'에, 아버지의 사랑을 '낫'에 비유하고 있다.
② 어버이의 사랑을 예찬하는 노래이다.
③ '아소 님하'는 향가의 낙구 감탄사와 비슷하다.
④ 고려가요의 일반적인 형식과 달리 비연시이다.

20 경기체가와 고려속요의 공통점은?

① 주된 작가층
② 진솔한 내용
③ 한글로 기록
④ 3음보 율격

21 '악장'에 대한 설명으로 옳지 <u>않은</u> 것은?

① 궁중의 의식과 공식적인 행사에 사용된 송축가를 말한다.
② 조선 건국의 정당성을 강조하고 왕의 업적을 송축하는 내용이 담겨 있다.
③ 임진왜란 이후 서민 의식의 성장과 더불어 국민문학으로 성장하였다.
④ 대표적인 작품으로 「신도가」, 「정동방곡」 등이 있다.

22 대표적인 시조집으로 볼 수 <u>없는</u> 것은?

① 『근화악부』
② 『고금가곡』
③ 『악장가사』
④ 『청구영언』

23 다음 글의 표현방식에 대한 설명으로 적절하지 <u>않은</u> 것은?

> 창(窓) 내고쟈 창(窓)을 내고쟈 이내 가슴에 창(窓) 내고쟈
> 고모장지 셰살장지 들장지 열장지 암돌져귀 수돌져귀 빈목걸새 크나큰 쟝도리로 쑹닥 바가 이내 가슴에 창(窓) 내고쟈
> 잇다감 하 답답홀 제면 여다져 볼가 ᄒ노라

① 웃음을 통해 비애와 고통을 극복하려는 우리나라 평민 문학의 한 특징이 엿보인다.
② 초·중·종장에서 모두 율격을 무시한 형태의 시조로, 평시조에서 사설시조로 나아가는 작품의 성향을 나타낸다.
③ 구체적 생활 언어와 친근한 일상적 사물을 수다스럽게 열거함으로써 웃음을 유발한다.
④ 특히 중장에서 여러 종류의 문과 문고리들을 열거하고 있는데, 이것은 화자의 답답한 심정을 강조하면서 동시에 화자가 처한 현실을 극복하고자 하는 의지의 표현으로도 볼 수 있다.

24 가사의 작품과 작가를 <u>잘못</u> 연결한 것은?

① 「면앙정가」 - 송순
② 「일동장유가」 - 박인로
③ 「농가월령가」 - 정학유
④ 「연행가」 - 홍순학

25 다음 글에 대한 설명으로 옳지 <u>않은</u> 것은?

> 銀은 ᄀᆞ튼 무지게, 玉옥 ᄀᆞ튼 龍룡의 초리, 셧돌며 뿜는 소리 十십里리의 ᄌᆞ자시니, 들을 제는 우레러니 보니는 눈이로다.
> – 정철, 「관동별곡」

① 시각적 이미지와 청각적 이미지를 통해 감각적으로 표현했다.
② 자연물에 의탁하여 애끓는 연군지정을 효과적으로 표현했다.
③ 비유법과 대구법을 적절하게 사용하여 자연의 위용을 화려하게 표현했다.
④ 기발한 조어(造語)와 형상적 문체로 금강산 폭포수를 묘사했다.

26 조선 후기 문학에 대한 설명으로 옳지 <u>않은</u> 것은?

① 임진왜란 이후 평민의식의 성장과 관계가 깊다.
② 현실적·추상적·이상적인 삶을 추구하는 실학문학으로 발전하였다.
③ 작품의 제재·주제·작가가 다양해지고, 독자의 범위도 확대되었다.
④ 내간체 수필, 내방가사 등 여류문학이 등장하였다.

27 「허생전」과 가장 거리가 <u>먼</u> 것은?

① 병자호란　　② 중상주의
③ 이상국　　　④ 성리학

28 다음 화자의 상황을 표현한 말로 가장 적절한 것은?

> 미인이 잠에서 깨어 새 단장을 하는데
> 향기로운 비단, 보배 띠에 원앙이 수놓였네.
> 겹발을 비스듬히 걷으니 비취새가 보이는데
> 게으르게 은 아쟁을 안고 봉황곡을 연주하네.
> 금 재갈, 꾸민 안장은 어디로 떠났는가?
> 다정한 앵무새는 창가에서 지저귀네.
> 풀섶에 놀던 나비는 뜰 밖으로 사라지고
> 꽃잎에 가리운 거미줄은 난간 너머에서 춤추네.
> 뉘 집의 연못가에 풍악 소리 울리는가?
> 달빛은 금 술잔에 담긴 좋은 술을 비추네.
> 시름겨운 이는 외로운 밤에 잠 못 이루는데

> 새벽에 일어나니 비단 수건에 눈물이 흥건하네.
> － 허난설헌, 「사시사(四時詞)」

① 금슬지락(琴瑟之樂)
② 전전불매(輾轉不寐)
③ 금의야행(錦衣夜行)
④ 맥수지탄(麥秀之嘆)

29 판소리에 대한 설명으로 적절하지 <u>않은</u> 것은?

① 입에서 입으로 전해 오면서 내용이 첨가·삭제·윤색된다.
② 종합예술성, 해학성은 판소리의 특징이다.
③ 고수가 창의 사이사이에 흥을 돋우기 위하여 삽입하는 소리를 '너름새'라고 한다.
④ 「가루지기타령」과 「적벽가」는 판소리 여섯마당에 포함된다.

30 다음 글에 대한 설명으로 적절하지 <u>않은</u> 것은?

> 말뚝이 (가운데쯤에 나와서) 쉬이. (음악과 춤 멈춘다.) 양반 나오신다. 아! 양반이라고 하니까 노론(老論), 소론(少論), 호조(戶曹), 병조(兵曹), 옥당(玉堂)을 다 지내고 삼정승(三政丞), 육판서(六判書)를 다 지낸 퇴로 재상(退老宰相)으로 계신 양반인 줄 아지 마시오. 개잘량이라는 '양'자에 개다리소반이라는 '반'자 쓰는 양반이 나오신단 말이오.
>
> 양반들 야아, 이놈, 뭐야아!
>
> 말뚝이 아, 이 양반들, 어찌 듣는지 모르갔소. 노론, 소론, 호조, 병조, 옥당을 다 지내고 삼정승, 육판서 다 지내고 퇴로 재상으로 계신 이 생원네 삼 형제분이 나오신다고 그리 하였소.
>
> 양반들 (합창) 이 생원이라네. (굿거리 장단으로 모두 춤을 춘다. 도령은 때때로 형들의 면상을 치며 논다. 끝까지 그런 행동을 한다.)

① 말뚝이는 언어유희를 통해 양반을 조롱하고 있다.

② 말뚝이는 양반의 호통에 이내 변명하는 모습을 보인다.

③ 양반은 화를 낼 뿐 말뚝이의 말에 대한 제대로 된 문책을 못하고 있다.

④ 양반은 춤을 통해 말뚝이를 제압하고 있다.

31 시대별 한국 현대시의 흐름을 <u>잘못</u> 연결한 것은?

① 1920년대 - 퇴폐적 낭만주의, 신경향파

② 1930년대 - 시문학파, 전통시인

③ 1940년대 - 저항시

④ 1960년대 - 참여·민중문학

32 다음에 인용된 시와 관련이 <u>없는</u> 것은?

> 영변에 약산 진달래꽃
> 아름 따다 가실 길에
> 뿌리오리다.

① 민요 형식

② 「알 수 없어요」

③ 이별의 정한

④ 김소월

33 다음 시의 표현상 특징으로 적절하지 <u>않은</u> 것은?

> 들길은 마을에 들자 붉어지고
> 마을 골목은 들로 내려서자 푸르러졌다.
> 바람은 넘실 천 이랑 만 이랑
> 이랑 이랑 햇빛이 갈라지고
> 보리도 허리통이 부끄럽게 드러났다.
> 꾀꼬리는 여태 혼자 날아 볼 줄 모르나니
> 암컷이라 쫓길 뿐
> 수놈이라 쫓을 뿐
> 황금 빛난 길이 어지럴 뿐
> 얇은 단장하고 아양 가득 차 있는
> 산봉우리야 오늘 밤 너 어디로 가 버리련
>   - 김영랑, 「오월」

① 반복을 통해 운율을 형성하고 있다.

② 시선의 이동에 따라 시상이 전개되고 있다.

③ 색채 대비를 통해 풍경을 선명하게 드러내고 있다.

④ 직유를 통해 산봉우리를 친근감 있게 표현하고 있다.

※ 다음 시를 읽고 물음에 답하시오. (34 ~ 35)

> 산이 날 에워싸고
> 씨나 뿌리며 살아라 한다.
> 밭이나 갈며 살아라 한다.
>
> 어느 짧은 산자락에 집을 모아
> 아들 낳고 딸을 낳고
> 흙담 안팎에 호박 심고
> 들찔레처럼 살아라 한다.
> 쑥대밭처럼 살아라 한다.
>
> 산이 날 에워싸고
> 그믐달처럼 사위어지는 목숨
> 그믐달처럼 살아라 한다.
> 그믐달처럼 살아라 한다.
>
>   – 박목월, 「산이 날 에워싸고」

34 이 시에 대한 설명으로 적절하지 <u>않은</u> 것은?

① 화자는 순수하고도 탈속적인 세계를 지향하고 있다.
② 유사한 통사 구조의 반복을 통해 주제를 강조하고 있다.
③ 화자는 자신의 소망을 '산'이 자신에게 말하는 것처럼 표현하고 있다.
④ 화자는 절제된 감정으로 '산'과의 일정한 거리를 유지하려 하고 있다.

35 이 시를 쓴 시인과 관련이 <u>없는</u> 것은?

① 청록파
② 『문장』
③ 기독교적 소재
④ 박두진, 조지훈

※ 다음 시를 읽고 물음에 답하시오. (36 ~ 37)

> 가야 할 때가 언제인가를
> 분명히 알고 가는 이의
> 뒷모습은 얼마나 아름다운가.
>
> 봄 한철
> 격정을 인내한
> 나의 사랑은 지고 있다.
>
> 분분한 낙화 ……
> 결별이 이룩하는 축복에 싸여
> 지금은 가야 할 때,
>
> 무성한 녹음과 그리고
> 머지않아 열매 맺는
> 가을을 향하여
> 나의 청춘은 꽃답게 죽는다.
>
> 헤어지자
> 섬세한 손길을 흔들며
> 하롱하롱 꽃잎이 지는 어느 날
>
> 나의 사랑, 나의 결별,
> 샘터에 물 고이듯 성숙하는
> 내 영혼의 슬픈 눈.
>
>   – 이형기, 「낙화」

36 이 시에 대한 감상으로 가장 적절한 것은?

① 계절의 순환을 통해 자연의 위대함을 자각하고 있군.
② 결별의 슬픔을 자신의 영혼이 성숙하는 계기로 삼고 있군.
③ 이별을 받아들이지 않으려는 의지적 자세를 엿볼 수 있군.
④ 흩어져 떨어지는 꽃잎을 통해 인생의 무상함을 강조하고 있군.

37 이 시에서 상징하는 의미를 잘못 연결한 것은?

① 낙화 – 이별
② 나의 사랑 – 꽃
③ 녹음 – 성숙
④ 열매 – 그리움

39 이 작품의 결말 제시 방식에 대한 설명으로 옳은 것은?

① 작품의 내용을 요약하고 제언하는 방식
② 인물의 행동을 통하여 암시하는 방식
③ 상징적 묘사로 갈등을 해결하는 방식
④ 객관적 서술로 여운을 남기는 방

※ 다음 글을 읽고 물음에 답하시오. (38 ~ 39)

무슨 불길한 징조인지 새벽마다 당산등에서 여우가 울어 대고, 외상 술도 먹을 곳이 없어진 농민들은 저녁마다 야학당이 터지게 모여들었다. 그리하여 하루아침, 깨어진 징소리와 함께, 성동리 농민들은 일제히 야학당 뜰에 모였다. 그들의 손에는, 열음 못한 빈 짚단이며 콩대, 메밀대가 잡혀 있었다. 이윽고 그들은 긴 줄을 지어 가지고 차압 취소와 소작료 면제를 탄원해 보려고 묵묵히 마을을 떠났다. 아낙네들은 전장에나 보내는 듯이 돌담 너머로 고개를 내가지고 남정들을 보냈다. 만약 보광사에서 들어주지 않는다면 …… 하고 뒷일을 염려했다. 그러나 또줄이, 들깨, 철한이, 봉구 — 이들 장정을 선두로 빈 짚단을 든 무리들은 어느새 벌써 동네 뒤 산길을 더위잡았다. 철없는 아이들도 행렬의 꽁무니에 붙어서 절 태우러 간다고 부산히 떠들어댔다.

— 김정한, 「사하촌」

38 이 작품에 대한 설명으로 옳지 않은 것은?

① 일제 강점기의 농촌을 배경으로 한다.
② 궁핍한 농촌의 모습이 잘 묘사되어 있다.
③ 농민들의 저항 의지를 사실주의 수법으로 표현했다.
④ 개인과 집단 간의 갈등이 드러난다.

40 6 · 25 전쟁과 가장 거리가 먼 소설은?

① 손창섭, 「비 오는 날」
② 박경리, 「토지」
③ 장용학, 「요한시집」
④ 박완서, 「엄마의 말뚝」

제한시간: 50분 | 시작 ____시 ____분 – 종료 ____시 ____분

⊟ 정답 및 해설 250p

01 다음에서 설명하는 언어의 특성은?

> 한정된 음운이나 어휘를 가지고 무한한 문장을 만들 수 있고, 처음 들어 보는 문장도 이해할 수 있다.

① 언어의 사회성
② 언어의 자의성
③ 언어의 역사성
④ 언어의 창조성

02 음성 언어의 특징으로 볼 수 <u>없는</u> 것은?

① 말하기, 듣기와 관계가 있다.
② 입으로 표현하고, 귀로 이해하는 활동이다.
③ 쉽게 감정을 표현할 수 있다.
④ 교정의 어려움이 없다.

03 다음 글의 내용과 가장 관계가 깊은 언어의 기능은?

> '순이와 바둑이'라고 말하는 경우와 '바둑이와 순이'라고 말하는 경우에 어느 것이 우리 귀에 부드럽게 들리는가를 생각해 보자. 보통 우리는 음절수가 적은 단어부터 말하는 것에 자연스러움을 느낄 것이다. 이와 같이 말은 그 말 자체 속에 보다 듣기 좋은 표현을 가지려는 본능적인 모습이 감추어져 있다.

① 정보적 기능
② 표출적 기능
③ 친교적 기능
④ 미학적 기능

04 행동주의 언어습득이론에 대한 설명으로 옳은 것은?

① 인간은 말하기 위한 조건을 태어날 때부터 갖추고 태어난다.
② 한번 배우고 나면 특별히 신경쓰지 않아도 일상생활에서 자유롭게 구사할 수 있다.
③ 동물도 의사소통의 수단이 있지만 인간의 언어와는 도저히 비교될 수 없다.
④ 인간은 말을 하기 위한 기관(조음 기관)이 특별하게 발달되어 있다.

05 훈민정음에 대한 설명으로 옳지 <u>않은</u> 것은?

① 훈민정음의 초성은 발음기관을 상형하여 만들었다.

② 훈민정음의 종성은 천·지·인 삼재(三才)를 결합하여 만들었다.

③ 동국정운식 표기는 현실음이 아니라 이상적인 한자음이다.

④ 『월인천강지곡』은 '한자음 + 한자'의 순서로 표기되어 있다.

06 표준어의 정의를 잘못 연결한 것은?

① 교양 있는 사람 – 계급적 조건

② 두루 쓰는 – 지리적 조건

③ 현대 – 시대적 조건

④ 서울말 – 지역적 조건

07 된소리로 표기하는 경우가 <u>아닌</u> 것은?

① 한 단어 안에서 뚜렷한 까닭 없이 나는 된소리

② 두 모음 사이에서 나는 된소리

③ 'ㄴ, ㄹ, ㅁ, ㅇ' 받침 뒤에서 나는 된소리

④ 'ㄱ, ㅂ' 받침 뒤에서 나는 된소리

08 띄어쓰기가 바르게 된 것을 〈보기〉에서 모두 고른 것은?

> **보기**
>
> ㄱ. 집에 도착하는 대로 전화하도록 해.
> ㄴ. 부모님 말씀 대로 행동해야 한다.
> ㄷ. 느낀대로 표현하고 싶었다.

① ㄱ

② ㄱ, ㄴ

③ ㄱ, ㄷ

④ ㄱ, ㄴ, ㄷ

09 밑줄 친 단어의 쓰임이 옳은 것은?

① 요즘 거리에는 벚꽃이 <u>한참</u>이다.

② 그 회사는 어음을 <u>결재</u>하지 못해 부도 처리됐다.

③ 불길이 <u>겉잡을</u> 수 없이 번져 나갔다.

④ <u>가물</u>에 콩 나듯 드문드문 싹이 났다.

10 반의 관계의 성격이 <u>다른</u> 하나는?

① 살다 – 죽다

② 높다 – 낮다

③ 좋다 – 나쁘다

④ 뜨겁다 – 차갑다

11 다음 중 복수표준어가 <u>아닌</u> 것은?

① 고까, 때때

② 구린내, 쿠린내

③ 꺼림하다, 께름하다

④ 나부랑이, 나부랭이

12 높임법에 대한 설명으로 옳지 <u>않은</u> 것은?

① 주어를 높이는 표현을 '주체 높임법'이라고 한다.

② 문장의 주체가 청자보다 낮으면 높이지 않는 것을 '압존법'이라고 한다.

③ 높임 대상인 주체의 신체 부분을 높여 주체를 높이는 것을 '간접 높임'이라고 한다.

④ 하게체와 해요체는 상대 높임법 중 격식체에 속한다.

13 한국문학의 전개를 볼 때 시기별로 대표하는 장르를 <u>잘못</u> 연결한 것은?

① 상고 시대 – 고대가요, 향가
② 고려 시대 – 경기체가, 가전체
③ 조선 전기 – 악장, 판소리
④ 조선 후기 – 가사, 시조

14 다음 시에 대한 설명으로 가장 적절한 것은?

> 翩翩黃鳥(편편황조)
> 雌雄相依(자웅상의)
> 念我之獨(염아지독)
> 誰其與歸(수기여귀)

① 백제 제2대 유리왕이 지은 가요라고 전해진다.
② 선정후경의 구조를 보인다.
③ 자연물을 빌려 우의적으로 표현하고 있다.
④ 우리나라 최초의 서사시가이다.

15 향가에 대한 설명으로 옳은 것은?

① 한자의 음과 훈을 빌려 표기했다.
② 4구체, 6구체, 10구체 형식 중 가장 완성도가 높은 것은 10구체 형식이다.
③ 『삼국유사』에 11수, 『균여전』에 14수가 전해진다.
④ 유교적인 내용이 주를 이루며, 작가는 대부분 승려와 화랑이다.

16 다음 글에 대한 설명으로 옳지 <u>않은</u> 것은?

> 生死 길은
> 예 있으매 머뭇거리고
> 나는 간다는 말도
> 못다 이르고 어찌 갑니까
> <u>어느 가을 이른 바람에</u>
> <u>이에 저에 떨어질 잎처럼</u>
> 한 가지에 나고
> 가는 곳 모르온저
> 아아, 彌陀刹에서 만날 나
> 道 닦아 기다리겠노라
>   – 월명사, 「제망매가」

① 밑줄 친 부분은 누이의 요절을 비유적으로 표현한 부분이다.
② 화자는 삶의 허무함을 종교를 통해 극복하고자 하는 의지를 보이고 있다.
③ 마지막 두 행에서 삶의 무상함이 드러나고 있다.
④ 뛰어난 비유가 돋보이는 10구체 형식의 향가이다.

17 고려 시대 문학에 대한 설명으로 옳지 <u>않은</u> 것은?

① 과거 제도의 실시로 한문학이 융성했다.
② 평민층 사이에서 고려가요가 널리 애송되었다.
③ 귀족층들 사이에 경기체가가 발달했다.
④ 초기에 발생한 시조가 널리 불리었다.

18 다음 밑줄 친 어휘의 뜻풀이가 <u>잘못된</u> 것은?

> 가던 새 가던 새 본다 믈 아래 가던 새 본다.
> 잉 무든 ㉠ <u>쟝글란</u> 가지고 믈 아래 가던 새 본다.
> 얄리얄리 얄라셩 얄라리 얄라
> 이링공 뎌링공 하야 ㉡ <u>나즈</u>란 디내와손뎌,
> 오리도 가리도 업슨 바므란 또 엇디 호리라.
> 얄리얄리 얄라셩 얄라리 얄라
> 어듸라 더디던 돌코 누리라 마치던 돌코,
> ㉢ <u>믜리</u>도 ㉣ <u>괴리</u>도 업시 마자셔 우니노라.
> 얄리얄리 얄라셩 얄라리 얄라
>
>   – 작자 미상, 「청산별곡」

① ㉠ 쟝글 : 쟁기(농기구)
② ㉡ 나즈 : 낮
③ ㉢ 믜리 : 미워할 사람
④ ㉣ 괴리 : 괴로운 사람

19 경기체가에 대한 설명으로 옳은 것은?

① 평민 계층들이 향유했던 문학이다.
② 「한림별곡」, 「관동별곡」, 「서경별곡」 등이 대표적인 예이다.
③ 주로 3·4·3·4조의 4음보 율격을 지닌다.
④ 구체적인 사물을 나열하는 형식을 취한다.

20 다음 중 정도전의 작품이 <u>아닌</u> 것은?

① 「신도가」
② 「정동방곡」
③ 「납씨가」
④ 「화산별곡」

21 시조집과 편찬자를 바르게 연결한 것은?

① 『청구영언』 – 박효관, 안민영
② 『해동가요』 – 김천택
③ 『가곡원류』 – 김수장
④ 『병와가곡집』 – 이형상

22 다음 글의 주제로 가장 적절한 것은?

> 청산(靑山)은 엇뎨ᄒ야 만고(萬古)애 프르르며,
> 유수(流水)는 엇뎨ᄒ야 주야(晝夜)애 긋디 아니는고.
> 우리도 그치디 마라 만고상청(萬古常靑) 호리라.

① 학문에의 정진
② 효의 다짐
③ 입신양명
④ 자연의 영원성

23 다음 중 정철이 쓴 가사 작품이 <u>아닌</u> 것은?

① 「관서별곡」
② 「관동별곡」
③ 「속미인곡」
④ 「사미인곡」

24 조선 후기의 문학에 대한 설명으로 옳지 <u>않은</u> 것은?

① 「봉산탈춤」과 같은 민속극이 성행하였다.
② 「한중록」, 「인현왕후전」 등의 궁정 문학이 창작되었다.
③ 실사구시의 사상을 배경으로 구체적 현실을 대상으로 한 작품들이 양산되었다.
④ 서민정신과 산문정신의 발흥으로, 느슨한 변격(變格) 형식보다는 엄격한 정격(定格) 형식이 유행했다.

25 다음은 국문소설의 형성과정을 나타낸 것이다. 빈칸에 들어갈 말을 순서대로 나열한 것은?

> ( ) → ( ) → 판소리계 소설 →
> 국문소설

① 설화, 고려속요
② 설화, 판소리
③ 가전, 신소설
④ 판소리, 신소설

26 다음 글에 나타난 등장인물의 삶의 태도를 설명하는 말로 가장 적절한 것은?

> 박생은 눈을 떠서 주위를 바라보았다. 책은 책상 위에 던져져 있고, 등잔의 불꽃은 가물거리고 있다. 박생은 한참동안 감격하기도 하고 의아해하기도 하였다. 그러다가 스스로 생각하기를, 이제 곧 죽으려나보다 하였다. 그래서 그는 날마다 집안일을 정리하는 데 몰두하였다. 몇 달 뒤에 박생은 병을 얻었다. 그는 스스로, 필경 다시는 일어나지 못하리라는 것을 알았다. 박생은 의사와 무당을 사절하고 세상을 떠났다. 박생이 세상을 떠나려 하던 날 저녁이었다. 근처 이웃 사람들의 꿈에 신인이 나타나서는 이렇게 알렸다.
> "너의 이웃집 아무개 씨는 장차 염라왕이 될 것이다."
> – 김시습, 「남염부주지」

① 안빈낙도(安貧樂道)
② 방약무인(傍若無人)
③ 살신성인(殺身成仁)
④ 생기사귀(生寄死歸)

27 민요에 대한 설명으로 옳지 <u>않은</u> 것은?

① 후렴구가 있어 장을 이어나가면서 부르는 형태의 노래만 있다.
② 민중들 사이에서 자연스럽게 형성되어 구전되는 노래이다.
③ 현실 생활과 관련된 생활 감정을 비교적 솔직하게 나타낸다.
④ 아리랑 타령은 대표적인 적층 민요이다.

28 속담과 한자성어의 뜻이 가장 비슷한 것은?

① 이 없으면 잇몸으로 산다. – 순망치한(脣亡齒寒)

② 개똥도 약에 쓰려면 없다. – 하로동선(夏爐冬扇)

③ 우물 안의 개구리 – 하충의빙(夏蟲疑氷)

④ 굽은 나무가 선산을 지킨다. – 설중송백(雪中松柏)

30 ㉠~㉣에 대한 설명으로 적절하지 <u>않은</u> 것은?

① ㉠은 ㉣의 결정에 의해 세상에 이름이 드러나게 되었다.

② ㉡은 ㉠의 단점보다는 앞으로의 발전 가능성에 주목하였다.

③ ㉢은 ㉡에게 자신의 견해를 펼칠 기회를 제공하였다.

④ ㉣은 ㉢의 이상적인 모습을 본받고 있다.

※ 다음 글을 읽고 물음에 답하시오. (29 ~ 30)

> ㉠공방(孔方)의 자는 관지(貫之, 꿰미)이다. 그 조상이 일찍이 수양산에 숨어 굴 속에서 살아, 아직 세상에 쓰여진 적이 없었다. 처음 황제(黃帝) 때에 뽑혀 쓰였으나, 성질이 굳세어 세상일에 그리 익숙하지 못하였다. 황제가 ㉡관상을 보는 사람[相工]을 불러 보이니, 그가 한참 동안 들여다보고 말했다. "산야(山野)의 성질이어서 비록 쓸 만하지 못하나, 만일 만물을 조화하는 폐하의 풀무와 망치 사이에 놀아 때를 긁고 빛을 갈면 그 자질이 마땅히 점점 드러날 것입니다. ㉢왕자(王者)는 사람을 그릇[器]으로 만듭니다. 원컨대 ㉣폐하께서는 저 완고한 구리[銅]와 함께 내버리지 마옵소서." 이로 말미암아 그가 세상에 이름을 드러냈다.
>
> – 임춘, 「공방전(孔方傳)」

29 윗글에 대한 설명으로 옳지 <u>않은</u> 것은?

① 사물을 의인화해서 쓴 가전체 작품이다.

② 돈에 대한 작가의 풍자와 비판이 드러난다.

③ '공방'은 탐욕스러운 인간의 표상이라 할 수 있다.

④ 작가의 또 다른 작품으로 술을 의인화한 「국선생전」이 있다.

31 현대문학의 흐름에서 1920년대 시의 특징으로 옳은 것은?

① 프롤레타리아 문학에 반대하는 순수예술을 지향했다.

② 우울한 시대의식과 개인적 절망을 노래했다.

③ 섬세한 언어의 아름다움을 강조하였다.

④ 강렬한 시어로 생명에 대한 본원적 충동을 노래했다.

※ 다음 시를 읽고 물음에 답하시오. (32 ~ 33)

> 모란이 피기까지는
> 나는 아직 나의 봄을 기다리고 있을 테요.
> 모란이 뚝뚝 떨어져 버린 날
> 나는 비로소 봄을 여읜 설움에 잠길 테요.
> 5월 어느 날, 그 하루 무덥던 날
> 떨어져 누운 꽃잎마저 시들어 버리고는
> 천지에 모란은 자취도 없어지고
> 뻗쳐 오르던 내 보람 서운케 무너졌으니
> 모란이 지고 말면 그뿐, 내 한 해는 다 가고 말아
> 삼백 예순 날 하냥 섭섭해 우옵내다.
> 모란이 피기까지는
> 나는 아직 기다리고 있을 테요, 찬란한 슬픔의
> 봄을.
>   – 김영랑, 「모란이 피기까지는」

32 윗글의 표현상의 특징으로 적절하지 <u>않은</u> 것은?

① 수미상관의 형태를 통해 주제를 부각하고 있다.
② 어조의 변화를 통해 화자의 고조된 감정을 나타내고 있다.
③ 어순의 도치를 통해 화자의 의지를 드러내고 있다.
④ 상승이미지와 하강이미지의 교차를 통해 시적 의미를 강조하고 있다.

33 윗글의 시인처럼 음악성을 강조한 시문학파 시인의 작품은?

① 김소월, 「진달래꽃」
② 이육사, 「청포도」
③ 박용철, 「떠나가는 배」
④ 김기림, 「바다와 나비」

※ 다음 시를 읽고 물음에 답하시오. (34 ~ 35)

> 가난하다고 해서 외로움을 모르겠는가
> 너와 헤어져 돌아오는
> 눈 쌓인 골목길에 새파랗게 달빛이 쏟아지는데.
> 가난하다고 해서 두려움이 없겠는가
> ㉠ 두 점을 치는 소리
> ㉡ 방범대원의 호각 소리, ㉢ 메밀묵 사려 소리에
> 눈을 뜨면 멀리 육중한 기계 굴러가는 소리.
> 가난하다고 해서 그리움을 버렸겠는가
> 어머님 보고 싶소 수없이 뇌어 보지만
> 집 뒤 ㉣ 감나무에 까치밥으로 하나 남았을
> 새빨간 감 바람 소리도 그려 보지만.
> 가난하다고 해서 사랑을 모르겠는가
> 내 볼에 와 닿던 네 입술의 뜨거움
> 사랑한다고 사랑한다고 속삭이던 네 숨결
> 돌아서는 내 등 뒤에 터지던 네 울음.
> 가난하다고 해서 왜 모르겠는가
> 가난하기 때문에 이것들을
> 이 모든 것들을 버려야 한다는 것을
>   – 신경림, 「가난한 사랑 노래」

34 이 시에 대한 설명으로 옳지 <u>않은</u> 것은?

① 인간적 진실의 따뜻함과 아름다움을 노래한다.
② 이야기 형식으로 나열한 시이다.
③ 문답법의 반복을 통해 주제를 강조한다.
④ 현실적, 감각적, 서정적인 시이다.

35 ㉠~㉣ 중 시대적 배경을 나타내는 말과 가장 거리가 <u>먼</u> 것은?

① ㉠   ② ㉡
③ ㉢   ④ ㉣

36 신소설의 작가와 작품을 바르게 연결한 것은?

① 이인직 – 「자유종」
② 이해조 – 「은세계」
③ 최찬식 – 「치악산」
④ 안국선 – 「공진회」

※ 다음 글을 읽고 물음에 답하시오. (37 ~ 38)

> 우리들의 소유 관념이 때로는 우리들의 눈을 멀게 한다. 그래서 자기의 분수까지도 돌볼 새 없이 들뜨게 되는 것이다. 그러나 우리는 언젠가 한번은 빈손으로 돌아갈 것이다. 내 이 육신마저 버리고 홀홀히 떠나갈 것이다. 하고 많은 물량일지라도 우리를 어떻게 하지 못할 것이다. 크게 버리는 사람만이 크게 얻을 수 있다는 말이 있다. 물건으로 인해 마음을 상하고 있는 사람들에게는 한 번쯤 생각해 볼 말씀이다. 아무것도 갖지 않을 때 비로소 온 세상을 갖게 된다는 것은 무소유(無所有)의 역리(易理)이니까.
> – 법정, 「무소유」

37 이 글을 통해 작가가 궁극적으로 말하려는 주제로 가장 적절한 것은?

① 우리는 언젠가 한번은 빈손으로 돌아간다.
② 이 세상에 온전히 소유할 수 있는 것은 없다.
③ 소유욕에서 벗어날 때 인간은 자유로울 수 있다.
④ 소유하려는 마음이 우리의 눈을 멀게 한다.

38 밑줄 친 부분에 사용된 표현 기법과 같은 것은?

① 먼 훗날 당신이 찾으시면 그때에 내 말이 "잊었노라."
② 우리들의 사랑을 위하여서는 이별이, 이별이 있어야 하네
③ 내 마음은 호수요
④ 아아 사랑하는 나의 님은 갔습니다.

※ 다음 글을 읽고 물음에 답하시오. (39 ~ 40)

> ㉠ 아들이 먼저 알아차리고, "아, 아버지다!" 소릴 질렀다. 아, 그러자 익준은 멈칫 걸음을 멈추었고, 이쪽에서들도 일제히 그리로 시선을 보냈다. 익준은 머리에 상처를 입은 모양이었다. 한 손에는 아이들 고무신 코숭이가 삐죽이 내 보이는 종이 꾸러미를 들고 있었다.
> ㉡ 그는 무표정한 얼굴로 이쪽을 향하고 꼼짝 않고 서 있었다. 석상(石像)처럼 전혀 인간이 느껴지지 않는 얼굴이었다.
> "어이구, 차라리 쓸모없는 저 따위나 잡아가지 않구 염라대왕두 망발이시지!"
> ㉢ 익준의 장모는 사위를 바라보면서 그렇게 중얼대고 인제야 눈물을 질금거리었다. 그래도 아이들이 제일 반가워했다. 일곱 살 먹은 끝의 놈은, "아부지!"하고 부르며 쫓아가서 매달렸다.
> ㉣ "아부지, 나, 새옷 입구, 자동차 타구, 산에 갔다 왔다!" 어린 것이 자랑스레 상복 자락을 쳐들어 보여도 익준은 장승처럼 선 채 움직일 줄을 몰랐다.
> – 손창섭, 「잉여인간」

39 윗글에 대한 설명으로 옳지 않은 것은?

① 1950년대 대표적인 전후 소설이다.
② 현실에 적응하지 못하고 떠도는 여러 유형의 인물들을 사실주의 기법으로 형상화했다.
③ 작품 속 인물이 서술자가 되어 이야기를 이끌어간다.
④ '익준'은 현실 생활에 무능한 인물로 등장한다.

40 ㉠~㉣에서 '극적 아이러니' 상황으로 볼 수 있는 것은?

① ㉠   ② ㉡
③ ㉢   ④ ㉣

제 **3** 편

정답 및 해설

우리 인생의 가장 큰 영광은 결코 넘어지지 않는 데 있는 것이 아니라
넘어질 때마다 일어서는 데 있다.

– 넬슨 만델라 –

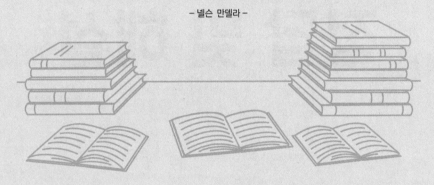

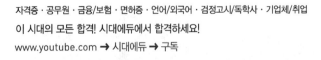

제 1 회 정답 및 해설 | 국어

01	02	03	04	05	06	07	08	09	10	11	12	13	14	15	16	17	18	19	20
③	②	③	③	①	①	①	③	③	④	④	④	④	②	①	②	④	③	③	④
21	22	23	24	25	26	27	28	29	30	31	32	33	34	35	36	37	38	39	40
①	①	④	①	③	③	③	④	④	④	④	④	③	④	④	①	④	④	①	③

01 **정답** ③
③ '알타리무'는 비표준어로, '총각무'로 써야 한다.

02 **정답** ②
현진건의 「운수 좋은 날」은 치밀하고 섬세한 사실주의적인 묘사를 바탕으로 하층민의 참담한 생활을 보여 주고 있다.

03 **정답** ③
구토지설은 「토의 간」, 방이 설화는 「연의 각」, 암행어사 설화는 「옥중화」, 효녀 지은 설화는 「강상련」의 근원 설화이다.

04 **정답** ③
③ 「정시자전」은 고려 후기 식영암이 지은 것으로 지팡이를 의인화한 가전체 작품이다.

05 **정답** ①
지우(어근, 동사)＋개(접미사) → 지우개(명사, 파생어)
② 돌(명사)＋다리(명사) → 돌다리(명사, 합성어)
③ 풋(접두사)＋사과(명사) → 풋사과(명사, 파생어)
④ 나무(명사)＋ㅅ(사이시옷)＋잎(명사) → 나뭇잎(명사, 합성어)

06 **정답** ①
② 친구들이 운동장에 모두 오지 않았다. / 일부만 오지 않았다.
③ 언니는 내가 역사책을 좋아하는 것보다 더 역사책을 좋아한다. / 언니는 동생인 나라는 존재보다 역사책을 더 좋아한다.
④ 예의 바른 대상이 친구인지, 친구의 오빠인지 확실하지 않다.

07 **정답** ①
편안한 마음으로 제 분수를 지켜 만족함
② 공적인 일을 먼저 하고 사사로운 일은 뒤로 미룸
③ 진심에서 우러나와 변치 않는 마음(지조·절개·충성)
④ 출세하여 이름을 세상에 떨침

08 **정답** ③
③ 「국순전」의 작가는 '임춘'이며, '이규보'는 「국선생전」의 작가이다.

09 **정답** ③
③ 생명파 시인에 관한 내용으로, 서정주·유치환 등을 들 수 있다. 정지용은 현대적 감성으로 한국적·동양적인 멋과 정감의 세계를 자유롭게 표현하였다.

10 정답 ④

④ 무가는 구비문학이며, 신을 즐겁게 하기 위한 작품으로 '향토성'의 성격을 가지지는 않는다. 무가의 성격은 주술성, 신성성, 오락성(문학성), 제한성(전승), 율문성 등이다.

11 정답 ④

④ 전문적인 무대장치가 필요 없으며, 연기자와 악공, 관객들이 모일 수 있는 넓은 공간만 있으면 된다.

12 정답 ④

④ 사설시조는 부적절하고 부조화한 어휘의 남용으로 음악과의 부조화를 일으켰다.

13 정답 ④

④ 우리말의 파열음과 파찰음은 예사소리(평음), 된소리(경음), 거센소리(격음)의 3중 체계를 이룬다.

14 정답 ②

② 『삼국유사』에 14수, 『균여전』에 11수가 전해지는 것은 향가이다.

15 정답 ①

② 전설, ③ 민담, ④ 신화

16 정답 ②

'말씀'은 낮춤말도, 높임말도 되는 단어이다.
① 이빨 → 치아, 좋다 → 좋으십니다
③ 과장님에게 → 과장님께
④ 계시겠습니다 → 있으시겠습니다

17 정답 ④

④ 「청산별곡」, 「서경별곡」은 대표적인 고려속요이다.

18 정답 ③

③ 「구운몽」은 조선 시대 양반층의 생활상을 반영한 대표적인 양반 소설이다.

19 정답 ③

ⓒ '외로운 황홀한 심사이어니'는 모순 형용이 나타난 시구로서, 역설법이 사용되었다.

20 정답 ④

④ '-고, -(으)며, -(으)나, -지만' 등과 같은 연결 어미에 의해 대등하게 이어진 겹문장이다.

21 정답 ①

참요(讖謠)는 장차 그러한 일이 있을 것이라는 것을 암시·예언하는 노래이다. 설화 내용 중 "그런 뒤에 서동의 이름을 알고 동요가 맞았다는 것을 알았다."라는 부분을 보면 이를 짐작할 수 있다.

22 정답 ①

①은 합리주의 이론에 대한 설명이고, 나머지는 경험주의(행동주의) 이론에 대한 설명이다.

23 정답 ④

① 「국선생전」은 '술과 누룩'을 의인화한 것이다.
② 「청강사자현부전」은 '거북'을 의인화한 것이다.
③ 「저생전」은 '종이'를 의인화한 것이다.

24 정답 ①

① 판소리계 소설은 적층 문학으로, 특정한 작가가 없으며 이본이 많다.

25 정답 ③

③ 민요시 부흥 운동이 일어났던 다수의 동인지 문단 시대는 1920년대이다. 1930년대는 카프 해체, 순수 서정시 지향과 옹호, 모더니즘의 대두 등의 특징이 있다.

26 정답 ③

박지원이 쓴 「허생전」에 대한 설명이다.

27 정답 ③

③ 자음은 발음 기관의 모양을 본뜬 상형을 기본으로, 기본자는 'ㄱ, ㄴ, ㅁ, ㅅ, ㅇ'이다.

28 정답 ④

혜경궁 홍씨가 쓴 「한중록」에 대한 설명이다.

29 정답 ④

④ 궁중의 제전이나 연례 때 부르던 것으로, 대부분 송축의 내용을 담고 있는 것은 '악장'이다.

30 정답 ④

① 「정읍사」의 후렴구는 '어긔야 어강됴리 아으 다롱디리'이다.
② 「동동」의 후렴구는 '아으 동동다리'이다.
③ 「서경별곡」의 후렴구는 '위 두어렁셩 두어렁셩 다링디리'이다.

31 정답 ④

너/를/위/하/여서/땀/을/흐르/이/었/어 – 11개
① 날씨/가/덥/겠/더/라 – 6개
② 나/는/집/으로/가/ㄴ/다 – 7개
③ 훔치/어/가/았/을/수/도/있/겠/군 – 10개

32 정답 ②

① 『개벽』은 1920년에 창간되어 국민 지도에 앞장섰다.
③ 『폐허』는 1920년 염상섭, 오상순, 황석우 등의 자연주의적 작가들이 발간하였으며 퇴폐적, 세기말적, 사실적 등 여러 사상을 보여주었다.
④ 『백조』는 1922년 창간된 우리나라 순수 문예 동인지이다.

33 정답 ③

① 구개음화는 '같이'가 [가치]로 발음될 때 나타난다.
② 경음화는 '갔다'가 [간따]로 발음될 때 나타난다.
④ 유음화는 '광한루'가 [광할루]로 발음될 때 나타난다.

34 정답 ①

① 일반적으로 우리말에서 차지하는 한자어의 비중은 대략 70% 정도라고 본다.

35 정답 ④

① 설의법과 과장법 등으로 슬픔을 극대화하고 있다.
② 아름다운 자연과 인간의 슬픔을 대조함으로써 슬픔을 강조하고 있다.
③ 끝없이 흐르는 강물처럼 화자의 슬픔도 지속됨을 엿볼 수 있다.

36 정답 ①

용언의 어미 활용에 관한 것이므로 형태적 특징
이다.
②・③・④ 문장상(통사적) 특징에 속한다.

37 정답 ①

② 이생이 홍건적의 난에 죽은 아내의 환신을 만
나 부부 생활을 하다가 헤어졌다는 내용이다.
③ 홍생이 평양으로 장사를 나갔다가 부벽루에
올라가서 놀 때, 수천 년 전의 인물로 지금은
선녀가 된 기씨녀(箕氏女)를 만나 사랑을 속
삭였다는 내용이다.
④ 경주 박생이 꿈속에 저승에 가서 염라대왕과
토론하고 돌아왔다는 내용이다.

38 정답 ④

① 쳐줄 테니
② 여간 슬프지 않다.
③ 그립기 때문이다.

39 정답 ①

① 종성부용초성 받침 규정이 적용된 표의주의
가 적용된 예이다.

40 정답 ③

'는'은 앞말에 특별한 뜻을 더해 주는 보조사이다.
①・②・④는 '께서', '이', '에'는 앞말에 일정한
자격을 부여하는 격조사이다.

01	02	03	04	05	06	07	08	09	10	11	12	13	14	15	16	17	18	19	20
②	②	③	①	②	①	③	④	①	③	①	④	②	③	③	④	③	③	①	①

21	22	23	24	25	26	27	28	29	30	31	32	33	34	35	36	37	38	39	40
①	④	④	①	③	④	①	④	④	①	①	④	④	③	①	④	②	②	③	④

01 정답 ②

② 향가는 『삼국유사』에 14수, 『균여전』에 11수가 전해지며, 진성여왕(眞聖女王) 2년(888)에 각간(角干) 위홍(魏弘)과 대구화상(大矩和尚)이 향가집 『삼대목(三代目)』을 편찬했으나, 지금은 전하지 않는다.

02 정답 ②

고려가요는 고려 시대의 평민들이 부르던 민요적 시가로 '여요(麗謠)', '장가(長歌)' 또는 '고려속요'라고 불리는 평민문학이다.
① 고려 중기 이후 사대부들에게 불린 시가(詩歌)로, 매 장마다 '경 긔 엇더ᄒ니잇고'라는 글귀가 있으며, 한문을 사용하되 고유의 전통을 살려서 이루어진 새로운 형식의 시가이다.
③ 삼국 시대 말기에 발생하여 통일 신라 초·중기 때 성행하다가 말기부터 쇠퇴하기 시작하여 고려 초까지 존재했던 우리나라 고유의 정형시가이다.
④ 인간이 아닌 사물을 의인화하여 허구적으로 창작한 이야기이다.

03 정답 ③

③ 민요는 구비성, 민중성, 비전문성, 향토성, 현실성 등의 특징을 갖는다. 주술성을 갖는 것은 무가(巫歌)이다.

04 정답 ①

유치환의 「깃발」은 '깃발'의 보조관념인 '아우성, 손수건, 순정, 애수, 마음'을 통해 이상향에 대한 동경과 좌절, 낭만적 아이러니의 세계, 생명 의식과 허무 의지를 그렸다.

05 정답 ②

극예술협회는 1947년 극예술연구회의 신극정신을 계승하고 프로극에 대항한 단체로, 민족극을 표방하였다는 특징을 갖는다.

06 정답 ①

① 「합자해」 조항을 보면, 세종이 훈민정음을 만들면서 정음과 한자의 조화된 병행(竝行), 즉 국한문혼용을 염두에 두고 있었다는 것을 알 수 있다. 또한 공문서·역사기록 학술은 여전히 한문으로 기록하고, 백성 교화 등의 글은 훈민정음으로 기록하여 표기상의 구분을 두었다.

07 정답 ③

③ 「공무도하가」는 여성의 비극적 상심(傷心)을 노래한 것으로, 「정읍사」, 「가시리」, 「진달래꽃」으로 연결되는 전통적인 이별의 정한을 표현한 작품이다.

08 정답 ④

「한림별곡(翰林別曲)」
- 경기체가의 효시
- 한자를 연결하여 우리말 율격에 맞추어 독특하고 개성적임
- 음보율, 각 연의 규칙적 반복, 후렴구 등을 통해 음악적 효과를 드러냄
- 사물을 객관적으로 나열하고 지식을 과시함으로써 집단적 감흥을 추구함

09 정답 ①

① 「태평사」는 노계 박인로의 작품이다.

10 정답 ③

영미 친구들이 영미의 말을 알아들을 수 없었던 것은 언중들 사이의 약속을 어기고 자기만의 언어를 사용했기 때문이다. 언어는 언중들 간의 사회적 약속으로 개인이 이를 마음대로 바꿀 수 없는데, 이를 언어의 사회성이라고 한다.

11 정답 ①

① 이육사 시의 특징이다.

12 정답 ④

④ 최인훈의 「광장」은 전후(戰後)의 비참함과 부조리를 고발한 소설로, 1960년대 작품이다.

13 정답 ②

② 훈민정음 서문 언해본은 띄어쓰기를 하지 않았다.

14 정답 ③

- 직접 높임말 : 주무시다, 계시다, 잡수시다, 돌아가시다, 드리다, 뵙다, 여쭈다 등
- 간접 높임말 : 진지, 말씀, 성함, 치아, 약주, 댁 등
- 직접 낮춤말 : 저('나'를 낮춤)
- 간접 낮춤말 : 말씀, 졸고(拙稿) 등

15 정답 ③

③ 「속미인곡」의 화자는 임의 소식을 알기 위해 적극적인 태도를 보이지만, 「사미인곡」의 화자는 임을 기다리는 소극적인 태도를 보인다.

16 정답 ②

① 김원일, 「어둠의 혼」 : 이데올로기의 대립으로 인한 아버지의 죽음과 가족 공동체의 몰락을 보여줌으로써 이데올로기의 허구성을 폭로하였다.
③ 선우휘, 「불꽃」 : 할아버지, 아버지, 손자에 걸친 가족사를 다룬 작품이다. 3 · 1 운동에서 6 · 25 전쟁에 이르는 시대적 상황을 배경으로, 역사에 대한 한국인의 체념과 순응주의를 비판하고, 적극적이며 행동적인 삶의 태도를 형상화하였다.
④ 윤흥길, 「장마」 : 전쟁으로 빚어진 한 가족의 비극(국군으로 전사한 아들을 둔 외할머니와 빨치산 아들을 둔 할머니가 한 집에서 살면서 극단적 대립을 이룸)과 그 극복을 다루었다.

17 정답 ③

① 창작 희곡은 무대 상연을 목적으로 창작한 희곡이다.
② 각색(脚色) 희곡은 소설, 시나리오 등을 기초로 각색한 희곡이다.

18 정답 ③

판소리 여섯 마당은 '춘향가, 심청가, 흥부가(박
타령), 수궁가(토별가), 적벽가(화용도타령), 변
강쇠타령(가루지기타령)'이다.

19 정답 ①

'어둠'은 온갖 만물을 품고 있다가 세상에 내보내
는 존재이므로 '낳는다'라는 서술어를 통해 표현
하였다. 따라서 '어둠'은 만상을 잉태하고 포용
하는 의미로 볼 수 있다.

20 정답 ①

독신으로 사는 주인공의 외로운 정서를 달밤과
꽃이 핀 나무를 배경으로 표현하고 있다.

21 정답 ①

소설의 특성은 '허구성, 모방성, 서사성, 진실성,
객관성, 예술성, 산문성'이다.

22 정답 ④

① '일본에'로 써야 한다. '에게'는 유정명사에
   붙을 수 있는 조사이다.
② "크게 주목받기도 하였으나 그에 대한 반대
   도 매우 컸다."와 같이 써야 한다.
③ '강화한'으로 써야 한다. '강화시킨'은 사동
   표현이 과도하게 사용된 표현이다.

23 정답 ④

④ 아리랑 타령은 우리 민족에게 가장 폭넓게 불
   리는 대표적인 적층 민요이다. 언어 표현에서
   세련된 시어보다는 일상어를 그대로 옮겨 놓
   았을 뿐만 아니라, 내용 자체도 변용하거나
   굴절시키지 않고 직설적으로 전달하고 있다.

24 정답 ①

① 조선 후기 남성 중심의 봉건적인 대가족 제도
   아래에서 온갖 구속에 얽매여 고된 시집살이
   를 하는 부녀자들의 생활을 대화 형식으로 표
   현한 민요이다. 가부장적 사회에서 느끼는 삶
   의 고통과 한을 직접적으로 표현하고 있다.

25 정답 ③

「산거(山居)」

봄은 갔으나 꽃은 아직 피어 있고
날이 갰는데 골짜기는 스스로 그늘지도다.
두견새가 대낮에 울음을 우니
비로소 사는 곳이 산 속 깊음을 알겠다.

• 갈래 : 한시, 5언 절구
• 성격 : 한정적
• 연대 : 고려 중기
• 제재 : 깊은 산 속의 풍경
• 표현 : 대구법
• 주제 : 자연에 은거하고 싶은 심정
• 출전 : 『파한집』
• 작가 : 이인로

26 정답 ④

① 헤매이던 → 헤매던
② 씨름군 → 씨름꾼
③ 칠흙같이 → 칠흑같이

27 정답 ①

'지'는 시간 개념일 때 띄어 쓴다.
② '부터는'은 조사이므로 앞말에 붙여 쓴다.
③ '밖에'는 '그것 말고는', '그것 이외에는'의 뜻
   을 나타내는 보조사이므로 앞말에 붙여 쓴다.
④ '데'가 '것'이나 '곳'의 의미일 때는 의존명사
   로 띄어 쓴다.

28 정답 ④

두 음절로 된 다음 한자어 중 사이시옷이 들어가는 말은 '곳간(庫間), 셋방(貰房), 숫자(數字), 찻간(車間), 툇간(退間), 횟수(回數)'이다.

29 정답 ④

두음법칙은 첫소리에 유음 'ㄹ'과 'ㄴ', 'ㅑ, ㅕ, ㅛ, ㅠ' 등의 소리가 오지 않는 현상이다. 이러한 두음법칙의 존재는 알타이어의 공통 특질이다.

30 정답 ①

- 코 + 날 → 콧날 : 사잇소리 현상
- 콧날 → [콛날] → [콘날] : 음절의 끝소리 규칙, 비음화

31 정답 ①

① '백송골(白松骨)'은 한자로, 서민적인 일상어와는 거리가 멀다.

32 정답 ④

「구지가」는 가락국의 시조인 수로왕을 맞기 위해 구지봉에서 흙을 파며 부른 주술적인 노래로 군가(群歌), 노동요(勞動謠)의 성격을 띤다.

33 정답 ④

④ ㉣에서 어두자음군이 사용되었다는 사실은 맞는 표현이다. 하지만 어두자음군이 하나의 자음처럼 발음되었다는 사례로 볼 수는 없다.

34 정답 ③

윤흥길의 「아홉 켤레의 구두로 남은 사내」는 부수적 인물인 '나'가 주인공 '권 씨'에 대한 이야기를 서술하는 방식인 1인칭 관찰자 시점의 소설이다.

35 정답 ①

밑줄 친 부분에는 응급환자의 목숨보다 병원비를 우선시하는 원장의 태도에 대한 비판이 담겨 있다.

36 정답 ②

① 시문학파
③ 모더니즘
④ 윤동주

37 정답 ④

④ 4연은 절망적인 현실을 극복하려는 의지를 보여 준다.

38 정답 ②

남을 도와주지는 못할망정 방해는 하지 말라는 말
① 남이 할 수 있는 일이면 나도 할 수 있다는 말
③ 언제 죽을지 모르는 덧없는 세상에서 자기만은 얼마든지 오래 살 것처럼 행동하는 사람을 보고 이르는 말
④ 농부들이 농사짓는 일에 온 정성을 다함을 이르는 말

39 정답 ③

③ 현진건의 「운수 좋은 날」은 사실주의 경향의 대표적인 작품이다.

40 정답 ④

액자식 구성은 이야기가 이루어지는 상황(외부 이야기)과 주제와 관련된 이야기(내부 이야기)로 구성되는 방법이다.
① 두 개 이상의 사건이 교차되면서 진행되는 방식으로, 주로 장편소설에서 쓰인다.
② 하나의 사건이 단순하게 진행되는 구성이다.
③ 하나의 주제를 가지고 여러 개의 독립된 이야기가 나열되는 방식이다.

01	02	03	04	05	06	07	08	09	10	11	12	13	14	15	16	17	18	19	20
④	①	②	②	④	③	②	③	①	④	②	①	③	②	④	③	①	③	④	①
21	22	23	24	25	26	27	28	29	30	31	32	33	34	35	36	37	38	39	40
④	④	①	④	③	④	②	④	③	①	④	④	②	③	③	③	④	②	①	③

01 정답 ④

화희는 「황조가」의 배경 설화에 등장하는 인물로, 「공무도하가」와는 관련이 없다.
①의 「공후인」은 「공무도하가」의 악곡명이다.
②·③의 백수광부, 여옥은 「공무도하가」의 배경 설화에 등장하는 인물들이다.

02 정답 ①

「처용가」에 대한 평가
• 민속 신앙적 관점 : 무가, 주가, 주술의 원리를 내포한 문학, 굿이나 연극 속에서 불린 노래, 처용설화는 굿 또는 연극에 관한 보고서
• 문학적 관점 : 문학적 내포와 시적 긴장감이 없는 지방문학으로 간주(조잡한 노래)
• 불교적 관점 : 불교적 사심(捨心)을 성취한 고도의 문학으로, 봄이라는 천상적 이미지와 간음이라는 지상적 이미지, 그리고 처용과 역신의 대립에서 비롯된 긴장 조성
• 역사 사실적 관점 : 지방 호족(처용 : 인질)의 중앙 귀족(역신 : 타락자)에 대한 갈등이 표출된 문학

03 정답 ②

② 폭포의 생동감 있는 모습을 청각과 시각을 동원하여 표현하였다. 제시된 부분은 연군지정과 관련이 없다.

04 정답 ②

「무정」의 근대소설적 특징
• 서술 시간 구조가 고전 소설과 다름 – 주인공의 출생부터 시작하는 것이 아니라 주인공 '형식'이 행복한 고민을 하는 장면부터 시작
• 주인공이 영웅적 인물이 아니라 일상인
• 1910년대 당시의 사회 현상을 반영
• 언문일치(言文一致)에 가까운 문체를 사용

「무정」의 한계
• 지도자적 상층 인물의 성격
• 구조자의 등장
• 주인공의 관습적 인물 형상
• 영웅 소설의 구조(고난 → 극복 → 보상)
• 전지적 작가 시점
• 계몽적 성격 → 문학성 약화

05 정답 ④

④ 평양의 명기(名妓)였던 한우(寒雨)에 대한 구애(求愛)를 표현한 임제의 시조이다.
① 대쵸 볼 불근 골에(황희) : 늦가을 농촌 생활의 풍요로운 정취
② 동창이 볼갓ᄂᆞ냐(남구만) : 근면한 농경 생활
③ 삿갓세 도롱이 닙고(김굉필) : 평화롭고 한가한 전원생활

06 정답 ③

(가)는 고려 왕조 멸망의 한을 노래한 회고가로, 비유적 표현을 사용하여 인생무상(人生無常)을 나타낸 작품이다. (나)는 임과의 이별과 그리움을 은유법을 사용하여 섬세하게 그려낸 작품이다.
- 일장춘몽(一場春夢) : 한바탕의 봄꿈이라는 뜻으로, 헛된 영화나 덧없는 일을 비유적으로 이르는 말
- 오매불망(寤寐不忘) : 자나 깨나 잊지 못함

07 정답 ②

정극인의 「상춘곡」은 조선 시대 최초의 가사(歌辭) 작품이다. 「면앙정가」는 「상춘곡」에서, 「성산별곡」은 「면앙정가」에서 영향을 받았다.

08 정답 ③

③ 제시된 시는 인물의 심리를 반영한 삽입시로서, 슬픈 심정과 헤어진 상황을 표현하고 있다. 비교적 차분하게 애상적인 정서를 표현하고 있을 뿐, 감정이 점차 고조되는 모습은 나타나지 않는다.

09 정답 ①

「김약국의 딸들」은 욕망과 운명에 의한 한 집안의 비극적 몰락을 그린 작품으로, 사실주의의 가족사 소설이다.
② 황석영, 「삼포 가는 길」 : 산업화로 인한 민중들의 궁핍한 삶을 그린 작품으로, 작중 인물의 떠돌이 삶이 계속될 것임을 여운을 통해 처리하였다.
③ 조세희, 「난장이가 쏘아 올린 작은 공」 : 도시 빈민의 궁핍한 생활과 자본주의의 모순된 구조 속에서 노동자의 현실적 패배를 그린 작품이다.
④ 윤흥길, 「아홉 켤레의 구두로 남은 사내」 : 과거와 현재를 교차시키면서 1970년대의 사

회문제였던 계층 간 단절을 소시민적 지식인의 기막힌 인생 유전을 통해 그려냈다. 현실 사회의 모순을 비판하는 참여 문학적 성격을 지닌다.

10 정답 ④

제시된 표현은 감정을 표출하고 언어를 본능적으로 사용하는 기능인 언어의 표출적 기능에 해당한다. 주로 감탄사로 나타난다.

11 정답 ②

① 나와 내 동생 둘 다 좋아한다. / 내 동생이 좋아한다.
③ 순철이랑 영희가 결혼했다. / 순철이와 영희가 각각 결혼했다.
④ 늘 노는 것은 아니다. / 논 적이 없다.

12 정답 ①

합리주의는 인간은 이미 태어날 때부터 말하기 위한 조건을 갖추고 태어난다는 선천성을 강조하는 언어습득이론이다.
② 경험주의는 어린이는 하나의 언어를 일단 배우고 난 뒤에는 그것을 일상생활에서 자유자재로 구사할 수 있다고 보는 후천성을 강조한 언어습득이론이다.

13 정답 ③

③ 호흡을 짧게 끊어 배열하지 않고, 산문처럼 줄줄이 잇대어 씀으로써 호흡을 빠르게 하였다. 또한 '해야 솟아라'를 반복하여 해가 솟아 오르기를 간절하게 바라며 부르짖는 화자의 심정을 효과적으로 드러냈다.

14 정답 ②

[무름만춤], [챙년는다], [흥냄새], [온말리다]로 발음된다. '무릎[무릅]'의 'ㅂ', '책'의 'ㄱ', '흙[흑]'의 'ㄱ', '옷[옫]'의 'ㄷ'은 뒤에 오는 비음 'ㅁ, ㄴ'에 동화되어 비음으로 발음된다.

15 정답 ④

④ 조선 후기 문학의 특징이다.

16 정답 ③

③ 받침에는 'ㄱ, ㄴ, ㄹ, ㅁ, ㅂ, ㅅ, ㅇ'만을 쓴다.

17 정답 ①

이쁜이는 한때 모진 시집살이를 했던 가여운 신세였으므로, 모진 시집살이의 괴로움을 드러내고 있는 ①이 가장 적절하다.
② 어머니에 대한 그리움을 보여 준다.
③ 며느리의 올바르지 못한 행실을 나타낸다.
④ 임에 대한 그리움을 나타낸다.

18 정답 ③

③ 「공방전」은 돈을 의인화한 작품이다.

19 정답 ④

「화왕계」는 꽃의 비유를 들어 왕에게 도덕 정치를 요구한 의인체 설화이다. 국문학상 우화문학의 효시이며, 후에 가전체·의인체 문학에 영향을 준 작품이다. 의인체는 사물의 비유를 들어 말하고자 하는 바를 표현하므로, 직접적 표현이 아닌 비유적·간접적 표현 방법을 사용한다.

20 정답 ①

② 청록파 : 1939년 『문장』의 추천으로 시단에 등단한 조지훈·박두진·박목월을 가리킨다.
③ 생명파 : 순수문학을 들고 나선 일군의 작가, 즉 1936년에 창간된 『시인부락』에 속한 작가들을 말한다.
④ 시문학파 : 1930년대 시전문지 『시문학』을 중심으로 순수시 운동을 주도했던 유파이다.

21 정답 ④

희곡의 삼일치(三一致) 법칙
• 시간의 일치 : 희곡에서 전개되는 이야기는 24시간 이내의 것이어야 한다.
• 장소의 일치 : 희곡의 사건은 한 장소 안에서 이루어져야 한다.
• 행동의 일치 : 모든 행동은 단일 주제(줄거리) 내에서 끝나야 한다.

22 정답 ④

세 작품 모두 '이별'을 소재로 한 비애의 정서가 드러나 있다.

23 정답 ①

「공무도하가」 화자의 심적 변화
• 기(1구) - 물을 건너지 말라는 아내의 애원
• 승(2구) - 물을 건너가는 임
• 전(3구) - 임의 죽음 확인
• 결(4구) - 임을 잃은 슬픔

24 정답 ④

④ ㉣의 '풀빛'은 봄의 싱그러움을 드러내는 소재로, 화자의 슬픈 이별과 대조되어 이별의 정한을 부각시키고 있다.

25 정답 ③

③ 복녀가 타락한 원인은 게으른 남편의 환경 탓이다.

「감자」
- 시대 : 1920년대
- 갈래 : 단편소설, 자연주의 소설
- 시점 : 전지적 작가 시점
- 배경 : 일제 강점기, 1920년대 평양 칠성문 밖의 빈민굴
- 주제 : 현실의 추악함과 인간의 존엄성 상실
- 작가 : 김동인

26 정답 ④

전통극의 종류에는 가면극, 인형극, 그림자극, 판소리, 무극이 있다.

27 정답 ②

새(접두사) + 빨갛다 → 파생어, 놀 + 이(접미사) → 파생어
① 치(접두사) + 솟다 → 파생어, 고무 + 신 → 합성어
③ 얽다 + 매다 → 합성어, 풋(접두사) + 사랑 → 파생어
④ 굶다 + 주리다 → 합성어, 까막 + 까치 → 합성어

28 정답 ④

'못되다'는 "성질이나 품행 따위가 좋지 않거나 고약하다." 또는 "일이 뜻대로 되지 않은 상태에 있다."라는 뜻의 형용사이다.
④ 못 된 → 못된

29 정답 ③

두/사람은/가까워지기는커녕/점점/더/멀어져만/갔다.

30 정답 ①

①은 음절 끝소리 규칙이 일어난다.
②·③·④는 자음동화 현상이 일어난다.

31 정답 ④

④의 '께서'와 '시'는 주체높임이다.
①·②·③의 '여쭙다', '드리다', '모시다'는 객체높임이다.

32 정답 ④

「정읍사」는 한글로 기록되어 전하는 가요 중 가장 오래된 백제가요이다. 행상 나간 남편의 무사 귀환을 비는 내용으로, 주술성을 지닌 집단적인 노래와는 거리가 멀다.

33 정답 ②

'차고 슬픈 것, 물먹은 별, 늬'는 모두 죽은 자식을 의미한다. '새까만 밤'은 시간적 배경을 의미한다.

34 정답 ③

③ '나비'는 낭만적인 정열과 꿈을 지닌 순수하고 연약한 존재를 상징한다.

35 정답 ③

시어의 특징
- 함축성 : 내포적 의미
- 음악성 : 반복되는 율동감
- 다의성 : 중의성, 애매성, 모호성

36 정답 ③

사회생활을 유지하기 위해 필요한 인사말로 의문문을 사용하는 경우가 많다. 밑줄친 부분의 질문은 혼자 일하는 사실을 몰라서 묻는 것이 아니라 친밀한 관계를 맺기 위한 물음으로 볼 수 있다. 이것을 언어의 친교적 기능이라고 한다.

37 정답 ④

이상의 「날개」는 1인칭 주인공 시점으로 주인공의 내면 심리를 잘 보여 준다.

38 정답 ②

② 밀양 – Miryang

39 정답 ①

① 김승옥의 「서울, 1964년 겨울」은 동행인 세 사람 중의 한 사람인 작품 속의 인물 '나'가 서술자로 등장하는 1인칭 주인공 시점의 소설이다.

40 정답 ③

ⓜ 사내가 ⓕ처럼 반응한 것은 ⓔ가 좌절되었기 때문으로 볼 수 없고, 아내를 잃은 상실감과 시신을 해부용으로 넘긴 것에 대한 죄책감 등이 그 원인이라 할 수 있다.

01	02	03	04	05	06	07	08	09	10	11	12	13	14	15	16	17	18	19	20
②	①	③	④	④	②	④	①	④	①	③	①	③	④	①	③	③	④	①	②

21	22	23	24	25	26	27	28	29	30	31	32	33	34	35	36	37	38	39	40
③	②	③	④	④	④	①	③	①	④	②	④	③	④	②	④	③	①	④	④

01 정답 ②

사설시조는 초·중·종장 중 어느 한 장이 상당히 길어지는 특징이 있다.

02 정답 ①

(가)와 (나)는 모두 이상 세계에 대한 동경을 드러내고 있지만, 현실 자체를 부정적으로 보는 것은 아니다.

03 정답 ③

「깃발」은 비유적 방법을 통해 '깃발'의 모습과 의미를 표현하고 있다. '아우성', '손수건', '순정', '애수', '마음' 등 5개의 보조관념들은 중심 이미지인 '깃발'을 은유하고 있다.

04 정답 ④

이상화 시의 특징
• 외향적·현실적 삶의 개선, 사회의식의 문학
• 식민지 시대 작가의 시대적·사회적인 책임을 강조
• 문학의 미적인 기능을 함께 고려
• 현실과 역사에 참여하는 작가의 양심 역설
• 작품 : 「나의 침실로」, 「빼앗긴 들에도 봄은 오는가」 등

05 정답 ④

「동명왕편」의 창작 의도
• 중국 중심주의 탈피, 원래 성인국(聖人國)임을 후손들에게 알림
• 당시 전개되던 요나라, 금나라에 대한 사대 외교에 반론 제기
• 일부 고려 사람들의 신라 정통론 주장에 맞서 고구려 정통론을 주장
• 『삼국사기』식 사관(史觀)에 반론 제기

06 정답 ②

현진건은 사실주의 경향의 작품인 「빈처」, 「술 권하는 사회」 등의 작품을 썼으며, 근대 사실주의 문학의 선구자 역할을 하였다.

07 정답 ④

④ 「소」는 1934년 유치진이 지은 희곡 작품으로, 일제하 가난에 시달리던 농촌의 일상을 그린 사실주의 희곡이다.

08 정답 ①

한글소설의 주요 작품
• 애정소설 : 「숙향전」, 「숙영낭자전」, 「옥단춘전」
• 가정소설 : 「사씨남정기」, 「양풍운전」, 「화문록」
• 군담소설 : 「임경업전」, 「박씨전」, 「유충렬전」
• 풍자소설 : 「배비장전」, 「이춘풍전」, 「장끼전」

09 **정답** ④

① 깍두기, ② 사흗날, ③ 사글셋방

10 **정답** ①

① 방언은 특정 지역이나 계층의 사람끼리 같은 방언을 사용하기 때문에 친근감을 느끼게 한다.

11 **정답** ③

임진왜란은 조선 시대 최대의 사건이었으며, 정치 · 문화 · 경제 · 생활 · 언어 · 풍속에 이르기까지 거의 모든 면에 막대한 영향을 끼쳤으므로, 이를 조선 전기와 후기의 경계로 보고 있다.

12 **정답** ①

「서동요」는 신라 최초의 향가로, 백제 우왕이 선화공주와 결혼하기 위해 만들어 불렀다는 4구체 향가이다.

13 **정답** ③

제시된 부분에서 시적 화자는 어떻게든 임의 소식을 알고 싶어 하며, 후반부에 이르러서는 그리움과 안타까움이 꿈에서조차 나타난다. 그런데 ㉠ 이전 내용을 보면 임을 만나고자 하는 시적 화자의 의지와 노력은 번번이 효과를 거두지 못한다. 산에도 오르고 물가에도 가 보았으나 임의 소식을 알 수 있는 방법이 없다. 이에 화자는 ㉠처럼 차라리 죽어서 달이 되어 임이 계신 창 밖을 비추겠노라고 하는 것이다. 곧 임과 영원히 함께하고 싶은 태도와 정서가 표현된 것이다. ③ 역시 '물, 구름, 소나기' 등의 자연물이 되어서라도 임과 함께 하고 싶은 마음을 드러냈다는 점에서 시적 화자의 태도가 유사하다.

14 **정답** ④

헛소문 : '이유없는', '보람없는'의 뜻을 더하는 접두사 '헛'과 실질형태소 '소문'이 결합된 파생어이다.

① 바늘방석 : '바늘 + 방석'은 합성어이다.
② 앞뒤 : '앞 + 뒤'는 합성어이다.
③ 첫날밤 : '첫날 + 밤'은 합성어이다.

15 **정답** ①

서로 모해하는 약육강식의 험난한 세태를 풍자한 사설시조로 이정신의 작품이다.

16 **정답** ③

제시된 작품은 「나그네」로 박목월의 작품이다.

17 **정답** ③

작품의 표현 방식에 주목한 것으로 내재적 감상에 속한다.

① · ② · ④는 작품 자체보다는 작품을 둘러싼 외적 조건, 즉 사회 현실이나 작가, 독자에 미치는 영향 등을 중시하는 것으로 외재적 접근 방법에 속하는 것이다.

18 **정답** ④

① 청각 → 후각(공감각적 심상)
② 청각 → 시각(공감각적 심상)
③ 청각 → 시각(공감각적 심상)

19 정답 ①

「쌍화점」의 풍자 대상
- 제1장 : 외국인(회회아비)
- 제2장 : 승려, 불교(샤쥬)
- 제3장 : 왕실층(우믓룡)
- 제4장 : 상민층, 평민(그 짓 아비)

20 정답 ②

② 최초의 신파극 창작 희곡은 조중환의 「병자삼인」(1912)이다. 「은세계」는 이인직의 신소설이다.

21 정답 ③

제시된 부분에서 언어는 겨레의 삶과 문화를 반영하고, 외래어가 들어오는 과정은 토박이 말을 대체하는 과정이라고 하였다. '쌀' 대신에 '라이스'가 사용되는 경우는 '쌀'이 반영하는 겨레의 삶과 문화가 '라이스'를 사용하는 다른 민족의 문화로 바뀔 수 있음을 보여 주는 사례이므로, '언어의 문화성'이 타당하다.

22 정답 ②

폭포가 마디마디 끊어져, 베틀에 걸어 놓은 날실 모양으로 가지런히 걸려 있다고 하였으므로, '은하슈'는 '폭포'를 의미한다.

23 정답 ③

'바람'은 사건의 전개 과정에서 중요한 역할을 담당하는데, 제시된 부분에서는 아내의 죽음으로 분노하는 문 서방의 심리를 드러내며, 음산한 분위기를 조성하여 독자들의 긴장감을 불러일으킨다. 또한 결말 부분에 살인과 방화라는 비극적 사건이 제시될 것임을 암시하는 역할을 한다.

24 정답 ④

구분	고려속요(장가)	경기체가
표기	한글	한자 문구의 나열(부분적으로 이두가 쓰임)
형식	• 분절체, 후렴구가 발달 • 3·3·2조, 3·3·4조, 4·4·4조 등의 음수율	• 분절체이며, '경기 엇더 ᄒ니잇고'의 후렴구가 있음 • 3·3·4조의 음수율
내용	• 주로 남녀 간의 사랑을 노래 • 퇴폐적, 향락적	퇴폐적, 향락적, 현실도피적
기간	고려 중엽 ~ 말엽	고려 고종 ~ 조선 선조
영향	속요 → 시조	경기체가 → 악장 → 가사

25 정답 ④

④ (라)는 황진이의 작품으로, 주제는 임을 그리워하는 회한의 정이다.

26 정답 ④

(라)는 우리말의 절묘한 구사를 통해 화자의 심리상태를 섬세하고 곡진하게 표현하였으며, 고려속요인 「가시리」, 「서경별곡」과 현대시 김소월의 「진달래꽃」을 이어주는 이별시의 절창이라 할 수 있다.

27 정답 ①

인간은 태어날 때부터 말하기 위한 조건을 갖추고 태어났다는 선천성을 주장한 것은 합리주의 이론이다.

28 정답 ③

『월인천강지곡』은 해당 한자음 표기 밑에 한자를 부기(附記)하였다.

29 정답 ①

'라고'는 인용격 조사로 붙여 쓴다.

② 너 뿐만 → 너뿐만('뿐'이 조사로 쓰일 때는 명사와 붙여 씀)

③ 수 밖에 → 수밖에('밖에'가 그것만을 나타낼 때는 조사이므로 붙여 씀)

④ 사과는 커녕 → 사과는커녕('커녕'은 조사이므로 체언 뒤에 붙여 씀)

30 정답 ④

• 음운 : 말의 뜻을 구별하는 소리의 단위(자음, 모음)

• 음절 : 한 뭉치의 소리덩어리

④ 두 개의 음운이 다르게 쓰여 음절의 차이를 보여 주는 것으로, 음운의 변별력과 관련이 없다.

31 정답 ②

닫히다 → [다티다] → [다치다] : 음운축약, 구개음화

① 놓치다[논치다] : 음절의 끝소리 규칙

③ 똑같이[똑까치] : 된소리되기, 구개음화

④ 헛웃음[허두슴] : 음절의 끝소리 규칙

32 정답 ④

④ 서술어 '되다', '아니다' 앞에 쓰이는 '물이'는 보어이다.

33 정답 ③

• 손이 저리다 – 뜻밖의 상황에 놀라거나 다급해지다.

• 손에 오르다 – 일이 손에 익숙해지다.

34 정답 ④

④ 김만중의 「구운몽(九雲夢)」은 천상계와 지상계를 배경으로 하고 있으며, 지상계는 중국 당나라를 배경으로 한다.

35 정답 ②

김만중의 「구운몽」에는 인생무상, 허무함 등이 나타난다. ②는 패망한 고려 왕조를 회상하는 길재의 시조로, 안타까움, 허무함 등을 찾아볼 수 있다.

① 이별의 안타까움(황진이)

③ 절개(성삼문)

④ 연군(조식)

36 정답 ③

김만중의 작품에는 「구운몽」, 「사씨남정기」, 「서포만필」 등이 있다. 「양반전」, 「열하일기」는 박지원의 작품이다.

37 정답 ③

③ 염상섭의 「만세전」에는 지식인의 각성은 드러나지만 현실 개선의 의지는 보이지 않는다. 현실 개선의 의지가 적극적으로 나타나지 않는 것은 무기력한 당대 지식인의 한계를 보여 준 것이라고 할 수 있다.

38 정답 ①

염상섭의 「만세전」, 김동인의 「배따라기」, 박영희의 「사냥개」, 현진건의 「운수 좋은 날」은 1920년대 작품이지만, 박영준의 「모범 경작생」은 1930년대 작품이다.

39 정답 ④

황순원의 「목넘이 마을의 개」는 단편소설로, 생명에 대한 외경심을 주제로 한다. 소설에 등장하는 '신둥이'는 끈질긴 생명력을 보여 주는 개로, 일제의 수탈과 압박 속에서도 끈질기게 삶을 이어가는 우리 민족의 강인함을 상징하기도 한다. 제시문을 통해 간난이 할아버지의 다리 곁으로 신둥이 개가 도망칠 수 있었음을 알 수 있다. 그런데 동장네 절가가 이를 알고 책망하는 내용이 마지막에 나오는 것을 보아, 절가는 간난이 할아버지의 행동에 동조하지 않고 있음을 알 수 있다.

40 정답 ④

황순원의 「목넘이 마을의 개」는 액자식 구성으로 '겉이야기'는 1인칭 관찰자 시점을, '속이야기'는 전지적 작가 시점을 취한다. 윗글은 '속이야기'로 작가가 직접 서술하는 전지적 작가 시점에서 서술하고 있다.

01	02	03	04	05	06	07	08	09	10	11	12	13	14	15	16	17	18	19	20
③	①	①	④	④	①	②	④	①	③	③	②	③	③	①	①	③	③	①	①

21	22	23	24	25	26	27	28	29	30	31	32	33	34	35	36	37	38	39	40
③	③	②	②	④	②	③	①	④	③	③	①	④	①	②	①	③	④	②	④

01 **정답** ③

「정읍사」는 현전하는 유일한 백제가요로, 국문으로 표기된 가장 오래된 노래이다.
① 남편을 여읜 슬픔을 노래한 것은 「공무도하가」이다.
② 『악학궤범』 권5에 실려 전한다.
④ '즌 딕'는 '위험한 곳'을 의미한다.

02 **정답** ①

① 「혜성가」는 내침한 왜구와 혜성을 물리쳤다는 축사의 노래로, 주술적 성격을 띤다. 참요적 성격을 띠는 향가 작품은 「서동요」이다.

03 **정답** ①

임춘의 「국순전」은 자신의 곤궁한 처지를 형상화한 작품으로 높은 평가를 받았다.

04 **정답** ④

④ 높임의 대상은 행위의 대상인 어머니로, 행위의 주체가 어머니께 여쭤보는 것이다.

05 **정답** ④

'분수(噴水)처럼 흩어지는 푸른 종소리'에는 공감각적 표현(청각의 시각화)이 사용되었다.

06 **정답** ①

윤동주의 시는 대부분 자아 성찰을 통한 자기 완성을 지향하는 특징이 있는데, 자아 성찰의 공간으로 등장하는 것은 주로 '방, 우물, 길' 등의 이미지이다. '길'은 탐색, 출발, 도착의 과정을 지닌 행위의 공간이므로, 제시된 시에서의 '길'은 바로 목적지를 향해 가는 과정으로서의 길이며, 목적지에 다다르기 위해 시련을 극복해야 하는 정신적인 세계로서의 길이다.

07 **정답** ②

훈민정음의 창제 정신은 자주, 애민, 실용 정신이다.

08 **정답** ④

'액자소설'이란 이야기 속에 또 하나의 이야기가 액자처럼 끼어들어 있는 소설로, ①·②·③ 이외에 이청준의 「매잡이」, 「병신과 머저리」, 김동리의 「무녀도」, 「등신불」, 황순원의 「목넘이 마을의 개」 등이 있다.

09 정답 ①

① 봄밤의 애상을 표현하고 있는 '다정가'로서 고려 시대를 대표하는 시조 작품이다. 늦은 봄밤, 마음 속의 애상감으로 인해 잠을 이루지 못하는 시적 화자의 감정이 잘 드러나 있다. 시적 화자가 봄밤의 자연물들을 관조하는 태도가 드러나 있을 뿐, 자연물과의 대화 형식은 찾아 볼 수 없다.

10 정답 ③

③ 객체 높임법에서는 목적어와 부사어를 높이며 보통 '께'를 사용한다. 선어말 어미 '-시-'를 사용하는 것은 주체 높임법이다.

11 정답 ③

③ 「처용가」는 8구체 향가이다. 향가의 가장 정제된 형식은 10구체이며, 서정성이 높은 작품은 「제망매가」이다.

12 정답 ②

민속극의 특성에는 민중성, 풍자성, 골계·해학성, 축제성 등이 있다.

13 정답 ③

분류는 둘 이상의 사물을 일정한 기준에 따라 가르는 설명 방법으로, 종개념을 유개념으로 묶는 것을 의미한다.
① 정의 : 일정한 대상을 명확하게 밝혀 설명하는 방법이다.
② 대조 : 같은 종류의 다른 대상을 서로 견주어 차이점을 설명하는 방법이다.
④ 묘사 : 어떤 대상이나 사물, 현상 따위를 그림을 그리듯이 표현하는 방법이다.

14 정답 ③

③ 인신공양은 「심청전」과 관련된 설화이다.

15 정답 ①

표준어의 기능
• 통일의 기능 : 한 나라의 국민을 묶어 주는 기능
• 우월의 기능 : 사회적 우위에 있음을 드러내 주는 기능
• 준거의 기능 : 언어생활의 규범, 준법정신을 재는 척도의 구실

16 정답 ①

'딛다'는 '디디다'의 준말로, '디디다가', '딛다가' 둘 다 맞는 표현이다.
② 들여마시고 → 들이마시고
③ 들어나자 → 드러나자
④ 썩힐 → 썩일, 썩히다가 → 썩이다가

※ '썩다'의 두 사동형 : '썩이다'와 '썩히다'
• 썩이다 : 걱정이나 고민 따위로 마음이 몹시 괴로운 상태가 되게 하다.
㉔ 부모의 속을 썩이다. 골치를 썩이다.
• 썩히다 : 부패하게 하다, 또는 물건이나 사람의 재능 등이 제대로 못 쓰이고 내버려진 상태에 있게 하다.

17 정답 ③

③ 「청강사자현부전」은 이규보의 작품으로, 거북을 의인화하여 어진 사람의 행적을 기리는 내용이다.

18 정답 ③

① 「산성일기」는 병자호란을 배경으로 하고 있는 작품이다.
② 「요로원야화기」는 박두세의 작품으로 풍자 수필이다.

④ 「계축일기」는 인목대비 폐모사건을 다루고 있는 작품이다.

19 정답 ①
① 사설시조는 부적절하고 부조화한 어휘의 남용으로 음악과의 부조화를 일으켜 19세기 이후 쇠퇴하기 시작하여, 20세기에 소멸되었다.

20 정답 ①
① '깡충깡충'이 표준어이다.

21 정답 ③
제시된 시조는 '탐관오리의 위선과 허세'를 풍자(우의적, 풍유법)하고 있다. ③도 간신배 신돈(탐관오리)의 횡포를 풍자(우의적, 풍유법)하고 있다.
① '근면'을 강조하고 있다.
② '유유자적, 물아일체의 풍류'를 노래하고 있다.
④ 자연 친화의 정서를 대구로 표현하고 있다.

22 정답 ③
③ 가전체 문학은 주로 고려 말에 성행하였다.

23 정답 ②
② 「옥단춘전(玉丹春傳)」은 이혈룡과 기생 옥단춘의 사랑을 그린 작품이다.

군담소설(軍談小說)
주인공의 군사적 활약상을 주요 내용으로 하는 소설을 통틀어 이르는 말이다. 우리나라 고대 소설의 한 유형으로, 「임진록」과 같이 실재했던 전쟁을 소재로 한 역사 군담소설과 「유충렬전」, 「조웅전」과 같이 허구적 전쟁을 소재로 한 창작 군담소설이 있다.

24 정답 ②
② 현진건의 「운수 좋은 날」은 사실주의 경향의 작품이다.

25 정답 ④
'매우 가난하다'는 뜻으로 ④의 속담과 가깝다.
① 가난한 사람을 도와주는 것은 끝이 없는 일이라, 나라의 힘으로도 구제하지 못한다.
② 가난하고 가진 것이 없는 사람은 괄시를 당하게 된다.
③ 힘든 일이 자주 닥쳐온다.

26 정답 ②
'늙다'는 동사로, '늙는', '늙는다' 등의 형태로 활용할 수 있다. ②의 '삼다'도 동사로, '삼는', '삼는다' 등의 형태로 활용할 수 있다.
①·③·④의 '빠르다', '다르다', '예쁘다'는 형용사이다.

27 정답 ③
제시된 글은 작자 미상의 고려가요인 「정석가」이다. 고려가요는 평민층에 의해 불려진 시가 형태로 남녀 간의 사랑, 자연에 대한 예찬 등의 내용을 담고 있다.
③ 경기체가에 대한 설명이다.

28 정답 ①
「정석가」는 불가능한 상황 설정을 통해 임에 대한 사랑의 절실함을 표현하고 있다.

29 정답 ④

이 시는 세속적 감정에 흔들리지 않는 삶의 의지를 노래한 유치환의 「바위」이다. 이 시의 시적 자아는 현실 세계에 불만이 있지만 내적인 단련을 통해 흔들리지 않는 바위처럼 굳게 살고자 하는 사람이다.

30 정답 ③

유치환의 「바위」는 1940년대 작품이다. 서정주의 「귀촉도」가 같은 시기의 작품이다.
① 1920년대
② 1920년대
④ 1980년대

31 정답 ③

③ ㉢은 가변적이고 유동적인 속성을 지닌 것으로, '바위'와 대조되는 의미를 지닌다.

32 정답 ①

나도향의 「그믐달」은 수필이다. 수필은 형식과 내용의 제한이 없이 작가가 붓 가는 대로 쓰는 글이다.

33 정답 ④

오매불망 : 자나 깨나 잊지 못함
① 동병상련 : 같은 병을 앓는 사람끼리 서로 가엾게 여긴다는 뜻으로, 어려운 처지에 있는 사람끼리 서로 가엾게 여김을 이르는 말
② 불립문자 : 불도의 깨달음은 마음에서 마음으로 전하는 것이므로 말이나 글에 의지하지 않는다는 말
③ 각골난망 : 남에게 입은 은혜가 뼈에 새길 만큼 커서 잊히지 아니함

34 정답 ①

이 글은 개인과 사회와의 갈등 또는 식민지 지식인의 내적 갈등을 1인칭 주인공 시점으로 다룬 작품이다.
① 이상의 대표적인 작품들이다.

35 정답 ②

② 1930년대는 소설의 장편화 경향이 두드러져, 단편소설 중심의 1920년대와 달리 장편소설 중심의 시대라고 할 수 있다.

36 정답 ①

① 소설가 구보씨가 서울의 거리를 배회하면서 거리의 풍물과 사람들에 대해 시시각각으로 변하는 심리적 반응을 의식의 흐름 기법으로 그린 작품이다.

37 정답 ③

박태원의 「소설가 구보씨의 일일」은 전지적 작가시점을 취하는 작품이다.
① 1인칭 주인공 시점
② 1인칭 관찰자 시점
④ 작가 관찰자 시점

38 정답 ④

제시문은 황해도 봉산 지방에서 전승된 「봉산탈춤」으로 가면극에 속한다. 가면극에는 「하회별신굿놀이」, 「강릉관노 탈놀이」, 「오광대놀이」, 「산대놀이」, 「해서탈춤」 등이 있고, 인형극에는 「꼭두각시놀음」, 「박첨지놀음」 등이 있다.

39 정답 ②

「봉산탈춤」은 양반의 허세에 말뚝이가 조롱하면 양반의 호통이 이어지고 말뚝이가 이에 대해 변명하면 양반이 안심하는 구조이다. 또 황해도 봉산 지방에서 전승된 것으로, 분위기에 따라 대사가 바뀌는 특징이 있으며, 여기에서 말뚝이는 민중을 대변하는 인물이다.

40 정답 ④

④ 갈등의 완전 해소가 아니고, 일시적 타협에 해당한다.

01	02	03	04	05	06	07	08	09	10	11	12	13	14	15	16	17	18	19	20
②	①	②	②	③	④	④	①	②	①	②	③	①	②	①	①	③	④	④	②

21	22	23	24	25	26	27	28	29	30	31	32	33	34	35	36	37	38	39	40
②	②	③	②	①	①	①	③	②	④	①	②	①	①	①	②	④	②	④	④

01 정답 ②

'단군 – 제사장', '왕검 – 정치적 군장'을 뜻하는 말로, 제정일치 사회였음을 보여 준다.

① '통과제의(입례식)'는 한 세계에서 다른 세계로 넘어가는 의식으로, 고난을 통한 곰의 환인(換人) 과정을 의미한다.

③ 널리 인간을 이롭게 하는 홍익인간(弘益人間)의 이념과 곰과 범이 인간이 되기를 원했다는 점에서 인본주의 사상이 반영되어 있음을 알 수 있다.

④ '곰'과 '호랑이'가 등장하는 것으로 보아 토테미즘 사회였음을 알 수 있다.

02 정답 ①

① 품사에 대한 특징을 설명하고 있으므로 형태적 특징이다.

03 정답 ②

② 1930년대의 특징이다.

04 정답 ②

우리나라 3대 시조집은 『청구영언』, 『해동가요』, 『가곡원류』로, 『청구영언』은 시조집의 효시이다. 『병와가곡집』은 이형상이 편찬한 것으로 1956년에 새로 발견되었다.

05 정답 ③

③ 수필은 비전문성을 특징으로 한다.

06 정답 ④

① 저희 나라 → 우리나라

② 터울 → 차이

③ 한참 → 한창

※ '터울'은 '한 어머니의 먼저 낳은 아이와 다음에 낳은 아이와의 나이 차이'를 말한다.

07 정답 ④

④ 원천석의 「회고가」로 망국의 한과 회고의 정을 노래한 시조이다. 여기에서 '牧笛(목적)'은 '목동의 피리소리'로 청각적 심상이 나타난다.

08 정답 ①

맥수지탄(麥秀之嘆) : 고국의 멸망을 한탄함을 이르는 말(기자가 은나라가 망한 뒤에도 보리만은 잘 자라는 것을 보고 한탄하였다는 데서 유래)

② 수구초심(首丘初心) : 여우가 죽을 때에 머리를 자기가 살던 굴 쪽으로 둔다는 뜻으로, 고향을 그리워하는 마음을 이르는 말

③ 풍수지탄(風樹之嘆) : 효도를 다하지 못한 채 어버이를 여읜 자식의 슬픔을 이르는 말

④ 망운지정(望雲之情) : 자식이 객지에서 고향에 계신 어버이를 생각하는 마음

09 정답 ②

② 「허생전」은 미완성 결말 구조(열린 결말)를 특징으로 한다.

10 정답 ①

① 문장의 순서를 바꾸는 도치법을 사용하였는데, 도치법은 강조법이 아니라 변화법이다.

11 정답 ②

종장 부분은 임을 향한 그리움을 노래하고 있다.
① 산중에서 자연과 벗하며 고독하게 지내는 즐거움
③ 노래를 통해 세상의 시름을 잊음
④ 일하는 즐거움

12 정답 ③

'법고이지변(法古而知變) 창신이능전(創新而能典)'은 "옛것을 본받되 오늘의 현실에 맞게 변화할 줄 알아야 하며, 새것을 만들되 옛것에서 배워야 한다."라는 뜻으로 박지원과 관계가 있다.

13 정답 ①

간접 높임법
높임을 받는 인물의 일부나 그와 관련된 사람이나 사물을 높여서 그 분을 높이는 방법이다.
㈎김박사님께서는 손녀가 있으시다.

14 정답 ②

「이생규장전」은 죽음을 초월한 남녀 간의 사랑을 주제로 한 작품으로, 조선 시대의 소설, 특히 한문소설의 발달에 큰 영향을 주었다.

15 정답 ①

① 김시습의 「이생규장전」은 『금오신화』에 수록된 작품으로 한문소설이다.

16 정답 ①

• 물심일여(物心一如) : 사물과 마음이 구분 없이 하나로 통합됨
• 호연지기(浩然之氣) : 하늘과 땅 사이에 가득 차고 넘치는 넓고 큰 원기, 거침없이 넓고 큰 기개

17 정답 ③

『석보상절』은 수양대군이 세종 29년(1447)에 엮은 작품으로, 다른 불경 언해서들과 달리 문장이 매우 유려하여 당시 국문학을 대표하는 작품으로 꼽히고 있다.
① 도원군(挑源君)이 죽자 임금이 이를 애통히 여겨 부왕과 죽은 아들의 명복을 빌기 위해 엮은 작품으로, 훈민정음 창제 이후 제일 먼저 나온 불경 언해서이다.
② "마음을 다스림으로써 보리심을 얻게 되고, 진정한 경지를 체득한다."라는 불교 전문 강원의 4교과(敎科)에 들 만큼 중요한 경전이다.
④ 관자재보살이 반야행을 통해 나타나는 법의 모습을 단계적으로 서술하고 있는데, 불교의 기초적인 법문인 오온(五蘊)·12처(十二處)·18계(十八界)가 모두 공(空)하며, 12연기 또한 공하며, 4가지 진리 또한 공하다고 하여 모든 법의 공한 이치를 나타내었다.

18 정답 ④

속담의 특징
- 속담은 사회적 소산이다.
- 속담에는 민중의 생활철학이 반영되어 있다.
- 속담은 향토성을 반영한다.
- 속담은 시대상을 반영한다.
- 속담의 형식은 간결하다.
- 속담은 언어생활을 윤택하게 한다.

19 정답 ④

- 민속극의 특성 : 민중성, 골계성, 축제성, 비판성, 오락성(해학성)
- 민속극의 범주 : 탈춤, 인형극, 무극 등

20 정답 ②

(가)는 행상 나간 남편을 그리워하는 작품이며, (나)는 기파랑의 고매한 인품을 추모하는 작품이다.

21 정답 ②

② ㉡은 "위험한 곳을 디딜까 두렵다."라는 의미로, 남편의 안전을 기원하고 있는 부분이다.
① '달'은 소원 성취를 기원하는 대상인 동시에, 남편의 귀가길, 아내의 마중길, 나아가 그들의 인생 행로에 놓인 어둠을 물리치는 광명의 상징으로도 해석할 수 있다.
③ (날이) 저물까 두려운 마음을 표현하고 있다.
④ '잣나무 가지가 높아 / 눈이라도 덮지 못할 고깔이여'라는 뜻으로, 기파랑에 대한 추모와 찬양의 정서가 드러나 있는 부분이다.

22 정답 ②

'달'은 기파랑의 고결한 모습을, '물'은 기파랑의 맑고 깨끗한 성품을, '잣나무 가지'는 기파랑의 고고한 절개를 상징한다. '눈'은 시련이나 역경을 상징하는 말로 가장 이질적이다.

23 정답 ③

③ 「춘향전」은 판소리에서 유래하였기 때문에 적층성과 유동성이 강하고, 그로 인해 다양한 이본들이 남아 있다. 한 창자에서 다른 창자로 전승될 경우 다소의 첨삭가감(添削加減)이 따르기 때문이다.

24 정답 ②

② 『삼국유사』에 14수, 『균여전』에 11수가 전해진다.

25 정답 ①

'한 가지'는 시적 화자와 대상이 남매 관계임을 암시한다.

26 정답 ①

② 반어적 표현은 나타나지 않지만, 상징법과 비유법은 나타난다.
③ '생사(生死) 길은 / 예 있으매 머뭇거리고'에서 세속의 인연에 미련이 있음을 유추할 수 있다.
④ '죽음에 대한 괴로움과 누이와의 정 – 죽음에서 오는 삶의 허망함 – 종교적 승화'의 3단 구성으로 되어 있다.

27 정답 ①
박지원의 「양반전」에서 서민인 부자가 돈으로 양반 신분을 살 수 있음을 통해 당시 매관매직이 성행했음을 알 수 있다.

28 정답 ③
박지원의 「양반전」은 부자가 양반의 신분을 돈으로 사고파는 모습과 양반의 허례허식을 풍자한 소설이다.

29 정답 ②
② 김영랑의 「오월」은 1920년대 감상적 낭만주의 시풍을 벗어나고자 했던 시문학파의 특징이 잘 드러나는 작품이다.

30 정답 ④
④ [D]는 봄이 되어 아름다운 꽃과 나무의 새순으로 뒤덮인 산을 곱게 단장하고 아양 떠는 여인으로 의인화하는 표현 방법을 사용하고 있다. 아름답게 변한 오월의 산봉우리를 표현한 것이므로, 사철 내내 변함없다는 감상은 적절하지 않다.

31 정답 ①
① 오장환의 「고향 앞에서」는 현재형 시제를 사용하여 고향 잃은 자의 상실감과 그리움을 노래한 작품이다.

32 정답 ②
ⓒ에는 촉각적 심상이 사용되었고, 나머지에는 청각적 심상이 사용되었다.

33 정답 ①
오장환의 「고향 앞에서」는 잃어버린 고향에 대한 향수를 노래한 시로, 이별에 대한 정한을 노래한 김소월의 「진달래꽃」과는 거리가 멀다.

34 정답 ①
① 염상섭의 「삼대」는 가족 간의 갈등과 사회적 계층 간의 대립을 통해 급변하는 당시 사회상을 자세히 보여 주고 있는 장편소설이다.

35 정답 ①
① 구세대의 전형적인 인물은 '조부'이다.

36 정답 ③
[B]는 미스터 방이 뱉은 양칫물이 S소위의 얼굴에 떨어지고, 허둥지둥 뛰어나온 미스터 방이 S소위에게 얻어맞는 장면이다. 작가는 이러한 행동 묘사를 통해 주인공인 미스터 방을 희화화하고 있다.

37 정답 ④
④ 미스터 방은 '기관총 들멘 엠피'를 조롱의 대상으로 여긴 것이 아니라, 자신의 힘을 과시하기 위해 '기관총 들멘 엠피'를 백 명이고 천 명이고 동원할 수 있다고 허세를 부린 것이다.

38 정답 ②
② 1970년대 급격한 산업화 시기에 살 곳을 잃은 도시 빈민층의 고통과 좌절을 그린 작품이다.

39 정답 ④

사면초가(四面楚歌) : 아무에게도 도움을 받지
못하는, 외롭고 곤란한 지경에 빠진 형편을 이르
는 말

① 자승자박(自繩自縛) : 자기의 줄로 자기 몸
   을 옭아 묶는다는 뜻으로, 자기가 한 말과 행
   동에 자기 자신이 옭혀 곤란하게 됨을 비유적
   으로 이르는 말

② 주경야독(晝耕夜讀) : 낮에는 농사짓고 밤에
   는 글을 읽는다는 뜻으로, 어려운 여건 속에
   서도 꿋꿋이 공부함을 이르는 말

③ 분기충천(憤氣衝天) : 분한 마음이 하늘을
   찌를 듯 격렬하게 북받쳐 오름

40 정답 ④

④ ㉣의 다음에 나오는 문장인 "쓸데없는 짓이
   었다. 떠든다고 해결될 문제는 아니었다."라
   는 내용을 통해 주민들이 노력해도 삶이 개선
   되지 않을 것임을 알 수 있다.

01	02	03	04	05	06	07	08	09	10	11	12	13	14	15	16	17	18	19	20
①	②	①	③	④	②	④	②	①	③	①	②	④	④	④	④	④	②	④	①

21	22	23	24	25	26	27	28	29	30	31	32	33	34	35	36	37	38	39	40
③	①	④	②	①	①	②	①	④	②	④	①	④	②	①	④	③	①	③	④

01 정답 ①

『삼국유사』의「가락국기」에 나오는 건국신화 속의「구지가」는 우리 시가 최초의 서사시 작품에 속한다. 김수로왕의 출현을 기대하는 가락국의 구간(九干)이 인도하는 무리가 구지봉에서 부른 집단요이다.

02 정답 ②

훈민정음 창제의 가장 큰 의의는 우리 고유의 글자 발명으로 진정한 의미의 국문학이 확립된 것이라 할 수 있다.

훈민정음 창제의 의의
• 진정한 국문학의 발전
• 구비문학의 문자 정착
• 경서・불경의 국역 사업
• 경기체가의 소멸과 시조・가사문학의 확립
• 패관문학의 발전에 의한 소설문학의 확립

03 정답 ①

'그믐달'은 멀리 떨어져 고고함만 뽐내는 대상이 아니라 인간과 교감을 나누는 대상물이다.

04 정답 ③

① 이인로 –「파한집」
② 김부식 –「삼국사기」
④ 이제현 –「익재난고」

05 정답 ④

④「동명일기」는 조선 후기의 문인 의유당 남씨가 쓴 한글 기행문으로, 주로 귀경대에서 일출(日出)과 월출(月出)을 구경한 이야기를 엮은 것이다.
①「계축일기」: 작자 미상, 인목대비와 영창대군의 비극을 그렸다.
②「한중록」: 혜경궁 홍씨, 남편 사도세자의 비극을 그렸다.
③「인현왕후전」: 작자 미상, 숙종과 장희빈을 풍자하였다.

06 정답 ②

연속적인 현실을 끊어서 불연속성으로 표현하는 것은 언어의 분절성이다.
① 자의성 : 말소리와 의미는 우연한 결합이라고 보는 것으로, 언어의 가장 큰 특성이며, 언어의 모든 특성을 포괄하는 말이기도 하다.
③ 사회성 : 언어는 사회적 약속이므로 개인이 마음대로 바꿀 수 없으며, 언어와 사회는 불가분의 관계를 이룬다는 것을 의미한다. 언어는 언어사회의 지배를 받는다.
④ 추상성 : 언어로 추상화(= 개념화)의 과정을 거친다는 것을 의미한다.

07 정답 ④

어떤 일을 시키거나 심부름을 할 일꾼이나 인원
① 생각을 하고 언어를 사용하며, 도구를 만들어 쓰고 사회를 이루어 사는 동물
② 어떤 지역이나 시기에 태어나거나 살고 있거나 살았던 자
③ 자기 외의 남을 막연하게 이르는 말

08 정답 ②

② 감화적 기능이란, 듣는 사람으로 하여금 특정 행동을 하게 하는 기능이다. "이 책은 참 재미있다."는 표현적 기능에 속한다.

09 정답 ①

판소리는 소리꾼(명창)이 부르는 노래인 창, 창과 창 사이에 소리꾼이 이야기하는 대사인 아니리, 소리꾼의 동작인 발림(너름새), 그리고 고수의 추임새로 구성된다. 따라서 무녀는 소리꾼, 재비(장구재비)는 고수와 유사한 역할을 하면서 진행된다고 볼 수 있다.

10 정답 ③

③ 손목시계만 표준어이다.

복수표준어

쇠/소, 네/예, 거슴츠레하다/게슴츠레하다, 괴다/고이다, 꾀다/꼬이다, 쐬다/쏘이다, 죄다/조이다, 쬐다/쪼이다

11 정답 ①

ⓒ 이치및 → 이치 및 : '및'은 부사어이므로 띄어 쓴다.
ⓔ 모난대로 → 모난 대로 : '대로'는 의존명사이므로 띄어 쓴다.

12 정답 ②

② 대화체를 통해 임금에 대한 그리움을 표현한 작품은 「속미인곡」이다.

「사미인곡(思美人曲)」

조선 선조 때 송강 정철이 지은 가사이다. 임금에 대한 간절한 충정을, 한 여인이 지아비를 사모하는 마음에 비유하면서 자신의 뜻을 우의적으로 표현하였다. 음수율은 3·4조가 주조를 이루고, 전편이 126구로 되어 있다. 또한 서사·춘·하·추·동·결사 등 6단락으로 이루어졌고, 각 계절에 따른 적절한 소재를 취하여 여성의 감정, 행위, 처지 등을 탁월하게 묘사하였다.

13 정답 ④

밑줄 친 부분은 시적 자아가 백구와 하나가 되는 경지에 이르고 있음을 표현한 것으로, '물아일체[物我一體 : 외물(外物)과 자아가 하나 된 상태]'와 같다.
① 주객전도(主客顚倒) : 주인과 손님의 위치가 서로 뒤바뀐다는 뜻으로, 사물의 경중·선후·완급 따위가 서로 뒤바뀜을 이르는 말
② 망연자실(茫然自失) : 멍하니 정신을 잃음
③ 수구초심(首丘初心) : 여우가 죽을 때에 머리를 자기가 살던 굴 쪽으로 둔다는 뜻으로, 고향을 그리워하는 마음을 이르는 말

14 정답 ④

개화기 문학의 특징
• 문어체 문장에서 언문일치에 가까운 문장으로 바뀌었다.
• 자주정신, 개화·계몽사상이 주 내용을 이룬다.
• 시가에서는 창가가사와 신체시, 산문에서는 신소설, 개작·번안 소설이 등장하였다.

15 정답 ④

① 「양반전」, 「허생전」, 「호질」은 모두 박지원이 지은 소설이다.

② 실사구시(實事求是)의 실학사상이 돋보이는 작품이다.

③ 신분을 돈으로 사고파는 조선 후기를 배경으로 한다.

16 정답 ④

④ 민요는 주로 현실생활과 관련되어 한(恨)과 체념의 정서를 드러내지만, 우아미는 나타나지 않는다.

17 정답 ④

④ 사육신의 한 명인 박팽년의 시조로, '가마귀'는 수양대군, 간신배 등의 부정적 대상을 나타낸다.

18 정답 ②

① 역사적 상황, 시대, 작가의 생애 중심 → 가장 객관적

③ 작품 자체의 유기적 질서 중시 → 구조주의, 신비평이라고도 함

④ 작가나 등장인물의 내면 심리 묘사 · 정신분석학 도입

19 정답 ④

④ 궁녀들의 구속적인 궁중 생활과 김 진사와 궁녀의 비극적 사랑을 그린 소설로, 결말을 비극적으로 처리하였다.

20 정답 ①

• 2대 장르 : 운문, 산문
• 4대 장르 : 시, 소설, 희곡, 수필

21 정답 ③

시조는 우리나라 고유의 정형시이며, 대표적인 문학 장르이다. 향가에 연원을 두고, 고려속요의 분장 과정에서 발생하여 현재까지 이어져 온 대표적인 정형시이다.

22 정답 ①

이광수의 「흙」은 브나로드 운동에 힘입어 농촌의 피폐한 모습과 그로부터 농민을 구하기 위한 농촌 계몽운동을 그려낸 작품이다.

23 정답 ④

④ 거북에 대해서는 여러 가지 설이 있으나, 일반적으로 주술(呪術)의 대상인 신령스러운 존재로 본다.

24 정답 ②

• 기록문학 : 글로 전달, 정착적, 고정적, 개인적, 특수적, 귀족적
• 구비문학 : 말로 전달, 적층적, 유동적, 집단적, 보편적, 민중적

25 정답 ①

작가는 눈 앞의 이해타산과 세속적 감정에만 빠져 자연의 아름다움을 알지 못하는 삶에 대해 비판하고 있다. 그러나 그러한 삶은 보편적인 인간의 삶이며, 어떻게 보면 자연스러운 현상이라고 할 수 있다. 따라서 글쓴이와 같은 자연에 대한 일방적인 예찬은 자칫 보통 사람들의 삶을 비하할 우려가 있다.

26 정답 ①
① 허사('어즈버, 아마도, 하노라' 등)를 배제하는 것은 현대시조의 특징이다.

27 정답 ②
ㄷ. '머리말'은 '인사말, 예사말' 등과 함께 사이시옷을 쓰지 않는다.
ㅁ. '위층'은 '위쪽, 위채' 등과 함께 사이시옷을 쓰지 않는다.
ㅂ. '개수'는 한자로 이루어진 단어로, 사이시옷을 쓰지 않는다.

28 정답 ①
② 음식이 나오셨습니다. → 음식이 나왔습니다.
③ 안절부절하며 → 안절부절못하며
④ 말씀이 계시겠습니다. → 말씀이 있으시겠습니다.

29 정답 ④
㉠ 비교가 되는 두 대상이 서로 같지 아니하다(형용사).
㉡ 어떤 사물에 구멍, 자국 따위의 형체 변화가 생기거나 작용에 이상이 일어나다(동사).

30 정답 ②
② 「동동」은 『악학궤범』에 전한다.

31 정답 ④
④ 식민지 지식인의 자화상을 그린 작품에는 이상의 「날개」가 있는데, 이는 1930년대의 작품이다.

32 정답 ①
한용운은 승려이자 시인이며 독립운동가이다. 일제강점기 때 저항문학에 앞장섰다.

33 정답 ④
박목월의 「청노루」는 시선의 이동에 따른 시상 전개가 특징이다. 원경에서 근경으로 향하는 시적 화자의 시선의 이동에 따라 청운사, 기와집, 자하산, 느릅나무 등의 제재가 배열되고 있다. 그리고 청운사, 청노루 등 이 시에 나오는 자연은 실제 자연이 아니라 상상적·허구적인 자연의 모습이다.

34 정답 ②
② 조작된 권위에 의해 이루어진 기존의 것을 거부하고 체제를 개혁해야 한다고 역설하고 있다.

35 정답 ①
최서해는 신경향파의 대표적인 작가로, 「박돌의 죽음」, 「큰 물 진 뒤」 등의 작품을 통해 폭력과 살상을 반복하여 다루었다.

36 정답 ④
④ 현진건의 「술 권하는 사회」에 대한 설명이다.

37 정답 ③
③ 주인공 이름인 '화수분'은 '재물이 계속 나오는 보물단지'라는 뜻으로, 주인공의 비참한 삶을 강조하고 있다. '화수분'은 비극적 결말을 직설적으로 표현한 것이 아니라 반어적으로 표현한 것이다.

38 정답 ①

② 김동리 – 「화랑의 후예」, 나도향 – 「벙어리 삼룡이」

③ 황순원 – 「카인의 후예」, 계용묵 – 「백치 아다다」

④ 이효석 – 「메밀꽃 필 무렵」, 김유정 – 「봄봄」

39 정답 ③

이 소설은 전지적 작가 시점이다.

40 정답 ④

⑦는 '대학에 가서 학문을 하는 꿈'으로, '못 가본 길'과 '놓친 꿈'의 의미와 유사하다.

01	02	03	04	05	06	07	08	09	10	11	12	13	14	15	16	17	18	19	20
①	③	①	④	②	④	④	①	③	④	①	②	④	③	④	④	②	②	④	②
21	22	23	24	25	26	27	28	29	30	31	32	33	34	35	36	37	38	39	40
③	①	②	①	①	④	①	①	④	③	②	①	③	④	④	②	③	③	①

01 정답 ①
① 「제망매가」는 10구체 향가로, 현존하는 향가 중 문학성이 가장 뛰어난 작품으로 평가받는다.

02 정답 ③
① 「공무도하가」는 현존하는 우리나라 최고(最古)의 서사시가 아니라 서정시이다.
② 한문으로만 전해진다.
④ 남편을 여읜 슬픔을 노래한 시이다.

03 정답 ①
① 「정읍사」의 후렴구는 '어긔야 어강됴리 아으 다롱디리'이며, '위 증즐가 大平聖代'는 「가시리」의 후렴구이다.

04 정답 ④
① 1920년대, ② 1910년대, ③ 1940년대

05 정답 ②
① 비율 → 비중
③ 창조 → 창작
④ 부분 → 부문

06 정답 ④
④ 「서경별곡」은 이별을 주제로 한 작품이다.

07 정답 ④
④ 「사랑 손님과 어머니」는 1인칭 관찰자 시점이다.

08 정답 ①
시조 부흥 운동은 KAPF(조선프롤레타리아예술가 동맹)의 계급문학에 대응하여 최남선, 이광수 등이 일으킨 운동이다. 주로 민족문학적인 입장에 있는 문인들이 일으킨 문학 운동이다.

09 정답 ③
① 1920년대 특징이다.
② 1910년대 특징이다.
④ 청록파는 1930년대에 등장하였고, 일제에 대한 저항시는 쓰지 않았다.

10 정답 ④
④ 언어가 없는 사고도 가능하다. 생각은 있되, 그 생각을 표현할 적당한 말이 없는 경우도 얼마든지 있다. 또 생각은 있지만 말을 잊어 표현에 어려움을 겪는 경우도 얼마든지 있다. 음악가나 조각가들을 예로 생각하면 쉽게 이해할 수 있다.

11 정답 ①

① 元淳文 仁老詩 公老四六(원슌문 인노시 공
노ᄉᆞ륙) : 유원순의 문장, 이인로의 시, 이공
로의 사륙변려문

12 정답 ②

현진건의 「운수 좋은 날」은 아침부터 돈벌이가
좋았던 운수 좋은 날 아내가 죽음으로써 비극성
을 반어적·사실적으로 나타낸 작품이다.

13 정답 ④

도장을 찍는 소리가 엄고 치는 소리와 같았다는
내용을 통해 부자가 엄숙함을 느끼고 있다는 것
을 알 수 있다. 엄고는 임금이 나들이할 때 백관
과 호위무사들에게 준비를 서두르라고 큰 북을
세 번 치는 것을 가리킨다.
① 장하고 통쾌하다.
② 마음이 가라앉고 무게가 있다.
③ 매정하고 혹독하다.

14 정답 ③

체호프가 좋은 작품으로 병든 문화를 치유시켜
야겠다고 한 것과 관객들이 신선한 충격과 감동
을 받고 새로운 길을 찾은 것으로 보아 창작은
공동체 문화를 가치 있는 것으로 만든다고 볼 수
있다.

15 정답 ④

(가)는 '청년 화가 L을 위하여'라는 부제(副題)
가 붙어 있는 시로, 시적 화자는 젊어서 죽은 화
가로 되어 있다. 다섯 행 모두가 '말라', '달라',
'생각하라' 따위의 단호한 명령형으로 종결되고,
'해바라기', '보리밭' 같은 소재가 주는 강렬한 이
미지와 어울려 정열적인 삶에 대한 의지가 표현
된 작품이다. 또한 화자는 자신의 무덤에 '차가

운 빗돌'을 세우는 대신 '해바라기'를 심어 달라
고 말한다. 관습적인 죽음의 세계를 거부하고 죽
음을 넘어선 삶에 대한 의지를 드러낸 것으로 볼
수 있다. 또한 해바라기 줄기 사이로 '보리밭'을
보여 달라는 당부도 강렬한 생명의 욕구를 나타
낸 것으로, 육신의 죽음에도 아랑곳없이 생(生)
에 대한 끝없는 욕구를 드러낸 것으로 볼 수 있
다. 한편 (나)에서 시적 화자는 자유가 억제된 독
재 정권에 항거하지 못하는 자신의 영혼을 죽은
것으로 여긴다. 자유를 말하는 벗 앞에서 고개
숙이고 있는 화자는 자신의 비겁함을 고백한다.
그러나 더 이상의 실천적 행동을 이루지 못하는
소극적인 지식인의 모습만을 보여 주고 있다.

16 정답 ④

(가)는 삶에 대한 의지를 드러내고 있고, 「파랑
새」는 질곡의 세계를 벗어나 마음껏 자유를 누리
고자 하는 소망을 드러내고 있다.
① 삶을 포기하면서까지 자신의 의지를 지키겠
다는 굳은 결의
② 내면 세계의 평화를 희구
③ 절망적 상황 속에서 희망을 포기

17 정답 ②

「정과정」은 10구체 향가로, 유배문학의 효시가
되는 작품이다. 모함의 억울함을 호소한 내용이
다.

18 정답 ②

제시된 작품은 정지상의 「대동강」으로, 우리나
라 한시(漢詩) 중 송별시(送別詩)의 절조(絕調)
이다. 비 갠 대동강 푸른 물결에 이별의 눈물이
보태어 진다며 임과 이별하는 정서가 애틋하게
잘 표현되어 있다.

19 정답 ④

④ '는커녕'은 조사이기 때문에 붙여야 한다. '말하기는커녕'이 맞다.

20 정답 ②

② 조사와 어미의 발달은 국어의 형태적 특징이다.

21 정답 ③

① 이육사는 간결한 심상과 절개의식이 특징이다.
② 유치환은 강렬한 시어로 생명에 대한 본원적 충동을 노래하였다.
④ 윤동주는 민족과 시대를 책임지는 주체자로서의 자아완성을 추구하였다.

22 정답 ①

'ㄴ'은 'ㄹ'의 앞이나 뒤에서 [ㄹ]로 발음하지만 '생산량, 의견란, 공권력, 상견례' 등은 'ㄹ'을 [ㄴ]으로 발음한다.
② [할따] : 겹받침 'ㄳ', 'ㄵ', 'ㄼ, ㄽ', 'ㄾ', 'ㅄ'은 어말 또는 자음 앞에서 각각 [ㄱ, ㄴ, ㄹ, ㅂ]으로 발음한다.
③ [널따] : 겹받침 'ㄳ', 'ㄵ', 'ㄼ', 'ㄽ, ㄾ', 'ㅄ'은 어말 또는 자음 앞에서 각각 [ㄱ, ㄴ, ㄹ, ㅂ]으로 발음한다.
④ [밥ː따] : '밟-'은 자음 앞에서 [밥]으로 발음한다.

23 정답 ②

김동인은 최초의 문예동인지 『창조』를 발간하였고, 예술지상주의와 순수문학 운동을 벌였다. 주요 작품은 「배따라기」, 「감자」, 「광염소나타」, 「광화사」 등이다.

24 정답 ①

작자인 송순이 말년에 벼슬에서 물러난 뒤, 고향인 전라도 담양에 내려가, '면앙정'이란 정자를 짓고 자연에 파묻혀 지낼 때 자연에 귀의하고 싶은 심정을 노래한 작품이다.

「십년을 경영ᄒ야~」
• 형식 : 평시조, 강호한정가(江湖閑情歌), 전원가
• 표현 : 과장법
• 주제 : 안빈낙도(安貧樂道), 자연귀의(自然歸依)
• 의의 : 강호가도(江湖歌道, 자연을 벗하며 살면서 자연 속에서 지내는 즐거움을 노래한 이가 많았는데, 그들이 형성한 하나의 흐름)의 형성

25 정답 ①

「날개」
내용의 난해함과 형식의 파격성으로 1930년대 모더니즘 소설의 대표작으로 꼽힌다. 이 작품에서 사건은 논리적 전개에 의한다기보다 '나'의 의식의 흐름에 따라 전개되는데, 이는 현대인의 분열된 자아 의식과 고독감을 의식의 흐름 기법으로 기술하는 심리 소설의 특성에 해당한다. 이를 통해 일제 강점기 지식인의 무기력하고 폐쇄된 삶과 이를 벗어나려는 내면 의지를 상징적으로 보여 주고 있다.

26 정답 ④

화자 자신과 정서상 동일성을 지니고 있는 사물이다.
① 임과 나 사이를 가로막는 장애물
② 화자가 흘리는 눈물
③ 화자의 슬픈 정서를 돕는 배경

27 정답 ①

① 파생어는 어근과 접사의 결합으로 이루어진 말이다.

28 정답 ①

국화[구콰], 잡히다[자피다] : 자음축약
미닫이[미다지], 같이[가치] : 구개음화

29 정답 ④

① 달마시안 → 달마티안
② 케잌 → 케이크
③ 까페 → 카페

30 정답 ③

"언어 기호에서 이러한 형식으로서의 음성과 내용
으로서의 의미는 그 어떤 필연적인 관계도 맺고
있지 않다."는 언어의 자의성에 대한 설명이다.

31 정답 ②

문학의 요건에는 감동성, 평이성, 쾌락성, 개연
성 등이 있다. 문학은 객관적인 성격이 아니라
주관적인 성격을 지닌다.

32 정답 ③

ㄹ. 황조가(고대 가요) → ㄴ. 제망매가(신라 향
가) → ㄱ. 상춘곡(조선 전기 가사) → ㄷ. 홍길
동전(조선 후기 소설)

33 정답 ①

밑줄 친 부분은 백성들이 자신의 뜻을 전달할 수
있도록 문자를 만들었다는 내용으로 애민 정신
이 나타나 있다.

34 정답 ③

정성을 다해 친자식처럼 길렀으나, 커서는 말도
안 듣고 원망을 했다는 것으로 보아, '도둑이 도

리어 매를 든다는 뜻으로, 잘못한 사람이 아무
잘못도 없는 사람을 나무람'을 이르는 말인 '적반
하장(賊反荷杖)'이 어울린다.

35 정답 ④

④ 제시문은 사설시조이다. 사설시조는 조선 후
기 양식으로 사실적·해학적·풍자적인 성
격을 지닌다. 서경적·영탄적인 성격은 조선
전기 시조의 특징이다.

36 정답 ④

④ 반어법이 아니라 역설법(찬란한 슬픔의 봄)
이 사용되었다.

37 정답 ②

주요섭의 「사랑 손님과 어머니」는 1인칭 관찰자
시점이다. '나(옥희)'가 주인공인 어머니와 아저
씨의 이야기를 서술하고 있다.

38 정답 ③

「물레방아」는 나도향의 작품이고, 나머지는 채
만식의 작품이다.

39 정답 ③

③ 김유정의 「동백꽃」은 해학적·토속적·서정
적인 농촌소설이다. 등장인물로 가난한 하층
민이 등장하고 고통받는 삶이 드러나기는 하
지만, 하층민의 궁핍한 삶을 사실적으로 그
렸다고 보기는 어렵다.

40 정답 ①

'하늘'은 고향을, '도자(불도저)', '방둑(방죽)',
'트럭'은 산업화를 상징하는 소재이다.

01	02	03	04	05	06	07	08	09	10	11	12	13	14	15	16	17	18	19	20
①	③	②	①	②	④	③	②	③	④	②	④	③	④	②	③	①	②	①	④
21	22	23	24	25	26	27	28	29	30	31	32	33	34	35	36	37	38	39	40
③	③	②	②	②	②	④	②	③	④	②	②	④	④	③	②	④	④	②	②

01 정답 ①

언어는 사회적 약속이므로 개인이 마음대로 바꿀 수 없다(불역성)는 것은 언어의 사회성에 대한 설명이다.

02 정답 ③

③ 문자 언어는 억양, 감정 등을 표현하는 것이 힘들다.

03 정답 ②

표어, 광고문, 신호등과 같이 무엇을 하거나 하지 못하게 하는 것은 언어의 감화적 기능에 속한다.

04 정답 ①

① 조사와 어미가 발달된 교착어, 첨가어라는 것은 통사적 특징이 아니라 형태적 특징이다.

05 정답 ②

훈민정음 서문에 드러나는 창제 정신은 애민 정신, 자주 정신, 실용 정신, 창조 정신이다.

06 정답 ④

④ '뿌메'는 '사용함에[用]'로 풀이해야 한다.

07 정답 ③

③ [뭄뻽] → [문뻽]

08 정답 ②

ㄱ. 다르다 : 비교가 되는 두 대상이 서로 같지 아니하다. (형용사)
ㄴ. 나다 : 신체 표면이나 땅 위에 솟아나다. (동사)
ㄷ. 크다 : 소리가 귀에 거슬릴 정도로 강하다. (형용사)

09 정답 ③

③ 형식 형태소가 결합하지 않은 경우에는 구개음화가 실현되지 않는다.
곧이어 : 곧(부사) + 이어(부사) → [고디어]

10 정답 ④

④ '-이오', '-이요'는 모두 [이요]로 소리가 나더라도 종결 어미로 쓰일 때는 '오', 연결 어미로 쓰일 때는 '요'로 적는다.

11 정답 ②
복수표준어로 둘 다 맞는 표현이다.
① 애달프다
③ 자두
④ 설거지

12 정답 ④
④는 객체 높임법, 나머지는 주체 높임법이다.

13 정답 ③
③ 고대문학은 서사문학에서 점차 서정문학으로 발전하였다.

14 정답 ④
이 노래는 고대가요 「공무도하가」로, 밑줄 친 구절에는 남편의 죽음에 대한 체념·슬픔·탄식·절망의 심정이 나타난다. ④는 백제의 노래인 「정읍사」로, 남편의 무사귀환을 기원하는 아내의 마음이 드러나 있다.

15 정답 ②
'향찰'은 한자의 음과 훈을 빌려 우리말을 표기한 것으로, 향가를 표기할 때 사용되었다.

16 정답 ③
③ 「처용가」는 8구체 향가로 주술적인 성격이 강하다. 화자는 관용적, 체념적인 태도를 보이고 있다.

17 정답 ①
① 「상저가」는 작가·연대 미상의 고려속요이다.

18 정답 ②
② 두 개의 해가 나타난 괴변을 없애기 위해 부른 산화공덕의 노래는 월명사의 「도솔가」이다. 「혜성가」는 내침한 왜구와 혜성을 물리쳤다는 축사의 노래이다.

19 정답 ①
① 고려속요 「사모곡」은 어머니의 사랑을 '낫'에, 아버지의 사랑을 '호미'에 비유하고 있다.

20 정답 ④
경기체가는 주로 사대부들이 현실도피적인 내용을 한자로 기록한 문학이라면, 고려속요는 주로 평민들이 진솔하고 소박한 내용을 부른 것으로 후에 한글로 기록된 문학이다.

21 정답 ③
③ 악장은 특권 귀족층의 목적문학으로 금방 소멸되었다.

22 정답 ③
③ 『악장가사』는 편찬자와 연대 미상의 가집(歌集)으로, 악장과 고려속요 등 다양한 작품들이 수록되어 있다.

23 정답 ②
② 사설시조가 기존의 평시조의 율격을 무시하고 파격적이기는 했지만, 율격이 완전히 무시되지는 않는다. 이 작품도 초장과 종장의 경우 기본 4음보를 유지하고 있음을 알 수 있다.

24 정답 ②

② 「일동장유가」는 일본을 견문하고 지은 노래로 김인겸의 작품이다. 박인로의 작품에는 「선상탄」, 「누항사」, 「노계가」 등이 있다.

25 정답 ②

② 금강산의 만폭동 폭포의 모습을 묘사한 부분으로, 자연물에 의탁한 연군지정을 노래한 것과는 거리가 멀다.

26 정답 ②

② 조선 후기 문학은 현실적·구체적인 삶을 추구하는 실학문학으로 발전하였다.

27 정답 ④

④ 「허생전」은 실학사상을 바탕으로 한 박지원의 소설로, 병자호란을 배경으로 한다. 유학자의 허위를 비판한 소설로 성리학과는 거리가 멀다.

28 정답 ②

허난설헌의 「사시사(四時詞)」는 사계절의 풍경 속에서 '임'과 떨어져 있는 여인의 고독과 한을 표현한 한시이다. '전전불매(輾轉不寐)'는 '누워서 몸을 이리저리 뒤척이며 잠을 이루지 못함'이라는 뜻으로 화자의 상황과 어울린다.
① 금슬지락(琴瑟之樂) : 부부간의 사랑
③ 금의야행(錦衣夜行) : 비단옷을 입고 밤길을 다닌다는 뜻으로, 자랑삼아 하지 않으면 생색이 나지 않음을 이르는 말
④ 맥수지탄(麥秀之嘆) : 고국의 멸망을 한탄함을 이르는 말

29 정답 ③

③ 장단을 짚는 고수가 창의 사이사이에 흥을 돋우기 위하여 삽입하는 소리는 '추임새', 소리꾼이 소리의 극적인 전개를 돕기 위하여 몸짓이나 손짓으로 하는 동작은 '발림(너름새)'이라고 한다.

30 정답 ④

④ 조선 후기 민속극인 「봉산 탈춤」에서 '춤'은 양반들과 말뚝이의 일시적인 화해와 다음 장면을 구별하는 역할을 한다.

31 정답 ②

② 1930년대에는 시문학파, 모더니즘, 초현실주의 등이 주류를 이루었다. 김억, 김소월 등 전통시인들이 활동한 시기는 1920년대이다.

32 정답 ②

② 이 시는 김소월의 「진달래꽃」으로 이별의 정한을 노래하고 있다. 「알 수 없어요」는 만해 한용운의 시이므로 관련이 없다.

33 정답 ④

④ 산봉우리를 여인으로 의인화하여 친근감 있게 표현하고 있다.

34 정답 ④

④ 화자는 절제된 감정으로 자연 속에서의 순수한 삶을 소망하고 있다. 따라서 화자는 '산'과 일정한 거리를 유지하는 것이 아니라 조화를 이루고자 하는 모습을 보이고 있다.

35 정답 ③

③ 박목월, 박두진, 조지훈은 청록파 시인이다. 박목월은 한국적 자연과 향토적 소재를 노래한 것이 특징이라면, 박두진은 기독교적인 색채가 특징이다.

36 정답 ②

이형기의 「낙화」는 이별을 통한 영혼의 성숙을 표현 한 시로, 계절의 순환을 느낄 수는 있지만 자연의 위대함을 이야기하지는 않는다. 또한 이별을 순순히 받아들이는 모습을 보이고 있다. 이 시에서 꽃은 인생의 무상함을 강조하는 것이 아니라, 영혼의 성숙을 이루는 계기가 된다.

37 정답 ④

④ 이 시에서 '녹음'과 '열매'는 '성숙'을 의미한다.

38 정답 ④

④ 김정한의 「사하촌」은 일제 강점기의 농촌을 배경으로 하는 글로, 지배집단인 보광사와 착취당하는 농민과의 갈등이 사실적으로 드러난다. 따라서 개인과 집단 간의 갈등이 아니라 집단과 집단 간의 갈등이 드러난다고 할 수 있다.

39 정답 ②

제시문은 김정한의 「사하촌」의 결말 부분이다. 농민들의 행동을 통하여 보광사에서 요구를 들어주지 않을 경우 불을 지를 수 있음을 드러내고 있다.

40 정답 ②

② 박경리의 「토지」는 평사리의 대지주 최씨 가문의 비극적 사건을 다룬 장편소설로, 구한말부터 해방까지를 시대적 배경으로 한다. 따라서 6·25 전쟁과는 관련이 없다.

01	02	03	04	05	06	07	08	09	10	11	12	13	14	15	16	17	18	19	20
④	④	④	②	②	②	④	①	④	①	④	④	③	③	①	③	④	④	④	④
21	22	23	24	25	26	27	28	29	30	31	32	33	34	35	36	37	38	39	40
④	①	①	④	④	②	④	③	④	②	②	②	③	③	④	④	③	②	③	④

01 정답 ④

생각이 열려 있어서 언어를 무한히 만들어 내고 상상의 산물도 만들어 내는 것을 언어의 창조성이라고 한다.

02 정답 ④

④ 한번 내뱉은 말은 수정할 수 없기 때문에 음성 언어는 교정의 어려움이 있다.

03 정답 ④

마지막 문장의 "보다 듣기 좋은 표현을 가지려는 본능적인 모습이 감추어져 있다."를 통해 언어의 미학적 기능에 대한 설명임을 알 수 있다.

04 정답 ②

행동주의 이론은 후천성을 강조하는 경험주의 이론으로, 인간은 하나의 언어를 배우고 난 뒤에는 그것을 일상생활에서 자유자재로 구사할 수 있다는 것이다.
①·③·④는 선천성을 강조하는 합리주의 이론에 대한 설명이다.

05 정답 ②

② 천지인 삼재(三才)를 결합하여 만든 것은 종성이 아니라 중성이다.

06 정답 ②

② 표준어는 교양 있는 사람들(계급적 조건)이 두루 쓰는 현대(시대적 조건) 서울말(지역적 조건)로 정함을 원칙으로 한다.

07 정답 ④

'ㄱ, ㅂ' 받침 뒤에 연결되는 'ㄱ, ㄷ, ㅂ, ㅅ, ㅈ'은 언제나 된소리로 소리 나므로 이러한 경우에는 된소리로 표기하지 않는다.(한글 맞춤법 제5항)
예 늑대[늑때], 낙지[낙찌], 접시[접씨], 갑자기 [갑짜기]

08 정답 ①

ㄴ. 말씀 대로 → 말씀대로
ㄷ. 느낀대로 → 느낀 대로

09 정답 ④

가물과 가뭄은 둘 다 표준어이다.
① 한참 → 한창 : 어떤 상태가 가장 무르익은 때
② 결재 → 결제 : 증권 또는 대금을 주고받아 매매 당사자 사이의 거래 관계를 끝맺는 일
③ 겉잡다 → 걷잡다 : 한 방향으로 치우쳐 흘러가는 형세 따위를 붙들어 잡다.

10 정답 ①
①은 중간 상태가 불가능한 상보 반의어이고, 나머지는 중간 상태가 가능한 등급(정도) 반의어로 구분할 수 있다.

11 정답 ④
④ '나부랭이'와 '너부렁이'가 복수표준어이다.

12 정답 ④
④ 상대 높임법 : 격식체(합쇼체, 하오체, 하게체, 해라체), 비격식체(해요체, 해체)

13 정답 ③
③ 판소리는 서민의식이 성장했던 조선 후기 문학을 대표한다.

14 정답 ③
고대가요 「황조가」로, '꾀꼬리'라는 자연물을 빌려 화자의 감정을 간접적으로 표현한 작품이다.
① 고구려 제2대 유리왕이 지은 가요라고 전해진다.
② 선경후정의 구조를 보인다.
④ 우리나라 최초의 서정시가이다.

15 정답 ①
② 4구체, 8구체, 10구체 형식이 있다.
③ 『삼국유사』에 14수, 『균여전』에 11수가 전해진다.
④ 불교적인 내용이 주를 이룬다.

16 정답 ③
③ 월명사의 「제망매가(祭亡妹歌)」는 삼국유사에 전하는 10구체 향가이다. '삶의 무상함'은 5~8행에 드러나고, 마지막 두 행에는 종교적인 극복의 모습이 나타난다.

17 정답 ④
④ 시조는 고려 중엽에 발생하여 고려 말에 완성된 시가 형태이므로, 고려 시대에 '널리 불리었다'는 표현은 맞지 않다.

18 정답 ④
현실도피적인 성향이 강한 고려속요 「청산별곡」에서, ㉣의 '괴리'는 '사랑할 사람'이라는 뜻이다.

19 정답 ④
① 귀족·사대부 계층들이 향유했던 문학이다.
② 「서경별곡」은 고려속요이다.
③ 주로 3·3·4조의 3음보 율격을 지닌다.

20 정답 ④
④ 「화산별곡」은 변계량의 작품이다.

21 정답 ④
① 『청구영언』 – 김천택
② 『해동가요』 – 김수장
③ 『가곡원류』 – 박효관, 안민영

22 정답 ①
이 시조는 '청산'과 '유수'에 빗대어 '학문과 수양에의 정진'을 노래하고 있다.

23 정답 ①

① 「관서별곡」은 관서 지방의 아름다운 경치를 노래한 백광홍의 작품이다.

24 정답 ④

④ 조선 후기에는 서민정신과 산문정신의 발흥으로, 엄격한 정격(定格) 형식보다는 느슨한 변격(變格) 형식이 유행했다.

25 정답 ②

국문소설은 대체로 '설화 → 판소리 → 판소리계 소설 → 국문소설'의 과정을 거쳐 형성되었다.

26 정답 ④

김시습의 『금오신화』는 구우의 『전등신화』에서 영향을 받은 최초의 한문소설이다. 여기에는 「이생규장전」, 「용궁부연록」, 「남염부주지」, 「만복사저포기」, 「취유부벽정기」 등이 수록되어 있다. '생기사귀(生寄死歸)'는 '사람이 이 세상에 사는 것은 잠시 머무는 것일 뿐이며 죽는 것은 원래 자기가 있던 본집으로 돌아가는 것'임을 이르는 말로 등장인물의 삶의 태도와 일치한다.

27 정답 ①

① 후렴구를 수반하여 장을 이어나가면서 부르는 것도 있지만, 후렴구 없이 사설을 이어서 부르는 형태도 있다.

28 정답 ③

하충의빙(夏蟲疑氷) : 여름에만 사는 벌레는 얼음이 어는 것을 의심한다는 뜻으로, 견문이 좁은 사람을 이르는 말
① 순망치한(脣亡齒寒) : 입술이 없으면 이가 시리다는 뜻으로, 서로 이해관계가 밀접한 사이에 어느 한쪽이 망하면 다른 한쪽도 그 영향을 받아 온전하기 어려움을 이르는 말
② 하로동선(夏爐冬扇) : 여름의 화로와 겨울의 부채라는 뜻으로, 격이나 철에 맞지 아니함을 이르는 말
④ 설중송백(雪中松柏) : 눈 속의 소나무와 잣나무라는 뜻으로, 높고 굳은 절개를 이르는 말

29 정답 ④

④ 이 글은 임춘의 「공방전(孔方傳)」으로 돈을 의인화해서 쓴 가전체 작품이다. 술을 의인화한 임춘의 작품은 「국순전」이고, 「국선생전」은 이규보의 작품이다.

30 정답 ③

③ ⓛ에게 자신의 견해를 펼칠 기회를 제공한 것은 ⓒ이 아니라 ⓔ이다.

31 정답 ②

1920년대 퇴폐적 낭만주의는 우울한 시대 의식과 개인적 절망을 노래했다.
① 1930년대 구인회는 프롤레타리아 문학에 반대하는 순수예술을 지향했다.
③ 1930년대 시문학파는 섬세한 언어의 아름다움, 언어의 조탁, 치밀한 기교, 음악성 강조 등의 특징을 지닌다.
④ 1930년대 생명파는 강렬한 시어로 생명에 대한 본원적 충동을 노래했다.

32 정답 ②

② 김영랑의 「모란이 피기까지는」에서 1~2행과 11~12행은 수미상관을 이룬다. 문장의 순서를 바꾸는 도치법과 상승이미지(뻗쳐 오르던)・하강이미지(서운케 무너졌느니)는 찾아볼 수 있으나, 어조의 변화는 나타나지 않는다.

33 정답 ③

① 김소월은 1920년대 전통시인
② 이육사는 1940년대 저항시인
④ 김기림은 1930년대 모더니즘 시인

34 정답 ③

③ 신경림의 「가난한 사랑 노래」에는 문답법이
아니라 설의법이 반복적으로 사용되었다.

35 정답 ④

㉠·㉡·㉢은 당시의 사회·문화적인 배경을
드러내지만, ㉣은 그것과는 거리가 멀다.

36 정답 ④

- 이인직 : 「혈의 누」, 「모란봉」, 「귀의 성」, 「치
악산」, 「은세계」
- 이해조 : 「자유종」, 「강상련」, 「화의 혈」, 「고
목화」, 「구마검」
- 최찬식 : 「추월색」, 「안의 성」, 「춘몽」
- 안국선 : 「금수회의록」, 「공진회」

37 정답 ③

"아무것도 갖지 않을 때 비로소 온 세상을 갖게 된
다."라는 표현을 통해 주제의식을 엿볼 수 있다.

38 정답 ②

밑줄 친 부분에는 역설법이 사용되었다.
① 반어법
③ 은유법
④ 영탄법

39 정답 ③

③ 손창섭의 「잉여인간」은 전지적 작가 시점으
로, 작품 밖의 인물인 작가가 모든 것을 알고
있다는 관점에서 서술하고 있다.

40 정답 ④

'극적 아이러니'란 등장인물이 상황을 인지하지
못함으로써 상황과 맞지 않는 행동을 하거나, 다
가올 운명과 반대의 것을 기대하는 모습이 보일
때 일어난다. 엄마의 죽음을 인지하지 못하는 아
이의 말을 통해 비극적인 상황이 더욱 고조되는
것을 느낄 수 있다.

얼마나 많은 사람들이 책 한 권을 읽음으로써 인생에 새로운 전기를 맞이했던가.

– 헨리 데이비드 소로 –

독학학위제 1단계 교양과정인정시험 답안지(객관식)

컴퓨터용 사인펜만 사용

★ 수험생은 수험번호와 응시과목 코드번호를 표기(마킹)한 후 일치여부를 반드시 확인할 것.

전공분야

성명

수 험 번 호

(1)

(2) ● ② ③ ④

과목코드	응시과목
	1 ① ② ③ ④ 21 ① ② ③ ④
	2 ① ② ③ ④ 22 ① ② ③ ④
	3 ① ② ③ ④ 23 ① ② ③ ④
	4 ① ② ③ ④ 24 ① ② ③ ④
	5 ① ② ③ ④ 25 ① ② ③ ④
교시코드	6 ① ② ③ ④ 26 ① ② ③ ④
① ② ③ ④	7 ① ② ③ ④ 27 ① ② ③ ④
	8 ① ② ③ ④ 28 ① ② ③ ④
	9 ① ② ③ ④ 29 ① ② ③ ④
	10 ① ② ③ ④ 30 ① ② ③ ④
	11 ① ② ③ ④ 31 ① ② ③ ④
	12 ① ② ③ ④ 32 ① ② ③ ④
	13 ① ② ③ ④ 33 ① ② ③ ④
	14 ① ② ③ ④ 34 ① ② ③ ④
	15 ① ② ③ ④ 35 ① ② ③ ④
	16 ① ② ③ ④ 36 ① ② ③ ④
	17 ① ② ③ ④ 37 ① ② ③ ④
	18 ① ② ③ ④ 38 ① ② ③ ④
	19 ① ② ③ ④ 39 ① ② ③ ④
	20 ① ② ③ ④ 40 ① ② ③ ④

과목코드	응시과목
	1 ① ② ③ ④ 21 ① ② ③ ④
	2 ① ② ③ ④ 22 ① ② ③ ④
	3 ① ② ③ ④ 23 ① ② ③ ④
	4 ① ② ③ ④ 24 ① ② ③ ④
	5 ① ② ③ ④ 25 ① ② ③ ④
교시코드	6 ① ② ③ ④ 26 ① ② ③ ④
① ② ③ ④	7 ① ② ③ ④ 27 ① ② ③ ④
	8 ① ② ③ ④ 28 ① ② ③ ④
	9 ① ② ③ ④ 29 ① ② ③ ④
	10 ① ② ③ ④ 30 ① ② ③ ④
	11 ① ② ③ ④ 31 ① ② ③ ④
	12 ① ② ③ ④ 32 ① ② ③ ④
	13 ① ② ③ ④ 33 ① ② ③ ④
	14 ① ② ③ ④ 34 ① ② ③ ④
	15 ① ② ③ ④ 35 ① ② ③ ④
	16 ① ② ③ ④ 36 ① ② ③ ④
	17 ① ② ③ ④ 37 ① ② ③ ④
	18 ① ② ③ ④ 38 ① ② ③ ④
	19 ① ② ③ ④ 39 ① ② ③ ④
	20 ① ② ③ ④ 40 ① ② ③ ④

답안지 작성시 유의사항

1. 답안지는 반드시 컴퓨터용 사인펜을 사용하여 다음 보기와 같이 표기할 것.
   보기 잘된표기: ● 잘못된표기: ⊙ ⊗ ● ○ ○ ◑

2. 수험번호 (1)에는 아라비아 숫자로 쓰고, (2)에는 ● "안 같이 표기할 것.

3. 과목코드는 교시과목 코드번호를 보고 해당과목의 코드번호를 찾아 표기하고,
   응시과목란에는 응시과목명을 한글로 기재할 것.

4. 교시코드는 문제지 전면 의 교시를 해당란에 ● "와 같이 표기할 것.

5. 한번 표기한 답은 긁거나 수정액 및 스티커 등 어떠한 방법으로도 고쳐서는
   아니되고, 고친 문항은 "0"점 처리함.

※ 감독관 확인란

(인)

관 리 번 호	
(응시자수)	(연번)

[이 답안지는 마킹연습용 모의답안지입니다.]

독학학위제 1단계 교양과정인정시험 답안지(객관식)

컴퓨터용 사인펜만 사용

★ 수험생은 수험번호와 응시과목 코드번호를 표기(마킹)한 후 일치여부를 반드시 확인할 것.

전공분야

성명

수 험 번 호						
(1)	1					
(2)	● ② ③ ④	① ② ③ ④ ⑤ ⑥ ⑦ ⑧ ⑨ ⓪	① ② ③ ④ ⑤ ⑥ ⑦ ⑧ ⑨ ⓪	① ② ③ ④ ⑤ ⑥ ⑦ ⑧ ⑨ ⓪	① ② ③ ④ ⑤ ⑥ ⑦ ⑧ ⑨ ⓪	① ② ③ ④ ⑤ ⑥ ⑦ ⑧ ⑨ ⓪

※ 감독관 확인란

(인)

관 리 번 호	
(연번)	(응시자수)

응시과목

과목코드	응시과목			
① ② ③ ④ ⑤ ⑥ ⑦ ⑧ ⑨	1	① ② ③ ④	21	① ② ③ ④
① ② ③ ④ ⑤ ⑥ ⑦ ⑧ ⑨	2	① ② ③ ④	22	① ② ③ ④
① ② ③ ④ ⑤ ⑥ ⑦ ⑧ ⑨	3	① ② ③ ④	23	① ② ③ ④
① ② ③ ④ ⑤ ⑥ ⑦ ⑧ ⑨	4	① ② ③ ④	24	① ② ③ ④
① ② ③ ④ ⑤ ⑥ ⑦ ⑧ ⑨	5	① ② ③ ④	25	① ② ③ ④
	6	① ② ③ ④	26	① ② ③ ④
	7	① ② ③ ④	27	① ② ③ ④
	8	① ② ③ ④	28	① ② ③ ④
	9	① ② ③ ④	29	① ② ③ ④
교시코드	10	① ② ③ ④	30	① ② ③ ④
① ② ③ ④	11	① ② ③ ④	31	① ② ③ ④
	12	① ② ③ ④	32	① ② ③ ④
	13	① ② ③ ④	33	① ② ③ ④
	14	① ② ③ ④	34	① ② ③ ④
	15	① ② ③ ④	35	① ② ③ ④
	16	① ② ③ ④	36	① ② ③ ④
	17	① ② ③ ④	37	① ② ③ ④
	18	① ② ③ ④	38	① ② ③ ④
	19	① ② ③ ④	39	① ② ③ ④
	20	① ② ③ ④	40	① ② ③ ④

응시과목

과목코드	응시과목			
① ② ③ ④ ⑤ ⑥ ⑦ ⑧ ⑨	1	① ② ③ ④	21	① ② ③ ④
① ② ③ ④ ⑤ ⑥ ⑦ ⑧ ⑨	2	① ② ③ ④	22	① ② ③ ④
① ② ③ ④ ⑤ ⑥ ⑦ ⑧ ⑨	3	① ② ③ ④	23	① ② ③ ④
① ② ③ ④ ⑤ ⑥ ⑦ ⑧ ⑨	4	① ② ③ ④	24	① ② ③ ④
① ② ③ ④ ⑤ ⑥ ⑦ ⑧ ⑨	5	① ② ③ ④	25	① ② ③ ④
	6	① ② ③ ④	26	① ② ③ ④
	7	① ② ③ ④	27	① ② ③ ④
	8	① ② ③ ④	28	① ② ③ ④
	9	① ② ③ ④	29	① ② ③ ④
교시코드	10	① ② ③ ④	30	① ② ③ ④
① ② ③ ④	11	① ② ③ ④	31	① ② ③ ④
	12	① ② ③ ④	32	① ② ③ ④
	13	① ② ③ ④	33	① ② ③ ④
	14	① ② ③ ④	34	① ② ③ ④
	15	① ② ③ ④	35	① ② ③ ④
	16	① ② ③ ④	36	① ② ③ ④
	17	① ② ③ ④	37	① ② ③ ④
	18	① ② ③ ④	38	① ② ③ ④
	19	① ② ③ ④	39	① ② ③ ④
	20	① ② ③ ④	40	① ② ③ ④

답안지 작성시 유의사항

1. 답안지는 반드시 컴퓨터용 사인펜을 사용하여 다음 보기와 같이 표기할 것.
   보기 잘 된 표기: ●
   잘못된 표기: ⊗ ⊗ ● ◑ ⊙ ○ ○

2. 수험번호 (1)에는 아라비아 숫자로 쓰고, (2)에는 "●"와 같이 표기할 것.
3. 과목코드는 뒷면 "과목코드번호"를 보고 해당과목의 코드번호를 찾아 표기하고,
   응시과목란에는 응시과목명을 한글로 기재할 것.
4. 교시코드는 문제지 전면 의 교시를 해당란에 "●"와 같이 표기할 것.
5. 한번 표기한 답은 긁거나 수정액 및 스티커 등 어떠한 방법으로도 고쳐서는
   아니되고, 고친 문항은 "0"점 처리함.

[이 답안지는 마킹연습용 모의답안지입니다.]

절취선

컴퓨터용 사인펜만 사용

독학학위제 1단계 교양과정인정시험 답안지(객관식)

★ 수험생은 수험번호와 응시과목 코드번호를 표기(마킹)한 후 일치여부를 반드시 확인할 것.

전공분야

성 명

1	수 험 번 호

(1)

1	-		-			-				

(2)

②	① ①	① ①	①	① ①	① ①	①	① ① ①
④ ●	② ②	② ②	②	② ②	② ②	②	② ② ②
	③ ③	③ ③	③	③ ③	③ ③	③	③ ③ ③
	④ ④	④ ④	④	④ ④	④ ④	④	④ ④ ④
	⑤ ⑤	⑤ ⑤	⑤	⑤ ⑤	⑤ ⑤	⑤	⑤ ⑤ ⑤
	⑥ ⑥	⑥ ⑥	⑥	⑥ ⑥	⑥ ⑥	⑥	⑥ ⑥ ⑥
	⑦ ⑦	⑦ ⑦	⑦	⑦ ⑦	⑦ ⑦	⑦	⑦ ⑦ ⑦
	⑧ ⑧	⑧ ⑧	⑧	⑧ ⑧	⑧ ⑧	⑧	⑧ ⑧ ⑧
	⑨ ⑨	⑨ ⑨	⑨	⑨ ⑨	⑨ ⑨	⑨	⑨ ⑨ ⑨
	⓪ ⓪	⓪ ⓪	⓪	⓪ ⓪	⓪ ⓪	⓪	⓪ ⓪ ⓪

※ 감독관 확인란

관 리 번 호 (연번)	
(인)	
	(응시자수)

과목코드 / 응시과목

교시코드		응시과목
①		1 ① ② ③ ④
②		2 ① ② ③ ④
③		3 ① ② ③ ④
		4 ① ② ③ ④
		5 ① ② ③ ④
		6 ① ② ③ ④
		7 ① ② ③ ④
		8 ① ② ③ ④
		9 ① ② ③ ④
		10 ① ② ③ ④
		11 ① ② ③ ④
		12 ① ② ③ ④
		13 ① ② ③ ④
		14 ① ② ③ ④
		15 ① ② ③ ④
		16 ① ② ③ ④
		17 ① ② ③ ④
		18 ① ② ③ ④
		19 ① ② ③ ④
		20 ① ② ③ ④
		21 ① ② ③ ④
		22 ① ② ③ ④
		23 ① ② ③ ④
		24 ① ② ③ ④
		25 ① ② ③ ④
		26 ① ② ③ ④
		27 ① ② ③ ④
		28 ① ② ③ ④
		29 ① ② ③ ④
		30 ① ② ③ ④
		31 ① ② ③ ④
		32 ① ② ③ ④
		33 ① ② ③ ④
		34 ① ② ③ ④
		35 ① ② ③ ④
		36 ① ② ③ ④
		37 ① ② ③ ④
		38 ① ② ③ ④
		39 ① ② ③ ④
		40 ① ② ③ ④

답안지 작성시 유의사항

1. 답안지는 반드시 컴퓨터용 사인펜을 사용하여 다음 보기와 같이 표기할 것.
   보기) 잘된표기: ●   잘못된 표기: ⊗ ⊙ ◑ ◐ ○

2. 수험번호 (1)에는 아라비아 숫자로 쓰고, (2)에는 "●"와 같이 표기할 것.

3. 과목코드는 뒷면 "과목코드번호"를 보고 해당과목의 코드번호를 찾아 표기하고,
   응시과목란에는 응시과목명을 한글로 기재할 것.

4. 교시코드는 문제지 전면 의 교시를 해당란에 "●"와 같이 표기할 것.

5. 한번 표기한 답은 긁거나 수정액 및 스티커 등 어떠한 방법으로도 고쳐서는
   아니되고, 고친 문항은 "0"점 처리함.

[이 답안지는 마킹연습용 모의답안지입니다.]

독학학위제 교양과정인정시험 답안지(객관식)

컴퓨터용 사인펜만 사용

★ 수험생은 수험번호와 응시과목 코드번호를 표기(마킹)한 후 일치여부를 반드시 확인할 것.

전공분야	
성명	

수험번호

(1)	1
(2)	

※ 감독관 확인란

(인)

관 리 번 호
(연번)
(응시자수)

절취선

독학학위제 1단계 교양과정인정시험 답안지(객관식)

컴퓨터용 사인펜만 사용

★ 수험생은 수험번호와 응시과목 코드번호를 표기(마킹)한 후 일치여부를 반드시 확인할 것.

전공분야

성명

(1) 수험번호

(2) ● ② ③ ④ ...

과목코드

응시과목

1	21	
2	22	
3	23	
4	24	
5	25	
6	26	
7	27	
8	28	
9	29	
10	30	
11	31	
12	32	
13	33	
14	34	
15	35	
16	36	
17	37	
18	38	
19	39	
20	40	

교시코드 ① ② ③ ④

답안지 작성시 유의사항

1. 답안지는 반드시 컴퓨터용 사인펜을 사용하여 다음 보기와 같이 표기할 것.
   보기 잘된 표기: ● 잘못된 표기: ⊘ ⊗ ⊙ ○ ○ ◑
2. 수험번호 (1)에는 아라비아 숫자로 쓰고, (2)에는 "●"와 같이 표기할 것.
3. 과목코드는 뒷면 "과목코드번호"를 보고 해당과목의 코드번호를 찾아 표기하고,
   응시과목란에는 응시과목명을 한글로 기재할 것.
4. 교시코드는 문제지 전면 의 교시를 해당란에 "●"와 같이 표기할 것.
5. 한번 표기한 답은 긁거나 수정액 및 스티커 등 어떠한 방법으로도 고쳐서는
   안되며, 고친 문항은 "0"점 처리됨.

[이 답안지는 마킹연습용 모의답안지입니다.]

※ 감독관 확인란
(인)

관리번호 (연번) (응시자수)

절취선

독학학위제 1단계 교양과정인정시험 답안지(객관식)

★ 수험생은 수험번호와 응시과목 코드번호를 표기(마킹)한 후 일치여부를 반드시 확인할 것.

컴퓨터용 사인펜만 사용

전공분야

성명

수험번호

응시과목

과목코드

교시코드 ① ② ③ ④

응시과목

응시과목					응시과목				
1	①	②	③	④	21	①	②	③	④
2	①	②	③	④	22	①	②	③	④
3	①	②	③	④	23	①	②	③	④
4	①	②	③	④	24	①	②	③	④
5	①	②	③	④	25	①	②	③	④
6	①	②	③	④	26	①	②	③	④
7	①	②	③	④	27	①	②	③	④
8	①	②	③	④	28	①	②	③	④
9	①	②	③	④	29	①	②	③	④
10	①	②	③	④	30	①	②	③	④
11	①	②	③	④	31	①	②	③	④
12	①	②	③	④	32	①	②	③	④
13	①	②	③	④	33	①	②	③	④
14	①	②	③	④	34	①	②	③	④
15	①	②	③	④	35	①	②	③	④
16	①	②	③	④	36	①	②	③	④
17	①	②	③	④	37	①	②	③	④
18	①	②	③	④	38	①	②	③	④
19	①	②	③	④	39	①	②	③	④
20	①	②	③	④	40	①	②	③	④

과목코드

교시코드 ① ② ③ ④

답안지 작성시 유의사항

1. 답안지는 반드시 컴퓨터용 사인펜을 사용하여 다음 보기와 같이 표기할 것.
   보기 잘된표기: ●   잘못된 표기: ⊙ ⊗ ◑ ⊙ ○ ○ ●

2. 수험번호 (1)에는 아라비아 숫자로 쓰고, (2)에는 "●"와 같이 표기할 것.

3. 과목코드는 뒷면 "과목코드번호"를 보고 해당과목의 코드번호를 찾아 표기하고,

4. 응시과목란에는 응시과목명을 한글로 기재할 것.

5. 교시코드는 문제지 전면 의 교시를 해당란에 "●"와 같이 표기할 것.

5. 한번 표기한 답은 긁거나 수정액 및 스티커 등 어떠한 방법으로도 고쳐서는 아니되고, 고친 문항은 "0"점 처리함.

※ 감독관 확인란

(인)

관 리 번 호

(응시자수)

(연번)

[이 답안지는 마킹연습용 모의답안지입니다.]

절취선

독학학위제 1단계 교양과정인정시험 답안지(객관식)

컴퓨터용 사인펜만 사용

★ 수험생은 수험번호와 응시과목 코드번호를 표기(마킹)한 후 일치여부를 반드시 확인할 것.

전공분야

성 명

(1)

1

(2)

④ ③ ② ●

수 험 번 호

※ 감독관 확인란

(인)

관 리 번 호
(연번)

(응시자수)

답안지 작성시 유의사항

1. 답안지는 반드시 컴퓨터용 사인펜을 사용하여 다음 [보기]와 같이 표기할 것.
   [보기] 잘된 표기: ●
   잘못된 표기: ⓥ ⊗ ① ⊙ ○○ ◐◑
2. 수험번호 (1)에는 아라비아 숫자로 쓰고, (2)에는 "●"와 같이 표기할 것.
3. 과목코드는 뒷면 "과목코드번호"를 보고 해당과목의 코드번호를 찾아 표기하고,
   응시과목란에는 응시과목명을 한글로 기재할 것.
4. 교시코드는 문제지 전면 의 교시를 해당란에 "●"와 같이 표기할 것.
5. 한번 표기한 답은 긁거나 수정액 및 스티커 등 어떠한 방법으로도 고쳐서는
   아니되고, 고친 문항은 "0"점 처리함.

과목코드

교시코드	응시과목
①	
②	
③	
④	

응시과목				
1	①	②	③	④
2	①	②	③	④
3	①	②	③	④
4	①	②	③	④
5	①	②	③	④
6	①	②	③	④
7	①	②	③	④
8	①	②	③	④
9	①	②	③	④
10	①	②	③	④
11	①	②	③	④
12	①	②	③	④
13	①	②	③	④
14	①	②	③	④
15	①	②	③	④
16	①	②	③	④
17	①	②	③	④
18	①	②	③	④
19	①	②	③	④
20	①	②	③	④
21	①	②	③	④
22	①	②	③	④
23	①	②	③	④
24	①	②	③	④
25	①	②	③	④
26	①	②	③	④
27	①	②	③	④
28	①	②	③	④
29	①	②	③	④
30	①	②	③	④
31	①	②	③	④
32	①	②	③	④
33	①	②	③	④
34	①	②	③	④
35	①	②	③	④
36	①	②	③	④
37	①	②	③	④
38	①	②	③	④
39	①	②	③	④
40	①	②	③	④

[이 답안지는 마킹연습용 모의답안지입니다.]

독학학위제 교양과정인정시험 답안지(객관식)

독학학위제 1단계 교양과정인정시험 답안지(객관식)

컴퓨터용 사인펜만 사용

★ 수험생은 수험번호와 응시과목 코드번호를 표기(마킹)한 후 일치여부를 반드시 확인할 것.

전공분야	
성 명	

수 험 번 호

(1)	1	-				-				-			

| (2) | ① ② ③ ④ ⑤ ⑥ ⑦ ⑧ ⑨ ⓪ |

응시과목

과목코드				

	응시과목								응시과목			
1	① ② ③ ④	21	① ② ③ ④
2	① ② ③ ④	22	① ② ③ ④
3	① ② ③ ④	23	① ② ③ ④
4	① ② ③ ④	24	① ② ③ ④
5	① ② ③ ④	25	① ② ③ ④
6	① ② ③ ④	26	① ② ③ ④
7	① ② ③ ④	27	① ② ③ ④
8	① ② ③ ④	28	① ② ③ ④
9	① ② ③ ④	29	① ② ③ ④
10	① ② ③ ④	30	① ② ③ ④
11	① ② ③ ④	31	① ② ③ ④
12	① ② ③ ④	32	① ② ③ ④
13	① ② ③ ④	33	① ② ③ ④
14	① ② ③ ④	34	① ② ③ ④
15	① ② ③ ④	35	① ② ③ ④
16	① ② ③ ④	36	① ② ③ ④
17	① ② ③ ④	37	① ② ③ ④
18	① ② ③ ④	38	① ② ③ ④
19	① ② ③ ④	39	① ② ③ ④
20	① ② ③ ④	40	① ② ③ ④

교시코드 ① ② ③ ④

응시과목 (두 번째 표)

과목코드				

	응시과목								응시과목			
1	① ② ③ ④	21	① ② ③ ④
2	① ② ③ ④	22	① ② ③ ④
3	① ② ③ ④	23	① ② ③ ④
4	① ② ③ ④	24	① ② ③ ④
5	① ② ③ ④	25	① ② ③ ④
6	① ② ③ ④	26	① ② ③ ④
7	① ② ③ ④	27	① ② ③ ④
8	① ② ③ ④	28	① ② ③ ④
9	① ② ③ ④	29	① ② ③ ④
10	① ② ③ ④	30	① ② ③ ④
11	① ② ③ ④	31	① ② ③ ④
12	① ② ③ ④	32	① ② ③ ④
13	① ② ③ ④	33	① ② ③ ④
14	① ② ③ ④	34	① ② ③ ④
15	① ② ③ ④	35	① ② ③ ④
16	① ② ③ ④	36	① ② ③ ④
17	① ② ③ ④	37	① ② ③ ④
18	① ② ③ ④	38	① ② ③ ④
19	① ② ③ ④	39	① ② ③ ④
20	① ② ③ ④	40	① ② ③ ④

교시코드 ① ② ③ ④

답안지 작성시 유의사항

1. 답안지는 반드시 컴퓨터용 사인펜을 사용하여 다음 보기와 같이 표기할 것.
   보기 잘된표기: ● 잘못된표기: ⊗ ⊙ ◑ ○ ●
2. 수험번호 (1)에는 아라비아 숫자로 쓰고, (2)에는 "●"와 같이 표기할 것.
3. 과목코드는 뒷면 "과목코드번호"를 보고 해당과목의 코드번호를 찾아 표기하고,
   응시과목란에는 응시과목명을 한글로 기재할 것.
4. 교시코드는 문제지 전면 의 교시를 해당란에 "●"와 같이 표기할 것.
5. 한번 표기한 답은 긁거나 수정액 및 스티커 등 어떠한 방법으로도 고쳐서는
   아니되고, 고친 문항은 "0"점 처리함.

※ 감독관 확인란	
	(인)

관 리 번 호	
(연번)	(응시자수)

[이 답안지는 마킹연습용 모의답안지입니다.]

절취선

2025 시대에듀 A + 독학사 1단계 교양과정 스피드 단기완성 국어

개정16판1쇄 발행	2025년 01월 08일 (인쇄 2024년 09월 27일)
초 판 발 행	2010년 01월 15일 (인쇄 2009년 11월 27일)
발 행 인	박영일
책 임 편 집	이해욱
편 저	독학학위연구소
편 집 진 행	송영진 · 김다련
표지디자인	박종우
편집디자인	차성미 · 고현준
발 행 처	(주)시대고시기획
출 판 등 록	제10-1521호
주 소	서울시 마포구 큰우물로 75 [도화동 538 성지 B/D] 9F
전 화	1600-3600
팩 스	02-701-8823
홈 페 이 지	www.sdedu.co.kr

I S B N	979-11-383-7733-1 (13710)
정 가	19,000원